Sven Frotscher

unter Mitarbeit von Johannes Frotscher

Das stählerne Herz von Halle

Lindner/Waggonbau Ammendorf/MSG

Band V: 1969–1976

mitteldeutscher verlag

Bestellen Sie direkt Bände dieser Reihe versandkostenfrei:

Sven Frotscher
Carl-Robert-Str. 24
06114 Halle
T: 0345–17 11 204
F: 0345–17 11 2070
H+W: 0176– 623 723 73
E: frotscherbuch@googlemail.com

Bibliografische Information der Deutschen Nationalbibliothek
Die Deutsche Nationalbibliothek registriert diese Publikation in der Deutschen Nationalbibliografie; detaillierte bibliografische Daten im Internet unter http://d-nb.de.

Fachlektorat: Dieter Schultz, Halle (Saale)
Lektorat: Birgit Frotscher, Halle (Saale).

Gesamtherstellung: Mitteldeutscher Verlag, Halle (Saale)

ISBN 978-3-95462-947-3
EUR 19,95 [D]
Printed in the EU

Vorwort zum ersten Band

Da sitze ich nun und überlege, wie ich Sie auf die fast 200-jährige Geschichte vom Waggonbau Ammendorf einstimmen kann.
Wir schreiben das Jahr 2014. Von dem ehemaligen, die Stadt Halle repräsentierenden industriellen Großbetrieb ist nicht viel übrig geblieben.
Und doch schlägt das stählerne Herz wieder.

Als ich im Jahr 1977 meine Ausbildung im damaligen Waggonbau Ammendorf begann, hätte ich nicht gedacht, dass ich eines Tages das Vorwort für die Edition der Geschichte des Waggonbaus schreiben würde. Damals war auch nicht zu ahnen, mit dem Betrieb einmal so verbunden zu sein, dass ich die letzten Jahrzehnte mit all seinen Höhen und Tiefen hautnah miterleben und gestaltend eingreifen konnte.

Unvergessen sind der Umbruch des Unternehmens in der Wendezeit 1989–1990 und die Aufbruchstimmung danach. Mit unbeschreiblichem Engagement gingen Mitarbeiter und Führungskräfte mit Hilfe von Politik, Gewerkschaft und Treuhandanstalt an die gewaltige Aufgabe, einen volkseigenen Betrieb erfolgreich in die Marktwirtschaft zu führen. Alle schienen nur ein Ziel zu verfolgen: das Unternehmen zu erhalten und es erfolgreich für die Zukunft aufzustellen. Die Privatisierung erfolgte schließlich im Jahr 1996.
Die Übernahme durch den Bombardier-Konzern im 1998 nährte Hoffnung bei den Beschäftigten, am weltweit tätigen Konzern zu partizipieren. Trotz sehr viel Engagement und notwendiger Anpassungen wurde der Waggonbau am 31. 12. 2005 geschlossen.
Über die wahren Gründe ließ sich damals nur spekulieren, dieses Buch wird dazu beitragen, Licht in das Dunkel zu bringen.
Jedoch, Ammendorf erlebte eine Auferstehung. Mit 40 Mitarbeitern startete 2006 die Maschinenbau und Service GmbH – seit 2009 erneut mit dem Namenszug Waggonbau Ammendorf im Firmenlogo. Die Schienenfahrzeugbautradition wird heute wieder mit mehr als 200 Mitarbeitern aufrechterhalten. Dem Herzblut einiger ehemaliger Waggonbauer ist es zu verdanken, dass der Waggonbau Ammendorf nicht nur in den Geschichtsbüchern zu finden ist, sondern auch wieder in den Tageszeitungen.

Aber war es nicht schon immer so, dass sich seit dem Firmengründer Gottfried Lindner alle Nachfolger wieder und wieder an neue Situationen anpassen mussten?
In der heutigen hastigen Zeit beschränken sich unsere Erinnerungen auf die letzten 25 Jahre. Doch was geschah alles in den 191 Jahren seit der Gründung des Waggonbau Ammendorf im Jahre 1823?

Dieses Buch wird auch diese Fragen beantworten können.

Uwe Albrecht
Geschäftsführer MSG/Waggonbau Ammendorf

Danksagung

Zahlreiche Personen und Institutionen haben wertvolle Hilfe für das vorliegende Werk geleistet. Ihnen soll hier gedankt werden:

Uwe Albrecht, Geschäftsführer MSG Waggonbau Ammendorf, Halle
Tahmine Bastany, Hamburg
Landesarchiv Berlin
Dr. Christina Böttcher, ehemals Martin Luther Universität Halle-Wittenberg
Prof. Dr. Burchard Brentjes (†), Berlin
Ulf Diener, Landesarchiv Merseburg
db-Museum Nürnberg
Birgit Frotscher, Halle
Johannes Frotscher, Halle
Eberhard Heinicke, Halle
Dr. Ralf Lusiardi, Landesarchiv Sachsen-Anhalt, Merseburg
Siegfried Herber, Ammendorfer Heimatfreunde
Jana Holenstein, Landesarchiv Sachsen-Anhalt, Merseburg
Annegret Jungnickel, Landesarchiv Sachsen-Anhalt, Merseburg
Fred Keitel (†), Halle
Matthias Koch, db-Museum Halle
Uwe Küster, Vorstandsvorsitzender AWO Sachsen-Anhalt
Katrin Lesche, Stadtbibliothek Halle
Angelika Laibl, Halle
Reinhardt Lindner, Halle
Deutsche Nationalbibliothek, Leipzig
Prof. Dr. Martin Petrick, IAMO Halle
Claudia Schreiner, mdr-Programmchefin Kultur/Wissenschaft
Sabine Schulz, Halle
Dieter Schultz, Halle
Stadtarchiv Halle
Prof. Dr. Manfred Straube, Leipzig
Oberstudiendirektorin Marianne Strenge, Halle
Universitäts- und Landesbibliothek Halle
Christian Wriedt, Vorstandsvorsitzender der Körber-Stiftung Hamburg

Einführung 5. Band

Wie werden die Bände eigentlich angenommen?
Die Reihe wird in ganz Deutschland gekauft, wie die abgebildete Karte zeigt.

Aktuelles von MSG Waggonbau Ammendorf
2017 war für MSG wieder ein erfolgreiches Jahr unter Uwe Albrecht, nicht nur für die Dienstleistungen. Der Engineering-Bereich unter der Leitung von Ralf Diebel entwickelte neue Flachwagen für den Servicebereich der Stadtwerke München (Abbildung unten).

Auszeichnung für »Das stählerne Herz von Halle«
Die Reihe »Das stählerne Herz von Halle wurde im Rahmen der Verleihung des Ur-Krostitzer Jahresrings mit einer Besonderen Anerkennung ausgezeichnet. Darüber freuen sich Sven Frotscher und Roland Schimek (RSB) natürlich sehr (Abbildung rechts).

Der MDR dreht eine Doku über den Betrieb
Schließlich interessierte sich auch wieder das Fernsehen für den Waggonbau Ammendorf. Sven Stephan vom MDR drehte eine Doku über den Betrieb mit Ausschnitten aus einigen der zahlreichen historischen Filme, Zeitzeugen wie Robert Bonan und Dieter Schultz sowie Sven Frotscher als Kommentator.

Namen
Auf vielfachen Leserwunsch haben wir – soweit dies möglich war – mehr Namen in die Reihe aufgenommen.

Viel Freude bei der Lektüre wünscht Ihnen
Sven Frotscher
Halle an der Saale, Dezember 2017

Inhaltsverzeichnis

1954: Fotoalbum als Ehrenpreis für den Wettbewerb der Großboote

Im Mai 2017 kam ein Neueingang im Landesarchiv Merseburg an. Es war das Fotoalbum, aus dem hier auszugsweise Bilder dargestellt werden (Abb. 1–15). Sie zeigen das typische Vorzeigebild jener Zeit. Zeitzeuge Leonhard Lutzke ist mit seiner Gitarre auch dabei (Abb. 7, Pfeil).[1–7]

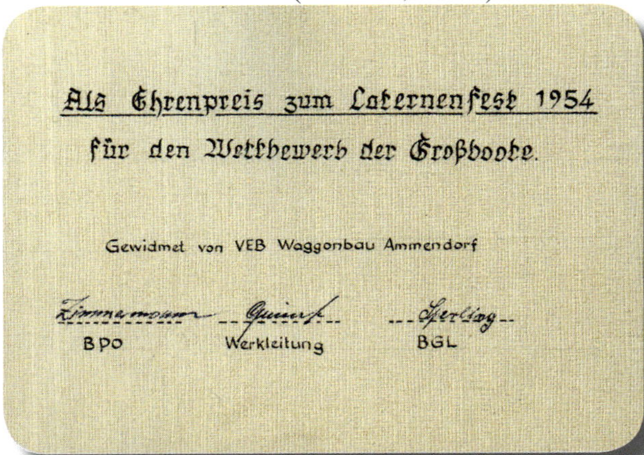
Als Ehrenpreis zum Laternenfest 1954
für den Wettbewerb der Großboote.

Gewidmet von VEB Waggonbau Ammendorf

BPO Werkleitung BGL

Abb. 1: Innentitel Fotoalbum, Ammendorf 1943.

Abb. 2: Lehrlinge mit Ausbilder, Ammendorf 1954.

Abb. 3: Qualifizierte Kollegin, Ammendorf 1954.

1. LASA, MER, I 567, Nr. 59400 Bl.1.
2. LASA, MER, I 567, Nr. 59400 Bl.2.
3. LASA, MER, I 567, Nr. 59400 Bl.3.

Abb. 4: Vorbauuntergestell schweißen, Ammendorf 1954.

Abb. 5: Schweißen des Daches, Ammendorf 1954.

Abb. 6: Werkmeister-Ernennung, Ammendorf 1954.

Abb. 7: Kulturensemble, vorn links Leonhard Lutzke, Ammendorf 1954.

4. LASA, MER, I 567, Nr. 59400 Bl.4.
5. LASA, MER, I 567, Nr. 59400 Bl.5.
6. LASA, MER, I 567, Nr. 59400 Bl.6.
7. LASA, MER, I 567, Nr. 59400 Bl.7.

Abb. 8: 1. Mai – Kundgebung, Ammendorf 1954.

Abb. 9: Aktivisten-Marsch, Ammendorf 1954.

Abb. 10: Volkstanzgruppe Festumzug, Ammendorf 1954.

Abb. 11: Schalmeienkapelle, Ammendorf 1954.

Abb. 12: Der 1. Omnibus verlässt das Werk, Ammendorf 1954.

Abb. 13: Wanderfahne an die Holzbearbeitung, Ammendorf 1954.

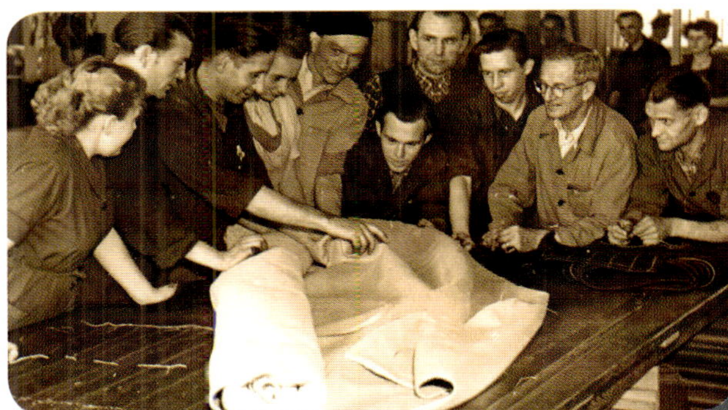

Abb. 14: Sattler bei der Produktionsberatung, Ammendorf 1954.

Abb. 15: Möbel aus Ammendorf, Ammendorf 1954.

8. LASA, MER, I 567, Nr. 59400 Bl.1.
9. LASA, MER, I 567, Nr. 59400 Bl.2.
10. LASA, MER, I 567, Nr. 59400 Bl.3.
11. LASA, MER, I 567, Nr. 59400 Bl.4.
12. LASA, MER, I 567, Nr. 59400 Bl.5.
13. LASA, MER, I 567, Nr. 59400 Bl.6.
14. LASA, MER, I 567, Nr. 59400 Bl.7.

Zeitzeugen
Leonhard Lutzke berichtet …

Leonhard Lutzke war lange im Waggonbau Ammendorf tätig, zunächst in der Fertigung, später auf dem Bauhof des Betriebes.

Woher kommen Sie?

*»Ich komme aus dem Gebirge, deshalb sehe ich so aus … aus Schlesien komme ich …
Ich bin dann am 11. 11. 1946 in Ammendorf ausgeladen worden«*

Das war ein Vertriebenen-Waggon?

»Ja, der Vater war Tischlermeister in einer Dorf-Tischlerei. Ich hatte auch in Schlesien Tischler gelernt. Und mit 15½ musste ich schon an die Grenze zum Befestigungsbau. Und da bin ich nie wieder zum Beruf gekommen, ich war gar nicht fertig … wir sind ja systematisch zum Verheizen geschickt worden, wir, die Letzten – ich bin 1928er Jahrgang –«

Abb. 16–20: Leonhard Lutzke

Wo hat man Sie da untergebracht?

»In der Regensburger Straße, das war garnicht weit vom Werk … vom Ammendorfer Bahnhof. Da waren wir aber nur ganz kurz und dann bekamen wir zu viert ein Zimmer bei einem Lehrer … ich bin in meinem Leben 13 Mal umgezogen, allein hier in Halle sechs oder sieben Mal … dann haben wir hier das Grundstück gekauft … vorn das Haus war eine Ruine … das ganze Gebäude ist von mir hochgezogen worden … was ich nicht konnte … in der DDR wurde doch getauscht: du kriegst ne Tür und ich krieg das – da war der Zusammenhalt verdammt menschlich. Es war einer doch auf den anderen irgendwie angewiesen.«

Wann haben Sie in Ammendorf angefangen?

»Ich habe hier angefangen bei Waggon FZ 26 … so 1949 im März war das gewesen und um Waggon 20.000 bin ich in den Reparatursektor gekommen (Bauhof, d. A.) … das waren etwa 22 Jahre in der Produktion und den Rest im Reparatursektor …«

Wie lange haben Sie gearbeitet?

»Ich war 63½ und habe eine schlechte Abfindung bekommen. Wäre ich ein halbes Jahr länger geblieben, hätte ich 25.000 Mark bekommen. So habe ich gerade sechs bekommen. Ich hatte doch aber schon eine komplette Werkstatt, ich wollte heim und wollte selber was machen … Ich liege so bei 1.200 Euro … Wir sind alle noch so weg gekommen (reibt die Hände aufeinander als Zeichen für ‚Glück gehabt' …)«

Was bedeutet Halle für Sie?

»Da wo ich her komme, lag die Armut und die Kinderarbeit in jeder Wiege … Ich war, als ich hier ankam, ein Hinterwäldler. Ich muss sagen, Halle hat aus mir … wie soll ich sagen … ich will ja nicht unhöflich sein … (Autor ergänzt: einen zivilisierten Menschen gemacht?, d. A.) … (lacht) ja, das war richtig. Da verdanke ich Halle wirklich viel. Hier habe ich viel viel viel gewonnen.«

Wie war das damals?

»Elend gewohnt … Hunger bekommen. Ich bin auf Arbeit gegangen und geschwankt vor Hunger. Ich hatte einen Haken, um Zuckerrüben vom Hänger zu hangeln … und glauben Sie mir, das hat so satt gemacht …«

Auch im Waggonbau?

»Nein, dann im Waggonbau gab es doch schon ein Mittagessen.«

Was haben Sie innen montiert?

»Ich habe da Fenster gemacht. Druckrahmen, immer so rein gedrückt. 22 Fenster waren das da.«

Wie empfanden Sie die DDR?

»Einiges wünschte ich mir zurück … Wissen Sie, ich war kein Roter … Mein Vater sagte: jetzt hast Du den Diktator Hitler überstanden und jetzt willst Du schon wieder in die Diktatur? … Ich habe da auf den Vater gehört, und er hat recht behalten.«

Haben Sie auch Massenbedarfsgüter gebaut als Tischler?

»Ja, ja wir haben Schränke gebaut und … Fernsehtischchen. Da war ich aber nur kurz, das war ein Jahr, da brauchten die da Leute.«

Was war mit der Kultur?

»Ich war in der Kulturgruppe Da ist der Chor, da vorn sitze ich mit der Gitarre!«

Wie haben Sie den 17. Juni 1953 erlebt?

»Das war an der Schiebebühne. Und dann standen da etwa 50 Mann und da kam ein Brigadier, ein Maler-Brigadier aus der Friedens-Halle und sagte:
'Was steht denn ihr hier rum? Macht euch an die Kläche (umgangssprachlich für Arbeit, d. A.).
Und das war der Funke. Die gingen wie eine Herde los. Eine Frau hat jämmerlich über die Verpflegung gewettert … Dann sind die durch die Halle gegangen … Ich glaube, mit 500 sind wir los gegangen … Mit 800 sind wir dann in Halle angekommen, da waren aber von allen Seiten Leute noch dazu gekommen …«

Aber der Betrieb hat nicht aufgehört zu arbeiten?

»Nein, nein, nein … ich hab das alles mitgemacht vor dem Roten Ochsen, ich habe das alles gesehen.«

Waren Sie da führend?

»Ich bin mitgelaufen.«

Sind Sie da hinterher verhört worden?

»Nein, nein, nein gar nichts, es ist nichts hinterher gekommen.«

Es war praktisch nur ein Tag und am nächsten Tag waren Sie schon wieder auf Arbeit?

»Ja, den nächsten Tag war ich schon wieder auf Arbeit. Sie haben nur die Fassadenkletterer vorgerufen. Sie haben die politisch Aktiven, da haben sie einige doch eingesperrt.«

Sie haben danach am 8. August 1953 ein Gedicht geschrieben?

»Am 8. 8. 53 geschrieben. Dieses Gedicht musste ich jahrelang in einem Balken verstecken, da ich unvorsichtigerweise es in falsche Ohren vorgelesen habe. Das war meine Meinung, da war ich etwa 25 Jahre alt. Ich mache ja das heute noch.«

Und dann die Geschichte mit Weihnachten, die wollten Sie unbedingt erzählen?

»Heilig Abend bis um 6 im Waggonbau. Fast alles Aussiedler, der einzige Deutsche arbeitete hinten an der Tür. Nach 3 Uhr fingen wir an, Weihnachtslieder zu singen … Der deutsche Franz kam dann mit Hammer und Stemmeisen auf uns zu und sagte ‚Habt ihr denn noch nicht genug?' Wir verstanden das nicht. Er erzählte es uns, dass er im Krieg Weihnachten ein traumatisches Erlebnis hatte (Mittelfront, 400 Tote, danach in die verlassenen Häuser mit Weihnachtsbäumen) und das erinnerte ihn daran.«

Zeitzeugen
Robert Bonan berichtet …

Robert Bonan (*1947) ist ein interessanter Gesprächspartner, weil er dynastisch verbunden ist mit dem Waggonbau Ammendorf (sein Vater war ökonomischer Direktor). Außerdem hatte er verschiedene Positionen inne und war nach der Wende in führenden Funktionen während des Übergangs verantwortlich.

Der Name Bonan war ja schon vor Ihnen bekannt im Werk, Ihr Vater war der ökonomische Direktor?

»Unter anderem … der war im Laufe der Jahre auch Planungsleiter und ja. Wir sind drei Brüder gewesen. Alle sind irgendwann Waggonbauer. geworden«

Wie war das mit Ihrem Vater?

»Mein Vater ist aus dem Krieg gekommen als junger Matrose, hat Glück gehabt – aus seiner Klasse in der Wittekindschule haben nur drei Mitschüler den Krieg überlebt. Er hat Elektriker gelernt und in seiner Freizeit Fußball gespielt, dort, wo jetzt der VfL spielt … Sein Trainer ging dann mit Teilen der Mannschaft zu Motor Ammendorf und alle bekamen eine Arbeitsstelle im Waggonbau … Dort hat er eine kaufmännische Lehre gemacht und in der Planungsabteilung gearbeitet. Anschließend ist er zum Fernstudium nach Berlin gegangen, hat als Diplom-Ökonom in Karlshorst abgeschlossen. Dann ging das mit der Karriere los. Bei Schneider vor allem, der mein Patenonkel war (zeigt Bilder seiner Jugendweihe, Abb. 26, d. A.)«

Abb. 21–25: Robert Bonan

Schneider war wichtig für die Karriere?

»Ja, die waren ja befreundet, Schneider und meine Eltern … Schneiders erste Frau war auch Kunsterzieherin und hat mit meiner Mutter am Institut für Lehrerbildung studiert … Später hat er sich scheiden lassen und ging dann mit einer Ärztin aus unserer Betriebspoliklinik nach Berlin als stellvertretender Minister.«

Wie fanden Sie ihn persönlich?

»Er war sehr zugänglich und ziemlich kulturaffin. Der war im Vergleich zu allen anderen Werkleitern, die ich danach kennenlernte – von Erwin Ernst abgesehen – der Schöngeist.«

Wie kamen Sie nach Ammendorf?

»Erst haben wir zu 5 in der Auenstraße in einer 2-Raum-Neubauwohnung gewohnt … wir sind dann nach Ammendorf gezogen in die Steinstraße. 4 Minuten entfernt vom Waggonbau. Ich bin in die Neubauer-Schule gegangen. Marxens wohnten unter uns im gleichen Haus (Manfred Marx war Parteisekretär der SED und kurzzeitig Werkleiter, d. A.) Ich war immer Babysitter für den jüngsten Sohn – die hatten 3 Kinder – der war Schlafwandler. In dem Haus wohnten alles Waggonbauer …«

Wie denken Sie über Fritzsche?

»Als ich mir das (die Bücher, d. A.) durchgelesen habe, hatte ich den Eindruck, mit Fritzsche kam das ganze Soziale, die Ferienheime und so und ich habe eigentlich Fritzsche als den absolut unangenehmsten Werkleiter wahrgenommen. Der hat die anderen machen lassen …«

Haben Sie das auch selbst erlebt?

»Ja, mein Vater hat geschäumt, wenn er abends 21.30 Uhr angerufen wurde und in die Klubgaststätte musste, weil der Schnaps alle war …«

Zurück zum Zeitzeugen …

»Da kamen dann natürlich mein Vater und meine Mutter: ‚Junge, komm in den Waggonbau!‘«

Abb. 26: Werkleiter Helmut Schneider (links) bei Roberts Jugendweihe (rot eingekreist) auf dem Fuchsberg Halle 1961[15]

Sie wollten das zunächst gar nicht …

»Genau, das wollte ich nicht. Im UTP war ich schon im Waggonbau, hinten in der Eisenzuschneiderei. Das war eine fürchterliche Arbeit, an einer Säge stehen und alles stank da nach Bohrmilch. Ich wollte als Kind Tierarzt werden und war schon damals ornithologisch interessiert … Also habe ich eine Lehre als Rinderzüchter im Volksgut Seeben angefangen 1964 bis 1966. Danach habe ich ein Jahr als Melkergehilfe gearbeitet und hatte schon einen Studienplatz für ein veterinärtechnisches Studium in Naumburg in der Tasche.«

Warum gab es dann kein Studium?

»Durch das Studium hat mir das Wehrkreiskommando einen Strich gemacht. Ich könne ja nach dem Ehrendienst studieren, sagte man mir. Ich kam nach Rummelsburg ins 35. Grenzregiment. Berlin war aber für mich ein positiver Kulturschock … In Berlin das war – von der Uniform abgesehen – ein Traum … «

Was passierte nach Ihrer Entlassung von der Armee?

»Ich bin dann wieder zurück gekommen und das war dann echt schwierig, wieder bei meinen Eltern und früh um 4 raus nach Beesen zu fahren, wo ich mittlerweile als Meister in der Rinderzucht arbeitete.«

Ein Mädchen hat Sie dann überzeugt?

»Ja, ich hatte da eine Praktikantin von der Reichwein-Schule. Damals die große Liebe. Sie: ‚Robert, in Dir steckt doch mehr, das ist doch hier eine Sackgasse' – alles das, was meine Eltern mir gesagt hatten, aber bei ihr hat es funktioniert …«

Und blieben Sie zusammen?

»Nein, sie ist dann später Zahnärztin geworden, ich habe sie leider aus den Augen verloren …«

Wann fingen Sie an als Waggonbauer?

»Ich habe dann im September 1969 im Waggonbau Ammendorf angefangen als Maschinenarbeiter in der Holzbearbeitung. Ich habe dort wirklich schwer an der Presse gearbeitet, wo diese großen Abteilwände von zwei Leuten von Hand gedreht wurden. Oder dann beim Fußboden tauchen, da wurde mit Hylotox gearbeitet – der ganze Bereich stank nach dem Zeug. Dann gab es Pyrolan, das war ein Feuerschutz, ein graues Zeug, was da aufgespritzt wurde, das ist auch giftig gewesen. In der Nachtschicht wurden Ofenraumwände, das waren Stäbchenplatten mit Furnier, mit Asbestplatten belegt. die ein bisschen feucht gemacht wurden, damit es beim Aufnageln nicht so staubt.«

Wie dann weiter, Sie haben doch noch studiert oder?

»Dann habe ich aber gleich – das war sicherlich auch die Chance, die ich durch meinen Vater hatte, den jeder kannte – eine Ausbildung zum Tischler gemacht (Gesellenstück: eine selbst konstruierte furnierte Flurgarderobe). Am Ende der Lehre war klar, dass ich mich in Dresden an der Ingenieurschule für Holztechnik bewerbe. Das Studium habe ich dann berufsbegleitend absolviert, mit Fördervertrag und Büchergeld und so. 1973 ist das gewesen.«

15. Archiv Robert Bonan

Was passierte nach dem Studium?

»1974 bin ich dann von der W-Halle in die Technologie als Fertigungstechnologe gegangen. 1976 habe ich ein 12-wöchiges Zusatzstudium als Plastanwendungsingenieur absolviert.«

Ging die Karriere so weiter?

»Mein Chef wollte mich als sein Nachfolger aufbauen. Aber: mir hat die Technologie nicht so gefallen. Weil ich nicht ausgefüllt war, hatte ich schon vorher nebenberuflich in der Betriebsakademie als Lehrer gearbeitet. Werkstoffkunde und Technologie habe ich da unterrichtet. Da hat dann der Direktor gesagt: ‚Jetzt kommen 100 Mosambikaner, das wäre doch was für dich' … Dadurch bin ich 1981 in die Betriebsakademie gewechselt. Da war ich dann bis 1986. Zwischendurch habe ich dann noch an der TU Dresden Berufspädagogik berufsbegleitend studiert. In den ganzen Jahren habe ich mich in der BGL als Leiter der Kulturkommission, Leiter der Kinderkommission und von 1980 bis 1990 in der Redaktionskommission der Bahn frei! engagiert … « (Abb. xxx).[xxx]

Und dann ab 1986 wieder was Neues?

»Ja, weil die Klubhausleiterin zum Stadtvorstand gegangen war … das ging da nicht weiter, die brauchten also einen, der das Klubhaus neu ordnet … so bin ich dann Klubhausleiter geworden … Klubhausleiter war der absolute Job. Das hätte ich bis an mein Lebensende weiter machen können. Das war das, was mich voll ausgefüllt hat. Im Nachhinein habe ich das alles zu idealistisch gesehen.«

Und Sie waren dann während der Wende Klubhausleiter?

»Klubhausleiter und Lagerleiter für die Kinderferienlager. Wir haben da noch eine große Festveranstaltung im Volkspark zum 40. Jahrestag gemacht in mehreren Sälen mit drei Bands. Dann ging das aber los. In vielen Bereichen gab es Kollegen, die ausgereist sind. Nach der Wende ging der Abbau weiter.«

Was wurde da aus Ihnen?

»Ich war zunächst Hauptabteilungsleiter Beschäftigungsbedingungen und später Abteilungsleiter Sozialwesen. Der vorhergehende Hauptabteilungsleiter hatte mit einem Automatenbetreiber aus Osnabrück gemeinsame Sache gemacht, das Werk mit Automaten bestückt und dann eine eigene Firma gegründet. Das habe ich dann übernommen. Insgesamt hieß das Beschäftigungsbedingungen … Im Grunde genommen war ich dann der Abwicklungsbeauftragte für den sozialen Teil.« (Abb. 27–29).

Und dann kam McKinsey?

»Ja, ja. Die haben eine ‚Zero-Base'-Analyse gemacht (alles auf Null stellen und dann schauen, was man wirklich für die Produktion und den Vertrieb braucht, d. A.). Die DWA wurde gegründet am 29. 8. 1991 … «

Wo gab es den größten Abbau bei den Waggonbauern?

»Das ist durch alle Bereiche gelaufen … in der Größenordnung des Abbaus aber ist meine Struktur die größte gewesen. Es ging um einen Abbau von vorher 228 am 1. 7. 1991 auf nachher 21 am 1. 2. 1993 …« (Abb. 33)

Wie war das konkret, wo sollten die Leute hin, wer machte Vorschläge?

»Z. B. meine Vorschläge: Übergabe des Aufgabengebietes Dekorateur an Firma Tennemann; Übernahme des Betriebskindergartens II Fichteplatz durch die Kommune … Auflösung Klubhausbibliothek, 2,8 Mannjahre, 0,8 soll bleiben, um die Bibliothek in eine Videothek umzuwandeln so war das damals …«

Wie lange haben Sie das gemacht?

»Das habe ich bis etwa 1992 gemacht und dann war ich kurz vor einem Burnout. Das war ein Höllenritt von der angenehmsten Arbeit meines Lebens als Klubhausleiter zum Vollstrecker der notwendigen Sanierungsaufgaben, wir kannten uns fast alle und waren per DU …«

Aber es war ökonomisch notwendig?

»Nur mal ein Beispiel dazu. Klubhaus, so schön das war, meine Kulturkommission, wir haben alle möglichen Sachen gemacht: Theaterfahrten, Salinemuseum, Neues Theater (haben dort beim Aufbau mit geholfen). Das ist alles teilweise während der Arbeitszeit gelaufen. Wir haben Buchlesungen gemacht mit bekannten Schriftstellern. 15 Uhr war Schluss für die produktiven Arbeiter. Es wäre keiner 15 Uhr zum Feierabend gekommen. Also hat die Veranstaltung als Kompromiss 14.30 Uhr angefangen. Die kamen dann aus Interesse oder sie wurden von ihrer Brigade geschickt, um einen Artikel für das Brigadetagebuch zu schreiben, wo es für die besten Tagebücher Geld aus dem K+S-Fonds gab.«

Was passierte mit dem Klubhaus?

»Das Klubhaus ist wie ein Kartenhaus in sich zusammen gefallen. Aber: als die Menschen dann Geld dafür bezahlen sollten – lächerliche Beträge –, da ging das schon schief. Zum Beispiel Kindertanzgruppe, für 2 Stunden wöchentliche Tanzbetreuung mit Pianisten und Tanzpädagogin, habe ich pro Kind 5 DM pro Monat verlangt. ‚Warum sollen wir Geld dafür bezahlen?' war die entrüstete Reaktion …«

Wie ging es 1993 und 1994 weiter?

»Nach der Wende wurden die IHK, LVA usw. gebildet. Der Chef hat mich als Arbeitgebervertreter zur LVA geschickt. Das war eine gute Brücke, da war ich im Personalausschuss und im Bauausschuss. Da habe ich viele Leute des WBA unterbringen können. Im Rahmen der Berufsförderung wurde Halle einer der drei Standorte für das Berufsförderungswerk für Blinde und Sehbehinderte. Die betreuenden Beauftragten aus dem Westen wollten aber nur den Grundaufbau machen … Dann suchte man nach einem Geschäftsführer, aber das wollte kaum jemand aus dem Westen machen. Da hat mich dann die stellvertretende Chefin der LVA angesprochen. So bin ich 1994 zum Geschäftsführer des Berufsförderungswerkes Halle geworden und habe diese Aufgabe bis zu meinem Ruhestand mit Freude erfüllt …«

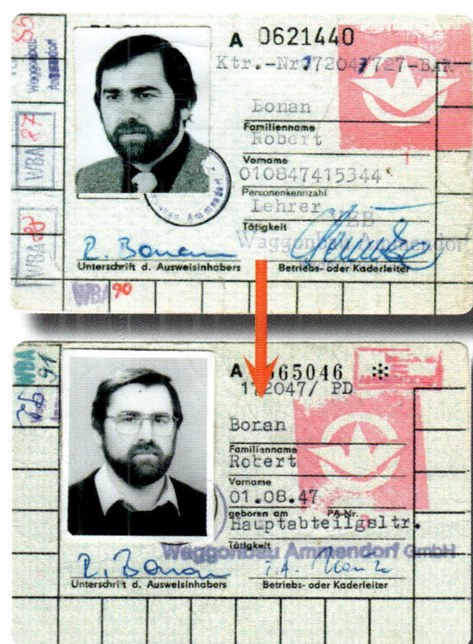

Abb. 30–31: Werksausweise Robert Bonan[17]

Abb. 27–29: Visitenkarten Robert Bonan[16]

16. Archiv Robert Bonan
17. Archiv Robert Bonan

Wie entsteht eine Bahn frei! ?
BONAN arbeitete um 1983 als Redakteur der Bahn frei! und hat einen Gestaltungsentwurf aufgehoben (Abb. 32).[18]

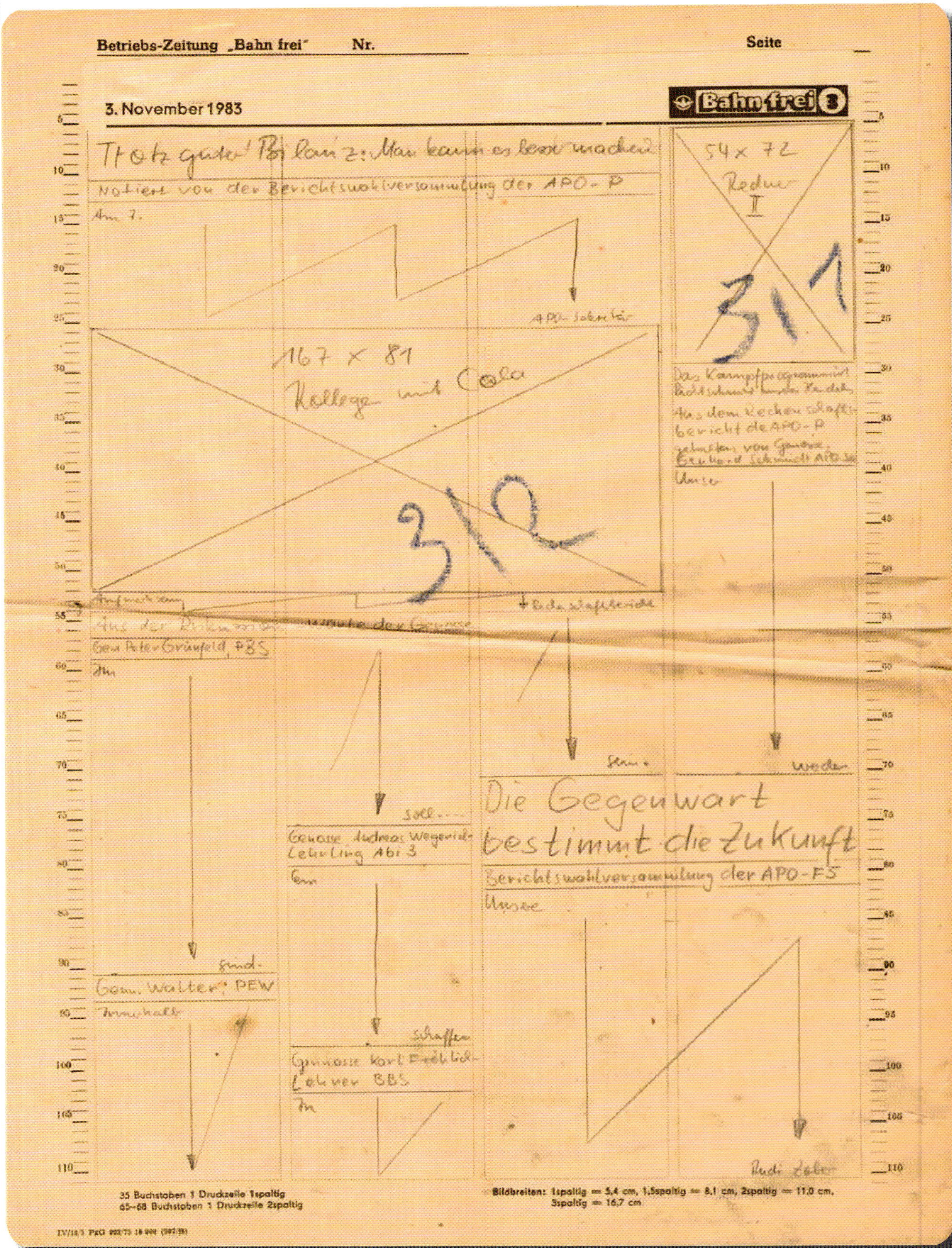

Abb 32: Layout-Entwurf für eine Bahn frei!, Ammendorf 1983.

18. Archiv Robert Bonan

McKinsey war da
Abbau der Abteilung UE 4 von 228 Personen am 1. Juli 1991 auf 21 Personen im Februar 1993. Es war »*brutal*« wie Zeitzeuge ROBERT BONAN berichtete. Allerdings war dies auch der ganze soziale Bereich, den es so in wohl keinem westdeutschen Unternehmens gegeben hat (Abb. 33).[19]

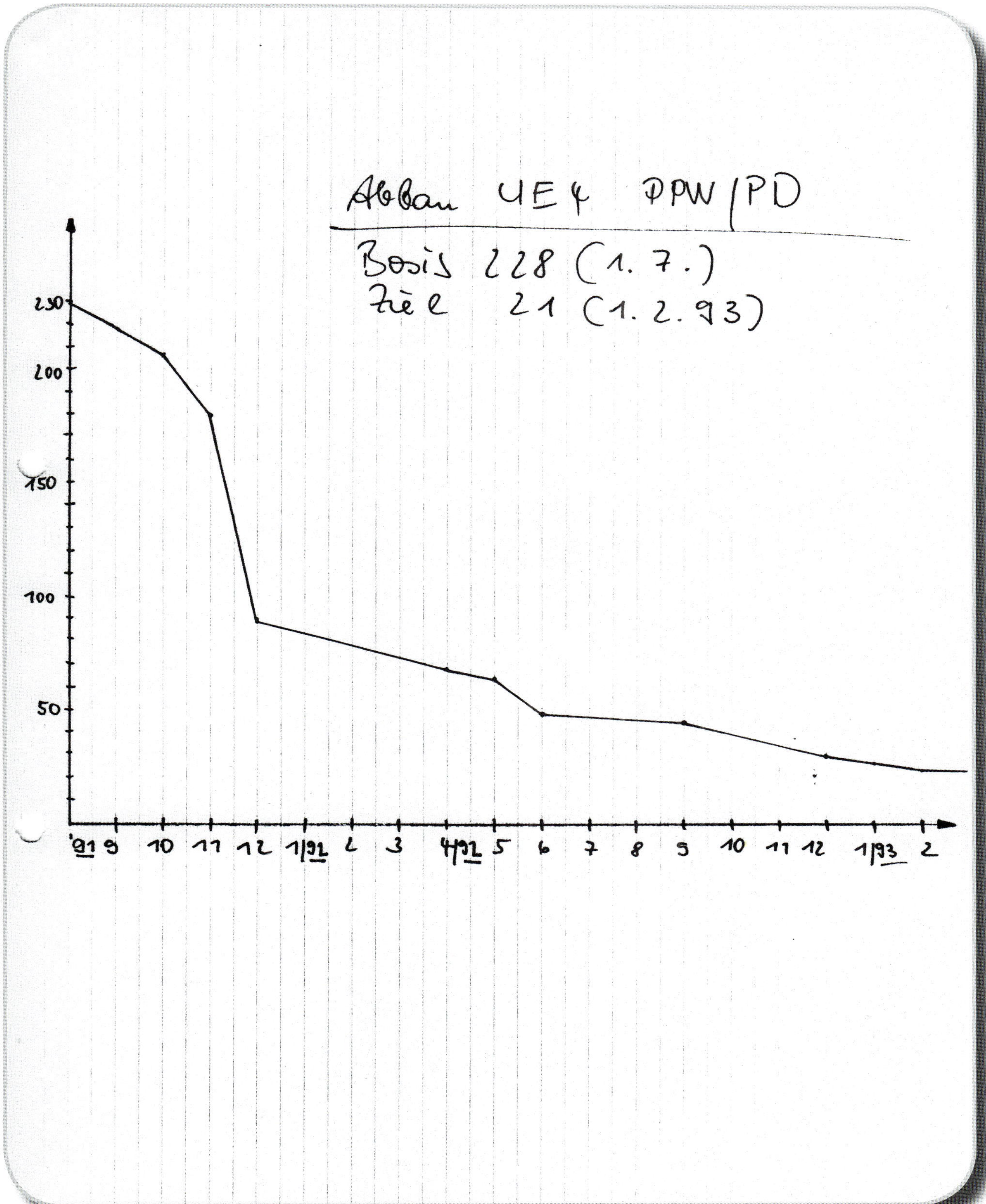

Abb 33: Abbau-Grafik, Ammendorf 1991.

19. Archiv Robert Bonan

Es ging alles viel schneller …

Statt Jahrespläne gab es hier nach einem Monat die Investition. Man erwartete eine Amortisation nach acht Monaten. Es ging um das Sortieren von Stamm- und Bewegungsdaten (Abb. 34).[20]

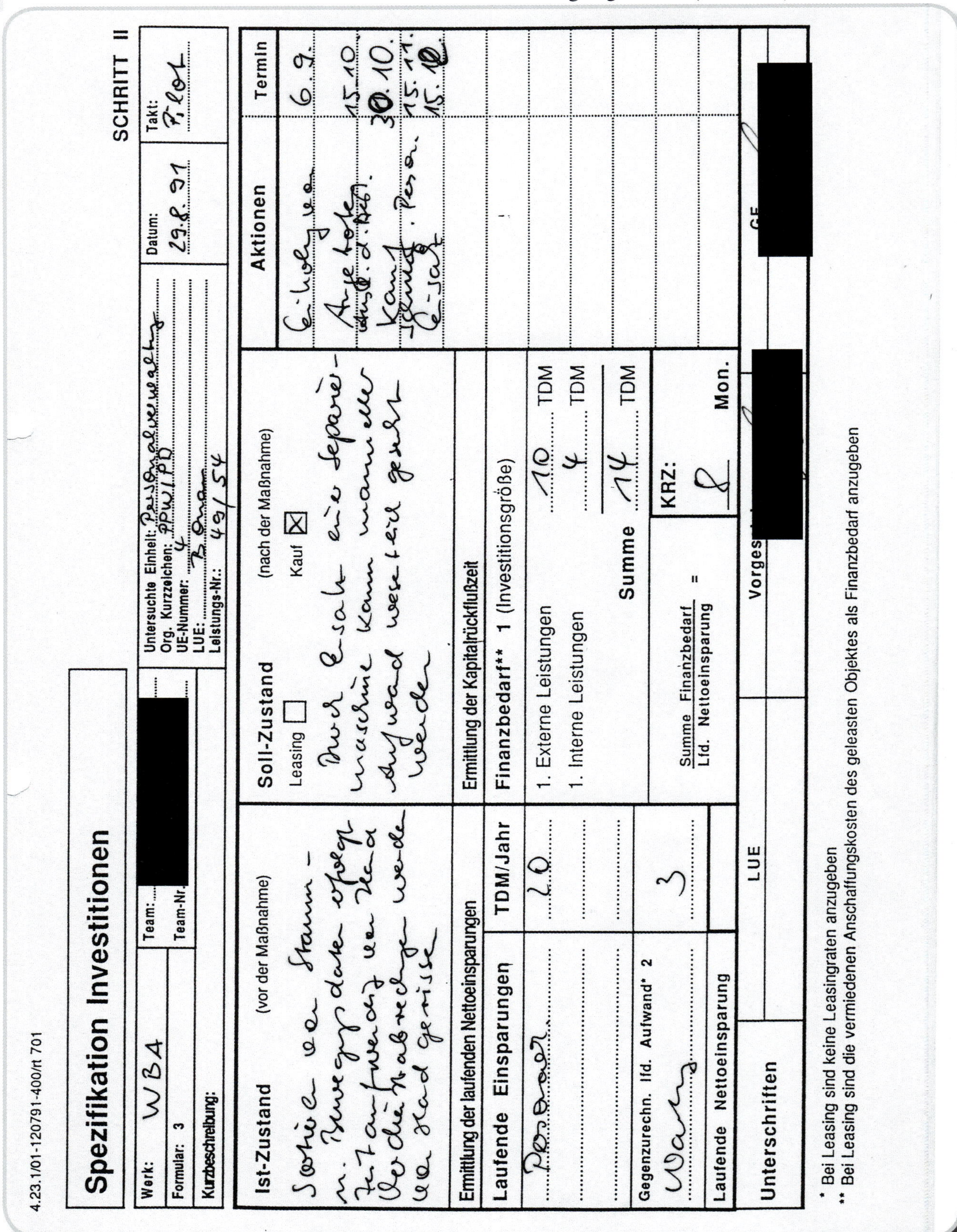
4.23.1/01-120791-400/rt 701

Spezifikation Investitionen

SCHRITT II

Werk: WBA | Team: [redacted]
Formular: 3 | Team-Nr. [redacted]
Kurzbeschreibung:

Untersuchte Einheit: Personalverwaltung
Org. Kurzzeichen: PPW/PD
UE-Nummer: 4
LUE: Bonan
Leistungs-Nr.: 49/54

Datum: 29.8.91
Takt: Pilot

Ist-Zustand (vor der Maßnahme)	Soll-Zustand (nach der Maßnahme)	Aktionen	Termin
Sortieren von Stamm- u. Bewegungsdaten erfolgt zeitaufwendig von Hand. Vor die Abrechnungen werden von Hand gerissen	Leasing ☐ Kauf ☒ Durch Einsatz einer Separiermaschine kann manueller Aufwand wesentlich gesenkt werden	Einholung von Angeboten	6.9.
		Ausw. d. Ang.	15.10.
		Kauf	30.10.
		Schulung Person.	15.11.
		Einsatz	15.12.

Ermittlung der laufenden Nettoeinsparungen

Laufende Einsparungen	TDM/Jahr
Personal	20
Gegenzurechn. lfd. Aufwand* 2: Wartung	3
Laufende Nettoeinsparung	

Ermittlung der Kapitalrückflußzeit

Finanzbedarf** 1 (Investitionsgröße)

1. Externe Leistungen 10 TDM
1. Interne Leistungen 4 TDM
Summe 14 TDM

Summe Finanzbedarf / Lfd. Nettoeinsparung = KRZ: 8 Mon.

Unterschriften: LUE | Vorges[redacted] | GE [redacted]

* Bei Leasing sind keine Leasingraten anzugeben
** Bei Leasing sind die vermiedenen Anschaffungskosten des geleasten Objektes als Finanzbedarf anzugeben

Abb 34: Rationalisierungs-Investition, Ammendorf 1991.

20. Archiv Robert Bonan

Siegfried Hauschild dankt …

Die schwierige Abbau-Arbeit gelang nicht immer. Hauschild dankte seinen Mitarbeiten für die Kooperation (Abb. 35).[21]

Von: Siegfried Hauschild, Geschäftsführer der Waggonbau Ammendorf GmbH

Memorandum an die Mitglieder des Projektes "Zero-Base-Analyse" bei der Waggonbau Ammendorf GmbH

Die Entscheidung des Vorstandes der Deutschen Waggonbau AG war es, zur Herstellung der nachhaltigen Wettbewerbsfähigkeit der Deutschen Waggonbau AG in allen Finalbetrieben eine Zero-Base-Analyse durchzuführen.

Die Geschäftsführung der Waggonbau Ammendorf GmbH trägt diese Entscheidung mit, um die dauerhafte Export- bzw. Überlebensfähigkeit des Betriebes zu sichern. Für Ihre Hilfe auf diesem schwierigen und harten, jedoch unumgänglichen Weg möchte ich mich schon jetzt im Zwischenstadium des Projektes bei Ihnen bedanken.

Gestern hatte ich zusammen mit Herrn Mann Gelegenheit, mich von McKinsey & Company, Inc. über den derzeitigen Stand der Arbeit informieren zu lassen.

Zusammengefaßt wiedergegeben verläuft der Zero-Base-Analyse sehr erfolgreich. Bei der überwiegenden Mehrheit der Untersuchungseinheiten ist die Erreichung der Zielsetzung abzusehen. Bei einigen wenigen Einheiten ist dies leider noch nicht sichergestellt, und es bestehen noch gravierende Abweichungen zum Ziel.

Die Geschäftsführung geht davon aus, daß die Beteiligten bis Freitag Mittag mit konstruktivem Einsatz Probleme lösen und Vorstellungen zur Erreichung der Zielvorgaben erarbeiten. Dies ist für den zukünftigen Stand unseres Unternehmens dringend erforderlich.

Halle, 28. 08. 1991

Hauschild

Abb 35: Hauschild-Brief, Ammendorf 1991.

21. Archiv Robert Bonan

Vom 20. 11. 1967 stammt eine interessante Konzeption über die NÖP-Absatzpolitik, die hier in Auszügen zitiert werden soll. FRITZSCHE selbst war nach Aussagen seiner Tochter maßgeblich an der Konzeption der Neuen Ökonomische Politik beteiligt.

Inhalt

1. Einleitung
2. Stellung des Betriebes im Rahmen Außenwirtschaftstätigkeit der DDR
3. Ziel der Ausarbeitung
4. Die Prinzipien der neuen Absatzpolitik
4. 1. Marktforschung
4. 2. Werbung
4. 3. Preise und Exportrentabilität
4. 4. Angebotstätigkeit und Vertragsabschluß
4. 5. Auftragsrealisierung
4. 6. Kundendienst
5. Entwicklung der Absatzbeziehungen zur stärkeren Übernahme der Außenwirtschaftsfunktion
6. Schlußbetrachtungen

Einleitung

»In der Absatz- bzw. Außenwirtschaftstätigkeit wird in entscheidendem Umfange über die Rentabilität der Produktion entschieden. Auf dem VII. Parteitag stellte hierzu W. Ulbricht fest, daß ›eine unseren großen Reserven in der Erhöhung des Nutzeffektes der Außenwirtschaft liegt‹ und begründete die Notwendigkeit einer erhöhten außenwirtschaftlichen Aktivität mit gleichzeitiger stärkerer Konfrontation der Exportbetriebe mit den Bedingungen des Weltmarktes …«[20]

Stellung des Betriebes im Rahmen Außenwirtschaftstätigkeit der DDR

»Seit 1948 fertigt der Betrieb fast ausschließlich Weitstrecken-Personenwagen für den Export in die UdSSR. Im Rahmen des Industriezweiges Schienenfahrzeuge ist er auf der Grundlage der staatlichen langfristigen Handelsvereinbarungen für diese Fertigung spezialisiert. Etwa Ende des ersten Quartals 1968 wird der 10.000 WPW an die Sowjetunion zur Auslieferung gebracht. In den letzten 12 Jahren konnte ein Exportumsatz von 2,3 Mrd. VM (Valuta-Mark, d. A.) erreicht werden. Damit wurden etwa 95% der Gesamtproduktion exportiert. Der Betrieb erreichte damit einen Anteil am Gesamtexport der DDR von etwa 2% und zählt zu den 10 größten Exportbetrieben der Volkswirtschaft. Hinsichtlich des Standes … der Exportrentabilität nimmt er unter den großen Exportbetrieben einen vorderen Platz ein. Die Gestaltung der Effektivität der Außenwirtschaftstätigkeit des Betriebes ist unter Beachtung des Exportvolumens von erheblicher volkswirtschaftlicher Bedeutung.«[21]

Marktforschung

»Über eine zielgerichtete Markt- und Preisforschung sind die Voraussetzungen für eine markt- und bedarfsgerechte Produktion zu schaffen. … Der gegenwärtige Stand der Marktforschung im Betrieb löst diese Aufgabe noch nicht. Erst vor einem Jahr wurde begonnen, eine betriebliche Marktforschung aufzubauen. Sie ist noch vorwiegend auf Bedarfsermittlung orientiert und zu stark in die Aufgaben der IfS-Marktforschung einbezogen.«[22]

Was tun?

»Es ist erforderlich, das Aufgabengebiet der betrieblichen Marktforschung zu erweitern und in der weiteren Tätigkeit folgende Prinzipien durchzusetzen:
- Ausschließliche Betriebsbezogenheit der Aufgabenstellungen und Einbeziehung der Hauptzulieferungen
- Studium der Einsatz- und Wartungsbedingungen sowie der besonderen technischen Anforderungen des Betreibers der Fahrzeuge
- Erforschung des Anwendernutzens bei neuen Typen bzw. Weiterentwicklungen
- Ständige Beobachtung der Konkurrenztechnik und -preise«[23]

20. LASA, MER, VEB Waggonbau Ammendorf, Nr. 54036.
21. LASA, MER, VEB Waggonbau Ammendorf, Nr. 54036.
22. LASA, MER, VEB Waggonbau Ammendorf, Nr. 54036.
23. LASA, MER, VEB Waggonbau Ammendorf, Nr. 54036.

Was tun? Teil 2

»… - Aufbau einer Preisforschung mit Analyse der Veränderung der Weltmarktpreise …
- Weiter Systematisierung der Informationsauswertung unter organisierter Zusammenarbeit mit Außenhandel, IfS, Erzeugnisgruppe, Hauptzulieferern und Betriebsabteilungen
- Durchführung spezieller Marktbesuche und Besuche von Auslandsmessen
- Einbeziehung von anderen Reisegruppen sowie KD-Stützpunkt Moskau in die Aufgaben der Marktforschung
- Erarbeitung komplexer Marktanalysen einschließlich Konkurrenzeinschätzung mit halbjährlicher Ergänzung bzw. Überarbeitung
- Vorbereitung erforderlicher Werkleitungsentscheidungen sowie Zuarbeit für Betriebsprognosen, Perspektivpläne und dergleichen
- Langfristige Orientierung für Forschung und Entwicklung bei gleichzeitiger Vorgabe von technischen und ökonomischen Parametern
- Komplexe Angebotsorientierung
- Orientierung über Weltstandsaufwand«[24]

Preise und Exportrentabilität

»Neben der Preisbildungstätigkeit entsprechend der bestehenden verbindlichen Anordnung liegt die besondere Aufgabe der Preisarbeit in der rechtzeitigen – möglichst verbindlichen – Preiseinschätzung vorgesehener Entwicklungen bzw. Fertigungen. Ausgehend von Preis- und Rentabilitätsanalysen sind Schlußfolgerungen … zur Erreichung einer exportrentablen Fertigung bei gleichzeitiger Sicherung der Eigenerwirtschaftung der Mittel für erweiterte Reproduktion abzuleiten. Die betriebliche Preisarbeit ist noch ausschließlich orientiert auf die Vorkalkulation von Angeboten sowie die Erarbeitung von Preisanträgen. Preis- und Rentabilitätsanalysen werden nur gelegentlich angefertigt, wobei diese Arbeiten dann unzureichend vorbereitet bzw. koordiniert sind. Auf diesem Gebiet ist eine dringende Neuorientierung … durchzusetzen:
- Systematische Analyse der Wirkung der neuen IPR-Preise
- Ständige Beobachtung der Höhe und Struktur von Preis zu Kosten und zu Weltstandsaufwand
- Laufende Faktoranalyse zur Entwicklung der Exportrentabilität
- Aufdecken der Rückstände für die Erreichung der Exportrentabilität bzw. des Weltstandsaufwandes nach Kostengruppen bzw. Hauptzulieferungen
- Halbjährliche Vorgabe von Weltstandsaufwand bzw. Zielstellungen über Ö an TK, TV, F und über K an die Hauptzulieferer
- Für neue Erzeugnisse bzw. Bauartänderungen sind für Angebot und Vertrag bereits verbindliche Preise auf der Grundlage fortschrittlicher Kennziffern zu erarbeiten, um die endgültige bzw. Mindesthöhe der Exportrentabilität bereits bei Abschluß des Exportvertrages zu sichern.
- Jede technische Änderung ist vor Einführung hinsichtlich ihrer ökonomischen Auswirkung zu kalkulieren und bedarf der Bestätigung des Bereiches Absatz.
- Neue Erzeugnisse und Weiterentwicklungen sind erst zu bestätigen, wenn mindestens die gleiche durchschnittliche Rentabilitätsrate wie bisher gesichert werden kann.
- Vorbereitungen zum Übergang auf neue Preisformen, wie: degressive Preise bzw. fondsbezogene Preise in Verbindung mit Preisplanung …
- Mitwirkung bei der Erarbeitung neuer Rentabilitätskennziffern unter Anwendung neuer Normative, wie: Exportrückvergütung, Exportförderungsprämie, objektgebundene Haushaltsstützung, Veränderung von Exportprämie bzw. Währungskoeffizient und der gleichen.«[25]

24. LASA, MER, VEB Waggonbau Ammendorf, Nr. 54036.

25. LASA, MER, VEB Waggonbau Ammendorf, Nr. 54036.

Langfristige Angebotstätigkeit

»- Gegenüber der UdSSR sind die jeweiligen Perspektivzeiträume umfassende Angebote zum Zwecke langfristiger Lieferverträge auszuarbeiten und im 3. Jahre vor Beginn des Perspektivzeitraumes zu übergeben. Es muß so detailliert sein, daß es die erforderliche Grundorientierung für Käufer, Finalproduzent und Zulieferindustrie gewährleistet.

- Die Jahresangebote bzw. die Konkretisierungsangebote zum langfristigen Vertrag sind 18 Monate vor Beginn des Lieferjahres zu übergeben, um den (endgültigen) Vertragsabschluß spätestens zur jeweils folgenden Frühjahrsmesse zu ermöglichen.

- Mit VVB und Außenhandel ist jährlich bis zur LFM für die folgenden 12 Monate das Länderprogramm (Angebote, Verhandlungen, Reisen, Reisegruppen und dergleichen hinsichtlich Zeitpunkt und Land) zu vereinbaren.«[26]

Entwicklung der Absatzbeziehungen

»Die Erhöhung der Effektivität der Außenwirtschaftstätigkeit erfordert die stärkere Konfrontation der Exportbetriebe mit den Bedingungen des Weltmarktes, wobei zwangsläufig die Exportgroßbetriebe teils voll und teils in erheblichem Umfange unmittelbar Außenwirtschaftsfunktionen übernehmen. Offensichtlich ist entsprechend der Struktur des Industriezweiges Schienenfahrzeuge zu erwarten, daß die Übernahme dieser neuen Aufgaben sich in ähnlicher Weise, wie gegenwärtig als Experiment beim Industriezweig Schiffbau, als zweckmäßig erweisen. Die in den vorstehenden Abschnitten formulierten Prinzipien der neuen Absatzpolitik des Betriebes sind unabhängig von der ›äußeren‹ Übernahme bestimmter Außenwirtschaftsfunktionen entsprechend der erforderlichen ›inneren‹ Neuorientierung der betrieblichen Absatzpolitik umgehend zu realisieren.«[27]

26. LASA, MER, VEB Waggonbau Ammendorf, Nr. 54036.
27. LASA, MER, VEB Waggonbau Ammendorf, Nr. 54036.

Weitere Außenwirtschaftsfunktionen

»Zur Vorbereitung auf die Übernahme weiterer Außenwirtschaftsfunktionen ist … folgender Weg zu beschreiten:

- Mit der VVB Schiffsbau bzw. einer Großwerft sollte ein laufender Erfahrungsaustausch zu der Gesamtproblematik eingeleitet werden (eventuell VVB Schienenfahrzeuge einbeziehen)

- Im Ergebnis der ständigen Erfahrungsaustausches sind zwei Varianten der über die Prinzipien laut Abschnitt 4 hinausgehenden neuen Aufgaben herauszuarbeiten und zwar

a) bei voller Übernahme der Außenwirtschaftsfunktion durch den Betrieb und

b) bei Aufteilung der Außenwirtschaftsfunktion auf VVB (Exportkontor) und Betrieb und mit dem AHB abzustimmen.

- Unter Berücksichtigung der Vorvereinbarung ist zu ermitteln, welche Voraussetzungen im Betrieb noch zur vollen Erfüllung der Aufgaben der Variante a) zu schaffen sind und Lösungsvorschläge hierzu erarbeiten.

- Die voraussichtlichen Auswirkungen auf das Ergebnis bzw. einheitliche Ergebnis aus Absatz und Außenwirtschaftstätigkeit sind zu ermitteln und die Kriterien der optimalen betrieblichen Plangestaltung aufzuzeitgen.

- Vorstehende Aufgabenkomplexe sollten etwa bis 30. 9. 1968 abgeschlossen werden. Für die Durchführung ist eine Arbeitsgruppe zu bilden und ein Hauptverantwortlicher zu benennen.«[28]

Organisation der Außenwirtschaftstätigkeit

»Innerhalb der Perspektivzeiträume ist der Handelsspannensatz (1%, d. A.) bewußt gleichbleibend gehalten worden, um den Außenhandel ökonomisch an der Sicherung eines hohen Exportvolumens mit zu interessieren. … Der objektive Trend zur Konzentration erfordert nach wie vor für den Industriezweig Schienenfahrzeugbau einen zentralisierten Außenhandelsbetrieb…«[29]

28. LASA, MER, VEB Waggonbau Ammendorf, Nr. 54036.
29. LASA, MER, VEB Waggonbau Ammendorf, Nr. 54036.

Preisvergleich zum Weltmarkt: Japan

In gleicher Akte findet sich ein interessanter Preisvergleich zum Weltmarkt. Dabei wurde das Angebot von 100 Wagen einer japanischen Firma zum Vergleich herangezogen.

»1. VEB Waggonbau Ammendorf

2. Weitstrecken-Personenwagen Typ 47 D (mit elektrischer Durchgangsleitung)

3. Technische Kurzbeschreibung

Der Weitstrecken-Personenwagen Typ 47 D ist eine spezielle Konstruktion für den Einsatz auf den Fernstrecken der sowjetischen Staatsbahn. Der Wagen ist für den Einsatz unter extremen klimatischen Verhältnissen (±50°C) geeignet und ist mit einer Druckbelüftungsanlage ausgerüstet. 38 Reisende finden in 9 ½ Abteilen Liegeplatz. Der Wagen hat ein eigenes Warmwasserheizsystem mit Kessel für feste Brennstoffe.

Spurweite	*1.524 mm*
Länge über Kupplung	*24.540 mm*
Länge des Wagenkastens	*23.950 mm*
Breite des Wagenkastens	*3.062 mm*
Wagenumgrenzungsprofil O–T	
Höchstgeschwindigkeit	*160 km/h*
Gewicht	*48,5 t*

4. Anzahl der ausgewerteten Dokumentationen über Preise für gleiche bzw. vergleichbare gemachte Erzeugnisse anderer Lieferanten

aus SW = 0

aus NSW = 1 …

5. Gegenüberstellung der Preise und wichtigsten Kennziffern

		VEB Waggonbau Ammendorf	*aus obigen Dokumentationen von – bis … (ab VM)*	
Kosten	*1968*	*269.250*	*-*	*-*
	1975	*226.337*	*-*	*-*
	1980	*-*	*-*	*-*
IAP	*1968*	*264.050*	*-*	*-*
	1975	*248.002*	*-*	*-*
	1980	*-*	*-*	*-*
VM	*1968*	*231.400*	*252.000-257.000*	*-*
	1975	*231.400*	*252.000-257.000*	*-*
	1980	*-*	*252.000-257.000*	*-*
Rbl	*1968*	*49.550*	*54.000-55.000*	*-*
	1975	*49.550*	*54.000-55.000*	*-*
	1980	*-*	*54.000-55.000*	*-*
VM:IAP	*1968*	*0,88*	*-*	*-*
	1975	*0,93*	*-*	*…«*[30]

Kennziffern im Vergleich zu Japan

Hochinteressant aus heutiger Sicht sind die Preisrelationen pro Liegeplatz bzw. pro Kilogramm oder Quadratmeter, danach baute der Waggonbau Ammendorf nicht nur die billigsten Waggons, was verständlich erscheint, sondern auch noch die Waggons mit dem geringsten Gewicht pro m²:

»	***VEB Waggonbau Ammendorf***	*aus obigen Dokumentationen von–bis*
Preis/Liegeplatz		
VM	*6.089*	*6.632–6.763…*
Preis/kg		
	4,77	*5,14–5,24 …*
Preis/m²	*3.157*	*3.485–3.555 …*
kg/m²	*662*	*678 …«*[31]

Aber …

»Da für die Druckbelüftungswagen mit SU-Profil nur die eine aufgeführte Konkurrenzdokumentation vorhanden ist, ergibt der Vergleich keinen absoluten Stand zum Weltmarkt. Der japanische Wagen hat einen schlechteren Ausstattungsgrad (große Unterschiede im Drehgestell und in der Innenverkleidung), war andererseits nur für eine Serie bis 100 Wagen angeboten worden.«[32]

Wie wird sich der Preis entwickeln?

»Die Beobachtung der Weltmarktpreise … zeigt in ihrer Tendenz die Beibehaltung einer etwa gleichbleibenden Höhe … Aus … Informationen wurde bekannt, auch für … 1971–1975 … die … Festpreise beizubehalten.«[33]

30. – 33.LASA, MER, VEB Waggonbau Ammendorf, Nr. 54036.

Welche Japaner?

»Aufstellung und Einschätzung der verwendeten Dokumentationen … Angebot Nichimen Tokio an Maschinoimport Moskau vom 21. 2. 1964
Vergleichbarkeit ist im Prinzip vorhanden, da Wagen für gleichen Einsatz wie WPW 47 D bestimmt sein sollte. Unterschiede in technischer Ausführung und Losgröße wurden beseitigt. Der japanische Preis für 20 Wagen wurde um 11,5% Mengenrabatt, 5% Angebotsrabatt reduziert und um 11% für Bauartänderungen erhöht.«[34]

Andere Anbieter

»Folgende Dokumentationen wurden für die Anlage 2 zusätzlich herangezogen:
1. Angebot Progress Trading Co. Ltd. Japan an Maschinoimport Moskau vom 7. 7. 66: Schlafwagen 1./2. Klasse, 120 km/h, entspricht etwa RIC
2. Vertrag AHB Transportmaschinen mit CSSR (Lieferung 1967): Liegewagen Bc, RIC, Typ Y, mit Druckbelüftungsanlage
3. Angebot La Brugeoise, Belgien an CSSR vom 4. 6. 64: Liegewagen RIC, Typ Y
4. Angebot Gosa, Jugoslawien an CSSR vom 4. 6. 66: Liegewagen RIC, Typ Y
5. Vertrag Polen mit Griechenland vom 2. 8. 65: Liegewagen RIC, Typ Y.«[35]

Was bieten sie?

Es werden im folgenden die Vergleichspreise angegeben, obwohl die Produktvergleichbarkeit mit Ammendorf nicht gegeben ist:

Preis/kg:

Japan 1. Klasse (38 Plätze): 5,19
Japan Schlafwagen (24 Plätze): 5,23
DDR an CSSR (54 Plätze): 7,58
Belgien an CSSR: (54 Plätze): 8,85
Jugoslawien an CSSR (54 Plätze): 7,04
Polen an Griechenland (54 Plätze): 7,66.

Insgesamt sah der Bericht Ammendorf mit seinen Produkten im oberen Ausstattungssegment, das man heute Premiumsegment nennen würde.

Zusammenfassung der Studie

»Durch den Abschluß der Exportverträge auf der LFM 1969 für die Lieferungen aller Fahrzeugtypen des Jahres 1970 nach der UdSSR wurde die endgültige technische Ausführung dieser Fahrzeuge vereinbart und mit diesem Zeitpunkt die Voraussetzung für die allseitige Vorbereitung der Produktion geschaffen.
Dieser gegenwärtige Stand in der Sicherung des Vertragsvorlaufes beim Export von WPW kann jedoch noch nicht befriedigen. Es sind Möglichkeiten zu finden und Voraussetzungen durch den Bereich Absatz zu schaffen, daß er noch weiter ausgedehnt und qualifiziert wird, ohne andererseits Einschränkungen aufzubauen für die schnelle Überführung in die Produktion von neuen Erzeugnissen und Konstruktionen.«[36]

Neue Ziele:
Mehr Speed bei Angebotsabgabe!

» 1. Die Abstimmung der Technischen Lieferbedingungen mit dem sowjetischen Kunden einschließlich ihrer Paraphierungist für die Lieferungen ab 1971 durch weitere Vorverlegung der Angebotsübergabe und Erweiterung des technischen Vorlaufes spätestens 12 Monate vor Beginn des Lieferjahres abzuschließen …«[37]

Verträge auf gleich auf 2 Jahre abschließen!

»Darüber hinaus werden über die Paritätische Regierungskommission DDR-UdSSR, Arbeitsgruppe Schienenfahrzeuge und andere Stellen Schritte unternommen, um künftig endgültige Exportverträge mit gleichbleibenden Lieferbedingungen für jeweils 2 Lieferjahre abzuschließen. Technische Klärung und Vertragsabschluß dabei zu den bereits unter 1. genannten Terminen.«[38]

34. LASA, MER, VEB Waggonbau Ammendorf, Nr. 54036.
35. LASA, MER, VEB Waggonbau Ammendorf, Nr. 54036.
36.–38. LASA, MER, VEB Waggonbau Ammendorf, Nr. 54036.

Falls die Sowjetunion nicht will … so forschen, wie die Sowjets es sich wünschen … und dann gemeinsam die Wagen erproben = Kundenbindung …

»In Verbindung mit vorgenannten 2-Jahres-Verträgen – oder bei nicht vorhandener Bereitschaft der sowjetischen Seite anstelle dieser – orientieren wir ferner auf Varianten des Abschlusses von sogenannten Vorverträgen für den gesamten Zeitraum eines langfristigen Handelsabkommens oder gegebenenfalls für 2 Jahre mit folgendem Inhalt:
- jährliche Liefermengen, gegliedert nach Sortimenten
- Neu- und Weiterentwicklungen von Reisezugwagen
- Grundorientierung über vom Kunden gewünschte Weiterentwicklungen für die jeweiligen Fahrzeugtypen
- Preis- und Garantievereinbarungen
- Regelungen, zu welchen Terminen spätestens verbindliche Jahres- und Zweijahresverträge abgeschlossen werden (Konkretisierung der Forderungen bzw. der Angebote im Zeitraum von etwa 18 bis 12 Monaten vor Beginn des Lieferjahres und Vertragsabschluß spätestens zur Frühjahrsmesse in Leipzig für das folgende bzw. die 2 folgenden Jahre.
- Regelung der wissenschaftlich-technischen Zusammenarbeit insbesondere der Forschung und Entwicklung, der Unifizierung, der Überführung von Neuentwicklungen in der Serienproduktion, der Typenprüfungen und Erprobungen mit gemeinsamen Auswertungen, Analyse der Einsatzbewährung der WPW in der UdSSR
- Regelungen über den Kundendienst.«[39]

Was tun bei Sonderwünschen der SU?

»4. Die Lieferungen von Sonderausführungen von WPW, die erhebliche Umstellungen im Produktionsablauf erfordern, sind dabei in vorgenannten Vertragsvarianten so zu vereinbaren, daß damit jeweils der Bedarf eines Perspektivzeitraumes durch Fertigung einer zusammenhängenden Serie abgedeckt wird. Als Beispiel: Lieferung der vom sowjetischen Kunden jährlich gewünschten WPW nach Profil 01-T bzw. RIC ausschließlich im Jahre 1971«[40]

Bauartänderungen möglichst erst ab Fortschrittszahl 100 des Lieferjahres, um teure Änderung von Zulieferverträgen zu vermeiden!

»5. Vereinbarung wesentlicher für alle WPW gültiger BÄ (Bauart-Änderungen, d. A.) mit Auswirkung auf die materialtechnische Versorgung jeweils ab FZ 100 des Lieferjahres. Hierdurch kan die bisher oft erforderliche operative Veränderung bestehender Zulieferverträge vermieden werden. Bei den Lieferungen des Jahres 1970 konnte beispielsweise bereits die Umstellung auf Leichtbaupuffer nach diesem Gesichtspunkt zur Vereinbarung gelangen.«[41]

NSW – was ist mit dem West-Export?

»Für Lieferungen nach dem NSW – zum Beispiel Griechenland – sind vorstehende Zielsetzungen jedoch nicht voll anwendbar. Hier ist zu beachten, daß die Konkurrenz des Weltmarktes kurze Lieferfristen und zwar unabhängig von Planungs- und Bestellzeiträumen einfordert. Hier sind lieferfristen bei geläufiger Konstruktion von 12–15 Monaten und bei neuen Konstruktionen von 15–18 Monaten zu sichern, das heißt, daß ein gegebenenfalls am 30. 6. oder 30. 9. abgeschlossener Exportvertrag noch im IV. Quartal des folgenden Jahres ganz oder teilweise zu realisieren ist. Für die kurzfristige Lösung solcher Aufgaben müssen die Fachabteilungen entsprechende Kapazitäten vorsehen und die Art der Zusammenarbeit sowie die notwendigen Termine der gegenseitigen Zusammenarbeit sowie die notwendigen Termine der gegenseitigen Zuarbeit von Fall zu Fall gesondert untereinander abstimmen.«[42]

39. LASA, MER, VEB Waggonbau Ammendorf, Nr. 54036.
40. LASA, MER, VEB Waggonbau Ammendorf, Nr. 54036.
41. LASA, MER, VEB Waggonbau Ammendorf, Nr. 54036.
42. LASA, MER, VEB Waggonbau Ammendorf, Nr. 54036.

Währungspreise – leider war die DDR-Mark nicht konvertibel, da musste also immer gerechnet werden … die Konvert-Währung hieß VALUTA-MARK VM
Die Preiselastizität in der Branche ist gering ausgeprägt …

»Tendenz des Weltmarktes ist ein relativ gleichbleibender Preis der Reisezugwagen, wobei jährlich zur Sicherung der Konkurrzenfähigkeit bzw. des wissenschaftlich-technischen Höchststandes und damit des gleichbleibenden Preises etwa 2% der Selbstkosten (das heißt ein wesentlicher Teil der Selbstkosten-Senkung) für Verbesserungen der Technik und des Reisekomforts der Wagen aufgewendet werden. Nur wesentliche Veränderungen, wie Fahrzeuglänge (Plätze), Geschwindigkeit und ähnliches führen zu Preisveränderungen.

Preisveränderungen in Rubel bei Übergang auf

- Perspektivwagen AyL … ± 0
- Prognosewagen Normalausführung (kurz = 24,5 m, 160 km/h) ± 0
- Prognosewagen 27–30 m lang 1160 km/h + 3.500 Rbl
- Prognosewagen kurz, 200 km/h + 3.500 Rbl
- Prognosewagen 27–30 m lang, 200 km/h + 7.000 Rbl«[43]

Anwendernutzen

»Gegenüber den gegenwärtigen Bedingungen bieten längere Wagen infolge des relativ und absolut größeren Sitzplatzangebotes und schneller fahrender Wagen bzw. Züge infolge der Fahrpreiszuschläge dem Käufer ökonomische Einsatzbedingungen (dabei sind neben höheren Anschaffungskosten auch die zum Teil höheren Aufwendungen für Pflege und Wartung … berücksichtigt). Als Lebensdauer … wurden 40 Jahre bzw. 35 Jahre bie schneller fahrenden angesetzt.«[44]

Rollender Rubel pro rollendem Wagen …

»Anwendernutzen pro Einsatzjahr

	je Wagen …	***je Zug***
Perspektivwagen AyL	*0*	*0*
Prognosewagen 27 m, 160 km/h T-Rbl	*6–7*	*82–90*
Prognosewagen kurz, 200 km/h T-Rbl	*12*	*180*
Prognosewagen 27–30 m, 200 km/h …	*18–19*	*262–270«*[45]

Ergänzung zum Weltmarktpreisvergleich Publikationen lesen hilft! In diesem Fall eine Umfrage der schwedischen Staatsbank

»Für Klimaanlagen bei Reisezugwagen wurde aus den Monatsberichten des Internationalen Eisenbahnverbandes neues Material zugänglich.
Aus einer Umfrage des Verbandes wurde durch die Schwedische Staatsbank ein Anschaffungspreis für eine komplette Waggonklimaanlage von 19.300 $ genannt. Die Leistung der Anlage beträgt 19.000 kcal.«[46]

Welchen Mehrpreis kann man für ein besseres Klima im Zug verlangen?

»Von anderen Eisenbahnverwaltungen wurden Mehrpreise gegenüber Wagen ohne Klimaanlage von 20% genannt.«[47]

Wie steht Ammendorf in diesem Vergleich da?

»Nach den schwedischen Angaben ergibt sich nach Umrechnung auf Rubel ein Weltmarktpreis von 17.400 Rbl/Anlage. Aus dem Exportmarkt der UdSSR erziel unser Betrieb 14.850 Rbl/Anlage. Bei diesem Vergleich ist zu beachten, daß die in unseren Fahrzeugen enthaltene Klimaanlage eine Leistung von 27.000 kcal hat.«[48]

Welcher Mehrerlös in Ammendorf?
30% Mehrerlös: das lohnt sich für die DDR-Volkswirtschaft!

»Der für unsere Fahrzeuge erzielte Rubel-Mehrerlös für Klimaanlage beträgt 30% des WPW mit Druckbelüftungsanlage.«[49]

43. LASA, MER, VEB Waggonbau Ammendorf, Nr. 54036.
44. LASA, MER, VEB Waggonbau Ammendorf, Nr. 54036.
45.–49. LASA, MER, VEB Waggonbau Ammendorf, Nr. 54036.

Was kosten die Produkte aus Ammendorf?

»Gegenwärtig bestehen somit nachstehend vereinbarte Währungspreise:
Weitstreckenpersonenwagen mit Druckbelüftung 49.750 Rbl
Weitstreckenpersonenwagen mit Klimaanlage 64.600 Rbl
Speisewagen mit Klimaanlage 71.465 Rbl
Ausrüstung mit Büfettabteil 1.250 Rbl
Ausrüstung mit elektrischer Durchgangsleitung 400 Rbl
Ausrüstung mit Dampfdurchgangsleitung 200 Rbl
Vorstehende Währungspreise für Weitstreckenpersonenwagen beinhalten auch die Erstausstattung mit Ersatzteilen.«[50]

Missverhältnisse bei der Rentabilität

»Bei einigen anderen Ausrüstungsvarianten der Fahrzeuge, die zum Teil einen erheblichen Mehraufwand erfordern, kam es zu keinen zusätzlichen Währungsvereinbarungen. Bei der Festlegung des Liefersortiments dieser Ausrüstungsvarianten kommt es ständig zu Mißverhältnissen. Im einzelnen handelt es sich um folgende Ausrüstungsvarianten:
Ausstattung mit Radioabteil bei Klimawagen (5.200 M)
Ausstattung mit Radioabteil beim Druckbelüftungswagen (10.400 M)
Ausstattung mit kombinierter Heizung (25.400 M)
Ausstattung mit elektrischer Grundheizung (33.300 M)
Diese … nicht im Rubelpreis berücksichtigten … Ausrüstungsvarianten bringen … Auswirkungen auf die … Exportrentabilität.«[51]

Ungarn als Konkurrent …

»Die Weitstreckenpersonenwagen mit Klimaanlage, die von seiten der VR Ungarn an die UdSSR geliefert werden, haben die gleichen Währungspreise, wie weiter oben angegeben, obwohl sie jährlich in einer Größenordnung von 100 Wagen zur Auslieferung gelangen.«[52]

Gespräche ergeben positives Bild: Ungarn und Polen aus dem Rennen

»Dabei (Protokoll der Paritätischen Regierungskommission von Februar 1968, d. A.) und aus anderen Gesprächen wurde außerdem bekannt, daß die UdSSR für die Zeit nach 1970 die Importe aus der VR Ungarn und der VR Polen einstellen will.«[53]

Wie sieht der Komplett-Markt SU aus? Bisherige Lage

»Die Analyse der Entwicklung des Reiseverkehrs unter Beachtung der Bevölkerungszunahme und der Erschließung weiter Gebiete läßt im Zusammenhang mit der Entwicklung der anderen Träger des Reiseverkehrs in der UdSSR erkennen, daß noch auf lange Sicht eine absolute Zunahme des Eisenbahnreiseverkehrs erfolgen wird. Eine besondere Zunahme wird dabei der Touristenverkehr mit seinen besonderen Anforderungen an die Ausgestaltung der Reisezugwagen erfahren.«[54]

Die Lage auf dem Markt zwischen 1960 und 1966 zeigt die folgende Tabelle:

Jahr	Neuzugang gesamt	davon: Eigenfertigung	Import	darunter DDR-Import
1960	3.124	1.656	1.468	730
1961	3.125	1.748	1.377	765
1962	3.094	1.727	1.370	800
1963	3.485	1.986	1.501	939
1964	3.561	2.018	1.545	859
1965	3.076	1.991	1.086	628
1966	2.964	1.981	983	533

Ammendorfer Qualität führt zu Einschränkung der Eigenfertigung der Russen: ein großer Erfolg!

»Ferner soll in der UdSSR die Absicht bestehen, sich vordringlich auf den Bau von Güterwagen zu konzentrieren, gegebenenfalls unter Einschränkung der Eigenfertigung von Reisezugwagen.«[55]

50. LASA, MER, VEB Waggonbau Ammendorf, Nr. 54036.
51. LASA, MER, VEB Waggonbau Ammendorf, Nr. 54036.
52.–55. LASA, MER, VEB Waggonbau Ammendorf, Nr. 54036.

Länderanalyse Korea

Im Schienenfahrzeugbau der DDR beobachtete man sorgfältig den Weltmarkt. 1968 wurde eine Länderanalyse für Nordkorea angefertigt (Abb. 34)[56] Es ging darum, zu erforschen, ob man Schienenfahrzeuge nach Nordkorea exportieren kann. Die Analyse stammt von dem Forschungsinstitut der Schienenfahrzeugindustrie der DDR dem Institut für Schienenfahrzeuge Berlin und kam zum Schluss: es lohnt sich nicht …

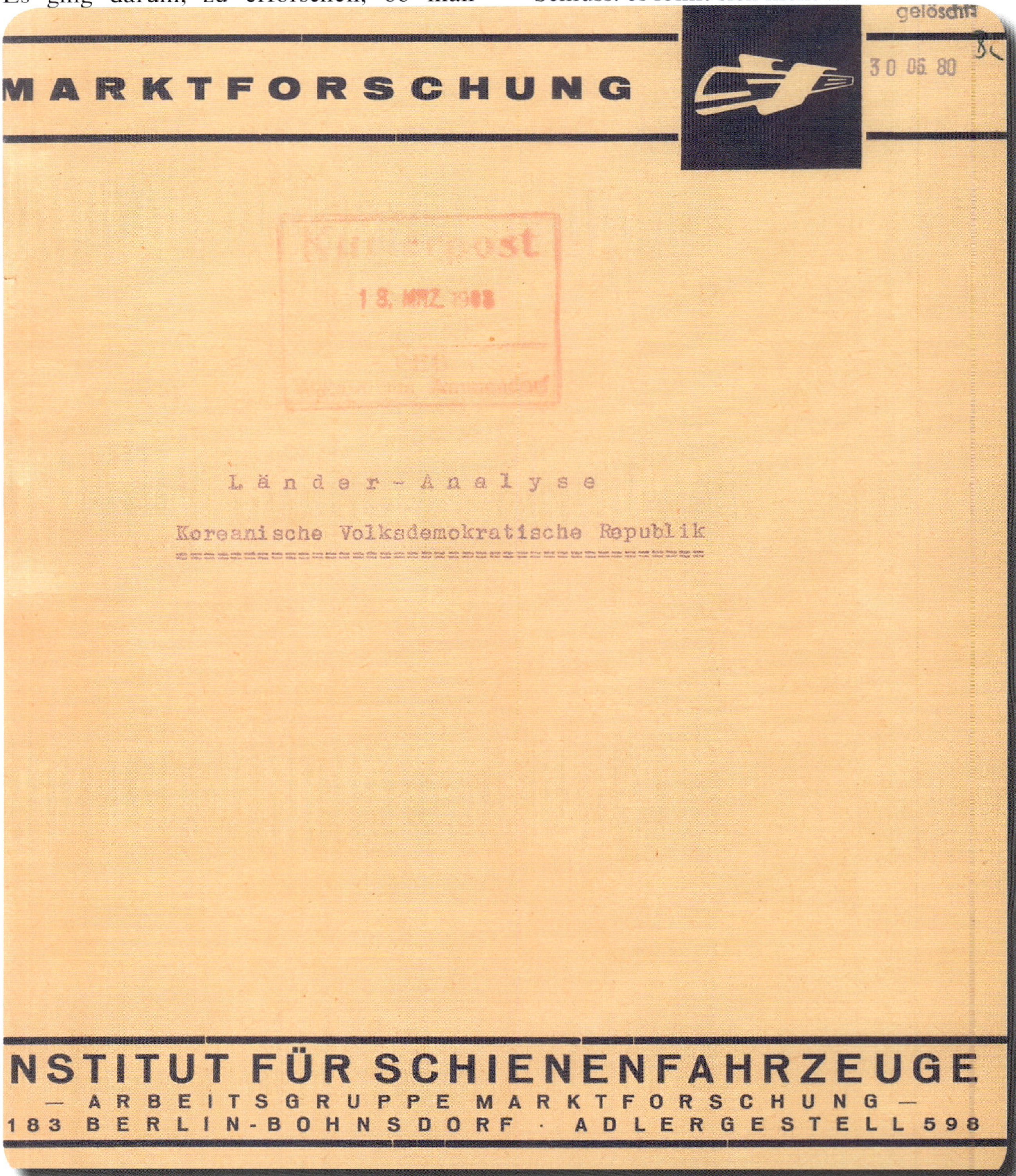

gelöscht

30 06 80

MARKTFORSCHUNG

18. MRZ 1968

Ammendorf

Länder-Analyse

Koreanische Volksdemokratische Republik

NSTITUT FÜR SCHIENENFAHRZEUGE

— ARBEITSGRUPPE MARKTFORSCHUNG —

183 BERLIN-BOHNSDORF · ADLERGESTELL 598

Abb. 34: Titelblatt der Länderanalyse Korea, Ammendorf 1968.

56. Frotscher-Archiv, Halle.

Länder-Analyse
Koreanische Volksdemokratische Republik
Es fällt auf, dass im allgemeinen Inhaltsververzeichnis die Punkte 9, 10, 11 und 12 fehlen. Der Grund ließ sich nicht finden.

I. Allgemeine Angaben über das Land
II. Spezifische Angaben über das Eisenbahnwesen des Landes
III. Einschätzung der Rolle der übrigen Verkehrsträger (Straße, Wasser, Luft, Pipeline u. a.) als Konkurrenz zum Schienenverkehr in der Personen- und Güterbeförderung
IV. Eigenproduktion, Lizenzbau, Montagebau von Schienenfahrzeugen
VIII. Entwicklung spezifischer Bedarfsfaktoren
XIII. Prognose für den langfristigen Absatz unserer Erzeugnisse auf dem Markt
XIV. Schlussfolgerungen

I. Allgemeine Angaben über das Land
Hier wurden allgemeine Angaben zur Fläche, zur Einwohnerzahl, zur Bevölkerungsdichte, zum Klima, den Temperaturen, der Luftfeuchtigkeit usw. gemacht.

II. Spezifische Angaben über das Eisenbahnwesen des Landes

»Der Siebenjahrplan 1961–1967 sah besonders die Weiterführung der Automatisierung des Eisenbahnbetriebes vor. Dabei wird zuerst die halbautomatische Signal- und Weichenstellung auf den am meisten belasteten Fernverkehrsstrecken vervollständigt. Danach soll je nach der Auslastung der Strecken zur völligen Automatisierung übergegangen werden. In der angegebenen Zeit sollten Rangierbahnhöfe mit Ablaufbergen angelegt, elektrische Weichenstellwerke, automatische Signal- und Schrankanlagen installiert, sowie Lokomotiven mit Druckluftbremsen ausgestattet werden …
In der Provinz Süd-Hwanghä werden die Schmalspurbahnen auf Normalspur umgestellt …«[57]

57. LASA, MER, VEB Waggonbau Ammendorf, Nr. 52740.

Schwerlastgleise

»Ferner werden mehr als 1.400 km Bahnlinie auf Schwerlastgleise umgestellt.«[58]

Schienennetz, Spurweite …

»Die Betriebslänge des Schienennetzes wird mit 4.000 km … bei einer Spurweite von 1.435 mm, angegeben, davon waren elektrifiziert 1963 = 167 km, 1965 = 450 km mit 3 kV Gleichstrom …«[59]

Oberbau-Verhältnisse

»Die Reisegeschwindigkeit von Schnellzügen beträgt circa 75 km/h,
die Fahrgeschwindigkeit von Reisezügen beträgt circa 60 km/h,
die Fahrgeschwindigkeit von Güterzügen beträgt circa 35 km/h …
Höchstzulässige Geschwindigkeit auf allen Bahnen beträgt circa 100 km/h …
kleinster Radius der Gleise 180 m
maximale Steigung 33 ‰
maximale Achslast 20 t
maximale Höhenstrecken 1.700 m über NN …«[60]

Fahrzeugpark

»1965 waren rund 48 Prozent des gesamten Wagenparkes neue Wagen koreanischer Produktion. Über die absoluten Bestände an Triebfahrzeugen und Wagen liegen keinerlei Angaben vor.«[61]

Forderungen der koreanischen Bahn für Streckendiesellokomotiven

»Geforderte Leistung 2.400 HP …
Temperaturen ±40°C
Feuchtigkeit 52–97%
Achsfolge: C'–C'
Spurweite: 1.435 mm
Konstruktive Geschwindigkeit: 100-120 km/h
Achsbelastung nicht mehr als: 20 t
Getriebesystem: hydraulisch
kleinster Kurvenhalbmesser: 100 m
Sandvorrat: 2.000 kg
Durchmesser neuer Räder: 1.025 mm …
Leistung des Kompressors 5–6 m³/min«[62]

58.–62. LHASA, MER, VEB Waggonbau Ammendorf, Nr. 52740.

Streckenprofil

»Das Streckenprofil der koreanischen Bahnen ist sehr unterschiedlich. Von koreanischer Seite wurde angegeben, daß die Strecken im Mittel bis 20%ige Steigungen aufweisen. Die maximale Steigung beträgt 33% auf einer Streckenlänge von 40 km. Die mittlere Einsatzhöhe beträgt 500 m über dem Meeresspiegel. …«[63]

Bedarfseinschätzung

»Bei einer Netzlänge von 4.000 km in der KVDR würden demnach unter sonst gleichen Voraussetzungen 283 x 4000/3000 = 377 Diesellokomotiven notwendig sein. Unter der Voraussetzung einer weiteren stürmischen Entwicklung der Industrie und damit der Transportleistungen in der KVDR bis 1980 werden also 1980 … circa 1.520 Diesellokeinheiten notwendig sein.«[64]

Was wird gewünscht? Nur Güterzugloks …

»Es wurden nur Güterzuglokomotiven, das heißt ohne Heizkessel, aber mit Vorwärmeeinrichtung gewünscht. Die Lokomotiven müssen bei einer Steigung von 15‰ und der kleinsten Dauerfahrgeschwindigkeit von 20 km/h 1.500–2.000 Mp Zuglast befördern. Aus dieser Forderung ist allerdings zu erkennen, daß für diese Schlepplasten die Lok eine installierte Leistung von 3.000 bzw. 4.000 PS aufweisen müßte.«[65]

Bedarf an Reisezugwagen – höchstens Speisewagenimport und vielleicht Kühlwagen

»Der Bedarf an Reisezugwagen dürfte durch die landeseigene Produktion abgedeckt werden. Es kämen für den Import voraussichtlich nur Spezialfahrzeuge, wie zum Beispiel Speisewagen in Betracht. Insgesamt wird global die Absatzmöglichkeit für 50 Speisewagen bis 1980 für angemessen betrachtet.«[66]

63.–66. LASA, MER, VEB Waggonbau Ammendorf, Nr. 52740.

Bedarf an Güterwagen

»Der Bedarf von insgesamt 13.000 Güterwagen verschiedener Typen dürfte bei einer jährlichen Produktionskapazität von 2.000 Stück (1967) aus der eigenen Produktion abgedeckt werden. Es kann jedoch damit gerechnet werden, daß Spezialfahrzeuge, wie Kühlwagen weiterhin importiert werden. Global kann eingeschätzt werden, daß die Möglichkeit des Absatzes von circa 50 Kühlfahrzeugen bis 1980 besteht.«[67]

Prognosen für den langfristigen Absatz unserer Erzeugnisse auf dem Markt

»Eloks kein Importbedarf
Streckendieselloks bis 1980
circa 200 Stück
bis 1970
circa 90 Stück
von 1970 bis 1980
circa 110 Stück
Rangierdieselloks bis 1980
circa 45 Stück
bis 1970
circa 20 Stück
von 1970 bis 1980
circa 25 Stück
Reisezugwagen bis 1980
circa 50 Stück
Kühlfahrzeuge bis 1980
circa 50 Stück
…«[68]

Schlussfolgerungen

»Da über die Eisenbahnen der KVDR keinerlei Zahlenmaterial veröffentlicht wird, ist anzunehmen, daß die Eisenbahnen der KVDR dem Ministerium für nationale Verteidigung Koreas unterstehen. Eine Verkaufs-Reisegruppe des VEB LKM konnte trotz längeren Korea-Aufenthaltes infolge der hohen Geheimhaltungsstufe keinerlei Erfahrungen über Art, Menge und Zustand des vorhandenen Fahrzeugparkes sammeln. Aus diesem Grunde stellen die oben genannten Bedarfszahlen Schätzwerte dar …«[69]

67.–69. LASA, MER, VEB Waggonbau Ammendorf, Nr. 52740.

Lichtraumprofil

Im Anhang der Länderanalyse über die Eisenbahn in Nordkorea befindet sich eine Zeichnung der Fahrzeug-Begrenzung als Lichtraumprofil im Maßstab 1:20 (Abb. 35)[70] Diese Zeichnung diente dazu, zu schätzen, inwieweit man in Ammendorf oder überhaupt in der DDR diese Fahrzeuge hätte herstellen lassen können. Die geringen Bedarfszahlen waren letztlich unattraktiv.

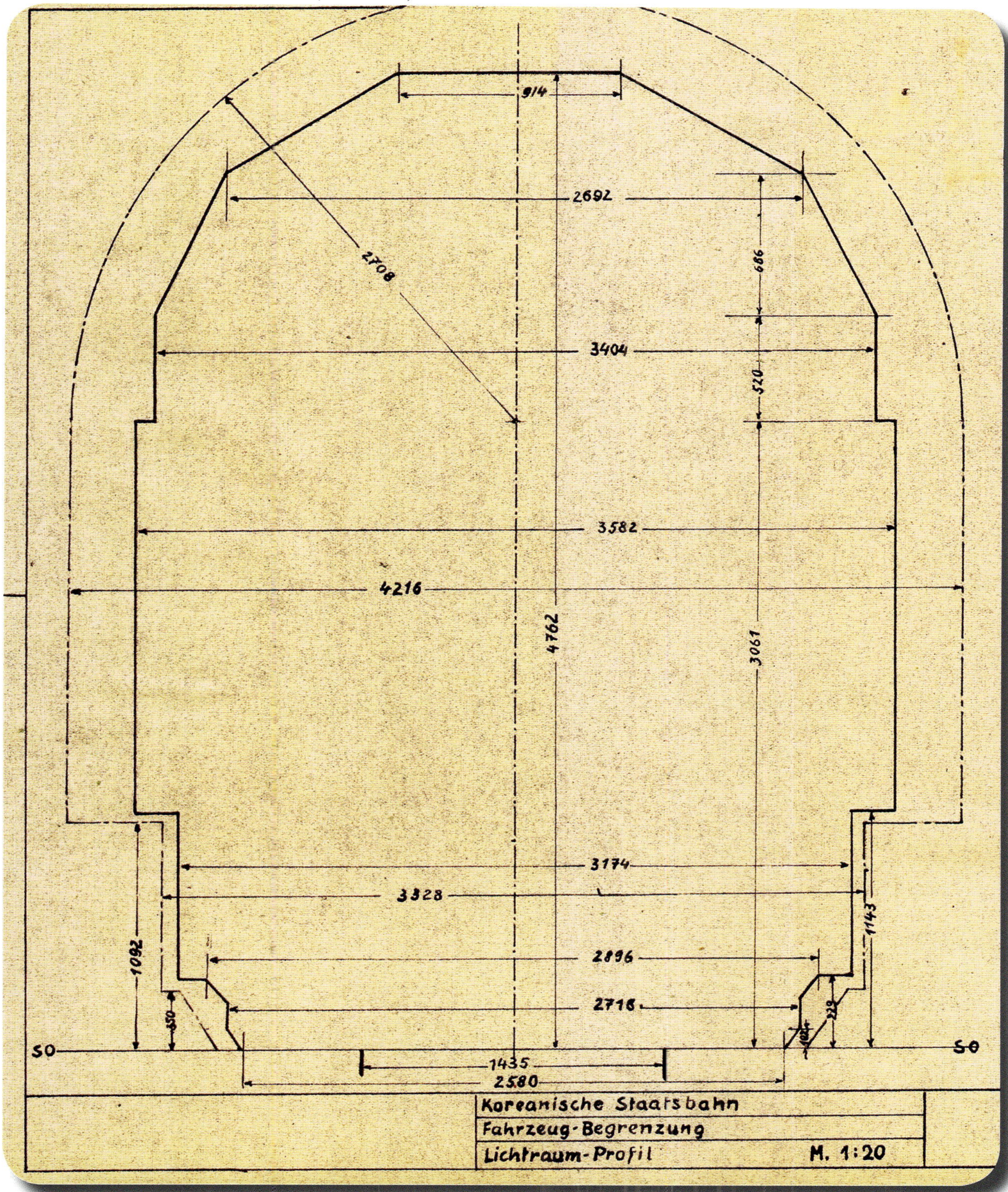

Abb. 35: Lichtraum-Profil der Koreanischen Staatsbahn, Ammendorf 1968.

70. Frotscher-Archiv, Halle.

Einführende Zusammenfassung 1969

In diesem Jahr stellte die SU Bedingungen: die Verdichter aus Schkeuditz machten Ärger. Weitere 40-Tage-Probeläufe sollten Abhilfe schaffen. Grundsätzlich schraubte die DDR die Planforderungen an alle Betriebe des Schienenfahrzeugbaus nach oben. Außerdem wollten die Sowjets endlich Schaltschränke in ihren Wagen. Von allen Seiten also nur Druck.

Auch die Gold-Sicherungs-Klausel ist interessant: so sehr vertraute man dem Rubel dann doch nicht. Lieber Goldsicherung! Man merkte das auch an den devisenintensiven Importen: bei zu hoher Abhängigkeit von Westdeutschland sollten die Lieferungen in die SU abgelehnt werden.

1969 wurde auch das Werk II immer wahrscheinlicher. Ein Tunnel wurde geplant, damit die Werke schnell verbunden werden konnten. Das Projekt wurde nie vollzogen.

Ähnlich erging es dem Projekt Kombinat Reisezugwagen, das hier auf Themenseiten vorgestellt wird. Es wurde nur in Teilen Wirklichkeit (Ausgliederung Drehgestellfertigung in das RAW Halle).

Insgesamt 8.000 Mark wurden schließlich für die WTK, die Konzeption für die Zukunft Ammendorfs ausgeschüttet. Auch diese WTK wird detailliert vorgestellt.

Bahn frei

Erscheint wöchentl.

8. Januar 1969

Preis 5 Pf

19. Jahrg.

1

Organ der Betriebsparteiorganisation des VEB Waggonbau Ammendorf

In bewährter Gemeinschaft lösen wir unsere Aufgaben!

20 69 JAHRE DDR

Unser Beitrag zum 20. Jahrestag der DDR:

Weltniveau

Mit Beginn des neuen Jahres bereiten wir uns verstärkt auf den 20. Jahrestag unseres sozialistischen Staates vor. In allen Betrieben unserer Republik bereitet man diesen Tag mit großer Liebe und Aktivität vor. Man leitet aus den Prognosen und Führungskonzeptionen jene Aufgaben ab, die zu hoher Effektivität führen und zum Nutzen für unseren Staat sind.

Neben der Herstellung hochwertiger Schienenfahrzeuge, die das Weltniveau mitbestimmen, steht für uns die Aufgabe, den Betrieb in den kommenden Jahren zu einem modernen Waggonbaubetrieb zu entwickeln. In diesem Prozeß kommt es mehr denn je auf die Planmäßigkeit, Organisation und Konzentration der Kräfte bei höchster Einsatzbereitschaft und schöpferischer Mit- spektivzeitraum und wurde mit der Reorganisation des Produktionsabschnittes Gleis 2 im Jahre 1968 eingeleitet. So wurde der Rationalisierungskomplex innerhalb eines Jahres projektiert, realisiert und der Produktion zur Nutzung übergeben. Das war nur mit Hilfe der sozialistischen Gemeinschaftsarbeit möglich.

Bei Erfüllung der Aufgaben im ökonomisch-kybernetischen Modell unseres Betriebes muß der notwendige technische Vorlauf geschaffen werden, damit die gesetzlich festgelegten Bestellfristen für Maschinen und Aggregate eingehalten sowie die anderen Betriebe für die Durchführung von bautechnischen Maßnahmen rechtzeitig gebunden werden können. Sonst bleibt es beim Improvisieren, und es werden nicht immer

Unter der bewährten Führung der Parteiorganisation unseres Betriebes – Vorwärts zum 20. Jahrestag der DDR

Bilanz eines Jahres

Zu Beginn des neuen Jahres wurde in der Dreherei (Foto oben) eine Belegschaftsversammlung durchgeführt.

Werkdirektor Genosse Fritzsche dankte im Namen der Partei-, Gewerkschafts- und Werkleitung und in seinem Namen für die vollbrachten Anstrengungen und gezeigten Leistungen des hinter uns liegenden Jahres 1968 und wünschte den Belegschaftsmitgliedern und ihren Familienangehörigen für den Planzeitraum 1969/70 persönliches Wohlergehen, viel Schaffenskraft und alles Gute.

[illegible]

geschaffen sind, um das Jahr des 20. Geburtstages unserer Republik zu einem vollen Erfolg werden zu lassen.

In Erfüllung der Planaufgaben legte Genosse Fritzsche folgende Schwerpunkte fest:

- Planerfüllung mit höchstem ökonomischen Nutzeffekt) richtiges Kosten-Nutzen-Denken muß Maßstab bei jeder Entscheidung sein.
- Durchsetzung der Aufgabenstellung des Planes der langfristigen Parteiarbeit und des ökonomischen Modells sowie aller Maßnahmen des Qualitätssicherungssystems.
- Zielstrebige und planmäßi[illegible]

Abb. 36: Erste Bahn frei von 1969, Ammendorf 1969. [71]

71. Bahn frei, Nr. 1, Ammendorf 8. Januar 1969

Plananlauf 1969

»Kollege … Direktor für Produktion … konzentrierte sich in seinem Bericht auf die derzeitigen Schwerpunkte des Plananlaufes 1969:
- Die Umrüstaktion ‚Rauchabzug' bei den Wagen K1 bis K 15 erfolgt unter Anwendung eines gezielten materiellen Anreizes. Um die Haftfestigkeit des Bitumens zu gewährleisten,wird die neue Mastixanlage überarbeitet.
- Erarbeitung eines Maßnahmeplanes für den Wagendurchlauf.
- Die Einschätzung der UP zum Jahreswechsel zeigt eine Unterdeckung von ca. 50 Th zu den geplanten ca. 350 Th.
- Die Fertigstellung des Schaltschrankes durch Faga ist zu forcieren.«[72]

6. Januar 1969

SU stellt Bedingungen!

»Ergänzend informierte der Direktor für Technik … über das Ergebnis der Öffnung von 4 Verdichtern im VEB MAB Schkeuditz vom 3. 1. 1969 nach einem 40-Tage-Lauf. Die sowjetischen Abnahmeinspektoren nehmen die WPW unter folgenden Bedingungen ab:
- Die Bronzeauftragungen in den Verdichterlagern haben keinen Einfluß auf die Funktionssicherheit.
- Durchführung weiterer 40-Tage-Läufe in den Monaten Februar, März und Mai.
- Überarbeitung der Prüftechnologie durch MAB Schkeuditz.«[73]

6. Januar 1969

Werkleiterkonsultation

»Der Werkdirektor … informierte über die Werkleiterkonsultation vom 3. 1. 1969 in der VVB Schienenfahrzeuge wie folgt:
- Der Plan 1968 wurde durch die VVB bis auf Waggonbau Görlitz erfüllt
- Für 1969 wurden grundsätzlich für alle Betriebe höhere staatliche Planauflagen erteilt.«[74]

Was soll Ammendorf mehr tun?

»Erarbeitung einer Stellungnahme über die Möglichkeit des Baues von zusätzlich 20 WPW für den Export …
Schriftlicher Bericht über Vorbereitung und Durchführung der LFM 1969 speziell über die Vergrößerung und Verbesserung des Verhandlungsraumes des WBA im Pavillon der VVB Schienenfahrzeuge auf dem Gelände der Technischen Messe.«[75]

6. Januar 1969

Die Sowjets wollen Schaltschränke in ihren Weitstreckenpersonenwagen, und zwar so bald als möglich …

»Als Grundlage für die am … mit Faga, Berlin zu führende Verhandlung bezüglich der Einführung von Schaltschränken gilt die Forderung des Kunden, bereits im II. Halbjahr 1969 alle zu liefernden WPW mit Schaltschränken auszustatten.«[76]

6. Januar 1969

Internationale Zusammenarbeit als eigene Struktureinheit …

»Unterbreitung eines schriftlichen Vorschlages zur Einbeziehung der internationalen Zusammenarbeit als dem Direktor für Absatz direkt unterstellte Struktureinheit. Einzubeziehen ist darin die Abwicklung der Dienstreisen in das Ausland und die Bearbeitung der Devisen.«[77]

13. Januar 1969

Ministerratsbeschluss: Mehr Wirtschaftsspionage erwartet!

»Kollege … betonte in seinen Ausführungen, daß es auf Grund der raffinierten Methoden der Wirtschaftsspionage mehr denn je notwendig ist, die Ergebnisse der wissenschaftlich-technischen Arbeit in jeder Hinsicht abzusichern. Dazu gehören speziell die Erzeugnisentwicklungen Ayl und K/r zur LFM 1969 sowie die Erarbeitungen und Durchsetzung des ökonomisch-kybernetischen Modells, die einen hohen Grad an Vorlauf für die perspektive und Prognose einhalten. «[78]

20. Januar 1969

72.–74. LASA, MER, VEB Waggonbau Ammendorf, Nr. 51786.

75.–78. LASA, MER, VEB Waggonbau Ammendorf, Nr. 51786.

Währungsabsicherung mit Gold

»Genosse … informierte die Leitung …
- Einsatz eines Parteibeauftragten des Betriebes zur LFM 1969.
- Besuche durch Ausländer bedürfen grundsätzlich der Genehmigung des GD oder dessen Stellvertreter bzw. dessen Beauftragten.
- Das Informationsmaterial muß den Bedingungen des Geheimnisschutzes entsprechen.
- Separate Messemappe beinhaltet zur Veröffentlichung genehmigte Zahlenwerte.
- Bei Preisfragen ist die Goldklausel währungsseitig zu berücksichtigen.«[79]

20. Januar 1969

Generalbebauungsplan: Werk II kommt

»Der Generalbebauungsplan berücksichtigt die im Modell enthaltenen Aufgaben und darüber hinaus weitere Zielsetzungen für Werk I und Werk II. Der Trend geht dabei grundsätzlich dahin, die Farbgebung und Fertigstellung der WPW von Werk I nach Werk II zu verlagern und eine weitere Verbesserung des Korrosionsschutzes zu erzielen. Die wichtigste Aufgabe ist die kurzfristige Beantragung und Durchsetzung des Standortgenehmigungsverfahrens für den Generalbebauungsplan des WBA bei der Stadtplankommission.«[80]

20. Januar 1969

Schwerpunkte

»- Trassenführung der Nord-Süd-Achse
- Etappenweise Umstellung von Betriebs- auf Fernwärme
- Tunnelprojekt zwischen Werk I und Werk II
- Bau der EDV-Station und der Klubgaststätte
- Erweiterung des Parkplatzes
- Leitung des Fußgängerstromes über Merseburgerstraße
- Geländeerwerbung«[81]

23. Januar 1969

Was tun?

»Die Beantragung des Standortgenehmigungsverfahrens hat kurzfristig bei der Stadtplankommission zu erfolgen. Dabei ist so zu verhandeln, daß die Nord-Süd-Achse n i c h t das Gelände des WBA berührt oder überquert.«[82]

23. Januar 1969

Was hat Vorrang?

»Die umfassende Thematik des Generalbebauungsplanes ist so zu überprüfen, daß ein Vorschlag für das Reihenfolgeproblem der WL unterbreitet wird. Vorrangig zu bearbeiten ist die Variante 2a für das Werk II mit den 3 Kriterien:
- Einbrennlackierung
- Zwei-Töne-Farbgebung
- Zweikomponentenfarbgebung
wobei zwei Gruppen für die komplexe Erschließung und Projektierung parallel einzusetzen sind. Einzubeziehen ist der Standortvorschlag für die EDV-Station und die Finanzierung der Fernheiztrasse mit Übergabestation.«[83]

23. Januar 1969

Wie können wir mehr Geld erarbeiten?

»Die Erhöhung des Exportes um 150 TDM für Griechenlandauftrag ist vorzunehmen und der VVB zu übergeben.«[84]

23. Januar 1969

Wir wollen aber auch mehr selbst bestimmen, wer mehr Lohn bekommt!

»Über die Verfügung des Erhöhungsvolumens des Lohnfonds in Höhe von 126 TDM ist L ein Vorschlag in schriftlicher Form zu unterbreiten. Es wird empfohlen, 50 TDM anteilmäßig den Fachdirektoren zur eigenverantwortlichen Verwendung zur Verfügung zu stellen. Über den Rest von 76 TDM verfügt der Werkdirektor.«[85]

23. Januar 1969

Was ist wichtig für Moskau?

»Der Komplex ‚Absenken des Geräuschpegels' ist in die nächste Moskauverhand-lung einzubeziehen.«[86]

3. Februar 1969

79.–81. LASA, MER, VEB Waggonbau Ammendorf, Nr. 54167.

82.–86. LASA, MER, VEB Waggonbau Ammendorf, Nr. 54167.

Mehr ausgeben als geplant, wo gibt es denn sowas?!

»Kollege … behandelte die Vorlage ,Die Investitionstätigkeit 1969' Er ging dabei auf die materielle und finanzielle Erfüllung des Investitionsplanes des Jahres 1968 und des Vorschlages für den Investitionsplan 1969 ein. Dabei mußte grundsätzlich festgestellt werden, daß bei mehreren Projekten eine wesentliche Überschreitung des geplanten finanziellen Aufwandes durch die tatsächliche Inanspruchnahme vorliegt. Diese Diskrepanzen sind mit dem ÖSS und dem ab 1. 1. 1969 wirksam gewordenen Prinzip der vollen Eigenerwirtschaftung der Mittel unvereinbar. Hinzu kommt, daß eine Reihe von Vorhaben, die 1968 geplant jedoch nicht fertiggestellt wurden, im Jahre 1969 zu realisieren sind, was mit den entsprechenden finanziellen Nachteilen für den gesamten Betrieb verbunden ist.«[87]

3. Februar 1969

Was tun?
Mehr Kredite und Altlasten verkaufen!

»Der Investplan ist ferner nach optimaler Ausnutzung von Kreditmöglichkeiten zu überprüfen. Der … Investplan ist mit Ö abzustimmen und L vorzulegen … Parallel dazu ist festzustellen, in welchem Umfang das sofortige Anbieten bzw. Verschrotten der nicht genutzten Grundmittel in Höhe von circa 500 TM erfolgen kann …«[88]

3. Februar 1969

Zeichnungen für Leichtbaupuffer …

»Die Zurverfügungstellung der sowjetischen Originalzeichnungen für Leichtbaupuffer ist in den Moskauverhandlungen zu erwirken. Aus betrieblichen Gründen ist es notwendig, daß diese bis spätestens April 1969 dem WBA übergeben werden.«[89]

3. Februar 1969

Absenkbare Kupplung erhöht Preise

»Für 50 WPW mit absenkbarer automatischer Kupplung ist ein Preisangebot zu erarbeiten, wobei die bei diesem Wagentyp zu lösenden technischen Probleme voll zu berücksichtigen sind.«[90]

3. Februar 1969

Zu viel Devisen-Einsatz? Ablehnen!

»Falls die materialversorgungsseitige Sicherung durch zu starke Abhängigkeit von NSW-Importen – speziell WD-Importen – bei D/e-Wagen und WPW mit kombinierter Heizung nicht voll gegeben ist, ist die Lieferung für 1970 abzulehnen.«[91]

3. Februar 1969

Wie viel Prämie für die WTK? 8.000 Mark!

»Gemäß der mit dem GD getroffenen Vereinbarung ist ein Prämienantrag in Höhe von 8TM für die WTK zu stellen und die Bestätigung kurzfristig zu erwirken.«[92]

3. Februar 1969

Kombinat ›Reisezugwagen‹ …

»Zur Ausarbeitung des Kombinatsmodells ›Reisezugwagen‹ bis 30. 6. 1969, das die Grundlage für die Bildung des Kombinats ›Reisezugwagen‹ ab 1. 1. 1970 darstellt, ist eine Arbeitsgruppe aus den beteiligten Betrieben zu bilden und L schriftlich zur Kenntnis zu geben.«[93]

6./7. Februar 1969

Was produzieren 1971?
640 Waggons verschiedener Typen …

»Für das Planjahr 1971 schlug Ö unter Berücksichtigung der Schwerpunkte Ayl 01 T, PU-Schaum und Breitbandbleche folgenden Sortimentsablauf vor:
140 K-Wagen (Parallelfertigung)
140 D-Wagen (Parallelfertigung)
10 Ayl/k
160 01 T
140 K-Wagen
50 WSW/k
Gesamt: 640 Stück RZW.«[94]

6./7. Februar 1969

87.–89. LASA, MER, VEB Waggonbau Ammendorf, Nr. 54167.

90.–94. LASA, MER, VEB Waggonbau Ammendorf, Nr. 54167.

Zentrales Ziel: Erhöhung des Fahrkomforts der Ammendorfer Wagen und immer noch einen Pfeil im Köcher haben!

»Nach der sich anschließenden ... Diskussion betonte L in der Zusammenfassung, daß es bei der Plangestaltung darauf ankommt, bei Sicherung der vertragsgemäßen Wagensortimente und Stückzahlen, einschließlich der Ersatzteilversorgung, eine Erhöhung des Fahrkomforts in qualitativen Etappen anzustreben und durch zyklische Neuentwicklungen die eintretenden Bauartänderungen und andere Faktoren wirkungsvoll abzufangen.«[95]

6./7. Februar 1969

Mehr Frauen in die Führung!

»Kollege ... behandelte die Analyse des Standes der Frauenarbeit im VEB Waggonbau Ammendorf ... , die unter Berücksichtigung des „Beschlusses des MR der DDR zu den Grundsätzen und Maßnahmen zur Entwicklung und zum Einsatz von Frauen in leitenden Funktionen des Staates und der Wirtschaft“ ...«[96]

17./19./20. Februar 1969

Arbeitsplatzkatalog erstellen!

»Durch eine zentrale Arbeitsgruppe ist ein Arbeitsplatzkatalog mit der entsprechend erforderlichen Qualifizierung vorzulegen, aus dem klar hervorgehen muß:
- der jetzige Zustand der Arbeitsplätze
- erforderliche geringfügige Änderungen
- erforderliche grundsätzliche Änderungen. Dabei ist das zu erarbeitende Kombinatsmodell ‚Reisezugwagen‘ und das Schuljahr 1969/1970 einzubeziehen.«[97]

17./19./20. Februar 1969

Aufwand für Dokumentation reduzieren: 250.000 Mark sind zu viel!

»Für den Arbeitskomplex ›Dokumentation‹ ist das Volumen des geplanten Aufwandes von 250 TM pro Jahr zu reduzieren. In diesem Zusammenhang ist durch T zu prüfen, welche Möglichkeiten der günstigen Beeinflussung zur Verringerung des Aufwandes bestehen.«[98]

17./19./20. Februar 1969

Die Investitionstätigkeit im Jahre 1969

Diese Vorlage bietet einen interessanten und Einblick in den Investitionsplan für das Jahr 1969.

Wie sah es 1968 aus?

»Wie aus der Aufstellung ersichtlich wird, konnte der Investitionsplan für das Jahr 1968 mit 100,9%, die Bauleistungen mit 100,6% erfüllt werden.
Die Nichterfüllung der Ausrüstungen für das neue Konstruktionsgebäude, und bei den Ersatzinvestitionen durch das Ausbleiben von vorgesehenen Importmaschinen, wurde ausgeglichen durch die vorzeitig begonnenen Vorbereitungsarbeiten für das Vorhaben Feinblechhalle und die Lenkungsstelle für den Bereich Produktion.«[99]

3. Februar 1969

Gab es unbezahlte Rechnungen? Nutzeffekt zu gering, deshalb weniger Kredit!

»Am Jahresende lagen für 450 TM unbezahlte Investitionsrechnungen vor, die wegen nicht voller Zuführung der Deckungsmittel zum Investitionsfonds nicht mehr ausgeglichen werden konnten (aus Umlaufmitteln finanzierte Eigenleistungen).«[100]

3. Februar 1969

Besondere Investitionen 1969 Konstruktionsgebäude wird Betriebsgaststätte ...

»Im Jahre 1969 wird das frühere Konstruktionsgebäude zu einer modernen Betriebsgaststätte umgebaut. Der Kostenumfang beträgt nach vorgenommenen Schätzungen etwa 500 TM. Die in den Investitionsplan ... Investitionskosten von 100 TM sind zur Finanzierung der Ausrüstungsgegenstände ... erforderlich.«[101]

3. Februar 1969

95.–97. LASA, MER, VEB Waggonbau Ammendorf, Nr. 54167.

98.–101. LASA, MER, VEB Waggonbau Ammendorf, Nr. 54167.

Werkleiterkonsultation
Modelle mit VVB'en und ohne VVB'en ...

»Die Darlegung der Konzeption des Ministers zur Wirtschaftsorganisation und Produktionsstruktur beinhaltet für das MSAB die Vorstellungen über gemischte Kombinats- und Großbetriebe mit und ohne VVB'en. Zur Erhöhung des Sicherheitsgrades für die Erreichung der im Perspektivplan 1971–1975 gestellten Aufgaben, sind die Projekte in der ersten Etappe bereits in der neuen Wirtschaftsform zu lösen.
Für das Kombinat ›Reisezugwagen‹ bedeutet dies:
- Erarbeitung eines Kombinatsmodells 30. 6. 1969
- Bildung des Kombinates 30. 9. 1969
- Wirksamkeit des Kombinates 1. 1. 1970.«[102]

28. Februar 1969

Vertikale und horizontale Tendenzen

»Die Tendenzen der vertikalen und horizontalen Gliederung sind bei der Erarbeitung des Kombinatsmodells zu berücksichtigen, das unter Führung der entsprechenden Leiter zu erarbeiten ist.«[103]

28. Februar 1969

Weniger Klein- und Mittelbetriebe – der größte Fehler der DDR-Wirtschaft!
Heute ist es Allgemeingut der Volkswirtschaftslehre, dass es die kleinen und mittleren Betriebe sind, die die Innovation und damit den Strukturwandel vorantreiben. Sie sind die Schnellboote, die die großen Tanker hinter sich lassen. In der zentral gelenkten Wirtschaft der DDR meinte man, mehr Kontrolle bedeute mehr Erfolg und versuchte, immer größere Einheiten mit pyramidaler Befehlsstruktur zu schaffen. Dadurch gab es Lähmungserscheinungen, die schließlich die gesamte Volkswirtschaft in Schieflage brachten und zum Ende der DDR erheblich beitrugen:

»Der Anteil der Klein- und Mittelbetriebe ist zu Gunsten der größeren und Großbetriebe beträchtlich zu reduzieren.«[104]

28. Februar 1969

Patente, Muster und Zeichnungen sichern!
PMZ bedeutet Patent-, Muster- und Zeichenwesen der DDR und war dem Amt für Erfindungs- und Patentwesen der DDR angeschlossen.

»Diese Vorlage enthält in einem Maßnahmeplan und einem zusätzlichen Textteil die Vorschläge, die zu einer Verbesserung auf dem Gebiete der Schutzrechtspolitik unseres Betriebes beitragen sollen ...«[105]

3. März 1969

Was tun?
Schutzrechtsreinheit überprüfen!
Eingliederung des Weltstandsbüros!

»Die ›Auszüge aus dem Beschluß über die Grundsätze für die Erhöhung der Wirksamkeit der Lizenzpolitik der DDR ...‹ herausgegeben vom Büro des Ministerrates der DDR, übermittelt durch den DT der VVB Schiene ... sind auszuwerten. In diesem Zusammenhang ist ein schriftlicher Standpunkt über die Möglichkeiten der Vergabe von Lizenzen durch den WBA abzugeben. Einzubeziehen ist in diesen schriftlichen Bericht die Überprüfung des Ayl auf Schutzrechtsreinheit und die Eingliederung des Weltstandsbüros in die Struktur des Direktionsbereiches T.«[106]

3. März 1969

Reduzierung der Brigaden, um die Qualitätsprüfung zu vereinfachen ...

»Der weitere Prozeß des Jahres 1969 wird gemeinsam durch F, FL und F1 in Abstimmung mit T, K, LG und LO gesteuert. Es geht dabei vor allem um die Reduzierung der Brigaden und die Erhöhung der Kleinmeisterbereiche sowie die Beibehaltung des Überwachungszeichens des DAMW für Fremdaufträge der Abteilung F 12.«[107] **3. März 1969**

102.–103. LASA, MER, VEB Waggonbau Ammendorf, Nr. 54167.

104.–107. LASA, MER, VEB Waggonbau Ammendorf, Nr. 54167.

Unifizierungskonferenz mit Moskau
Was heute TTIP, TPP oder andere internationale Handels- und Standardisierungsverträge sind, waren damals die Unifizierungen. Es ging um Vereinheitlichung der Standards, um Kosten zu senken.

»M 2 In Vorbereitung der vom 25.–28. 3. 69 in Moskau stattfindenden Unifizierungskonferenz ›Elektrik‹ ist durch den Leiter der Unifizierungsgruppe … die Reisedirektive unter Einbeziehung folgender Punkte zu erarbeiten:
- Abstimmung der TB für De-Wagen
- Fertigung von 25 De-Wagen im Jahre 1970
- Unifizierung und Lizenzvergabe ›Schaltschrank‹
- Absicherung der Wagen für 1969
- Inhaltliche Gestaltung des Symposiums ›Ayl‹«[108]

13. März 1969

Mangelhafte Zeichnungen aus Görlitz – Kosten einklagen!
»M 17 Abgabe einer schriftlichen Übersicht der durch mangelhafte Zeichnungen von WB Görlitz beim WSW eingetretenen Vertragsverstöße einschließlich der dadurch entstandenen Kosten. Die Kosten sind durch LJU einklagen zu lassen.«[109]

13. März 1969

Kombinatsbildung: kein Lieblingsprojekt in Ammendorf, da die Planerfüllung gleichzeitig gesichert werden musste …
»Durch den Werkdirektor wurde die Leitung über den letzten Stand der Kombinatsbildung im Schienenfahrzeugbau unterrichtet, die auf der Grundlage der Ministerweisung und der GD-Information erfolgte. Zur Kombinatsbildung gibt es mehrere Varianten. Es kommt darauf an, bei der Erarbeitung des Kombinatsmodelles ›Reisezugwagen‹ die optimale Variante zu ermitteln, die die größte Sicherheit bietet für … Erfüllung der Aufgaben des laufenden Planjahres …«[110]

13. März 1969

108.–110. LASA, MER, VEB Waggonbau Ammendorf, Nr. 54167.

Auswertung LFM
»Der Direktor für Absatz … informierte die Leitung über das Ergebnis der LFM 1969 für WBA. Die Zielstellung unseres Betriebes wurde nahezu erreicht. Es kam zum Vertragsabschluß mit dem sowjetischen Auftraggeber über 535 WPW für das Jahr 1970 in Höhe von 142,7 Mio Valuta-Mark. Um die geplante Summe von 148 Mio Valuta-Mark zu erreichen erscheint es zweckmäßig, die Anzahl der K-Wagen von 160 auf 185 zu erhöhen und die D-Wagen-Anzahl um 15 Wagen zu reduzieren. Von sowjetischer Seite werden folgende Forderungen gestellt:
- 5000 + 3000 h Erprobungszeit für Verdichter
- Füllung der Verdichter im Herstellerbetrieb mit Gost-Öl ab FZ 31 … «[111]

17. März 1969

Wie kommt der Ayl an?
»In Auswertung des positiven Eindruckes des Ayl und K/r-0 bei der LFM 1969 durch Delegationen aus der SU, demSW, NSW und der DDR, ist für die LFM 1970 Messegold anzustreben.«[112]

17. März 1969

Plan und Kooperation
»Kollege … schätzt ein, daß zur Erreichung der Zielstellung April auf Fertigstellung von wöchentlich 12 Wagen orientiert werden muß. Als Schwerpunkte zeichnen sich ab:
- Trockenzeit des Bitumen (20 Stunden anstatt der angegebenen 4 Stunden)
- Arbeitskräftesituation auf Grund der Mehrpreise der Wagen gegenüber der Vorgabe von TVP.
- Die unzureichende Qualität der Maschinengruppen-Kontrollpläne
- Schaffung der Baufreiheit zur Überdachung des Drehwinkels (es gehen drei Rohbaustände verloren)
- Krankenstand.«[113]

14. April 1969

111.–113. LASA, MER, VEB Waggonbau Ammendorf, Nr. 54167.

Wie Mastix mischen?

»Das Problem Mastix ist weitestgehend zu untersuchen, insbesondere das Mischungsverhältnis und die Auswahl eines neuen Bitumens, das bei höheren Temperaturen nicht verläuft. Weiterhin sind ±-Toleranzen für Temperaturabweichungen festzulegen.«[114]

14. April 1969

Der Speisewagen klemmt: Fritzsche gegen Staatsplanänderung

»Kollege Fritzsche erklärt starke Bedenken gegen die operative Änderung des Staatsplanes in der Position WSW Sk/ed an. Er fordert, daß untersucht wird, ob die Lieferung von 4 WSW Sk/ed nicht doch möglich ist.«[115]

14. April 1969

Sofort Bericht!

»Über den Verzug im WSW-Programm ist ein schriftlicher Bericht anzufertigen. (Dabei sind Fragen wie - warum wurden die mangelhaften Unterlagen nicht in Görlitz reklamiert und keine Konstrukteure von Görlitz zur Fehlerbeseitigung angefordert?)«[116]

14. April 1969

Vorsicht vor zu vielen Bauartänderungen!

»In zu bildenden AG sollen die Überschreitungen bei den Bauartänderungen untersucht und auf ein Mindestmaß reduziert werden. Kollege … führte aus, daß im Rahmen der sozialistischen Rationalisierung auf die Erreichung einer Normstundensenkung von 320 Th orientiert werden muß. Nur so können die 30 fehlenden Arbeitskräfte und die Überschreitungen durch die Bauartänderungen abgefangen werden.«[117]

14. April 1969

Außenhandel kann 15 Wagen zusätzlich verkaufen, kann Ammendorf liefern?

»Kollege … informierte über die Möglichkeit mit dem Außenhandel, einen Vertragsabschluß von 10 Wagen über den Plan realisieren zu können … Kollege … (Produktionsdirektor, d. A.) lehnte eine zusätzliche Übernahme von 15 Wagen über den Plan grundsätzlich ab. Für 10 Wagen … sollen die Möglichkeiten der Übernahme geprüft werden.«[118]

14. April 1969

3.700 Waggons bis 1975!

»Der Direktor für Absatz … informierte die Leitung über die Ergebnisse der Verhandlung bei MI Moskau, die sowohl den Planablauf 1969 als auch die Planvorbereitung 1970/1971 beeinflussen. Durch die Erhöhung der Bedarfsangabe von 3.000 auf 3.700 Fahrzeuge im Perspektivzeitraum 1971–1975 entsteht die Aufgabe, durch entsprechende Maßnahmen diesen Zusatzbedarf abzudecken.«[119]

5. Mai 1969

Finanzschuld wird abgeschrieben, wenn die Gewinnziele überboten werden … und das wurden sie …

Interessant ist das Abschreibungsmodell der Finanzschuld. Da sich in der DDR die Banken und die Waggonbauer in Staatsbesitz befanden, schuldete praktisch die linke Tasche der rechten Tasche des Volkswirtschaftskörpers Geld in Form einer Finanzschuld. Es konnte so zu kreativen Schuld-Tilgungen kommen. Wer meint, so etwas gäbe es nur im Sozialismus, der irrt. Auch gegenwärtig mutieren die Notenbanken nicht selten zu Anleihe-Friedhöfen und saugen unwiederbringliche Schulden zum Wohle des Volkswirtschaftskörpers und des Wachstums-Flusses wie ein Schwamm auf.

»Für WBA wurden als erwirtschaftete Mittel anerkannt:
4,0 Mio M Überbietung Gewinn
2,2 Mio M Vertragsstrafeneinsparung
1,1 Mio M Fondseinsparung.
Die für die Jahre (3) geforderten 5,9 Mio M Gewinnüberbietung wurden somit übererfüllt.«[120]

5. Mai 1969

114.–117. LASA, MER, VEB Waggonbau Ammendorf, Nr. 54167.

118.–120. LASA, MER, VEB Waggonbau Ammendorf, Nr. 54167.

Fachzeitschriften lesen führt zu Chancen-Erkennung!

»In diesem Zusammenhang teilte Kollege … mit, daß nach einer Veröffentlichung in einer Fachzeitschrift Griechenland in den nächsten Jahren größere Stückzahlen Reisezugwagen anschaffen will.«[121]

12. Mai 1969

Das wurde auch ernst genommen …

»Das (sic!) FD-Bereich A berichtet in den nächsten WL-Sitzungen, welche Angebote seitens des WBA an die griechische Staatsbahn bemacht wurden und welche Rückantworten eingingen.«[122]

12. Mai 1969

Wann kommt der Fleischer-Bus?
Wenn ihr mitschraubt, kriegt ihr ihn früher!

»Der Widerspruch zwischen L und LH über die Liefertermine des Busses von der Fa. Fleischer KG wurde dahingehend geklärt, Lieferung erfolgt im III./69, wenn 4 AK bis zur Auslieferung zur Verfügung gestellt werden.«[123]

12. Mai 1969

Künstler-Entwürfe abgelehnt …

»Die vorgelegten Entwürfe des Künstlers … zur Wandflächengestaltung im Speiserestaurant werden abgelehnt.«[124]

12. Mai 1969

Was tun? Selbst entwirft der Waggonbauer!

»Zur Gestaltung der genannten Wandfläche veranlaßt ÖAK eine Ausschreibung für Betriebsangehörige in der ›Bahn frei‹.«[125]

12. Mai 1969

Tägliche Rapporte –
und öffentlicher Pranger in der ›Bahn frei!‹

Wenn es im Waggonbau Ammendorf Schwierigkeiten bei der Planerfüllung gab, wurde der Druck erhöht. Ein beliebtes Mittel war die Verkürzung der Berichts-Rhythmen auf Täglichkeit der Rapporte. Noch erhöht wurde der Druck durch die Veröffentlichung von Zusammenfassungen der Berichte in der „Bahn frei!“:

»Zur Erhöhung der Verantwortung der staatlichen Leiter in den einzelnen Verantwortungsbereichen, sind ab Juni 1969 tägliche Rapportberatungen durchzuführen und in ihrem Ergebnis in gestraffter Form in der ›Bahn frei‹ zur Information der Betriebsangehörigen zu veröffentlichen. In der nächsten WLS ist nach erfolgter Abstimmung mit der zentralen Wettbewerbskommission darüber mündlich Bericht zu erstatten wobei der Zeitraum eines Monats und die Hauptkennziffern des Wettbewerbes in die Darlegungen einzubeziehen sind.«[126]

27. Mai 1969

Computer R 300 wird eingeführt

»Kollege … erläuterte die nächsten Aufgaben zur Vorbereitung und Einführung der EDV mittels des R 300. Den Ausgangspunkt bildete die LO-Vorlage …«[127]

16. Juni 1969

Folienstumpfnahtschweißmaschine

»Der Zustand der Maschine ist ein solcher, daß ab 22. 6. 1969 durch GA eine mittlere Reparatur durchgeführt werden muß. Die Reparaturvorbereitungen sind in vollem Gange. Es ist zu entscheiden, ob an dieser Maschine eine Generalreparatur durchzuführen oder ein Investantrag auf Beschaffung einer neuen Maschine an die VVB zu richten ist. «[128]

16. Juni 1969

Das kostet aber Devisen … Was tun? Möglichst über Bande spielen, damit die anderen den Valuta-Ball in ihrem Feld haben …

»Da in jedem Falle Valutamittel benötigt werden, ist es erforderlich, unter Einschaltung der ABI mittels GD-Schreiben die VVB Elektromaschinen zur Beschaffung der Valutamittel zu veranlassen.«[129]

16. Juni 1969

121.–125. LASA, MER, VEB Waggonbau Ammendorf, Nr. 54167.

126.–129. LASA, MER, VEB Waggonbau Ammendorf, Nr. 54167.

Korsoboot zum Laternenfest

»Die Teilnehmer der WL-Sitzung stimmen der Ausgestaltung eines solchen Bootes zu.«[130]

16. Juni 1969

DEWAG Halle soll gestalten …

»Abhängig ist der effektive Einsatz jedoch davon, ob die DEWAG-Werbung die Gestaltung übernimmt … Der DEWAG-Werbung Halle ist ein Auftrag zur Ausgestaltung des Korsobootes für unseren Betrieb zu übersenden.«[131]

16. Juni 1969

Drehgestellverlagerung RAW Halle

»Die Schwerpunkte der Drehgestellverlagerung wurden diskutiert und folgende Maßnahmen festgelegt:
M 3 Es ist eine Arbeitsgruppe … zu bilden, welche die Verlagerung vorbereitet und überwacht. Der Genosse … ist während dieser Zeit von den übrigen Aufgaben zu entbinden.
M 4 Die Arbeitsgruppe hat zu prüfen, für welche Produktion die durch die Drehgestellverlagerung frei werdenden Räume geeignet sind.«[132]

16. Juni 1969

Überleitungsvertrag nicht vergessen …

»Vorbereitung eines Überleitungsvertrages und Überarbeitung des Terminablaufplanes für die Übernahme der Drehgestellfertigung durch das RAW Halle.«[133]

16. Juni 1969

Kooperationsvertrag

»Vorbereitung eines Kooperationsvertrages zwischen RAW Halle und WBA.«[134]

16. Juni 1969

Wie haben das andere gemacht?

»Das vorhandene Projekt über die Drehgestellverlagerung Lochau ist weitestgehend bei der Verlagerung der Drehgestellfertigung nach dem RAW Halle zu verwenden.«[135]

16. Juni 1969

Wo muss der Plan verteidigt werden?

»Nach eingehender Diskussion durch die Werkleitungsmitglieder zum Planentwurf 1970 wurden folgende Termine für die Verteidigung festgelegt:
am 8. 7. 1969 in der BPO
9. 7. 1969 im Produktionskomitee
10. 7. 1969 in der Vertrauensleutevollversammlung
10. 7. 1969 vor der VVB Schienenfahrzeuge«[136]

7./8./9. Juli 1969

Wie viel investieren bei wie vielen WPW?

»Genosse … , Stellvertreter des Direktors für Grundmittel und Genosse … Abteilungsleiter Investitionen, gaben den Vorschlag des Investplanes bekannt. Dieser Planvorschlag berücksichtigt die finanziellen und materiellen Forderungen, die bei den einzelnen Varianten zu verzeichnen sind:
32 Mio M bei 680 WPW/Jahr = Minimalvariante
49 Mio M bei 750 WPW/Jahr = Optimalvariante
66 Mio M bei 850 WPW/Jahr = Maximalvariante.«[137]

7./8./9. Juli 1969

Wer liefert kontaktlose Stromversorgung?

»Der Direktor für Technik … ging dabei besonders auf den den Komplex der kontaktlosen Stromversorgung ein und die damit im Zusammenhang stehenden Fragen mit den in Frage kommenden Lieferfirmen EVR Paris und Elmo Dresden«[138]

28. Juli 1969

Verhandlungen mit den Franzosen

»Die Verhandlungen mit EVR Paris sind grundsätzlich unter Leitung des Direktors für Technik …«[139] **28. Juli 1969**

130.–134. LASA, MER, VEB Waggonbau Ammendorf, Nr. 54167.

135.–139. LASA, MER, VEB Waggonbau Ammendorf, Nr. 54167.

Ein Qualitäts-Sicherungs-System QSS braucht eine Struktur, in der sich die Qualität auch sichern lässt!

»Im QSS kommt es vor allem in den nächsten Wochen und Monaten darauf an, überschaubare Meisterbereiche zu schaffen und ein stabil funktionierendes Inspektionssystem durch LQ zu entwickeln.«[140]

5. August 1969

Wer ist der Herr im Haus?
Warum zuerst die SED?
Nicht nochmal, zuerst der Staat!

»Durch den WD (Werkdirektor, d. A.) wurde kritisiert, daß diese Vorlage, bevor sie auf der Tagesordnung der Werkleitung steht, bereits in der BPO und BGL behandelt wurde. Es wurde von ihm darauf hingewiesen, daß grundsätzlich von allen Struktureinheiten des Betriebes Vorlagen zuerst in der staatlichen Leitung zu beraten sind, ehe sich von den gesellschaftlichen Organisationen behandelt werden.«[141]

5. August 1969

Nicht mehr in Wien prüfen!

»Erarbeitung eines Typenprüfprogrammes zur Klassifizierung des im WBA neu anlaufenden Speisewagens nach entsprechender Abstimmung mit dem DAMW und unter Einbeziehung der Entscheidung, daß dieser Wagen n i c h t in Wien-Arsenal geprüft wird. «[142]

5. August 1969

Entfeinerung zum Programm machen!

»Bildung einer AG ›Entfeinerung des WSW‹ zur Senkung der Kosten in der Konstruktion, Technologie und Fertigung.«[143]

5. August 1969

VVB: Spitzen-Personalie amtlich
Schomburg amtlich Generaldirektor

»Der Genosse … informierte die Leitung wie folgt:

- Mit Wirkung vom 1. 8. 1969 wurde durch den Minister für Schwermaschinen- und Anlagenbau der Genosse S c h o m b u r g als Generaldirektor der VVB Schienenfahrzeuge eingesetzt.«[144]

5. August 1969

Energieknappheit? Schichtverlagerung!

»Um den Problemen, die sich aus der Situation der Energie-Abnahme ergeben, wirksam begegnen zu können, ist eine Konzeption zur Schichtverlagerung zu erarbeiten … «[145]

1. September 1969

Drehgestellfertigung zum RAW:
Preis als Knackpunkt

»Kollege … informierte über den Stand der Verhandlungen mit dem RAW Halle. Kernstück der Verhandlungen vom 29. 8. 69 war die Preisfrage. Dabei wurde keine Übereinstimmung erzielt. Es wurde operativ eine weitere Beratung für den 1. 9. 69 um 15.oo Uhr bei L vereinbart.«[146]

1. September 1969

Lohnt es sich, Brigadiere einzusparen?
Für die Qualitätskontrolle brauchen wir überschaubare Meisterbereiche!

»Durch F ist eine endgültige Fassung des Stellenplanes für LQ zu erarbeiten. Parallel dazu ist eine Analyse der ökonomischen Auswirkungen des QSS, als Vergleich – Einsparungen durch Wegfall der Brigadiere – Mehraufwand durch Bildung der überschaubaren Meisterbereiche, zu erarbeiten.«[147]

1. September 1969

Thälmannplatz oder Waggons?
Beides gleichzeitig bauen geht nicht!

»Genosse … – BPO – wird mit der Stadtbezirksleitung auf Grund der betrieblichen Situation den NAW-Einsatz (Nationales-Aufbau-Werk, d. A.) am Thälmannplatz einer Überprüfung unterziehen.«[148]

15. September 1969

140.–143. LASA, MER, VEB Waggonbau Ammendorf, Nr. 54167.

144.–148. LASA, MER, VEB Waggonbau Ammendorf, Nr. 54167.

Besuch des Botschafters der DRV – Demokratische Republik Vietnam

»Kollege … erläuterte nochmals den Stand der Vorbereitungen zum Besuch des Botschafters der DRV. Der vorgetragene Ablaufplan wurde gebilligt.«[149]

1. September 1969

Fachdirektoren verantwortlich

»Die Fachdirektoren zeichnen für den Besuch der Veranstaltung entsprechend des Besucherschlüssels aus ihren Bereichen verantwortlich.«[150]

1. September 1969

Der erste Speisewagen WSW 0

»Unter Einbeziehung der Bereichsleiter ist ein schriftlicher Ablaufplan für die Fertigstellung des WSW 0 an L zu geben.«[151]

29./30. September 1969

General zu oft angerufen: nicht nochmal!

»Vor Einschaltung des Generaldirektors … sind mit den … Betrieben Differenzprotokolle anzufertigen. Die angespannte Materialsituation ist … bei der WL-Konsultation vorzutragen.«[152]

29./30. September 1969

ABI: Arbeiter- und Bauern-Inspektion

»Zur Bildung einer wirksamen Arbeitsgruppe sind unter Einschaltung der ABI und Arbeiterkontrolle durch die verschiedenen Struktureinheiten für die Monate Oktober/November geeignete Kollegen zu delegieren.«[153]

29./30. September 1969

Schlechte Materialversorgung: Hin fahren!

»Genosse … Direktor für Kooperation nannte eine Palette an Schwerpunkten der Materialversorgung. Die derzeitige Materialsituation zwingt dazu, daß seitens K in Verbindung mit der ABI nach erarbeitetem Terminplan die in Frage kommenden Betriebe angefahren und Dienstreisen in die betreffenden Volksrepubliken durchgeführt werden.«[154]

13. Oktober 1969

22 Kunden-Hinweise realisieren!

»Das 22-Punkte-Programm der Hinweise der SU-Abnahme-Inspektoren zum WSW vom 10. 10. 69 ist zu realisieren.«[155]

13. Oktober 1969

Tägliche Kontrolle!

»Es sind alle Maßnahmen einzuleiten, die die Fertigstellung des WSW 0 nach dem Tagesablaufplan zum 20. 10. 69 sichern. Die Kontrolle ist täglich …«[156]

13. Oktober 1969

Prüfungsablauf minimalisieren!

»Die Typenprüfung des WSW ist so zu konzipieren, daß ein Minimum an Zeitaufwand … benötigt wird.«[157]

13. Oktober 1969

Erprobung Ayl

»Genosse … Stellvertreter des Direktors für Technik, gab eine erste Einschätzung über die in der SU durchgeführte Erprobungsfahrt mit dem Ayl. Der bisherige Verlauf der Probefahrt kann als gut bezeichnet werden.«[158]

13. Oktober 1969

Dokumentation noch zu komplex

»Die … Situation macht es erforderlich, mit den sowjetischen Abnahmeinspektoren klärende Gespräche zu führen, um … Komplikationen … zu vermeiden. Dabei sind Möglichkeiten der Vereinfachung und der Formatverkleinerung … einzubeziehen.«[159]

27. Oktober 1969

Wie macht das der Waggonbau Dessau?

»Um bei den Dokumentationen … eine Verbesserung zu erzielen, sind mit dem VEB Waggonbau Dessau Gespräche über die dort gesammelten Erfahrungen zu führen.«[160]

27. Oktober 1969

149.–153. LASA, MER, VEB Waggonbau Ammendorf, Nr. 54167.

154.–160. LASA, MER, VEB Waggonbau Ammendorf, Nr. 54167.

Marktstrategie
Waggonbau Ammendorf in Sowjetunion Marktführer: halten und ausbauen!

Das folgende Zitat ist besonders wichtig. Es beantwortet die Frage, warum Ammendorf alles auf die Karte Sowjetunion gesetzt hat. Einerseits hatte man noch nicht einmal genug Kapazitäten, um die Wünsche Moskaus zu erfüllen, andererseits war man in der Sowjetunion Marktführer und wollte diese Position halten und stärken. Das ging nur, wenn man die begrenzte Kapazität auf die eine Karte setzte:

»Die Werkleitung wurde darüber informiert, daß WBA auf dem SU-Markt bei den getätigten Importen und vorgenommenen Indienststellungen von Weitstrecken-Personenwagen die dominierende Rolle spielt und daß alle Anstrengungen unternommen werden müssen, um diese Position nicht nur zu halten, sondern nach Möglichkeit weiter im Rahmen der zur Verfügung stehenden Kapazitäten zu verbessern. Bis zur Entscheidung über das langfristige Handelsabkommen hat WBA absatzseitig alle Kapazitäten auf die optimale Marktsicherung ›SU‹ zu konzentrieren. Die Koordinierung der geschäftlichen Abwicklung hinsichtlich Nachbau und Lizenzen ist zu verbessern.«[161]

27. Oktober 1969

Was man 1969 schon alles wusste: wie 1990 wird … (es kam dann anders)

»Genosse Fritzsche gab der Werkleitung die zur Zeit möglichen Informationen über den Stand der Vorlage ›Schienenfahrzeugbau bis 1990‹ auf der Grundlage des Ministerratsbeschlusses … bekannt.«[162]

10. November 1969

Sommererprobung in der SU
Die Werkleitung schäumt vor Wut …

»Der Hauptkonstrukteur … behandelte seinen Reisebericht … Der Werkdirektor faßte in der kritischen Diskussion wie folgt zusammen. Die mündliche Berichterstattung des Hauptkonstrukteurs … wird wegen völlig ungenügender Aussage zurückgewiesen. Die Werkleitung verwahrt sich dagegen, einen derartigen Bericht entgegenzunehmen. Der vorgelegte Reisebericht mit den einzelnen Anlagen kann nicht befriedigen und entspricht nicht der Qualität, die von einem staatlichen Leiter verlangt wird.«[163]

10. November 1969

Was tun? Neuer Bericht!

»Die Werkleitung erwartet von dem Delegationsleiter … einen überarbeiteten Reisebericht, … der die notwendigen Schlußfolgerungen und Konsequenzen für die Konstruktion enthält.«[164]

10. November 1969

Algerien-Angebot prüfen!

Trotz der Fokussierung auf die SU prüfte man auch andere Karten im Spielfeld.

»Entsprechend der durch A gegebenen Information hinsichtlich den für den Industriezweig ausgeschriebenen Auftrages für die Neukonstruktion und Fertigung von 20 Abteilwagen der Spurweite 1.435 mm für Algerien legte der Werkdirektor fest: … Die Ausschreibung ist unter Berücksichtigung aller Umstände unseres Betriebes zu prüfen. Das Ergebnis der Untersuchung ist dem Werkdirektor in schriftlicher Fassung vorzulegen.«[165]

10. November 1969

SED oder Produktion? Produktion!

»Der BPO wird empfohlen, die Genossen … zumindest bis Jahresende vom Besuch der Bezirksparteischule zu befreien.«[166]

24./25. November 1969

Zu viele Bauartänderungen!!

»Erarbeitung einer schriftlichen Vorstellung mit Maßnahmevorschlägen, wie im Konstruktionsbüro laufende Verstöße gegen die Materialökonomie in Form von Bauartänderungen vermieden werden.«[167]

24./25. November 1969

161.–162. LASA, MER, VEB Waggonbau Ammendorf, Nr. 54167.

163.–167. LASA, MER, VEB Waggonbau Ammendorf, Nr. 54167.

Entwicklungszeit verkürzen!
Spätestens 1973 in Serie!

»Unter voller Berücksichtigung der in den Parteibeschlüssen enthaltenen Forderungen zur Verkürzung der Entwicklungs- und Überführungszeiten neuer Erzeugnisse sind bei der Weiterbearbeitung des Projekts Ayl folgende Termine zu realisieren:
- Erprobungsabschluß 7/70
- Beendigung der STufe ÜK 11 8/70
- Beginn der Null-Serie 1971
- Unterbreitung des Angebotes 1972
- Auflegen der Serie 1973«[168]

24./25. November 1969

Nur einsehen! Kopiert wird das nicht!

»Die VVS ›Langfristiges Handelsabkommen SU-DDR bis 1990‹ liegt bei L vor und ist durch die Fachdirektoren einzusehen.«[169]

24./25. November 1969

Autonom werden durch Diesel-Aggregate

»Der Einsatz der autonomen Dieselkompressor-Aggregate zur Entlastung des Betriebsnetzes ist zu forcieren.«[170]

1. Dezember 1969

Langfristiges Handelsabkommen mit SU

»Der Leiter der Prognosegruppe ... gab die ... Informationen über das Verhandlungsergebnis der paritätischen Regierungskommission UdSSR-DDR in Berlin für den Perspektivzeitraum 1971–1975 ... Der Anstieg der Gesamtstückzahl ... und des Anteiles der K-Wagen von ca. 20 bis auf ca. 50% am ... erfordert grundsätzlich die volle Investitionstätigkeit im Rahmen der komplexen sozialistischen Rationalisierung ab 1970 sowie ... Erhöhung der ... Kooperation. Die Hauptorientierungsziffern für den ... sind:
D-Wagen = 1.800 Stück
K-Wagen = 1.530 Stück
SK-Wagen = 250 Stück
Gesamt = 3.580 Stück.«[171]

11. Dezember 1969

168.–171. LASA, MER, VEB Waggonbau Ammendorf, Nr. 54167.

Was tun 1970?

»Der amtierende Direktor für Ökonomie ... legte dar, daß die Überrechnung des Planes 1970 auf Grund der 5 Festpunkte erfolgte und 581 Wagen sowie 40 Th für Niesky die Grundlage bildeten. Nach gründlicher Diskussion durch die Werkleitungsmitglieder wurden folgende ökonomische Kennziffern durch L festgelegt:
- ind. Warenproduktion 200,5 Mio M
- Export 16,2 Mio M
- Einheitliches Betriebsergebnis 22,6 Mio M
- Eigenleistung 71,7 Mio M
-APS 8,4%.«[172]

16. Dezember 1969

Alle Rechnungen für das Jahr 1969 sichern!

»Es ist zu sichern, daß sämtliche 1969 betreffenden Leistungen (einschließlich Materialverkäufe, Abgabe von Grundmitteln und Vorrichtungen u. a. m.) unter dem 31. 12. 1969 verrechnet werden.«[173]

22. Dezember 1969

Was kostet das Recht?
Vertragsschiedsverfahren:
Justiziar legt Berechnungen vor ...

»Entsprechend der schriftlichen Übersicht legte der Justitiar ... die sich aus den einzelnen Vertragsschiedsverfahren ergebenden Konsequenzen und ökonomischen Auswirkungen ...
- DIA-Invest über Schaltkupplungen
- Faga Berlin über diverse Fahrzeug-Elektrik-Teile
- Waggonbau Görlitz über Farbanstrich von Drehgestellen
- ZW Gräfenhainichen über Vorbaufertigung
- Kjellberg Finsterwalde über Plasma-Dünnblechschweißmaschine
- MAB Schkeuditz über Ersatzlieferung MAB II und IV
- Reprocolor Leipzig über Dokumentation für WPW und WSW
- DIA TM über Verspätungszinsen.«[174]

22. Dezember 1969

172.–174. LASA, MER, VEB Waggonbau Ammendorf, Nr. 54167.

Bilder 1969

Die Bilder aus dem Jahr 1969 sind interessante Bild-Belege. Nach vielen Jahren hatte man endlich die Güteklasse 1 erreicht und war somit erstes Mitglied im Markenzeichenverband des Vereinigten Schienenfahrzeugbaus der DDR (Abb. 37–43).[175]

Als erster Betrieb des Warenzeichenverbandes „Vereinigter Schienenfahrzeugbau der DDR" erhielt der VEB Waggonbau Ammendorf die Berechtigung, das Kurzzeichen „VBS" zu führen (Bild oben).
Dieses Warenzeichen wird für Erzeugnisse verliehen, die der Güteklasse „1" entsprechen.
Lesen Sie dazu Prüf-Fix auf Seite 2.

Abb. 37: Erster VBS-Betrieb der DDR, Ammendorf 22. Januar 1969.

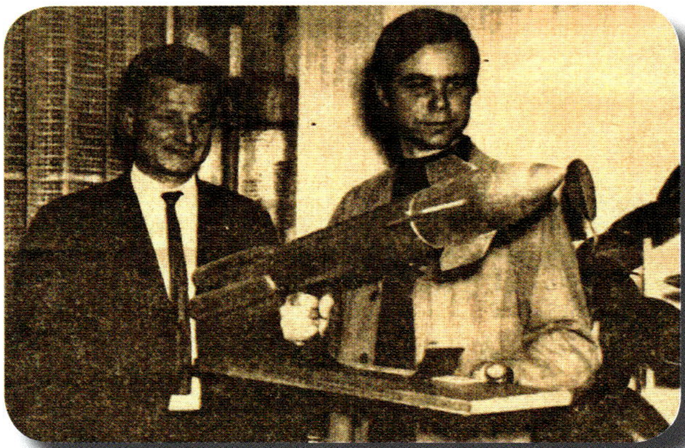

Abb. 38: Heinz Höpfner überreicht an Genossen Stahl die Rakete der guten Taten, Ammendorf 22. Januar 1969.

Abb. 39: R. Lautenschläger, H. Thamm, U. Rosche, E. Stümpel, Ammendorf 5. März 1969.

Abb. 40: Kollegen Graf und Lehnert von der Brigade Eisenstein, Ammendorf 22. Januar 1969.

Abb. 41: Paul Franke mit dem neuen ZT 300, Ammendorf 19. Februar 1969.

Abb. 42: Gerd Koch, Rudolf Sichting und Detlef Rothe, Ammendorf 19. Februar 1969.

Abb. 43: P. Pensler und R.Schröter, Ammendorf 22. Januar 1969.

175. Bahn frei!, Ausgaben des Jahres 1969.

Bilder 1969 (Abb. 44–48).[176]

Allgemeines Aufsehen erregte bei den Besuchern der Leipziger Frühjahrsmesse der von unserem Betrieb ausgestellte neu entwickelte, konstruierte und gebaute Reisezugwagen AyL.
Genosser Werner Felfe, 2. Sekretär der Bezirksleitung Halle der SED äußerte sich bei seinem Besuch auf dem Messestand zu diesem Erzeugnis unter anderem: „Der AyL-Wagen ist ein Wagen, der unserer Zeit und dem Weltniveau entspricht."
Einen ausführlichen Messebericht veröffentlichen wir in der nächsten Ausgabe.

Abb. 44: Erster AyL auf der Messe, Ammendorf 12. März 1969.

Abb. 45: 1. Billard-Mannschaft der DDR, u. a. Dieter Hoche und Horst Schönbrodt, Ammendorf 19. März 1969.

Abb. 47: Stereo-Combo und Astoria-Quintett, Ammendorf 7. Mai 1969.

Abb. 48: Neuerer Hans Francke und Peter Brunnert, Ammendorf 25. Juni 1969.

Abb. 46: Günter Röthe, Heinz Höpfner, Siegfried Hausschild, nicht bezeichnete Person, Erich Müller: Berichterstattung vor der SED, Ammendorf 5. März 1969.

176. Bahn frei!, Ausgaben des Jahres 1969.

Bilder 1969

Die folgenden Bilder belegen einen vielfältigen Alltag im Waggonbau Ammendorf. Sport und Musik waren beliebt. Allerdings muss man beachten, dass diese Bilder aus der Bahn frei stammen und ein sehr positives Bild darstellen sollten. Der Themenbereich Eingaben zeigt, dass es vor allem in der Wohnraumversorgung auch große Probleme gab. Dennoch gehören diese positiven Bilder zur Geschichte (Abb. 49–54).[177]

Abb. 49: Fußball war beliebt, Ammendorf 20. August 1969.

Abb. 50: Arbeitsgruppe Innenausbau bei der Beratung, von links: Kollegen Volkmann, Hoffmann, Blumberg, Hessel, Lehmann, Mittmann, Krieger und Seifert, Ammendorf 17. September 1969.

Abb. 51: von links: Horst Puchalla, Marlis Wündsch, Sabine Schmude, Rüdiger Miguletz, Ammendorf 1. Oktober 1969.

Abb. 52: Gruppenleiter Hans Rothe aus der Abteilung ÖAK überreicht symbolisch dem Werkdirektor Fritzsche den Schlüssel zum neuen Speiserestaurant, das im ehemaligen Konstruktionsgebäude entstand, Ammendorf 14. Oktober 1969.

Abb. 53: Neue Speisegaststätte, Ammendorf 14. Oktober 1969.

Abb. 54: Abnahmeinspektoren Kotschubejew und Smirnow im Gespräch, Ammendorf 3. Dezember 1969.

177. Bahn frei!, Ausgaben des Jahres 1969.

Bilder 1969 (Abb. 55).[178]

Mit 70er Tempo ins Jahr

1970

Annonce: Nehmen Sie jeden Tag aus den Milchkästen vor der Konsum-Verkaufsstelle Flaschen 'raus. Sie sparen dadurch nicht nur Geld, sondern Sie leben dazu noch gesund. Vorsicht ist jedoch trotzdem geboten!
gez.: Spitzbube

Mancher Onkel hat mehr Nichten, als sich die Tante träumen läßt.

Eine Anfrage an ÖAK: Schraps hatte in dieser Abteilung seinen Hut verloren. Dieser wurde aber von hier aus an die Kaderabteilung weitergeleitet …

PRODUKTION | LEITUNG

Automatisierung erfordert einen neuen Leitungsstil.

Hast du schon gehört, der Tunnel nach Werk II wird nun doch noch gebaut.

CENTRUM-Tip: Narva-Lampen sind noch vorrätig. Lassen Sie daher in Ihrem Betrieb Tor und Tür auf, damit noch recht viele Werktätige in den „Genuß" von Rheuma und Erkältungen kommen.

Millionen könnten wir verdienen, gelänge es uns, noch mehr Stahl durch Plast zu ersetzen. Frauen wären dann in der Lage, einen ganzen Weitstreckenpersonenwagen einfach „auszustemmen".

Zwei Liter Bier erzeugen in manchen Menschen mehr Zivilcourage als zehn öffentliche Mißstände.

Wenn man mit deiner Arbeit nicht zufrieden ist, erkläre, daß es ein Experiment sei.

Hinter der hohlen Hand gesagt: Das Jahr 1969 war ja mächtig kurvenreich. Mögen uns 1970 nur noch solche „Kurven" beschieden sein.

GEWINN

Wer knabbert an meinem Häuschen?

… Ist das Schrapsens Hut? Wer hat ihn, fragen die Arbeiterkontrolleure aus TK.

Was, das nennst du innerbetriebliche Kooperation? Da, nimm das!

Herausgeber: Betriebsparteiorgani[…] tion der SED. Verantwortlicher Reda[…] teur: Karl Hauske. Erscheint u[…] ter der Lizenz-Nr. 118 des Rates d[…] Bezirkes Halle. Druck: Druckhaus Fr[…] heit, Halle (S.), Straße der DSF 67[…]

Abb. 55: Mit 70er Tempo ins Jahr 1970, Ammendorf 23. Dezember 1969.

178. Bahn frei!, Ausgaben des Jahres 1969.

1969

Prospekte 1969 (Abb. 56–63).[179]

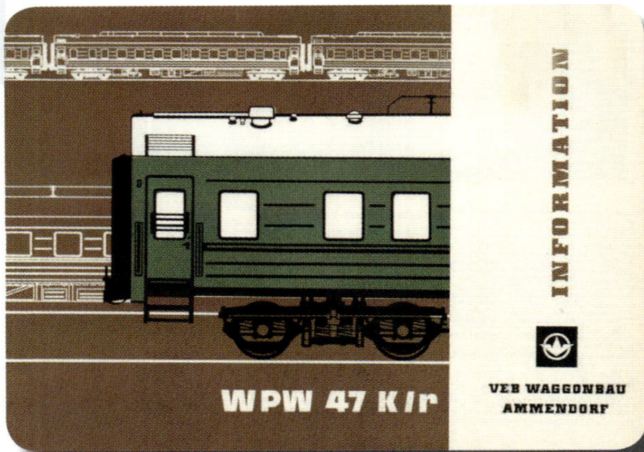

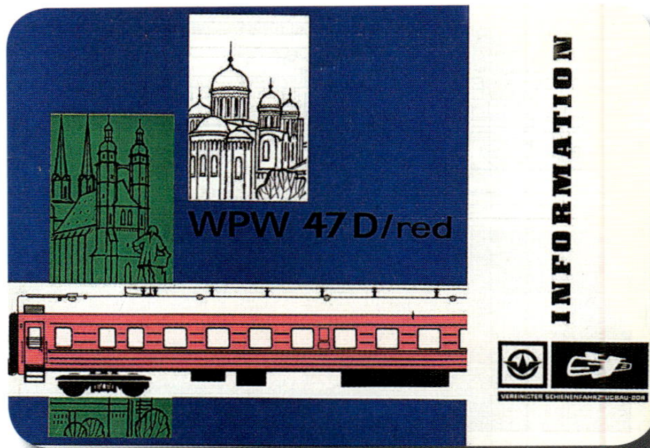

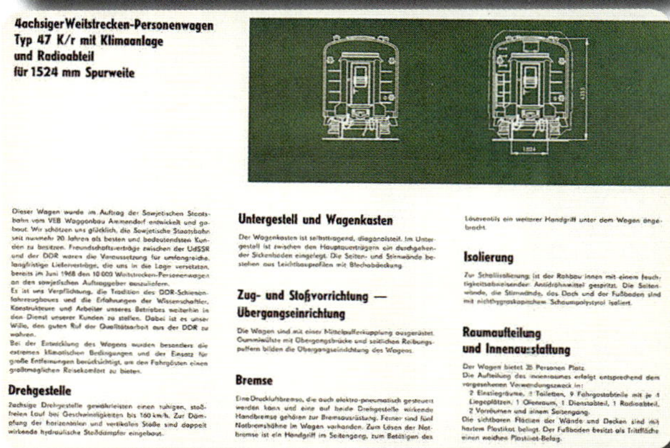

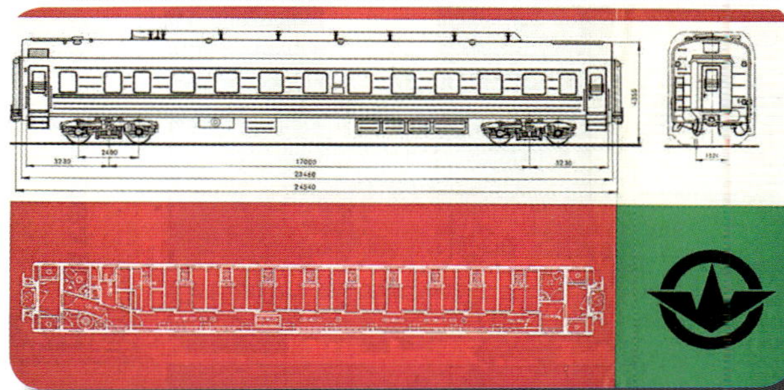

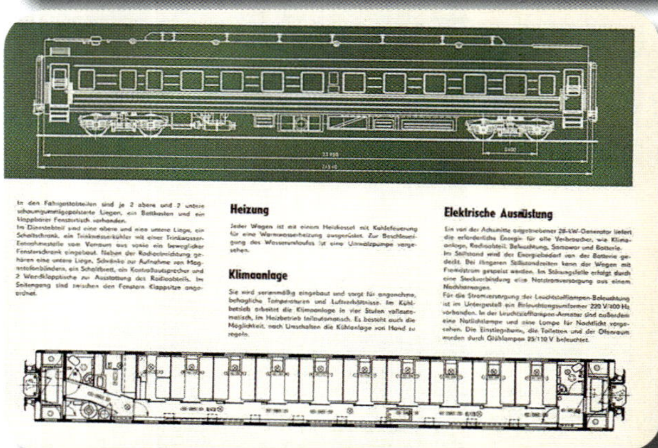

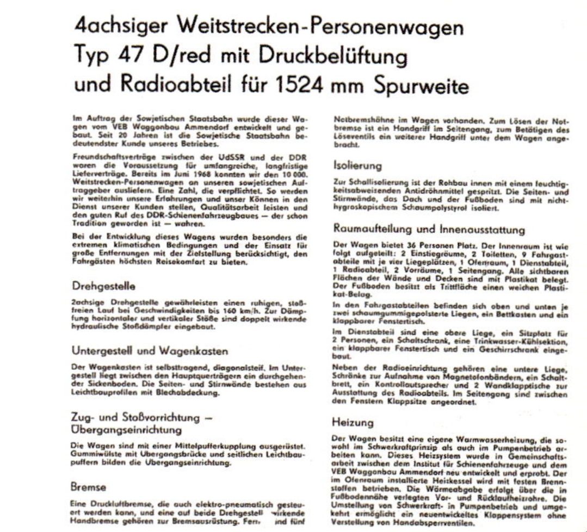

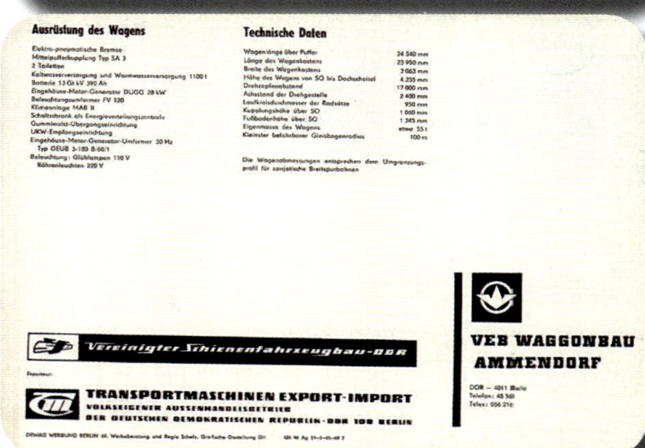

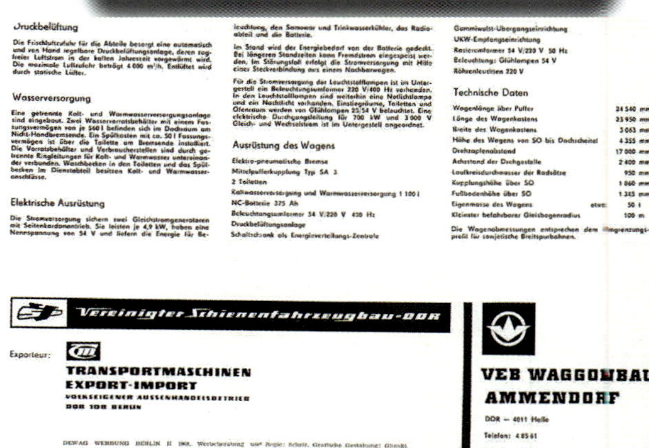

Abb. 56–59: WPW 47K/r, Ammendorf 1969.

Abb. 60–63: WPW 47D/red, Ammendorf 1969.

179. Frotscher-Archiv, Halle.

Vierachsiger Weitstrecken-Personenwagen Ty. AYL für 1524 mm Spurweite mit Kli. .anlage Typ MAB IV

Der Wagen wurde für den Weitstrecken-Reiseverkehr in der UdSSR vom VEB Waggonbau Ammendorf entwickelt und gebaut. Seit mehr als zwei Jahrzehnten unterhält der Vereinigte Schienenfahrzeugbau der DDR – der VEB Waggonbau Ammendorf ist Mitglied dieses Warenzeichenverbandes – auf Grund langfristiger, freundschaftlicher Lieferverträge enge Handelsbeziehungen mit der UdSSR. Das ist die Grundlage für eine hohe Spezialisierung im DDR-Schienenfahrzeugbau, die zu ökonomisch hohen Serienlieferungen führte. Bereits im Juni 1965 lieferte unser Betrieb den 10 000. Weitstrecken-Personenwagen an den sowjetischen Handelspartner.

Entsprechend den steigenden Ansprüchen im Reiseverkehr wurde bei der Entwicklung des Wagens großer Wert auf einen hohen Komfort gelegt, der den speziellen Bedingungen und klimatischen Verhältnissen der UdSSR entspricht.

Er ist Ausdruck der hohen technischen Leistungen der Wissenschaftler und Konstrukteure und der bekannten Qualitätsarbeit der Werktätigen der DDR-Waggonbauindustrie, die auf jahrzehntelanger Tradition beruht.

Drehgestelle

Zwei zweiachsige Drehgestelle vom Typ KWS-ZNII gewährleisten einen ruhigen Fahrzeuglauf bei Geschwindigkeiten bis 160 km/h.

Die Radsätze mit ganzgewalzten Vollradscheiben haben einen Laufkreisdurchmesser von 950 mm und laufen in Achsbuchsgehäusen mit Zylinderrollenlagern. Die primäre und sekundäre Abfederung erfolgt durch Schraubenfedern, die mit Friktions- und hydraulischen Stoßdämpfern zusammenwirken.

Bremsausrüstung

Eine automatische Druckluftbremse mit elektropneumatischer Beeinflussung sorgt für die notwendige Sicherheit der Reisenden. Notbremsvorrichtungen befinden sich außerdem in den beiden Einstiegsräumen, im Dienstabteil und im Seitengang. Eine mechanische Handbremse wirkt auf beide Drehgestelle. Es werden automatische, doppelt wirkende Bremsgestängesteller – Typ „SAB" – eingesetzt. Die Bremse ist geeignet für Bremsklotzsohlen aus Grauguß und Plaststoff.

Zug- und Stoßvorrichtung – Übergangseinrichtung

Im Wagen ist die automatische Mittelpufferkupplung vom Typ „SA3" mit Friktionsapparat eingebaut.

Die Übergangseinrichtung besteht aus den Gummiwülsten, der Übergangsbrücke und den mit je einem Stoßdämpfer versehenen Reibplatten.

Wagenkasten

Der Wagenkasten ist als ganzgeschweißte Stahlkonstruktion ausgeführt. Außenlangträger, Querträger, neuentwickelte Schablelövorbauten ohne Diagonalstreben bilden das Untergestell. Ein Sickenfußboden deckt das Untergestell zwischen den beiden Hauptträgern ab.

Für das Kastengerippe werden kaltprofilierte Stahlprofile (Güte St 34 b-2) und gewalzte Stahlprofile (Güte St 38 b-2) verarbeitet. Als Außenhaut wird Stahlblech mit einem Kupferzusatz verwendet. Längsdurchgehende Sicken versteifen die Seitenwand.

Fenster und Türen

Alle Abteil- und Seitengangfenster sind Festfenster, lediglich die Toilettenfenster sind als Fallfenster ausgeführt. Die verwendeten Thermodoppelscheiben bestehen aus Sicherheitsglas. Seiteneinstieg- und Stirnwandtüren werden aus Stahlpreßteilen gefertigt und sind isoliert.

Die Innentüren sind eine mit Hartplastikat beschichtete Rahmenkonstruktion aus Holz.

Schiebetüren verschließen die Abteile, alle anderen Türen sind dagegen als Drehtüren ausgeführt.

Innenausstattung

Die Fahrgastabteile mit 4 Liegeplätzen sind mit 2 oberen und 2 unteren Liegen ausgestattet. Im sogenannten Halbabteil und im Dienstabteil sind je eine obere und untere Liege vorhanden. Alle unteren Liegen haben klappbare Rückenlehnen.

In Verbindung mit der Form der Sitzfläche bieten sie in Tagesstellung einen erheblich verbesserten Sitzkomfort. Ihre Rückseiten sind in Nachtstellung die eigentlichen, gut gepolsterten Liegeflächen. Unter den unteren Liegen befinden sich Kästen zur Aufbewahrung des Bettzeuges.

Kleinteile wie Kleiderhaken, Hosenhalter u. a. vervollständigen die Ausstattung.

Im Dienstabteil befinden sich außerdem der Schaltschrank und ein Trinkwasserkühler mit Spülbecken.

Wasserversorgung

Ein Wasservorratsbehälter (Fassungsvermögen ca. 1 100 l) befindet sich im Duschraum am Handbremsende des Wagens.

Außerdem ist am Nicht-Handbremsende des Wagens über der Toilette ein Spülkasten mit einem Fassungsvermögen von ca. 50 l untergebracht. Die Waschbecken in den Toiletten und das Spülbecken im Dienstabteil sind mit Kalt- und Warmwasseranschlüssen ausgerüstet. Die Vorratsbehälter und Verbraucherstellen sind durch getrennte Ringleitungen für Kaltwasser und Warmwasser miteinander verbunden.

Klimaanlage

Zwei Klima-Einbauaggregate vom Typ MAB IV sorgen für einwandfreie Temperatur- und Luftverhältnisse im Wagen. Die Aggregate befinden sich im Dachraum an beiden Wagenenden. Jede Anlage hat zwei unabhängig voneinander betreibbare Kühlmittelkreisläufe, so daß die Gesamtkälteleistung 24 000 kcal/h je Wagen in den Stufen 25 %, 50 %, 75 % und 100 % der Gesamtkälteleistung entsprechend den Temperaturverhältnissen geregelt werden kann. Die von beiden Aggregaten geförderte Zuluftmenge beträgt 5000 m³/h, die aus einem Frischluftanteil von 1000 m³/h (20 %) und einem Umluftanteil von 4000 m³/h (80 %) besteht.

Heizung

Als Grundheizung des Wagens ist eine Warmwasserheizung mit einem Ofen für feste Brennstoffe eingebaut. Der Ofen für feste Brennstoffe ist mit dem Warmwasserbereiter, der auf dem Ofen aufsitzt, kombiniert. Für eine Abkürzung der Vorheizzeit sorgt eine elektrisch betriebene Umwälzpumpe. Sie tritt auch bei zeitweilig größerem Heizungsbedarf in Folge tiefer Temperaturen in Tätigkeit.

Außerdem ist eine elektrische Zusatzheizung eingebaut. Sie kann in den Übergangszeiten als alleinige Heizung verwendet werden.

Energieversorgung

Zur Energieversorgung gehören:

- Kontaktloser Drehstromgenerator, 30 kW, der im Drehgestell am Nichthandbremsende des Wagens eingebaut ist
- Akkumulatorenbatterie mit einer Kapazität von ca. 400 Ah und einer Nennspannung von 110 V
- Drehstrom-Anschlußkasten zur Fremdeinspeisung von Dreiphasen-Wechselstrom 220/380 V, 50 Hz
- Statischer Wechselrichter zur Versorgung der Klimaanlage und sonstiger motorischen Verbraucher mit Dreiphasen-Wechselstrom 220/380 V, 50 Hz
- Statischer Wechselrichter für die Versorgung der Leuchtstofflampen-Beleuchtung mit Einphasen-Wechselstrom 220 V/400 Hz
- Schaltschrank im Dienstabteil mit allen Schalt- und Überwachungsgeräten.

Beleuchtung

In den Fahrgastabteilen und im Dienstabteil befinden sich komplexe Beleuchtungseinrichtungen mit je zwei Leuchtstofflampen 40 W, einer Glühlampe 25 W für Notbeleuchtung und einer Glühlampe 25 W für Nachtlicht (Blaulicht). Im Seitengang sind komplexe Beleuchtungseinrichtungen mit je einer Leuchtstofflampe 20 W und wechselweise einer Glühlampe 25 W für Notbeleuchtung bzw. für Nachtlicht (Blaulicht) installiert.

Sonstige Ausrüstung

Zur weiteren Ausrüstung des Wagens gehören:

- Kochendwasserbereiter
- Trinkwasserkühler
- Motoren für die Pumpen des Heizkreislaufes
- Kontroll- und Signalanlagen für Wasserfüllung und thermische Achslagerüberwachung
- Rufanlage mit Tastern an den Stirnwandtüren
- Lautsprecher in den Abteilen und im Seitengang sowie Radiodurchgangsleitung

Technische Daten

Länge des Wagens über Kupplungsmitten	24 540 mm
Länge des Wagenkastens	23 950 mm
Breite des Wagens über Blech	3 063 mm
Höhe des Wagens von SO bis Dachscheitel	4 355 mm
Drehzapfenabstand	17 000 mm
Achsstand der Drehgestelle	2 400 mm
Laufkreis-Durchmesser der Radsätze	950 mm
Höhe von SO bis Mitte Kupplung	1 060 ± 20 mm
Fußbodenhöhe über SO	1 345 mm
Dienstmasse des Wagens	ca. 54 t
Kleinster befahrbarer Gleisbogenradius	100 m
Höchstgeschwindigkeit	160 km/h
Anzahl der Liegeplätze für Fahrgäste	38
Anzahl der Liegeplätze für Personal	2
Wagenumgrenzungsprofil „O-T" nach GOST 9238–59	

DEWAG WERBUNG BERLIN ...

VEB WAGGONBAU AMMENDORF

DDR – 4011 Halle
Telefon: 48 561
Telex: 056 216

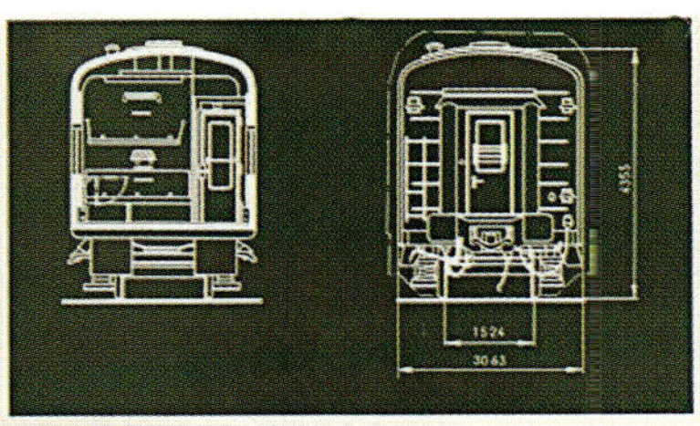

Isolierung

Innen ist der Wagenkasten-Rohbau mit einem feuchtigkeitsabweisenden Antidröhn- und Korrosionsschutzmittel gespritzt. Zur weiteren Verbesserung der thermischen Isolierung und des Korrosionsschutzes wurde erstmals bei Weitstrecken-Personenwagen die Isolierung durch Einschäumen von Polyurethan-Hartschaum vorgenommen.

Innenverkleidung

Alle sichtbaren Flächen der Wände und Türen sind mit Hartplastikat in ansprechendem Holzdekor beschichtet. Als Fußböden werden GfP-Wannen bzw. -Mulden verwendet, deren Trittflächen mit Fußbodenbelag ausgelegt sind. Bei dieser Fußbodenkonstruktion konnte vollständig auf Verwendung der bisher üblichen Holzteile verzichtet werden.

Raumaufteilung

Am Handbremsende des Wagens befinden sich:

- Einstiegraum
- Ofenraum
- Vorraum mit Zugang zur Toilette und zum Dienstabteil
- Seitengang mit Zugang zu den Fahrgastabteilen

Am Nicht-Handbremsende des Wagens befinden sich:

- Einstiegraum
- Vorraum mit Zugang zur Toilette
- Seitengang mit Zugang zu den Fahrgastabteilen

Neun Fahrgastabteile mit je vier Liegeplätzen und einem Fahrgastabteil mit 2 Liegeplätzen bieten 38 Reisenden Platz. Im Dienstabteil sind zwei Liegen angeordnet.

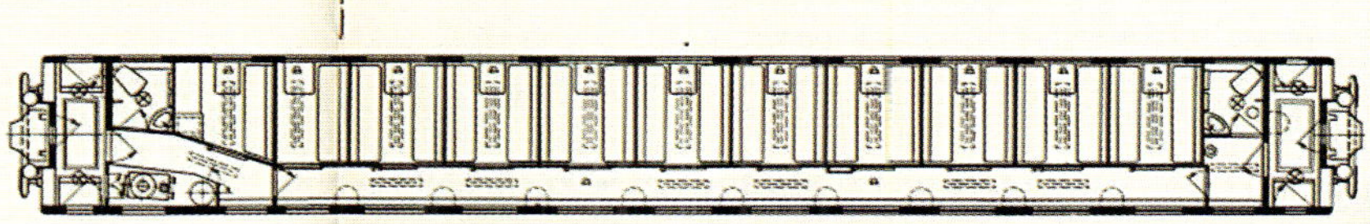

Vereinigter Schienenfahrzeugbau-DDR

Exporteur:

TRANSPORTMASCHINEN EXPORT-IMPORT
VOLKSEIGENER AUSSENHANDELSBETRIEB
DER DEUTSCHEN DEMOKRATISCHEN REPUBLIK · DDR 108 BERLIN

Abb. 64–69: WPW AYL Ammendorf 1969.

179. Frotscher-Archiv, Halle.

Thema: Kombinatsbildung
Als wichtigster Waggonbauer wurde Ammendorf damit beauftragt, ein Konzept zu entwickeln, um einen schlagkräftigen Weltmarkt-Champion im Reisezugwagensegment zu schaffen (Abb. 70).[180]

Abb. 70: Kombinatsmodell VEB Waggonbaukombinat, Titelbild, Ammendorf 1969.

180. Frotscher-Archiv, Halle.

Thema: Kombinatsbildung Teil 2
Der Minister informiert den Werkdirektor Genossen FRITZSCHE über die Entscheidung einer weiteren Konzentration und Spezialisierung in Richtung Waggonbau (Abb. 71).[181]

VEREINIGUNG VOLKSEIGENER BETRIEBE

Schienenfahrzeuge

GENERALDIREKTOR

VEB Waggonbau Ammendorf
Betriebsdirektor
Genossen Fritzsche

A m m e n d o r f

VD LFM 5/69 Bri.
1. Ausf.

5. 3. 1969

Realisierung der Weisung des Ministers für Schwermaschinen- und Anlagenbau zur Leitung des Kombinatsprozesses im Schwermaschinen- und Anlagenbau 1969

Werter Genosse Fritzsche!

Am 25. 2. 1969 fand beim Minister für Schwermaschinen- und Anlagenbau eine Tagung der Generaldirektoren statt.
Gegenstand der Beratung war der Inhalt und die durchzuführenden Maßnahmen der "Konzeption zur Leitung des Konzentrationsprozesses im Schwermaschinen- und Anlagenbau im Jahre 1969 vom 27. 1. 1969". Mit der Bestätigung dieser Konzeption und der Weisung des Ministers vom 25. 2. 1969 ist über die Kombinatsbildung und die wirtschaftsorganisatorischen Veränderungen im Industriezweig Schienenfahrzeuge die Entscheidung getroffen worden. Die Probleme der weiteren Spezialisierung, Konzentration und Kombination der Produktion sind Bestandteil des Führungsmodells der VVB Schienenfahrzeuge. Das Führungsmodell wurde am 13. 2. 1969 vor dem Minister für MSAB verteidigt und als verbindliches Grundsatzdokument bestätigt.

– 2 –

1134 Berlin-Lichtenberg, Hirschberger Straße 4, Fernruf: Sammel-Nr. 55 53 11, Telex-Nr. 11 27 82

Abb. 71: Kombinatsmodell VEB Waggonbaukombinat, Brief Seite 1, Ammendorf 1969.

181. Frotscher-Archiv, Halle.

Thema: Kombinatsbildung Teil 3
Es sollte, wie man auf dieser Seite des Briefes lesen kann, eine schlagkräftige Einheit der Volkswirtschaft auf dem Welthöchststand entwickelt werden (Abb. 72).[182]

- 3 -

Mit der Ausarbeitung des Kombinatsmodells sind folgende Führungsgrößen (Zielfunktion, Normative, ökonomische Zielstellungen) zu realisieren und in der Verteidigung nachzuweisen:

1. Mit dem Modell ist im Rahmen der zentralen staatlichen Planung und Leitung die volle Verantwortung des Kombinats für die effektivste Gestaltung aller Phasen des Reproduktionsprozesses der im Kombinat zusammengeschlossenen Betriebe und Betriebsteile zu sichern. Die Erfüllung der staatlichen Aufgaben des Kombinats, vor allem die Eigenerwirtschaftung der Mittel für die erweiterte Reproduktion, ist zu gewährleisten.

   Das Kombinat Reisezugwagen ist langfristig zu einer leistungsfähigen, effektiven und ökonomisch stabilen Wirtschaftseinheit der Volkswirtschaft der DDR zu entwickeln. Mit der Ausarbeitung des Kombinatsmodells sind Voraussetzungen zu schaffen, um langfristig entsprechend dem Welthöchststand die wissenschaftlich-technische Entwicklung der Erzeugnisse, der Fertigungstechnik und Fertigungsorganisation, den Absatz von qualitativ hochwertigen und rentablen Reisezugwagen und die ökonomische Reproduktion des Kombinats zu sichern. Der Stammbetrieb des Kombinats ist der VEB Waggonbau Görlitz.

2. Mit der Spezialisierung und Konzentration der Produktion in einem leistungsfähigen Industriekombinat ist die Erreichung und Überbietung der Ziele des Perspektivplanes 1971 - 1975 zu gewährleisten. Für den Zeitraum bis 1980 ergeben sich pro Jahr folgende durchschnittliche Steigerungsquoten:

   - Jährliche Steigerung der Arbeitsproduktivität um 10 % bei gleichbleibenden Arbeitskräften;
   - Jährliche Erhöhung des einheitlichen Betriebsergebnisses um mindestens 18 %;

- 4 -

Abb. 72: Kombinatsmodell VEB Waggonbaukombinat, Brief Seite 3 Ammendorf 1969.

182. Frotscher-Archiv, Halle.

Investitionspolitik 1968 bis 1980

1964 machte die SED die **Wissenschaft** neben der Arbeit, dem Boden und dem Kapital zur vierten Produktivkraft. In wissenschaftlich-technischen Konzeptionen WTK (später ergänzt um die Ökonomie = WTÖK) wurde die Zukunft geplant.

WTK 1968 und Kombinatsmodell
Ersatzinvestitionen 1968

»Nach dem Investitionsplan 1968 sind Ersatzinvestitionen in Höhe von 1.053.– TM vorgesehen, die sich wie folgt zusammensetzen:

… Kranbrücke Holzplatz	*125 TM*
… Tore am Drehgestellbau	*5 TM*
Werkzeugmaschinen	*579 TM*

…«[183]

Welche Werkzeugmaschinen?

»7 Drehmaschinen
1 Fräsmaschine
1 Bohrmaschine G 25
1 Radialbohrmaschine BR 40x1.250
1 Presse
1 Kurvenschere

Plasmadünnblechschweißmaschine	*150 TM*
Büromaschinen	*21 TM*
Schweißausrüstungen	*42 TM*
PKW Moskwitsch	*18 TM*
Röntgengenerator für Poliklinik	*75 TM*
Meßgeräte und andere …	*18 TM*
	1.053 TM

…«[184]

Woher kommen die Maschinen?

»…
Leit- und Zugspindeldrehmaschine …
VEB Großdrehmaschinen ‚8. Mai'
Karl-Marx-Stadt …
Leit- und Zugspindeldrehmaschine …
Import SU
Revolverdrehmaschine DRT 50 …
Import Jugoslawien ..
Revolverdrehmaschinen …
VEB Großdrehmaschinen ‚8. Mai'
Karl-Marx-Stadt …
Senkrecht-Fräsmaschine FSS …
VEB Fritz-Heckert-Werk …
Karl-Marx-Stadt …
Neigbare Exzenterpresse …
Import SU …«[185]

Was bringen die Investitionen?

»<u>Einsparungen nach Durchführung:</u>

Verringerung der Arbeitskräfte (nach VBE)	*um 12*
Erhöhung des Reineinkommens um	*144,1 TM*

…«[186]

Nimmt der Nutzen pro Jahr zu?

»Zunahme des Nutzens nach Jahren

1968	*49,0 TM*
1969	*40,0 TM*
1970	*55,1 TM …«*[187]

Wie erfolgte der Ablauf einer typischen Großinvestition mit Bauanteil?

»…
1. Die Projektierung befindet sich in der Ausarbeitung …
2. Die Bilanzierung der Leichtmetallhalle durch VE-Metalleichtbaukombinat … Plauen ist erfolgt.
3. Lieferung der Halle erfolgt durch Metall-Leichtbaukombinat Halle …
4. Montage der Hallenkonstruktion durch VEB Montagebau Halle …
5. Bauausführender Betrieb für Fundamente und Sozialteil: PGH Industriebau Halle …
6. Für den Einbau der Elektroinstallation wird Auftrag an die Elektrofirma Birkigt erteilt …«[188]

Wie sah der Bauablauf aus?

»a) Beginn der Bauvorbereitung: IV./1968
b) Fertigung der Fundamente … I./1969
c) Aufstellung … II./1969
d) Einbau der Elektroinstallation III./1969
e) Fertigstellung … III./1969
f) Übergabe … 31. 12. 1969 …«[189]

183.–184. LASA, MER, VEB Waggonbau Ammendorf, Nr. 57122.

185.–189. LASA, MER, VEB Waggonbau Ammendorf, Nr. 57122.

Investitionspolitik 1968 bis 1980
Ökonomischer Nutzen des Übergangs von Flaschengas CO_2 auf Tankwagengas

»CO_2-Flaschengas (30 kg Flasche à 13,95 M) = 465 M/t
CO_2 aus Tankfahrzeugen = 255 M/t
Differenz = 210 M/t.«[190]

Wie viel verbrauchen wir am Tag und was bringt das im Jahr? 50.000 Mark!

»Tagesverbrauch 800 kg
0,8 t x 302 Tage x 210 M/t
= 50.736 M …«[191]

Beispiel 2
Einsparung durch Lenkungsstelle für den Bereich Produktion

»Durch die Lenkungsstelle werden im Bereich F 4 folgende Normstunden bei 540 WPW/Jahr eingespart:
12 Std. in Lohngruppe 4 = 22.278 M
14 Std. in Lohngruppe 5 = 36.318 M
58.596 M«[192]

Investitionsplan 1969/70

Ein großer Vorteil der langfristigen Handelsbeziehungen mit der Sowjetunion bestand darin, dass nicht auf Halde produziert wurde. Es wurde vorher bestellt und dann produziert. Dadurch entfiel das Nachfrageausfallrisiko, was signifikant war. Alle Waggons wurden somit real verkauft! Mehr noch, man konnte seine Investitionen nach den Sortiments- und Mengenwünschen des Kunden ausrichten und es entfiel dadurch weitgehend das Risiko von Fehlinvestitionen. Es gab andere Risken.

»Der Investitionsplan für die Jahre 1969 und 1970 wird inhaltlich bestimmt durch die Sortimentsgestaltung unseres Haupterzeugnisses und die Produktionszahlen an Weitstreckenpersonenwagen. Während sich das Produktionsprogramm für 1969 durch den Ende Juni 1968 mit der SU abgeschlossenen Liefervertrag kaum noch ändern wird, gibt es zur Zeit vier verschiedene Varianten der Produktion für 1970. Weiteren Beratungen und Abstimmungen mit der SU ist es vorbehalten, zu entscheiden, nach welcher Variante das Produktionsprogramm 1970 gestaltet wird.«[193]

190.–192. LASA, MER, VEB Waggonbau Ammendorf, Nr. 57122.

NÖP: Wegfall der Kennzifferninvestitionen

Das folgende Zitat klingt wie ein Übergang von der Zentralplanungswirtschaft zur dezentralen Eigenplanungswirtschaft. Dem war jedoch nicht so, weil über dem VEB noch die VVB stand und diese bestimmte letztendlich die Investitionshöhen:

»Mit dem Übergang der VEB zur Eigenerwirtschaftung der Mittel, unter anderem für die einfache und erweiterte Reproduktion, ist das bisher übliche starre System der Erteilung von Kennziffern für Investitionen und Bauanteil ab 1968 in Wegfall gekommen. Die Betriebe entscheiden entsprechend ihrer ökonomischen Stärke eigenverantwortlich über ihre weitere Entwicklung …«[194]

Problem der mehrfachen Dynamik

Auch hier gab es eine Problematik: eine Investition in eine große Halle oder ein anderes mehrjähriges Großprojekt lief über mehrere Jahre. In diesen Jahren änderten sich jedoch die Rahmenbedingungen. Heute würde man manche der falsch entschiedenen Investitionen sofort auf Eis legen. Das war damals jedoch aufgrund der Zentralplanung nicht in je dem Fall möglich, da es sich immer um Staatseigentum handelte und so viele Ebenen einbezogen werden mussten.

Was also investieren 1969/70?

»Fortführung der 1968 begonnen Maßnahmen zur Gewährleistung eines 16jährigen Korrosionsschutzes …
…Rationalisierungsmaßnahmen zur Senkung der Kosten …
Bau einer Lenkungsstelle …
Sicherung der Energieversorgung …
Bau eines Nullgleises …
Bau einer Halle für Versuche mit Großvorrichtungen …«[195]

193.–195. LASA, MER, VEB Waggonbau Ammendorf, Nr. 57122.

Beispiel für die Änderung des Umfeldes: wir müssen uns anpassen!
Von der Salzkohle zur Normalkohle …

»Auf Beschluß des Ministerrates der DDR wird ab 1. 7. 1969 die Förderung von Salzkohle im Bereich von Halle eingestellt. Damit muß auch unser Kesselhaus, welches ausschließlich Salzkohle verbraucht, auf den Bezug von Normalkohle umgestellt werden …
Die Kosten für den möglichen Umbau werden mit 36 TM angegeben.«[196]

Was bedeutet das für die Lieferung?

»Die Kohle kann seitens der Reichsbahn nur in Seitenentladern oder in normalen Güterwagen angeliefert werden. Die für unsere Verhältnisse erforderlichen Bodenentlader stehen nicht zur Verfügung. Unsere Waggons dürfen nicht verwendet werden.«[197]

Was bedeutet die weitere Entfernung?

»Da die Kohle künftig aus weiter gelegener Revieren angeliefert wird, ist eine erhöhte Reservehaltung unbedingt erforderlich.«[198]

Wer baut uns neue Kessel?
Einen großen Teil müssen wir selbst machen!

»a) für den Ausrüstungsteil (Kessel) mit dem VEB Dampfkesselbau Hohenthurm,
b) Ausmauerung des Kessels Fa. Falk, Leipzig,
c) ein großer Teil erfolgt in Eigenleistungen durch die Mitarbeiter des Kesselhauses …«[199]

Wie soll die Qualität verbessert werden durch Investitionen?

»Die bis 1980 vorgesehenen Investitionen müssen nicht nur die notwendige Steigerung der Arbeitsproduktivität sichern, sondern auch die Qualität der zu fertigenden Erzeugnisse garantieren.
Als wichtigste Maßnahmen seien genannt:
- Verbesserung des Strahlens von Schmiedestücken und Walzmaterial
- Einsatz moderner, hochproduktiver Maschinen, Erhöhung des durchschnittlichen Gütegrades von 3,5 auf 2,5
- Einsatz hochmechanisierter, universalgestalteter Vorrichtungen
- übersichtlicher Montageprozess durch Erweiterung der Hallenkapazität
- Zentralisierung der Teile-Lackiererei
- Verbesserung der Mechanisierung bei der Grundierung der Rohbauten …«[200]

1969: weiterer Paukenschlag
Ein Waggonbaukombinat soll entstehen … Warum?

»Ausgehend von den Beschlüssen des Politbüros des ZK der SED … wurde auf der Grundlage der Konzeption des Ministers über den Konzentrationsprozeß im Ministerium für Schwermaschinen- und Anlagenbau diese Modell des zukünftigen Waggonbaukombinats, das der VVB Schienenfahrzeuge direkt unterstellt ist und in dem das ökonomische System des Sozialismus als Ganzes schrittweise angewendet wird, ausgearbeitet.«[201]

Wer hat die Aufgabe erteilt?

»Die Aufgabenstellung wurde vom Generaldirektor der VVB Schienenfahrzeuge vorgegeben.«[202]

Warum etwas an der Struktur ändern?

»Ausgangsbasis der Untersuchungen der Modellgruppe waren die Perspektivpläne der 1. Phase der Perspektivplanung der Werke des Kombinats. Die in diesen Plänen vorgesehenen Zielstellungen sicherten durch die Werke des Waggonbau-Kombinates die beauflagten Zielfunktionen nicht. Dabei war es notwendig, den Perspektivplan des VEB Waggonbau Ammendorf zu korrigieren, weil in ihm ein Arbeitskräftezuwachs von circa 600 VBE im Zeitraum von 1971 bis 1975 vorgesehen war und nicht zu realisieren ist.«[203]

196.–199. LASA, MER, VEB Waggonbau Ammendorf, Nr. 57122.

200.–203. LASA, MER, VEB Waggonbau Ammendorf, Nr. 59058.

Wer hat das Modell erarbeitet?

»Das vorliegende Modell … wurde in der Zeit von April bis Juni 1969 von einer Arbeitsgruppe, bestehend aus Leitungskadern, bewährten Technikern und Ökonomen der Betriebe und des Institutes für Schienenfahrzeuge erarbeitet.«[204]

War die Gruppe erfolgreich?

»Der Modellgruppe ist es gelungen, eine Variante zu entwickeln, durch die die vorgegebene Zielfunktion erreicht bzw. überboten wird.«[205]

Was ist dafür erforderlich?

»Allerdings ist dazu die Einbeziehung von freiwerdenden RAW-Kapazitäten, eine Zuführung von Arbeitskräften von durchschnittlich 250 VBE in den Betrieben Görlitz und Bautzen und die Realisierung größerer Investitionsmaßnahmen zur Erhöhung der Durchlaßfähigkeit im VEB Waggonbau Ammendorf erforderlich.«[206]

Passt alles zusammen?

Nein, am Ende wurde fast nur die Drehgestellproduktion ausgelagert …

»Durch diese Variante wird aber erstmalig der Bedarf der Deutschen Reichsbahn von 1971 bis 1975 voll abgedeckt und eine Exportsteigerung von durchschnittlich 10% pro Jahr erreicht. In Anbetracht dessen, daß sowohl eine Erhöhung der Arbeitskräfte nicht möglich ist, als auch die Voraussetzungen für die Realisierung der Investitionsmaßnahmen in Ammendorf fehlen, sind zu dieser Variante weitere Untersuchungen notwendig, die im Rahmen der Modellausarbeitung bisher nicht realisiert werden konnten.«[207]

Also nur eine Minimalvariante?

»Auf Grund der gegebenen Voraussetzungen wurde eine Minimalvariante erarbeitet, durch die folgende Ergebnisse erzielt werden:
- die durchschnittliche jährliche Steigerung des Exports beträgt 4,3%
- das einheitliche Betriebsergebnis stieg im Durchschnitt pro Jahr um 12,5% und die Arbeitsproduktivität auf der Basis der Mittelwerte der absoluten Summe je Beschäftigten steigt im Durchschnitt pro Jahr um 9%.«[208]

204.–207. LASA, MER, VEB Waggonbau Ammendorf, Nr. 59058.

Die Erzeugnisstruktur des Kombinates

»Im künftigen Waggonbau-Kombinat werden folgende Erzeugnisse gefertigt:
- Weitstreckenpersonenwagen
- Weitstreckenspeisewagen und
- RIC-Schlafwagen
für die Sowjetunion,
- RIC-Wagen in verschiedenen Varianten
- Doppelstockwagen und -züge
- Drehgestelle für alle Reisezugwagen
…«[209]

Was gehört in Zukunft nicht mehr zum Produktionsprogramm des Kombinates?

»Dieseltriebwagen und -züge, die zur Zeit noch im VEB Waggonbau Görlitz gefertigt werden, gehören im Perspektivzeitraum nicht mehr zum Produktionsprogramm des Kombinats. Kombinatsfremde Produktion, die zur Zeit noch in einigen Betrieben gefertigt wird, wie zum Beispiel Förderwagen, Ersatzteile für die Deutsche Reichsbahn und Gießereierzeugnisse, müssen aus dem Produktionsprogramm des künftigen Waggonbau-Kombinats herausgelöst werden. Durch die Kombinatsleitung sind die Anstrengungen zur Ausgliederung dieser Produktion zu forcieren.«[210]

Wer gehört dazu?

»VEB Waggonbau Görlitz (Stammwerk)
VEB Waggonbau Ammendorf
VEB Waggonbau Bautzen
VEB Waggonausrüstungen Vetschau
VEB Federnwerk Zittau
VEB Achslagerwerk Staßfurt
VEB Radsatzfabrik Ilsenburg
VEB Förderwagen und Beschlagteile Mühlhausen und das Institut …«[211]

208.–211. LASA, MER, VEB Waggonbau Ammendorf, Nr. 59058.

Gibt es außerdem Fusionen?

»Es ist vorgesehen, über einen längeren Zeitraum die Eingliederung der Zulieferbetriebe Vetschau, Zittau und Mühlhausen in die Finalbetriebe Görlitz, Bautzen und Ammendorf vorzubereiten. Die Betriebe Staßfurt und Ilsenburg sollen in der Perspektive zu einem Betrieb zusammengefaßt werden.«[212]

Was ist die Zielfunktion des Kombinates?

»Mit der Bildung des Kombinates ist folgende Zielfunktion zu realisieren:
1. Mit dem Modell ist im Rahmen der zentralen staatlichen Planung und Leitung die volle Verantwortung des künftigen Kombinats für die effektivste Gestaltung aller Phasen des Reproduktionsprozesses zu sichern.
Das Kombinat Reisezugwagen ist langfristig zu einer leistungsfähigen, effektiven und ökonomisch stabilen Wirtschaftseinheit der Volkswirtschaft der DDR zu entwickeln.
2. Mit der Spezialisierung und Konzentration der Produktion in einem leistungsfähigen Industriekombinat ist die Erreichung und Überbietung der Ziele des Perspektivplanes 1971–1975 zu gewährleisten.
Dabei ist eine jährliche Steigerung der Arbeitsproduktivität um durchschnittlich 10% bei gleichbleibenden Arbeitskräften, eine jährliche durchschnittliche Erhöhung des einheitlichen Betriebsergebnisses um mindestens 18% und eine jährliche durchschnittliche Steigerung des Exports um mindestens 7% zu realisieren.«[213]

Was soll nach Berlin abgeführt werden? 6% und noch mal 70%, das ist viel!

»Es wurde die Aufgabe gestellt, die ökonomischen Modellrechnungen unter Berücksichtigung einer normativen Produktionfondsabgabe von 6% und einer Nettogewinnabführung von 70% zugrunde zu legen …«[214]

212.–214. LASA, MER, VEB Waggonbau Ammendorf, Nr. 59058.

Wo lagen die Diskrepanzen bisher? Ammendorf

»Wertigkeit des BE in der Warenproduktion ist rückläufig.
Der Aufwand an AP zur Erreichung gleicher Warenproduktion steigt.
Der Aufwand an AP zur Erreichung des gleichen BE steigt.«[215]

Was sind die Ursachen?

»Stagnation der Arbeitsteiligkeit der Prozesse. Relativer Rückgang der Kooperation.
Gebrauchswertsteigerung der Erzeugnisse ohne VM-Äquivalent beim Export.«[216]

Was tun in Ammendorf?

»Erhöhung des einheitlichen BE durch Minimierung der materiellen Anforderungen für Gebrauchswerterhöhungen ohne VM Äquivalent.«[217]

Der Minister hatte die vorherige WTK abgelehnt, warum?

»Die WTK konnte vom Minister nicht bestätigt werden, weil
- die konzipierte Entwicklung der Arbeitsproduktivität (durchschnittliche jährliche Steigerung von 6,4%) und der Selbstkostensenkung nicht den Erfordernissen entspricht, die an ein volkswirtschaftlich strukturbestimmendes Erzeugnis gestellt werden müssen,
- die WTK keine Orientierung auf eine Erhöhung des NSW-Exports enthält,
- in der WTK keine Maßnahmen zur vollen Bedarfsdeckung konzipiert wurden,
- keine klaren Zielkriterien für die Forschungs- und Entwicklungsaufgaben zur Erreichung und Mitbestimmung ds wissenschaftlich-technischen Höchststandes festgelegt wurden und
- die vorgeschlagene Arbeitskräfteentwicklung nicht der grundsätzlichen Aufgabenstellung (Beibehaltung der Arbeitskräfte des Jahres 1970) entspricht.
Wegen dieser grundsätzlichen Mängel ist die WTK zu überarbeiten …«[218]

215.–218. LASA, MER, VEB Waggonbau Ammendorf, Nr. 59058.

Worauf ist bei der Überarbeitung besonders zu achten?

»Bei der Überarbeitung der WTK war von folgenden Gesichtspunkten auszugehen:
- Zugrundelegung einer durchschnittlichen jährlichen Steigerung der Arbeitsproduktivität auf Basis Eigenleistung von mindestens 8–10%,
- Zugrundelegung einer höheren Selbstkostensenkung in den Jahren bis 1975, vor allem auf dem Gebiet der Materialkosten,
- Zugrundelegung einer Konzeption zur möglichst vollen Deckung des Inland- und Exportbedarfes an Reisezugwagen unter Beachtung einer zentralen Einzelteile- und Baugruppenfertigung (unter Einbeziehung von Teilkapazitäten der RAW in die Einzelteile- und Baugruppenfertigung in Abstimmung mit dem Ministerium für Verkehrswesen),
(dies wurde durch Ausgliederung der Drehgestellfertigung in das RAW Halle verwirklicht, d. A.)
- Beibehaltung der geplanten Arbeitskräftezahl des Jahres 1970,
- Darstellung der Konzentration der Forschungs- und Entwicklungskapazitäten auf die Schwerpunkte zur Erreichung und Mitbestimmung des wissenschaftlich-technischen Höchststandes.«[219]

Kombinatseffekt: was bringt der Wandel?

»In Ableitung von der allgemeinen Definition liegt die Aufgabenstellung des Teilsystems Wissenschaft und Technik in der optimalen Ausnutzung des Kombinatseffektes zur Erhöhung der Effektivität der Forschung und Entwicklung. Dabei ist folgende konkrete Untergliederung vorgesehen:
• Reduzierung der Forschungs- und Entwicklungszeiten
• Steigerung der Ergebnisse der Forschungs- und Entwicklungsstellen
• Erhöhung des Wahrscheinlichkeitsgrades der Realisierung der Forschungs- und Entwicklungsthemen in der materiellen Produktion …«[220]

Kombinateseffekt: Vorbereitung der Produktion

»- Reduzierung der Vorbereitungszeit der Produktionsprozesse
- Senkung der Vorbereitungskosten für die Produktionsprozesse …«[221]

Kombinateseffekt: Kooperationssystem

»- Reduzierung der Beschaffungs- und Lagerzeiten
- Senkung der Beschaffungs- und Lagerhaltungskosten
- Steigerung des Umschlages
- Reduzierung der produktiven Fonds der Material- und Lagerwirtschaft
- Senkung der Zulieferpreise …«[222]

Kombinateseffekt: Grundfondssystem

»- Steigerung der Fondsauslastung
- Senkung des Fondszuwachses
- Verkürzung der Investzeiten …«[223]

Kombinateseffekt: Kader- und Berufs--bildung

»- Erhöhung des Qualifizierungsniveaus
- Senkung der Kosten für Kader- und Berufsausbildung …«[224]

Kombinateseffekt: Produktionsprozess

»Optimale Ausnutzung des Kombinatseffektes zur:
• Senkung der Herstellungskosten
• Verkürzung des Produktionsdurchlaufes
• Reduzierung der Umlaufmittel …«[225]

Hauptkriterium: Spezialisierung

»Das Hauptkriterium der Gestaltung des Produktionssystems unter den Bedingungen der Kombinatsbildung ist die weitgehende Spezialisierung der Produktion der im Kombinat zusammengeschlossenen Betriebe und Abläufe …«[226]

219. LASA, MER, VEB Waggonbau Ammendorf, Nr. 59058.

220.–226. LASA, MER, VEB Waggonbau Ammendorf, Nr. 59058.

Wer spezialisiert sich worauf?
Die Betriebe im Detail:
Ammendorf

»Spezialisiert für die Produktion von Weitstrecken-Personenwagen (WPW) für die UdSSR mit Klimaanlage oder Druckbelüftung und deren Varianten, von Weitstrecken-Speisewagen (WSW) und Drehgestellen des Types ZNII, Gesenkschmiede für den Eigenbedarf und für Betriebe des Industriezweiges, der DR und Fremdbetriebe …«[227]

Görlitz

»Spezialisiert für die Produktion von Doppelstockzügen und -wagen und deren Varianten, RIC-Schlafwagen in UdSSR-Ausführung, Doppelstock-Drehgestelle, Sonderwagen der DR sowie Triebfahrzeuge (LVT und SVT), Gesenkschmiede für den Eigenbedarf, für Betriebe des Industriezweiges, der DR und Fremdbetriebe, Fertigung RIC-Drehgestelle für den Eigenbedarf, Fertigung der Doppelstock-Drehgestelle.«[228]

Bautzen

»Spezialisiert für die Produktion von RIC-Wagen in allen Varianten und Sonderwagen für DR, Endmontage der RIC-Drehgestelle für den Eigenbedarf, die Ersatzteilfertigung für Scharfenberg-Kupplungen für S- und U-Bahn. Außerdem ist eine Graugießerei vorwiegend für den Maschinenbau der DR vorhanden. Gesenkschmiedearbeiten für die DR.«[229]

Vetschau

»Spezialisiert für die Teilmontage der RIC-Drehgestelle des Industriezweiges und der DR, bei Zulieferung der Rahmen aus RAW Zwickau und Gesenkschmiedestücke von Görlitz und Ammendorf. (Endmontage erfolgt in Bautzen und RAW Halberstadt.) Produktion von Gitterrosten für Kühlfahrzeuge und von Förderwagenradsätzen für Mühlhausen. Produktion von Bio-Gefäßen für die DDR und den Export, Feuerverzinkerei, vorwiegend für Kundenaufträge …«[230]

Mühlhausen

»Spezialisiert für die Produktion von Schlössern und Beschlagteilen für den Schienenfahrzeugbau (VVB und DR) … Fertigung von Bremsausrüstungen und Ersatzteilen für Schienenfahrzeuge …«[231]

Ilsenburg

»Spezialisiert für die Produktion von kompletten Radsätzen aller Spurweiten für Trieb-, Reisezug- und Güterwagen …«[232]

Zittau

»Spezialisiert für die Produktion von Schrauben-, Blatt- und Ringfedern für den Schienenfahrzeugbau, den Automobilbau und sonstige Bedarfsträger …«[233]

Staßfurt

»Spezialisiert für die Produktion der Achslagergehäuse für alle Betriebe des Schienenfahrzeugbaus, die RAW der DR, der Braunkohlenindustrie sowie Direktexport in das NSW.«[234]

Wie hoch ist der erzeugnisbezogene Spezialisierungsgrad

»Der erzeugnisbezogene Spezialisierungsgrad in den Finalbetrieben beträgt 100% … «[235]

Inwieweit ist die Spezialisierung abgeschlossen?
Wo ist sie noch nicht durchgesetzt?

»Die Spezialisierung
- der Achslagergehäuse
- der Radsätze in allen Spurweiten
- der Blatt-, Schrauben- und Ringfedern
- der Schloß- und Beschlagteile
in den Zulieferbetrieben ist abgeschlossen
In der Baugruppenfertigung, der Vormontage und der Teilefertigung ist die Spezialisierung nur zum Teil durchgesetzt …«[236]

227.–229. LASA, MER, VEB Waggonbau Ammendorf, Nr. 59058.

230.–236. LASA, MER, VEB Waggonbau Ammendorf, Nr. 59058.

Wie wird man Chef im Kombinat?
Die untere Grafik zeigt den Weg eines Mitarbeiters des Waggonbaukombinates zu Führungspositionen (Abb. 73).[237]

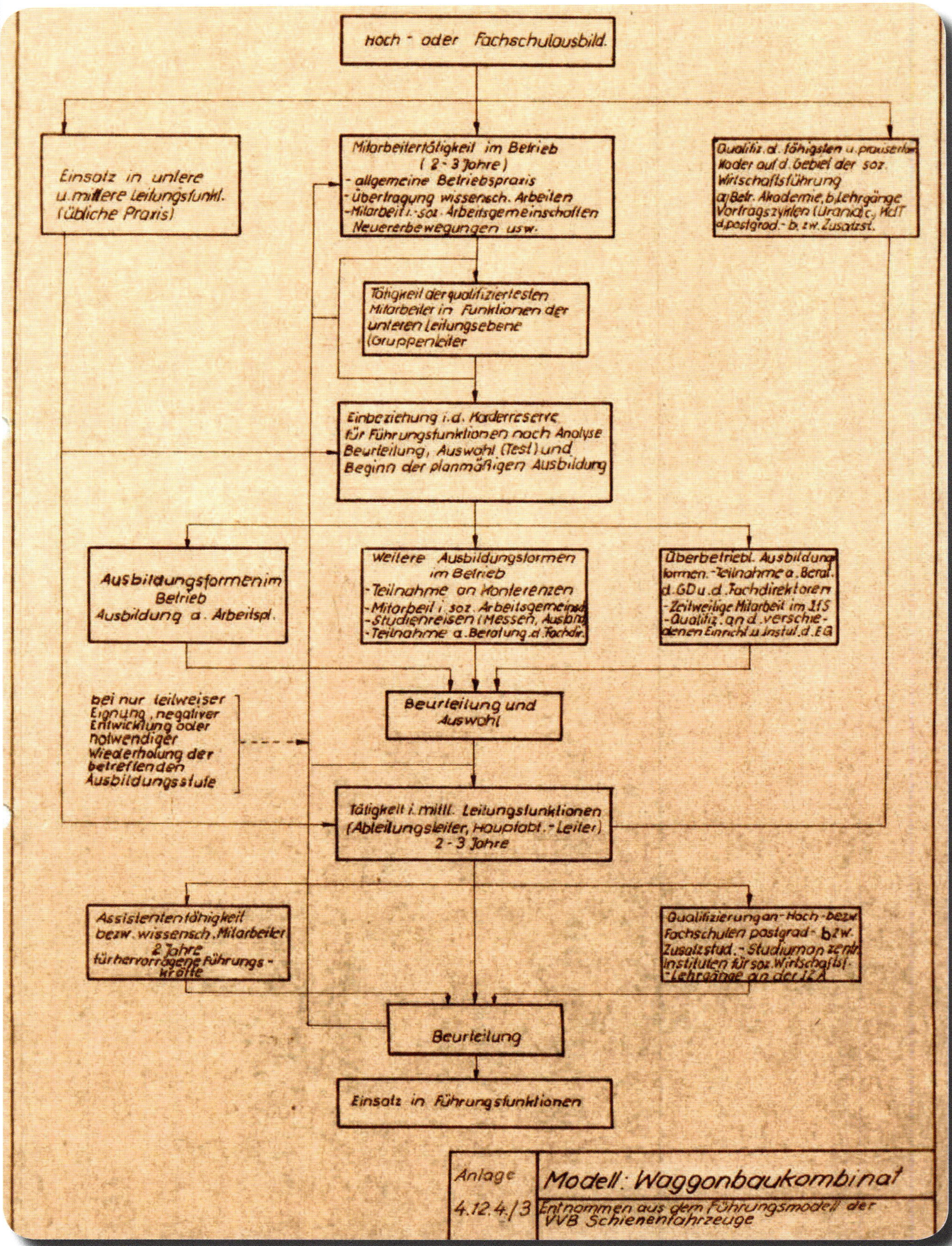

Abb. 73: Kaderentwicklung Führungskräfte Waggonbaukombinat, Berlin 1969.

237. Frotscher-Archiv, Halle.

Wer sollte Stammbetrieb werden?
Überraschend war es nicht der umsatzstärkste Kombinatsbetrieb Ammendorf, sondern Görlitz als Stammbetrieb (Abb. 74).[238]

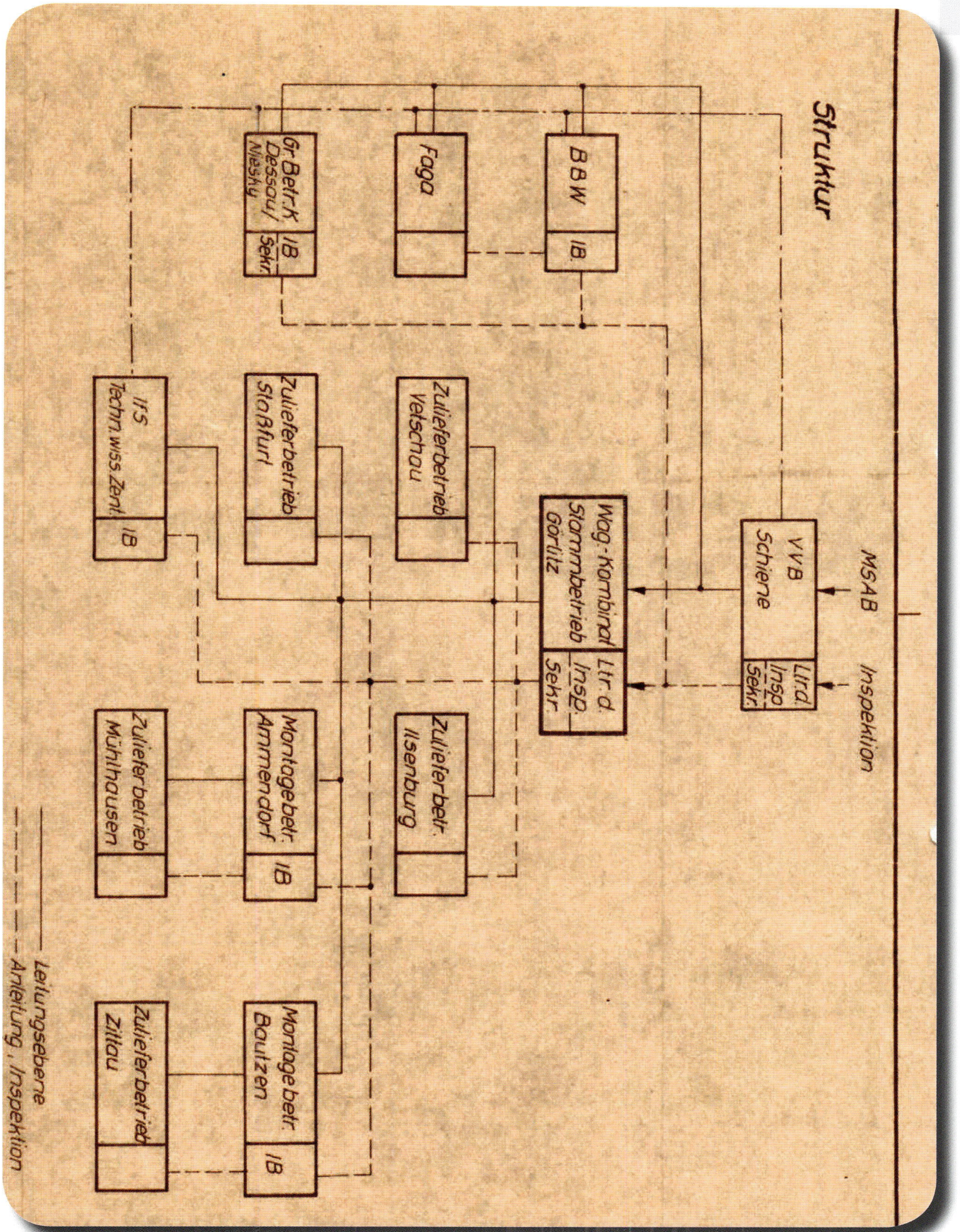

Abb. 74: Strukturplan Waggonbaukombinat, 1969.

238. Frotscher-Archiv, Halle.

Einführende Zusammenfassung 1970

1970 begannen die Versuche eine computer-gesteuerte Produktion zu verwirklichen. Außerdem wollte die Sowjetunion viel mehr Wagen. Dem General in Berlin wurde Alarm gegeben: Ammendorf ist nur für 600 Wagen ausgerichtet.

Da es vor allem auf die Selbstkostensenkungen ankam, um den Gewinn pro Wagen zu steigern, sollte auf Plaste gesetzt werden. Das musste der SU aber erstmal schmackhaft gemacht werden: ein langer Kampf.

Das ZK der SED behandelte die Wirtschaft und wenn man sich fragt, wer zu den wichtigsten Zweigen in der DDR gehört, der wird hier die Antwort finden: der Schienenfahrzeugbau natürlich.

Und trotzdem: so richtig haben die da oben das nicht verstanden mit der Wirtschaft, denn es gab immer noch Energiekontingente für Ammendorf. Weltspitzenprodukte und gleichzeitig nicht genug Energie bekommen, das verstehe wer will.

Ähnlich sah es mit dem RAW aus. Die Drehgestellfertigung sollte dorthin verlagert werden. Letztlich geschah das auch. Das RAW warb aber Arbeiter aus Ammendorf ab, so dass Leute fehlten.

Im November wurde schließlich der Generaldirektor krank. Vertretung kam aus Ammendorf, die können das!

Ein Betrieb des Warenzeichenverbandes
VEREINIGTER SCHIENENFAHRZEUGBAU DER DDR

Bahn frei

Erscheint wöchentl.
7. Januar 1970
Preis 5 Pf
20. Jahrg.
1

rgan der Betriebsparteiorganisation
es VEB Waggonbau Ammendorf

1724,13 Mark haben die FDJler der EOS „Bertolt Brecht" auf das Konto 88 888 für das heldenhafte vietnamesische Volk überwiesen. Dieser Betrag setzt sich aus Spenden und einem Verkaufserlös eines Vietnambasars zusammen, bei dem die Arbeiter des Patenbetriebes VEB Waggonbau 742,50 Mark aufbrachten.

d auch wir auf großer Fahrt?

Examen bestanden

nossen Kämpfer unseres mot. Bataillons haben Beschlüsse der 12. Tagung
s Zentralkomitees der SED richtig verstanden

ei extrem schlechten Witte-gsbedingungen bestanden die nossen Kämpfer unseres mot. aillons am 3. Januar 1970, n Geburtstag Wilhelm Piecks, Examen im Gefechtsschießen. i hundertprozentiger Betei-

davon erzielten sie die Note „1". Auch die Genossen an den 76 mm Geschützen erreichten beim Scharfschießen die Note 2. Damit haben die schweren Einheiten unseres mot. Bataillons die Gesamtnote 1 erreicht.

reichte wirkungsvoll zu schützen. Sie beweisen damit zugleich, daß sie die Beschlüsse der 12. Tagung des Zentralkomitees der SED richtig verstanden haben.

Wir sind stolz auf unsere Genossen Kämpfer, weil sie als

VIETNAM IST NICHT ALLEIN!

Auch in der vergangenen Woche gingen uns erneut Protestschreiben und Erklärungen unserer Waggonbauer zu, die den schmutzigen Krieg der USA-Aggressoren und deren Helfer in Vietnam verurteilen. Sie stellten namhafte Beträge für das um seine Freiheit ringende vietnamesische Brudervolk zur Verfügung.

Die Werktätigen der Abtei-

Abb. 75: Erste Bahn frei von 1970, Ammendorf 1970. [239]

239. Bahn frei, Ammendorf 7. Januar 1970

Produktionsanlauf 1970

»Durch den Werkdirektor … wurde darauf hingewiesen, daß gleich zu Beginn des Jahres 1970 alle Kräfte darauf zu konzentrieren sind, für eine kontinuierliche Planerfüllung zu sorgen. Unter Berücksichtigung der derzeitigen Witterungseinflüsse, Energiesituation und Planaufgaben kam es zu folgenden Festlegungen …«[240]

5./6. Januar 1970

Operationsforschung und EDV

»Genosse … wies darauf hin, daß … bei jeder Werkleitungssitzung in einer Problemberatung zu Fragen der EDV und OF Stellung nehmen wird …«[241]

12./14. Januar 1970

Was soll das bringen?
Die computer-gezwungene Fabrik …

»Erarbeitung … eines Netzplanes für die Durchlaufplanung … Das Ziel muß darin bestehen, die optimale Durchlaufplanung bis zum IV./1970 fertigzustellen, um damit ab 1971 die Zwangsgrößen und den Zwangslauf den Erfordernissen entsprechend einzuführen.«[242]

12./14. Januar 1970

Perspektivplan 1971–75: 3.770 Wagen

»Der vom Kollegen … gegebene Kommentar … erfolgte auf der Basis der in Woroschilowgrad konzipierten Plangröße von 3.770 Wagen. Darin sind als Orientierungszahlen enthalten:
50 Speisewagen pro Jahr als konstante Größe
200 Klimawagen pro Jahr als Mindestanteil
400 Klimawagen pro Jahr als Maximalanteil …«[243]

12./14. Januar 1970

Ammendorf aber nur für 600 ausgelegt!

»Unter Zugrundelegung der derzeitigen Grenzstückzahl der Durchlaßfähigkeit von 600 Wagen/Jahr .. ist eine schriftliche Übersicht über folgende Probleme zu erarbeiten:
- Benennung der an die VVB gehenden Werte
- Voraussetzungen für die Maximalvariante
- Voraussetzungen für die Minimalvariante
- Auswirkungen auf 1970 sowie 1971–1975 …«[244]

12./14. Januar 1970

Was wird der General in Berlin dazu sagen? Sanft vorbereiten durch Andeutungen!

»Absetzen eines Fernschreibens mit verbaler Andeutung der … Probleme«[245]

12./14. Januar 1970

Führungskonzeption Direktion Technik

»Der Direktor für Technik … legte den Standpunkt zur Führungskonzeption des Direktionsbereiches Technik dar.«[246]

12./14. Januar 1970

Was ist am wichtigsten?

»- Als wichtigste Punkte sind zuerst die Punkte Konstruktion – Sortiment – Investition zu behandeln.«[247]

12./14. Januar 1970

Wie kann man die Sortimente in der Produktion kombinieren? Typenübersicht verschaffen!

»Unter Berücksichtigung der Notwendigkeit der technisch-ökonomischen Variier- und Kombinierfähigkeit ist eine Typenübersicht für den Zeitraum 1970–1975 zu schaffen …«[248]

12./14. Januar 1970

Dilemma: Speisewagen-Schaltschrank

»Die gegenseitige Abhängigkeit zwischen Speisewagenfertigung sowie Schaltschrankentwicklung und Bau ist so zu konzipieren, daß
- wenn Schaltschrank für 1971 gefordert wird, Speisewagenfertigung erst 1972 möglich ist«[249] **12./14. Januar 1970**

240–243. LASA, MER, VEB Waggonbau Ammendorf, Nr. 59058.

244–249. LASA, MER, VEB Waggonbau Ammendorf, Nr. 59058.

Absenkbare Kupplung wird abgelehnt!

»Die Entwicklung von Wagen mit absenkbarer Kupplung und von D/e-Wagen wird abgelehnt …«[250]

12./14. Januar 1970

2 Rohbauten mit verzugsarmem Schweißen!

»2 Rohbauten des Grundtyps Ayl 612 … sind mit der neuen Technologie des verzugsarmen Schweißens bis 12/70 zu fertigen.«[251]

12./14. Januar 1970

Es geht los mit Werk II: wie viel Land brauchen wir eigentlich dafür?

»Das Standortgenehmigungsverfahren für die vorgesehenen Investvorhaben ist zu beantragen. Die optimale Größe des Geländekaufs für Werk II ist zu ermitteln; die entsprechenden vertraglichen Regelungen sind mit den Rechtsträgern zu treffen.«[252]

12./14. Januar 1970

Gleichzeitig Erschließung planen!

»Für die ersten Teile zur Erschließung des Werkes II sind die Vorbereitungsunterlagen fertigzustellen, um den erforderlichen Vorlauf für Projektierung und Bau durch das SBTK (VEB Straßen-, Brücken- und Tiefbaukombinat Halle, d. A.) zu erzielen.«[253]

12./14. Januar 1970

900.000 Mark reichen nicht …

»Die erforderlichen Mittel für die Finanzierung der durchzuführenden Arbeiten im Werk II über die genehmigten 900 TM hinaus, sind bei der VVB zu beantragen, wobei die Investitionen, die materielle und finanzielle Absicherung sowie die Wagenstückzahl korrespondieren müssen.«[254]

12./14. Januar 1970

Devisen werden wichtiger als Wagen!

»Das Kriterium … bildete nicht die Stückzahl sondern der Gegenwert in Valutamark.«[255]

19./22. Januar 1970

250–255. LASA, MER, VEB Waggonbau Ammendorf, Nr. 54167.

Institut für Schienenfahrzeuge Weltexportmeister soll zentral forschen!

»Der Werkdirektor … informierte die Leitung über die Schwerpunkte:
- Gründung eines Forschungskooperationsverbandes ›Schienenfahrzeuge‹ …«[256]

19./22. Januar 1970

Das ZK der SED behandelt die Wirtschaft: was will das ZK mit der DDR-Wirtschaft?

»- Bis Anfang II./70 erhalten die VVB die ökonomischen Kennziffern für den Perspektivplan.
- Die 3 Etappen … sind:
.. Bis zum 31. 1. 1970 erarbeiten die Ministerien die Grundvarianten
.. Bis zum 23. 2. 1970 erarbeitet die SPK (Staatliche Plankommission, d. A.) die Vorstellung für die Fachministerien
…
.. Im Monat März erfolgt die Behandlung im Politbüro nach volkswirtschaftlich wichtigen Bereichen
- Verkehrswesen (Schienenfahrzeuge, Schiffbau)
- Bauwesen
- Energie
- Metallurgie
- zentrale Fertigung und Zulieferbetriebe.«[257]

2. Februar 1970

Wer sind die wichtigsten Exporteure?

»Maximal haben folgende Industriezweige den Export zu sichern:
- Schiffbau
- Schienenfahrzeuge
- SKET
- Baukema …«[258]

2. Februar 1970

Was waren Kriterien für Investitionen?

»Die VVB-Kriterien für die Gewährung von Investitionen sind:
- Vorhaben der betrieblichen Erweiterung
- Absicherung der EDV
- Rationalisierung und Mechanisierung der Produktion.«[259]

2. Februar 1970

256–259. LASA, MER, VEB Waggonbau Ammendorf, Nr. 54167.

Spitzenprodukt Ayl vorschlagen!

»Unter Berücksichtigung des ZK-Beschlusses vom 7. 1. 1970 sind Vorschläge über Spitzenerzeugnisse des WBA zu unterbreiten. Einzubeziehen ist dabei der Ayl mit seinen aussagekräftigen technisch-ökonomischen Parametern.«[260]

2. Februar 1970

Bevor wir Investitionskredite ziehen: wie tief stehen wir eigentlich in der Kreide?

»Entsprechend der Bedeutung der … Investitionen ist eine Übersicht des voraussichtlichen Kreditstandes per 13. 12. 1970 zu schaffen.«[261]

2. Februar 1970

Tägliche Beratungen wegen Energie

Die Energieprobleme drückten. Investitionsgelder waren nicht ausreichend in den Energiesektor geflossen und nun hatten die Genossen den Salat. Wo der Preis nicht Knappheitsanzeiger und Lenker der Investitionen ist, muss es die Politik richten, notfalls mit Kontingentierung. Wenigstens sah man ein, dass Kontingentverteilungsvorschläge von unten kommen müssen:

»Ab sofort sind tägliche Beratungen zur Energiesituation durchzuführen. Dabei sind Vorschläge zum Kontingent zu unterbreiten.«[262]

2. Februar 1970

Wie den Plan erfüllen mit wenig Energie?

Es glich einer Quadratur des Kreises: im Arbeiter- und Bauernstaat DDR sollten die Arbeiter dann arbeiten, wenn der nicht arbeitende Rest gerade mal wenig Energie brauchte (nachts) und dabei auch noch Weltspitzenprodukte mit viel Profit herstellen. Änderte man die Schichtpläne zu sehr in Richtung Nacht, brachte man die Arbeiter gegen sich auf. Machte man es nicht, gab es einen Verweis:

»Die Schichtbesetzungspläne für die Fertigungsbereiche sind vorzulegen… Für die Nichtfestlegung der Regelung der Arbeitszeit ab 1. 2. 70 wird dem amtierenden Direktor für Ökonomie, Genossen … ein V e r w e i s ausgesprochen. Die Disziplinarstrafe ist in den Kaderakten einzutragen. Nach Ablauf von 6 Monaten ist der Vorgang dem Werkdirektor erneut vorzulegen.«[263]

2. Februar 1970

Zu viele Typen für Taktstraße und Fahrbetrieb, was tun?

Hier wird deutlich, dass die sozialistischen Manager ihr Handwerk verstanden. Entfeinerung, weniger Typen, um Skaleneffekte zu erzeugen. Energie unter Umgehung der DDR-Wirtschaft besorgen: sie verhielten sich wie das tapfere Schneiderlein und wollten viele Fliegen auf einen Streich schlagen:

»Übereinstimmend vertrat die Werkleitung die Auffassung, daß diese Typenvielfalt den seitens des Betreibers im Fahrbetrieb zu beachtenden Faktoren keinesfalls Rechnung trägt und wesentlich zu komprimieren ist.
M 1 Es ist erforderlich, eine sofortige Überarbeitung des Typenprogramms vorzunehmen, bei dem folgende Punkte zu berücksichtigen sind.
- Radikale Reduzierung der Fahrzeugtypen
- Einführung des Ayl ab 1973
- Erhöhung der Energieabnahme aus SU-Fahrnetz
- Do-Wagen-Fertigung im WBA nicht möglich
- Parallelfertigung von 24- und 27-m-Wagen nicht möglich …«[264]

5./6. Februar 1970

Was sagt der General?

»- Neue Erzeugnisse erfordern neue Bezeichnungen und neue Preise
- Die WPW müssen zum strukturbestimmenden Erzeugnis werden
- Erhöhung des NSW-Exportanteil durch Aufnahme diplomatischer Beziehungen mit jungen Nationalstaaten …
- Trend … geht auf 10 kW DDR Getriebe«[265]

2. Februar 1970

260.–262. LASA, MER, VEB Waggonbau Ammendorf, Nr. 59058.

263.–265. LASA, MER, VEB Waggonbau Ammendorf, Nr. 59058.

Verhandlungsprotokoll mit RAW liegt vor

»Der Direktor für Kooperation … wies darauf hin, daß das Protokoll über die Verhandlung zwischen WBA und RAW vorliegt und durch Unterschrift bestätigt wurde. Hinsichtlich Stückzahl und Preise wurde noch keine Einigung erzielt.«[266]

23./25. Februar 1970

Finanzrevision: Gewinn wird anerkannt, ab 1970 keine Schulden mehr!

»Zum Ergebnis der Überprüfung des VEB Waggonbau Ammendorf durch die staatliche Finanzrevision traf LH folgende Festlegungen:
- Der ausgewiesene Gewinn wurde … WBA als erwirtschaftet anerkannt.
- Ab 1. 1. 1970 ist in der Bilanz des WBA keine Finanzschuld mehr vorhanden …
- Die Feierabendtätigkeit erfolgte nicht immer ordnungsgemäß.«[267]

23./25. Februar 1970

RAW bessert sich: 35 WBA-Leute vor Ort

»Durch den Direktor für Fertigung wurde eingeschätzt, daß sich die Drehgestellrahmen- und Federträgerfertigung im RAW … stabilisiert. Zur Zeit sind 35 Kollegen unseres Betriebes im RAW …«[268]

23./25. Februar 1970

Leipziger Frühjahrsmesse 1970

»Genosse … Direktor für Absatz ging in seinen prinzipiellen Darlegungen auf die Ergebnisse der LFM 1970 ein. Er informierte die Leitung über die in den Verhandlungen zur Sprache gekommenen Schwerpunkte und schätzte ein, daß bis zum letzten Tag eine straffe Messetätigkeit zu verzeichnen war.«[269]

16./19. März 1970

Goldmedaille

»Er (der Werkleiter, d. A.) gab bekannt, daß durch das DAMW und das Leipziger Messeamt die Goldmedaille für den AyL/K erteilt wurde.«[270]

16./19. März 1970

266.–270. LASA, MER, VEB Waggonbau Ammendorf, Nr. 54167.

Verhandlung mit Lawrik: was war gut?

»Diese war gekennzeichnet durch einen
- positiven Verhandlungsteil in Form des verzugsarmen Schweißens (Minikehlnahtschweißung) an Probestücken und Mustersektionen
- negativen Verhandlungsteil in Form von Diskrepanzen bei der Abnahme am 28. 2. 70, … zu den unterschiedlichen Ergebnissen der Schwerentflammbarkeit des Kowatin entsprechend der durchgeführten Tränkung. Hinzu kamen noch Beanstandungen an den Drehgestellen … und unterschiedliche Auffassungen zum Einbau von Kabeln …«[271]

16./19. März 1970

Wie Kultur und Soziales kontrollieren?

»In den Realisierungsetappen April bis Juni 1970 wird … das Ziel gestellt, ein wirksames Kontrollsystem des K- und S-Fonds zu schaffen …
Dazu gehören:
- Kindergarten und -krippe,
- Klubhaus,
- Sportlerheim,
- Aufwendungen für BSG …«[272]

30. März 1970

Moskauverhandlungen

»In der Auswertung … kam es … zu folgenden Festlegungen:
1 Bestellauslösung 200 AMG für 1971 …
2 Vertragliche Bindung der offenen 60 Wagen
3 Vorbereitung Preisverhandlung EW …
4 Bericht über Auslieferung von 3 D/red Wagen mit neuer Heizung …
5 Verhandlungseinbeziehung von 50 Satz D …
6 Sicherung der Leichtbaupuffereinführung
7 Standpunkt-Anforderung der Ayl-Erprobung
8 Tolerierung des Wiegenträgers …
9 Klärung Dampfdurchgangsleitung …
10 Bestätigung Kleinstkehlnaht …«[273]

13./16. April 1970

271–273. LASA, MER, VEB Waggonbau Ammendorf, Nr. 54167.

Moskauverhandlungen Teil 2

»11 Sicherung von 30 Satz kompletten Getrieben
12 Termin Prüfung Schaltschrank …
13 Klärung der Reklamation von 4,9 kW-Getriebe
14 Bedienungsanleitung für 28 kW-Getriebe prüfen
15 Befestigung der M 20er Stehbolzen
16 Spezial-Sicherungen für Liefersicherheit
17 Lieferabsicherung der 25 ALeistungsschutzschalter aus SFRJ bzw. WD
18 Modernisierung der MAB I-Anlagen
19 Vorbereitung der Verhandlung in Moskau über 27-m-Wagen …
20 Prüfung der neuen Leuchtstoffröhren in Abstimmung mit FAGA
21 Preisliche Überarbeitung des Projekts 27-m-Wagen …
22 Gestaltung des 50. Speisewagens analog Messeexponat …
23 Paraphierung der technischen Forderungen
24 Grundsätzliche Abdeckung der Gebrauchswerterhöhung durch Preisangleichung
25 Neue Radsätze für 28 kW-Getriebe …
26 Vervollständigung der fehlenden 30 Schwungscheiben durch Reduzierung von 3 MAB-Verdichtern …
27 Sicherung der Stückzahl und Sortimentszusammensetzung bei optimaler Typenbezeichnugn mit 25–45% K-Wagen-Anteil …
28 Problemabschluß der TWZ zwischen SU und DDR
29 Erarbeitung von Varianten der Stückzahlen und Sortimentszusammensetzung für den PZR …
30 Ermittlung von Zwischenvarianten unter Berücksichtigung des 27-m-Wagens ab 1974/75 …«[274]

13./16. April 1970

Flexibilität nannte man früher Disponibilität

»In der Zusammenfassung brachte der Werkdirektor zum Ausdruck, daß es vor allem darauf ankommt, eine Erhöhung der Disponibilität der im Betrieb eingesetzten Arbeitskräfte und damit eine Vergrößerung der Effektivität zu erreichen.«[275]

13./16. April 1970

Originalzeichnungen kamen abhanden!

»Genosse … legte zu der Dokumentationsvorlage … die Gesichtspunkte dar, die zu einer reibungslosen Abwicklung der Dokumentationsaufträge führen sollen. Dazu gehört insbesondere, daß das Abhandenkommen von Originalzeichnungen ausgeschlossen ist und von den in Frage kommenden Stellen Übergabe-Übernahme-Protokolle auszufertigen sind.«[276]

27. April 1970

Auch Profitcenter-Idee war bekannt!

Heute wird jedem Mitarbeiter sein Anteil am Gewinn nachgewiesen. Das gab es damals schon für die Bereiche:

»Zur positiven Beeinflussung des des Betriebsergebnisses sind in die künftigen Analysen Rentabilitätsprogramme für die einzelnen Direktionsbereiche einzuarbeiten …«[277]

27. April 1970

Endlich Kostenanalyse pro Erzeugnis!

»Erarbeitung einer schriftlichen Kostenanalyse, die in Kostenarten, Kostenstellen und Kosten pro Erzeugnis gegliedert ist. Daraus ableitend sind administrative Maßnahmen zu fixieren, mit dem Ziel, die geplanten Kosten nicht voll in Anspruch zu nehmen, die erforderliche Selbstkostensenkung zu erreichen und Quellen zur Erhöhung der Effektivität aufzuzeigen.«[278]

27. April 1970

EDV-Vorlage abgelehnt

»Die Werkleitungsmitglieder vertraten … die Ansicht, daß die Vorlage … zu überarbeiten ist und dabei dem Reihenfolgeproblem … Beachtung zu schenken ist … «[279]

27. April 1970

274.. LASA, MER, VEB Waggonbau Ammendorf, Nr. 59058.

275.–279. LASA, MER, VEB Waggonbau Ammendorf, Nr. 59058.

Prozesse primär – Strukturen sekundär

»Dabei ist der Systemcharakter der EDV zu berücksichtigen, wobei die Prozesse als primäre und die Struktur als sekundäre Größe zu behandeln ist.«[280]

27. April 1970

Der Erfolg hat viele Väter, vom Misserfolg kann man das nicht behaupten …

Es war ein klassischer Fall von Verantwortungskonfusion und: den Letzten (WBA) beißen die Hunde, wie man so sagt. Dagegen half nur rechtzeitige Absicherung. Die Preise für die Nicht-Einhaltung der Verträge und Versprechungen sind nicht klar. Man kann sich hinter anderen verstecken. Die Kosten wurden auf die ganze Volkswirtschaft verlagert (Tragik der Allmende):

»In den L zu übergebenden Fallmeldungen (für Material-Mangel wegen Zulieferfehlern, d. A.) sind die durch die VVB Verantwortlichen nicht eingehaltenen Unterstützungen auszuweisen …«[281]

11./13. Mai 1970

Dennoch: sich regen brachte in der DDR Material-Segen!

»In Anbetracht der weiterhin angespannten Materialsituation … wird K in der gleichen Art bis Quartalsende Fs-Meldungen absetzen …«[282]

11./13. Mai 1970

Zwangslauf im Betrieb soll kommen!

»… wurde festgestellt, daß das Hauptkriterium für den WBA darin besteht, durch die Einführung der Hintereinanderfertigung der Erzeugnisse einen Zwangslauf im Betrieb zu erreichen und damit die Sicherheit für die Erreichung der hohen ökonomischen Zielstellungen zu gewährleisten.«[283]

11./13. Mai 1970

Kredite fließen zu langsam zurück!

»Speziell kommt es darauf an, die ökonomischen Ursachen und Zusammenhänge für die relativ langen Rückflußzeiten der Investkredite zu begründen …«[284]

11./13. Mai 1970

Wie kommen wir besser an Geld!

»Durchführung einer Grundsatzuntersuchung über Wege zur günstigen Gestaltung der Zahlungsfähigkeit des Betriebes.«[285]

25./28. Mai 1970

Den Rollprüfstand zu Geld machen!

»Der Drehgestellrollprüfstand ist dem RAW Halle für das Rollen der Normalspurdrehgestelle zum Verkauf anzubieten …«[286]

25./28. Mai 1970

Was machen die Weltstandsvergleiche?

»Die Weltstandsvergleiche sind unter Beachtung der Betriebsprüfung des DAMW … und der Bedingungen des QSS in ihrer Aussage zu präzisieren.«[287]

22. Juni 1970

Staatsplan ≠ Vertragszahl, was tun?

»Überrechnung der zwischen Staatsplanvorgabe und Vertragsabdeckung bestehenden Wertes – bezogen auf 662 bzw. 640 Wagen. Schriftliche Maßnahmevorschläge zur Abdeckung der … Differenz von 22 Wagen.«[288]

22. Juni 1970

Der Ministerrat will Materialsubstitution
Teures durch Billigeres ersetzen!
Importe durch Eigenes substituieren!

»In diesem Zusammenhang wurde gleichzeitig auf die im Beschluß des Ministerrates der DDR Nr. 7/70 … zur Materialsubstitution enthaltenen Forderungen eingegangen.«[289]

22. Juni 1970

Welche Investitionen sind notwendig?

»…der VVB Schiene ist die Höhe … der unbedingt notwendigen Investitionen schriftlich … zu geben«[290] **22. Juni 1970**

280.–283. LASA, MER, VEB Waggonbau Ammendorf, Nr. 54167.

284.–290. LASA, MER, VEB Waggonbau Ammendorf, Nr. 54167.

Können Kinder die Produktion retten?

»Die ökonomischen Auswirkungen des Einsatzes von Schülern als PGA (Produktions-Grund-Arbeiter, d. A.) bzw. PHA (Produktions-Hilfs-Arbeiter, d. A.) sind L schriftlich zur Kenntnis zu geben.«[291]

6. Juli 1970

Wissenschaft und Technik sollen helfen, die Engpässe zu beseitigen! Außerdem muss das Territorium zur Bereitstellung von Leuten gezwungen werden!

»Es wurde betont, daß die hohe Zielstellung bei der Steigerung der Arbeitsproduktivität, der Senkung der Selbstkosten und die angespannte AK-Situation eine optimale Konzentrierung von Wissenschaft und Technik erfordern und die Verpflichtungen des Territoriums zur Abdeckung des AK-Bedarfs unter allen Umständen erzwungen werden müssen.«[292]

6. Juli 1970

SU skeptisch: praktisch demonstrieren!

»Die vorgesehenen praktischen Demonstrationen in der SU hinsichtlich verzugarmen Schweißens und des Verschäumens von Polyurethanschaum sind auf ihre Vor- und Nachteile zu überprüfen …«[293]

17. Juli 1970

Was der Bauer nicht kennt …

»Erarbeitung einer Reisedirektive für die Experimentalveranstaltung in der SU mit dem Ziel, die bisher vom Kunden abgelehnten Konstruktionsänderungen weitestgehend durchzusetzen …«[294]

22. Juli 1970

Wegen Rackwitz Fallmeldung an den General und über SED-Bande spielen!

»Abgabe einer Fallmeldung über die Lieferrückstände durch LMW Rackwitz und Vorbereitung einer Parteiinformation an die übergeordneten Parteiorgane.«[295]

22. Juli 1970

291.–295 LASA, MER, VEB Waggonbau Ammendorf, Nr. 59058.

Wie viel Kosten senken pro Wagen?

»Für die im Jahre 1971 zu fertigenden Wagen wird eine Materialkostensenkung in Höhe von 3.000 M pro Erzeugnis festgelegt«[296]

22. Juli 1970

SU auf Preiserhöhungen vorbereiten!

»Unter Zugrundelegung des Standpunktes für die technische Ausführung der Wagen mit EW7-Anlage … erstattete T … Bericht … Die Verhandlungen mit der SU sind unter dem Aspekt der Durchsetzung der Preiserhöhung vorzubereiten …«[297]

22. Juli 1970

Devisenlage verschärft sich!

»Die Bekanntgabe des MR-Beschlusses Nr. 8/70 … ›Valutaanrechte und -schulden‹ erfolgte durch A. Dabei zeichnet sich eine weitere Verschärfung der ökonomischen Bedingungen für die Gewährung von Valutaanrechten ab.«[298]

22. Juli 1970

Stechkarten-Betrug

»In Vertretung des Werkdirektors informierte Genosse … über das Ergebnis der Anwesenheitskontrolle in der Abteilung F 42 … Dabei wurden bei 21 Kollegen … Verstöße gegen die Arbeitsordnung des Betriebes festgestellt … Unter der Berücksichtigung der zwar ausgewiesenen, vorher vom Meister bestätigten, jedoch nicht geleisteten Überstunden wurden … eine Reihe Gesichtspunkte herausgearbeitet …

- *Exakte Schichtübergaben erfolgten nicht,*
- *Kontrolle der Meister ist nicht ausreichend;*
- *Lohnschreiberinnen müssen ihre Möglichkeiten besser nutzen;*
- *Höhe der Normerfüllung wird teilweise verschleiert;*
- *Beweis für organisiertes Ausstechen liegt vor;«*[299]

27./31. Juli 1970

296.–299. LASA, MER, VEB Waggonbau Ammendorf, Nr. 59058.

Stechkartenbetrug Teil 2

»- Möglichkeiten der Üh-Manipulation müssen reduziert werden;
- Die Ausnutzung der Arbeitszeit ist verbesserungsbedürftig;
- Widersprüche zwischen Verhalten und Bewußtsein sind abzubauen;
- Schaffung eines geeigneten Systems für das Stechen erscheint zweckmäßig;
- Üh-Kontrolle ist auch für produktionsvorbereitende Abteilung nötig …«[300]

27./31. Juli 1970

Die SU zu DDR-Plaste verführen!

»Die im Waggonbau Dessau vorgesehene Plast-Ausstellung des Industriezweiges und die in Moskau geplanten Vorführungen sind der Bedeutung gemäß vorzubereiten …«[301]

12./14. August 1970

Je 10 Bungalows für Graal-Müritz und See

»Durch den Werkdirektor wurde die Leitung informiert, daß die finanzielle Seite der Aktion ›Urlauberlager‹ durch Erhöhung des Zuwachsnormativs des K+S-Fonds seitens der VVB Schienenfahrzeuge geklärt ist … Es wird darauf orientiert, je 10 Bungalows für Graal-Müritz und an einem Binnensee der DDR zu erwerben, zu montieren und auszustatten …«[302]

24./28. August 1970

Investitionen

»Das Investvolumen in Höhe von 47,7 Mio M mit einem Bauanteil von 21,5 Mio M wurde in 3 Varianten gegliedert, wobei als Vorzugsvariante V III gilt.«[303]

2./4. September 1970

Was tun?

»Er (Werkleiter, d. A.) legte fest:
M 14 Gemäß ihrer Bedeutung und ihres Umfanges sind die Investvorhaben
- Erschließung Werk II
- Heizprovisorium
- Farbgebungshalle
- Fernwärmeversorgung
- Ersatzinvestitionen
- EDV-Vorhaben und Folgeinvestitionen
- Wasserwirtschafts-Abführung
- Umbau Kesselhaus
- Neutralisierungsanlagen
zu prüfen.«[304]

2./4. September 1970

Perspektivplanentwurf

Das folgende Zitat ist dahingehend interessant dass ein Ministerium in der DDR zu jener Zeit nicht einfach einen Befehl erteilte, sondern verhandelte und damit die Souveränität der Gebietskörperschaft (Bezirk Halle) respektierte:

»Genosse … informierte die Leitung über das Ergebnis der Verhandlung des MSAB beim Rat des Bezirkes Halle vom 18. 8. 70 und die damit verbundenen Auswirkungen auf die Arbeitskräfte-Anzahl für WBA im PZR.«[305]

8./9. September 1970

Der Chef will das Protokoll sehen!

»In Anbetracht der Auswirkungen der geschilderten Situation, ist die Einsicht des Protokolles der vorstehend genannten Beratung unumgänglich. Die für WBA zutreffende Passage ist L als Auszug schriftlich zu übergeben.«[306]

8./9. September 1970

Warum Plauen? Warum nicht Halle?

Auch in der DDR gab es Heimatbevorzugung:

»Klärung der Ursachen für die Lieferung der Montagehalle durch Stahlbau Plauen anstelle von MLBK Halle (Montage-Leicht-Bau-Kombinat, d. A.)«[307]

14. September 1970

Keine Produktionsteilung!

Arbeitsteilung war wegen schwachem Vertragsrecht nicht erwünscht, weil anfällig:

»Eine 3-Teilung der Schaltschränke ist bei ESE abzulehnen. Es ist bei ESE durchzusetzen, daß diese den Schaltgerüstbau selbst durchführen.«[308]

14. September 1970

300.–303. LASA, MER, VEB Waggonbau Ammendorf, Nr. 54167.

304.–308. LASA, MER, VEB Waggonbau Ammendorf, Nr. 54167.

Vergütung von Neuerervorschlägen

»Genosse … erläuterte die Vorlage über Vergütungsmöglichkeiten bei Neuerervereinbarungen und Prämienverträgen für die technische Intelligenz.«[309]

14. September 1970

Hauptbuchhalter bekommt mehr Rechte

»Erarbeitung einer Organisations-Anweisung auf der Grundlage der gesetzlichen Regelung. Es ist herauszuarbeiten, wer sowohl bei der Bestätigung zum Abschluß einer solchen Vereinbarung als auch bei der erforderlichen Nachweisführung über den eingetretenen ökonomischen Nutzen, welche Kontrollen durchzuführen hat. Hierbei sind dem Hauptbuchhalter größere Rechte bezüglich der Kontrolle der Nachweisführung einzuräumen.«[310]

14. September 1970

Zulieferer versagen

»Weiterhin wurde eingeschätzt, daß durch die mangelhaften quantitativen Zulieferungen solcher Betriebe wie Rackwitz und Langewiesen beträchtliche Mehrkosten entstehen. Um ein weiteres Absinken des Erfüllungsstandes abfangen zu können, werden von F 12.000 Überstunden pro Monat eingeschätzt.«[311]

28. September 1970

Eigener Rechner zu klein …

»Da die Kapazitätsgrenze der Rechenstation R 100 mit den derzeitigen Arbeiten nahezu erreicht ist, führt die VVB Braunkohle … mit ihrem Rechner R 300 die Arbeiten durch, die zur Ermittlung der Ursachen für die Materialkostenüberschreitung notwendig sind.«[312]

19. Oktober 1970

Bauablaufplanung für einen Rechner – das waren noch Dinosaurier-Zeiten …

»Die Bauablaufplanung einschließlich der Aufgaben aus der Generalauftragnehmerschaft für die EDVA R 20 sowie die üblichen Kriterien für die Verarbeitungsunterlagen sind in der überarbeiteten Vorlage als terminisiertes Grobnetzwerk zu behandeln.«[313]

26. Oktober 1970

Wieder lautes Schreien im Protokoll …

»Die gegenüber Mühlhausen ausgelösten Vertragsstrafen sind in v o l l e r H ö h e zu berechnen.«[314]

26. Oktober 1970

Entwicklung WPW Axl 326

»Durch Genossen … wurde eine zusammengefaßte Erläuterung der Vorlage ›Vorbereitung zur Entwicklung des Weitstrecken-Personenwagens Typ Axl 326‹ gegeben«[315]

26. Oktober 1970

Was ist NEU? Sandwich-Bauweise Passen Sandwiche auch in der SU?

»Dabei wurde betont, daß die eingebrachte Vorlage … erarbeitet und alles versucht wurde, eine optimale Lösung bei diesem WPW-Typ zu erzielen. Dies gilt insbesondere für die Sandwich-(Stützstoff)-Bauweise, die den besonderen klimatischen und territorialen Gesichtspunkten der SU Rechnung trägt.«[316]

26. Oktober 1970

Geld-Bedarf beim Minister anmelden

»An den Minister für MSAB ist ein Schreiben vorzubereiten, aus dem die Notwendigkeit des Finanzbedarfs für Investitionen in Höhe von 6.940 TM für 1971 hervorgeht.«[317]

26. Oktober 1970

Bereits im Oktober Strom-Abschaltungen!

»Der … Bericht über die Arbeit der Energiekommission ließ erkennen, daß sich bereits jetzt Abschaltungen abzeichnen, die zu einer exakteren Organisierung der Arbeit in den Fertigungsbereichen Veranlassung geben.«[318]

26. Oktober 1970

309.–312. LASA, MER, VEB Waggonbau Ammendorf, Nr. 59058.

313.–318. LASA, MER, VEB Waggonbau Ammendorf, Nr. 59058.

Was tun?

»- Verbesserung der Schichtauslastung
- Absenkung der Spitzenbelastung
- Aufschlüsselung der ökonomischen Kennziffern und Abrechnung im Wettbewerb«[319]

26. Oktober 1970

Vor der Tagesordnung: WBA-Manager wird zeitweise VVB-General ...

Die Wichtigkeit des Waggonbau Ammendorf kann kaum besser veranschaulicht werden als mit der Beantwortung der Frage: welcher Betrieb der VVB darf den VVB-General vertreten, wenn dieser krank wird?

»Zu Beginn der Beratung informierte der Werkdirektor die Leitung, daß mit Wirkung vom 9. 11. 1970 Genosse ... Direktor für Ökonomie der VVB Schienenfahrzeuge, die Vertretung des erkrankten Generaldirektors, Genosse Schomburg, übernommen hat.«[320]

9. November 1970

DDR-Energie: wo nicht der Preis lenkt, muss die Politik mit Kontingenten lenken, denn: jedem nach seinen Bedürfnissen ist eine Illusion – die Wünsche werden immer größer als ihre Erfüllungsmöglichkeiten sein ...

»Der Beschluß des Ministerrates der DDR vom 21. 10. 1970 hat zur Folge, daß ab November 1970 Absenkungen des Kontingents vorgenommen werden.«[321]

9. November 1970

Wie viel Strom dürfen wir verbrauchen?

»Für unseren Betrieb bedeutet dies:
November 90 kW/Tag davon 50 kW in der Abendspitze
Dezember 60 kW/Tag davon 40 kW in der Abendpitze.«[322]

9. November 1970

Was tun, wenn man keine Leute hat? Abwerben von anderen Betrieben! Wie reagieren als ausblutender Betrieb?

319.–322. LASA, MER, VEB Waggonbau Ammendorf, Nr. 54167.

WD-Schreiben wegen der »Pumpe«!

»Abfassung eines WD-Schreibens an die Pumpenwerke Halle über die durch diesen Betrieb geübten Praktiken.«[323]

9. November 1970

RAW desgleichen ... erst geben wir Produktion ab, dann werben sie uns die Leute ab ...

»Abfassung eines WD-Schreibens an RAW Halle, in dem die durch die Abwerbung von Arbeitskräften entstandenen Kapazitätsverluste durch entsprechende Maßnahmen auszugleichen sind.«[324]

9. November 1970

Moskau-Verhandlungen

»Unifizierungen zum verzugsarmen Schweißen
- Durchsprache der Heizungsprobleme
- Information zum Axl«[325]

9. November 1970

Wie schmeckt den Sowjets die Plaste?

»Die Thematik ›Plaste‹ wurde positiv eingeschätzt. Großes Interesse an einer entsprechenden Anzahl Wagen, die einer eingehenden Sommer- und Wintererprobung zu unterziehen sind ...«[326]

9. November 1970

Warum keine Wessi-Heizungen mehr?

»Der Heizstab-Import aus der BRD aus handelspolitischen, kommerziellen und technischen Gründen scheidet aus.«[327]

9. November 1970

Zunehmender Touristenverkehr

»Da der stark zunehmende Touristenverkehr nur durch ein erhöhtes Sitzplatzangebot und eine Vergrößerung der Kapazität der Wagen gelöst werden kann, steht die sowjetische Seite dem ›Axl‹ aufgeschlossen gegenüber. Für unseren Betrieb erscheint es zweckmäßig, die Entwicklungsarbeit auf dem Gebiet des Plasteeinsatzes entsprechend der ›Variante 2‹ voranzutreiben.«[328]

9. November 1970

323.–328. LASA, MER, VEB Waggonbau Ammendorf, Nr. 54167.

1970

Bilder 1970 (Abb. 76–81).[329–330]

Abb. 76: Günter Röthe und Helmut Fritzsche beim ersten Rundtischgespräch1970, Ammendorf 14. Januar 1970.

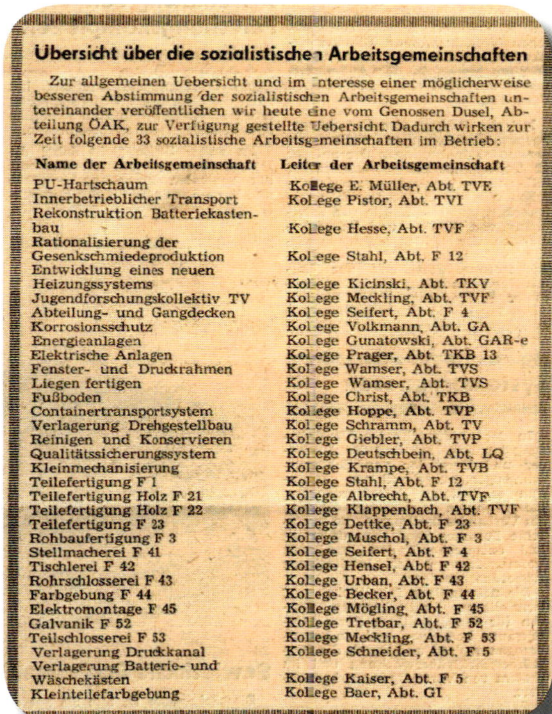

Übersicht über die sozialistischen Arbeitsgemeinschaften

Zur allgemeinen Uebersicht und im Interesse einer möglicherweise besseren Abstimmung der sozialistischen Arbeitsgemeinschaften untereinander veröffentlichen wir heute eine vom Genossen Dusel, Abteilung ÖAK, zur Verfügung gestellte Uebersicht. Dadurch wirken zur Zeit folgende 33 sozialistische Arbeitsgemeinschaften im Betrieb:

Name der Arbeitsgemeinschaft	Leiter der Arbeitsgemeinschaft
PU-Hartschaum	Kollege E. Müller, Abt. TVE
Innerbetrieblicher Transport	Kollege Pistor, Abt. TVI
Rekonstruktion Batteriekastenbau	Kollege Hesse, Abt. TVF
Rationalisierung der Gesenkschmiedeproduktion	Kollege Stahl, Abt. F 12
Entwicklung eines neuen Heizungssystems	Kollege Kicinski, Abt. TKV
Jugendforschungskollektiv TV	Kollege Meckling, Abt. TVF
Abteilung- und Gangdecken	Kollege Seifert, Abt. F 4
Korrosionsschutz	Kollege Volkmann, Abt. GA
Energieanlagen	Kollege Gunatowski, Abt. GAR-e
Elektrische Anlagen	Kollege Prager, Abt. TKB 13
Fenster- und Druckrahmen	Kollege Wamser, Abt. TVS
Liegen fertigen	Kollege Wamser, Abt. TVS
Fußboden	Kollege Christ, Abt. TKB
Containertransportsystem	Kollege Hoppe, Abt. TVP
Verlagerung Drehgestellbau	Kollege Schramm, Abt. TV
Reinigen und Konservieren	Kollege Giebler, Abt. TVP
Qualitätssicherungssystem	Kollege Deutschbein, Abt. LQ
Kleinmechanisierung	Kollege Krampe, Abt. TVB
Teilefertigung F 1	Kollege Stahl, Abt. F 12
Teilefertigung Holz F 21	Kollege Albrecht, Abt. TVF
Teilefertigung Holz F 22	Kollege Klappenbach, Abt. TVF
Teilefertigung F 23	Kollege Dettke, Abt. F 23
Rohbaufertigung F 3	Kollege Muschol, Abt. F 3
Stellmacherei F 41	Kollege Seifert, Abt. F 4
Tischlerei F 42	Kollege Hensel, Abt. F 42
Rohrschlosserei F 43	Kollege Urban, Abt. F 43
Farbgebung F 44	Kollege Becker, Abt. F 44
Elektromontage F 45	Kollege Mögling, Abt. F 45
Galvanik F 52	Kollege Tretbar, Abt. F 52
Teilschlosserei F 53	Kollege Meckling, Abt. F 53
Verlagerung Druckkanal	Kollege Schneider, Abt. F 5
Verlagerung Batterie- und Wäschekästen	Kollege Kaiser, Abt. F 5
Kleinteilefarbgebung	Kollege Baer, Abt. GI

Abb. 77: Arbeitsgemeinschaften, Ammendorf 11. Februar 1970.

Aus unserem Betrieb kandidieren für die Kommunalwahlen am 22. März 1970 folgende Kolleginnen und Kollegen:

1. Reihe von links nach rechts: Julius Feriencik für die Stadtverordnetenversammlung; Monika Kunze für die Stadtbezirksversammlung Halle-Süd; Peter Hahn für die Stadtverordnetenversammlung; Marianne Pohl für die Stadtverordnetenversammlung.

2. Reihe von links nach rechts: Bernd Schreiter für die Stadtverordnetenversammlung; Peter Schölzel für die Stadtbezirksversammlung Halle-Süd; Birgit Weitzmann für die Stadtbezirksversammlung Halle-Süd. All unseren Kandidaten gehört unser volles Vertrauen. Fotos: Bernd Muschiol (12)

Abb. 78: Kandidaten der Kommunalwahlen, Ammendorf 18. März 1970.

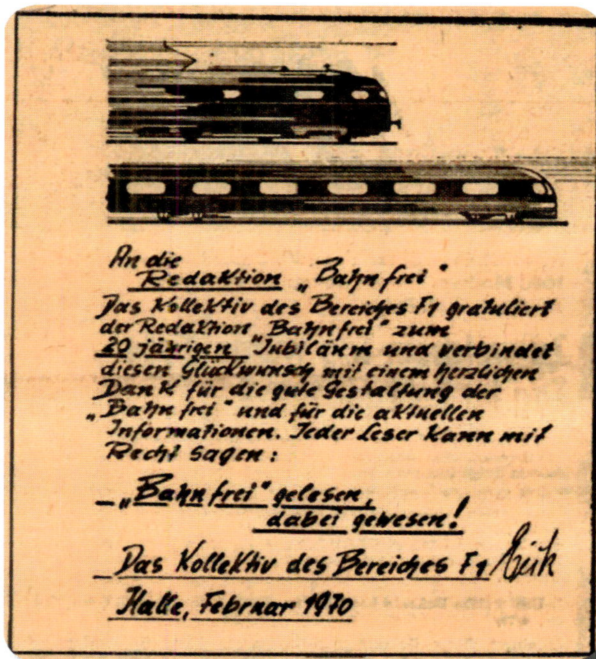

An die Redaktion „Bahn frei"

Das Kollektiv des Bereiches F1 gratuliert der Redaktion „Bahn frei" zum 20 jährigen „Jubiläum und verbindet diesen Glückwunsch mit einem herzlichen Dank für die gute Gestaltung der „Bahn frei" und für die aktuellen Informationen. Jeder Leser kann mit Recht sagen:

– „Bahn frei" gelesen, dabei gewesen!

Das Kollektiv des Bereiches F1

Halle, Februar 1970

Abb. 79: Bahn frei wird 20, Ammendorf 25. Februar 1970.

Abb. 80: Übergabe, Leipzig 18. März 1970.

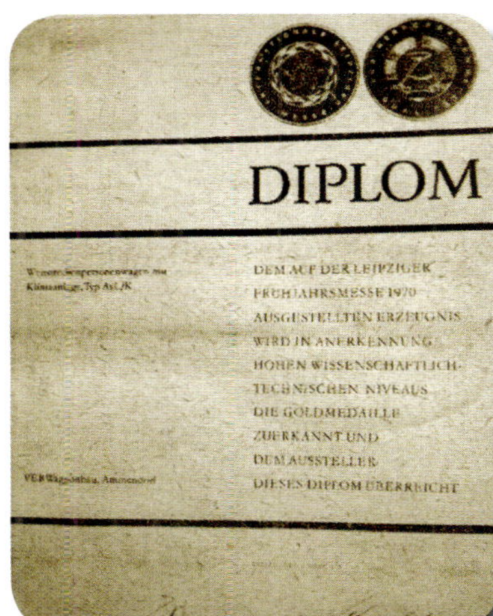

DIPLOM

DEM AUF DER LEIPZIGER FRÜHJAHRSMESSE 1970 AUSGESTELLTEN ERZEUGNIS WIRD IN ANERKENNUNG HOHEN WISSENSCHAFTLICH-TECHNISCHEN NIVEAUS DIE GOLDMEDAILLE ZUERKANNT UND DEM AUSSTELLER DIESES DIPLOM ÜBERREICHT

Abb. 81: Goldmedaille in Leipzig, Ammendorf 18. März 1970.

329. Bahn frei!, Ausgaben des Jahres 1970.
330. Archiv Regine Czerner

Bilder 1970 Teil 2 (Abb. 82–88).[331]

Abb. 82: 11.000.WPW übergeben …, Ammendorf 15. April 1970.

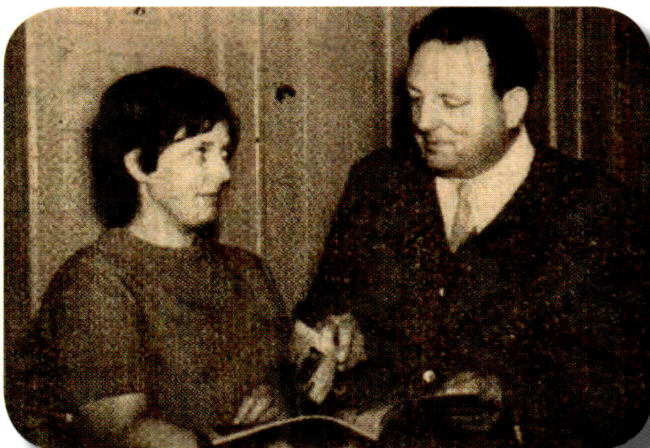

Abb. 83: Regina Hauser und Günter Lindner, Ammendorf 10. Juni 1970.

Abb. 84: Buchprämie für den 100. Neuerervorschlag von Obermeister Hülßner, links Gerhard Künzel, Ammendorf 17. Juni 1970.

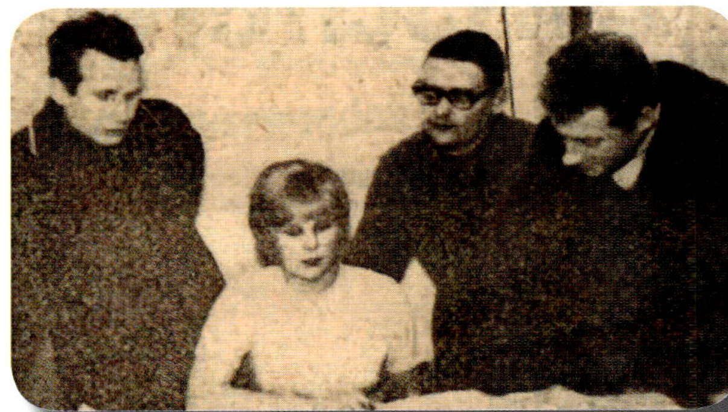

Abb. 86: Günther Meißner, Monika Kluge, Martin Siebecke, Volker Schunke, Materialökonomie, Ammendorf 26. August 1970.

Abb. 87: 20 Jahre BSG Motor Ammendorf und neuer Trainer der 1. Fußballmannschaft Gerhard Leuchte, Ammendorf 15. September 1970.

Abb. 88: Stand XVI, Takt 45, Ammendorf 18. November 1970.

Abb. 85: Gunnar Melzer, Walter Christ, Hans Fligge, Manfred Bierhold, Gerhard Hasenkamp, Siegfried Hauschild, Rolf Kretschmar, Günter Röthe, Ammendorf 18. März 1970.

331. Bahn frei!, Ausgaben des Jahres 1970.

Bilder 1970 Teil 3 (Abb. 89).[332]

Abb. 89: Nicht verzagen – Bahn frei fragen, Ammendorf 30. Dezember 1970.

333. Bahn frei!, Ausgaben des Jahres 1970.

Prospekte 1970 (Abb. 90–103).[333–334]

Symbol für Entwicklung und Leistung

Bei der Beantwortung der Frage nach leistungsfähigen Waggonbaubetrieben im internationalen Maßstab wird ein Betrieb mit Sicherheit genannt: Der VEB Waggonbau Ammendorf.

Seit über 100 Jahren werden in Ammendorf überwiegend Schienenfahrzeuge gebaut. Diese Tradition ist im Betrieb noch heute anzutreffen. Von den mehr als 4000 Beschäftigten ist ein großer, erfahrener Facharbeiterstamm seit Jahrzehnten im Werk tätig. Die Kenntnisse und Erfahrungen aller haben dazu beigetragen, daß die Ergebnisse unserer Arbeit, besonders in den beiden letzten Jahrzehnten sozialistischer Entwicklung, auf vielen internationalen Märkten stets eine positive Resonanz fanden und – das ist unser größtes Anliegen – immer finden werden. Erfolge kommen nicht von selbst. Beharrliche, zielstrebige Arbeit, die Auseinandersetzung mit der Praxis, das ständige Orientieren am wissenschaftlich-technischen Fortschritt, Erfahrung, Verständnis, Fleiß

und Können führen dazu. So war es uns möglich, bereits im Jahre 1968 den 10 000. Weitstrecken-Personenwagen unserem Hauptabnehmer, den Sowjetischen Staatsbahnen, zu übergeben. Die Zusammenarbeit mit unserem sowjetischen Handelspartner und die sich ständig vertiefenden Kontakte waren wichtige Impulse für diesen erfolgreichen Abschnitt einer Entwicklung, die wohl nur wenige Betriebe unserer Branche für sich verbuchen können.

So wird es auch in den siebziger Jahren und im nächsten Jahrzehnt unserer Entwicklung Aufgabe aller Betriebsangehörigen sein, sich am wissenschaftlich-technischen Fortschritt zu orientieren, auf die Prognose ausgerichtet zu arbeiten, gestellte Probleme schöpferisch zu lösen, die Wünsche unserer Kunden zu erfüllen und mit hohem Bewußtsein an der weiteren allseitigen Stärkung unserer sozialistischen Deutschen Demokratischen Republik mitzuwirken.

Wer in unserem Jahrhundert mit der Entwicklung Schritt halten, auf der Höhe bleiben und niveaubestimmend sein will, muß die wissenschaftlich-technische Revolution meistern. Das ist im Waggonbau nicht anders als im Verkehrswesen. Hier vollziehen sich umwälzende Entwicklungen. Dabei ist die Frage nach der Vorherrschaft Straße–Schiene–Luft sekundär, weil längst und überall erwiesen ist, daß die Eisenbahn im Gesamtsystem des Verkehrswesens auch in Zukunft bedeutendster Transportträger im Personen- und Güterverkehr sein wird. Diese Rolle und die damit verbundenen volkswirtschaftlich eminent wichtigen Aufgaben verpflichten. Der ständig wachsende nationale und internationale Verkehr in immer besseren, komfortableren, schnelleren und sicheren Schienenfahrzeugen überbrückt Entfernungen in kürzester Zeit. Touristenströme fließen. Der Verkehr erschließt den Menschen die Welt. Anliegen jeder Bahnverwaltung muß es aus diesen Gründen sein, ihren Wagenpark unter dem Gesichtspunkt höchster Komfortmaßstäbe auszurüsten.

Unsere Speisewagen und ihre Einrichtungen sind Maßstab für weltgültigen Fortschritt. Sie zeichnen sich als Schienenfahrzeuge durch hervorragende Laufeigenschaften besonders aus und überzeugen in ihrem Innenausbau durch die Tatsache, daß ein umfangreiches, bis ins Detail durchdachtes Einbautenprogramm einen zeit- und arbeitssparenden Ablauf in der Küche und den anderen Räumen gewährleistet. Der Speisewagen ist höchsten Ansprüchen gewachsen. Er ist luxuriös ausgestattet, komfortabel und bequem wie ein erstklassiges Restaurant. Wer zu den 48 Reisenden zählt, die in ihm Platz finden, wird sich wohlfühlen. Eine Zwischenwand dient als Raumteiler. Die verwendeten Einzelstühle und Klapptische ermöglichen bequeme Reinigungsarbeiten. Unser Speisewagen überzeugt eben auch durch seine guten Pflegeeigenschaften. Für Bahnverwaltungen ein nicht zu unterschätzender Faktor. Diese Eigenschaften werden durch die in der Innenausstattung verwendeten farbigen Plaststoffe und anosiertes Leichtmetall noch wesentlich erweitert.

Unsere sowjetischen Partner wissen um die zunehmende internationale Bedeutung der UdSSR als attraktives Reiseland nicht erst seit heute. Die Zahl von 10 000 gelieferten Reisezugwagen in verschiedenen Ausführungen aus unserem Werk unterstreicht diese Feststellung eindeutig. Unser Partner und wir wissen jedoch, daß an Schienenfahrzeuge für den Personenverkehr immer höhere Ansprüche gestellt werden und dieser berechtigten Entwicklung alle Aufmerksamkeit zu gelten hat. Nun sind Speisewagen nicht gerade eine Neuheit im Zugverband. Wir kennen sie alle schon lange. Wir selbst haben auf diesem Gebiet sogar schon Beachtliches geleistet, früher und heute. Dennoch ist Speisewagen nicht gleich Speisewagen, schon gar nicht dann, wenn er erfolgreich in der Sowjetunion zwischen – 50 °C und + 50 °C Außentemperaturen verkehren soll. Diese Forderung unserer sowjetischen Auftraggeber haben wir zur Zufriedenheit gelöst. Der von uns entwickelte Speisewagen entspricht in allen Parametern genau den Erfordernissen und wird von Fachleuten mit Recht als ein „Restaurant auf Rädern" bezeichnet.

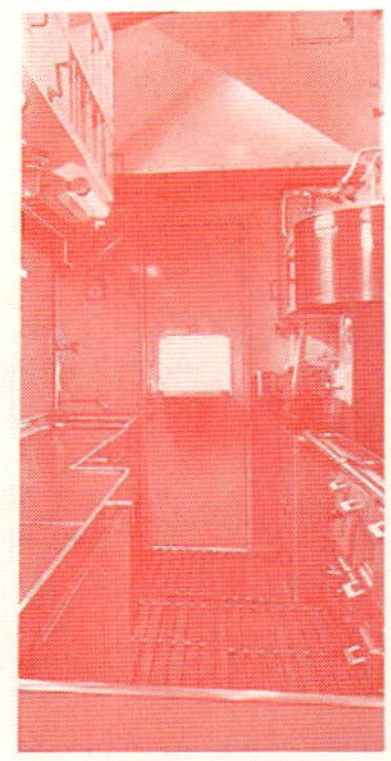

Kleine Küche mit Format

Von einem Speisewagen wird etwas erwartet. Dementsprechend ist die gesamte Ausstattung unseres Speisewagens konzipiert. Die Qualität beginnt bei den Drehgestellen und hört am Dachscheitel auf.

Wirksamen Schutz gegen klimatische und Lärmeinflüsse bietet eine vollständige Isolierung des geschweißten Ganzstahlwagenkastens. Große Scheiben aus Sicherheitsglas, die wirklich nicht beschlagen, bieten aus dem ganzen Fahrzeug gute Sicht. Nun zur Küche. – Auf einen kurzen Nenner gebracht: Alles im Griff – alles in Sicht – alles eingebaut! Das ist die Küche unseres Speisewagens, eine Küche von heute. Alles am richtigen Platz, alles leicht zu erreichen, gut sichtbar und in bequemer Arbeitshöhe angebracht: Herd, Universal-Küchenmaschine, elektrische Kaffeemaschine, Brotschneidemaschine, Vorratsbehälter, Kühlschränke und andere Einrichtungen sowie Geräte, die erforderlich sind, um einen gastronomischen Betrieb zu führen und das Reisen für jedermann bequem zu machen. Für jedermann – auch für das Speisewagenpersonal.

Lukullus an Bord

Zufriedene Gäste sind in der Mehrheit auch dankbare Gäste. Dankbare und zufriedene Gäste kommen wieder, empfehlen weiter, loben den Service. Ein weiterer wichtiger Pluspunkt. Die technischen Einrichtungen des Speisewagens sind so vollkommen, daß Sie Ihre Gäste überraschen können. Von der kalten Küche über warme Speisen bis zur Zubereitung von Getränken, von alltäglichen Gerichten, kulinarischen Genüssen bis hin zu Nationalgerichten, spannt sich der Bogen gastronomischer Möglichkeiten. Eine großartige Sache, die Reisende in aller Welt zu schätzen wissen! Zu dieser gastronomischen Überraschung gesellt sich die gesamte wohltuende Atmosphäre des Speisewagens, hervorgerufen durch seine gediegene Schönheit, vornehme Eleganz und den Wert seiner erstklassigen Verarbeitung. Temperaturunterschiede verschiedener Klimazonen sind kein Problem. Eine Klimaanlage hält in Verbindung mit der Grundheizung die Innentemperatur des Wagens konstant auf + 20 °C bis + 25 °C bei Außentemperaturen von – 40 °C bis + 40 °C. Gebrauchswerteigenschaften, die unseren Speisewagen von anderen Erzeugnissen abheben.

Abb. 90–98: WSW, Ammendorf 1970.

333. Frotscher-Archiv, Halle.

Die bisher genannten Wirtschaftlichkeitsfaktoren kommen einem rationellen Bahnbetrieb entgegen. Der vorgestellte Speisewagen für die Sowjetischen Staatsbahnen besitzt jedoch noch weitere Vorteile, die ihn im Einsatz so wirtschaftlich machen. Besonders die konsequente Anwendung des Leichtbauprinzips muß hier erwähnt werden, das trotz der geforderten hohen Festigkeit des Wagenkastens für Geschwindigkeiten bis 160 km/h und der eingebauten Klimaanlage das Wagengewicht auf ca. 60 t einschließlich Vorräte reduzierte. Eine ingenieurtechnische und wagenbauliche Leistung, die sich sehen lassen kann und die nicht jeden Tag erzielt wird. Die Anwendung von Plasten für das System der Wasserversorgung, Fußbodenwannen in den Wirtschaftsräumen und im Waschraum, bei Behältern u. ä. m. wird das Wagengewicht weiter senken. Entsprechend ausgerüstete Fahrzeuge werden gegenwärtig erprobt. Unsere Konstruktionen überzeugen auch dadurch, daß sie sich ständig der jeweils zeitgemäßen Werkstofftechnik anpassen, um maximale ökonomische Kennziffern zu erreichen.

VEB WAGGONBAU AMMENDORF

Bequeme, leicht zu öffnende oder zu schließende Seiteneingangs- bzw. Stirnwandtüren gehören zur selbstverständlichen Ausrüstung dieses Spitzenerzeugnisses.

Als Grundheizung dient eine für feste Brennstoffe installierte Warmwasser-Umlauf-Heizung. Es können aber auch Speisewagen mit elektrischen Wärmeaustauschern für mehrere Spannungen geliefert werden.

Eine Klimaanlage, Typ MAB II, regelt in Verbindung mit der Grundheizung bei Außentemperaturen von −40 °C bis +40 °C die Innentemperatur gleichbleibend im Bereich von +20 °C bis +25 °C.

Leuchtstofflampen (220 V, 400 Hz) sorgen in allen Räumen für gutes Licht. Die erforderliche Elektroenergie für alle Verbraucher erzeugt ein über Achsmittengetriebe angetriebener Generator mit einer Leistung von 28 kW, 110 V und ein Generator 4,9 kW, 54 V, der über eine Kardanwelle vom Achsschenkel angetrieben wird.

Alle Details dieses Speisewagens machen das erfolgreiche Bestreben seiner Konstrukteure und Erbauer sichtbar, den vielfältigen Forderungen an einen Reisezugwagen dieser Gattung nachzukommen und sowohl für den Betreiber als auch für den Fahrgast optimale Ergebnisse und höchste Leistung herauszuholen.

Weitgehende Standardisierung ermöglicht den Austausch ganzer Baugruppen und trägt zusätzlich zu einem noch wirtschaftlicheren Einsatz und Unterhalt der Fahrzeuge bei. Unser Betrieb, der VEB Waggonbau Ammendorf, Mitglied im Warenzeichenverband Vereinigter Schienenfahrzeugbau der Deutschen Demokratischen Republik, bietet im international üblichen Rahmen Garantie für die Qualität der gelieferten Fahrzeuge.

Der Auslandsservice des Vereinigten Schienenfahrzeugbaues der DDR mit seinen erfahrenen Service-Ingenieuren und -Monteuren steht jedem Kunden beratend und unterstützend bei der Inbetriebnahme, Wartung und Pflege unserer Fahrzeuge zur Seite.

Beispiel für Qualität und Leistung

Technische Daten

Länge des Wagenkastens		23 950 mm
Länge des Wagens über Kupplungsmitten der automatischen Kupplungen		24 540 mm
Größte Breite des Wagens		3 236 mm
Wagenhöhe von Schienenoberkante bis Dachscheitel (ohne Blech)		4 355 mm
Drehzapfenabstand		17 000 mm
Achsstand der Drehgestelle		2 400 mm
Spurweite		1 524 mm
Laufkreisdurchmesser der Radsätze		950 mm
Eigengewicht des Wagens (mit Wasser und Kohle)	ca.	60 t
Höchstgeschwindigkeit		160 km/h
Kälteleistung der Klimaanlage		24 000 – 27 000 kcal/h
Anzahl der Sitzplätze im Speiseraum		48

Fahrzeugbegrenzung entsprechend dem Profil O-T der Eisenbahnen der UdSSR

Änderungen bleiben wegen ständiger technischer Weiterentwicklung vorbehalten!

Zu den Räumen des Speisewagens gehören:

Zwei Einstiegräume • Küche • Anrichte • Büfett mit dem Platz für den Zahlkellner • Speiseraum • Vorratsraum • Waschraum • Heizkesselraum

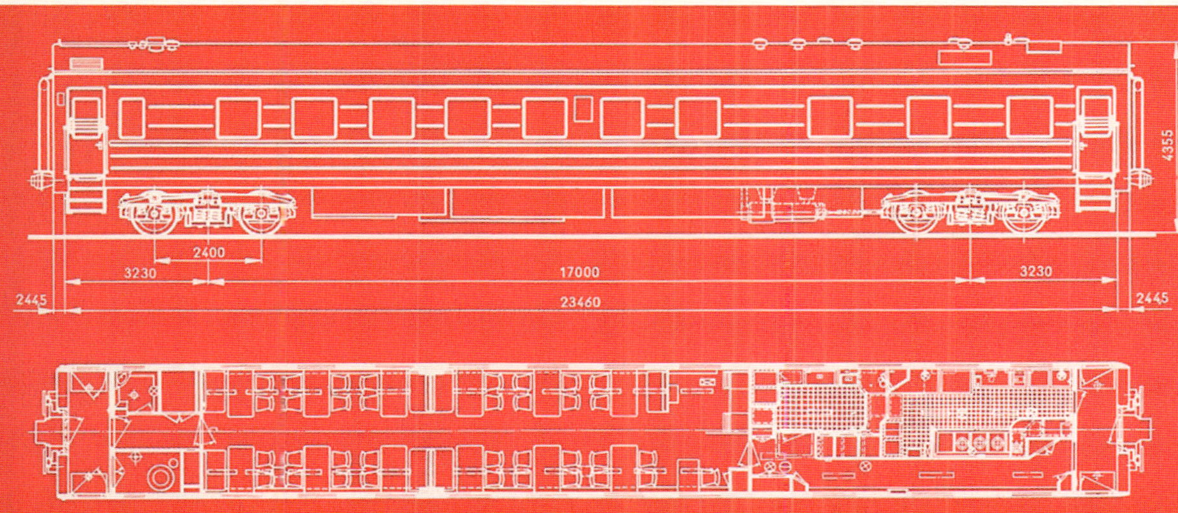

Abb. 99–103: WSW Ammendorf 1970.

334. Frotscher-Archiv, Halle.

Einführende Zusammenfassung 1971

Das Jahr 1971 war insgesamt ein gutes Jahr für den WBA. Die Sowjets wollen 50 repräsentative Wagen. Margot Honecker besuchte den Betrieb. Wir haben einen großen Themenbereich über Konsumgüter eingefügt. Wir erinnern uns: 1963 – so sagte es der frühere Direktor Helmut Schneider – würden zukünftig keine Konsumgüter mehr hergestellt. Das Gegenteil trat ein. Konsumgüter waren fortan bis zum Ende der DDR ein Kernbereich in Ammendorf. Erstaunlich ist jedoch, dass ein Produktionsdirektor die Ausschaltung des Großhandels fordern konnte und sich sogar weitgehend durchsetzte. Die Macht der Produzenten war wohl stärker und auch die internen wirtschaftlichen Kämpfe heftiger als es gemeinhin in den Geschichtsbüchern steht. Der demografische Wandel machte auch vor der DDR nicht halt. Die Lösung hieß: ZRV = Zusatzrentenversicherung. Wie wichtig Devisen waren, zeigt dieses Jahr. Berlin wollte kürzen. Ammendorf hielt dagegen: dann können wir dicht machen! T-Schreiben waren Seismographen für die technische Auseinandersetzung mit dem Kunden. Wir bringen ein Beispiel. »Keine Leute« war täglicher Klageruf. Strafgefangene kriegte man nicht, Polen wollte man nicht, also lieber Schüler!

Ein Betrieb des Warenzeichenverbandes
VEREINIGTER SCHIENENFAHRZEUGBAU DER DDR

Bahn frei

Erscheint wöchentl.
6. Jan. 1971
22. Jahrg.
Preis 5 Pf
1

gan der Betriebsparteiorganisation
s VEB Waggonbau Ammendorf

Fallt Francos Schergen in den Arm!

Unmittelbar nach Bekanntwerden des ungeheuerlichen Verbrechens der Franco-Henker gegen die 16 jungen baskischen Patrioten erhob sich auch in unserem Betrieb eine neue Protestwelle gegen das faschistische Franco-Regime.

Das Leitungskollektiv von F 1 gehört zu den Waggonbauern, die ihre Stimme zum Protest erhoben. Sie fordern energisch die Aufhebung des Schandurteils und verlangen, die Patrioten freizulassen.

„Freiheit für die 16 baskischen Patrioten – die Urteile dürfen nicht vollstreckt werden!"

Letzte Handgriffe an einem Rationalisierungsobjekt, das noch im alten Jahr seinen Probelauf unternahm. Mehr auf Seite 3 unter der Ueberschrift „Knopfdruck genügt". Fotos: Blaschke (6)

der weiteren Auswertung der 14. Tagung des Zentralkomitees
r SED und nach dem Beispiel des Meisterbereiches F 43

Wachsende Verantwortung

Glückwünsche

Das Lehrmeisterkollektiv der speziellen Ausbildung wünscht allen Kollegen, die an der Durchsetzung der Beschlüsse über die Weiterentwicklung der Berufsausbildung beteiligt sind, persönliches Wohl-

Abb. 104: Erste Bahn frei von 1971, Ammendorf 1971.[335]

335. Bahn frei, Ammendorf 6. Januar 1971

Staatliche Aufgaben 1971

»Der Direktor für Ökonomie … ging bei der Kommentierung der Vorlage ›Staatliche Aufgaben 1971‹ besonders auf folgende Hauptprobleme ein:
- Finanzierung des Fonds Wissenschaft und Technik
- Absicherung des Prämienfonds
- Abdeckung der Investitionen
- Gewährleistung des Schrottaufkommens.«[336]

12. Januar 1971

Repräsentative Serie für den Kreml

»Der Komplex ›50 Wagen repräsentative Serie mit kombinierter Heizung EW 7 und Plaste‹ ist so zu überarbeiten, daß der Termin des Baubeginns vorgezogen werden kann … Zum optimalen Fertigungsablauf … sind solche … Maßnahmen vorzusehen, die die zu erwartenden Maßabweichungen … abfangen.«[337]

12. Januar 1971

Werk II

»Durch den Haupttechnologen … erfolgte eine gestraffte Kommentierung der Vorlage ›Stand der Vorbereitung zum Ausbau des Werkes II‹ …«[338]

18. Januar 1971

Was tun?

»Entsprechend den Erfordernissen des langfristigen Handelsabkommens ist eine sukzessive Erhöhung der Stückzahlen der einzelnen Wagentypen in den Planjahren 1973–1975 und die Schaffung der Voraussetzungen für die Vergrößerung der Montagedurchlaßfähigkeit konzipiert.«[339]

18. Januar 1971

Wie? Standanzahl in Werk II erhöhen! Mehr Zwang durch Seilzug!

»Das Prinzip der Überarbeitung des technologischen Fertigungsablaufes besteht in einer Reduzierung der Stände im Werk I und einer Erhöhung der Standanzahl im Werk II bei maximaler Nutzung der vorhandenen und zu schaffenden Flächen sowie Einführung eines Zwangslaufes der Montage der Erzeugnisse durch Einbau einer Unterflurseilzuganlage.«[340]

18. Januar 1971

Die Direktoren fordern mehr Personal, der Chef lehnt ab …

»Die Forderungen in einer Gesamthöhte von 2.323 VBE wird nicht anerkannt. Unter Einhaltung der Limitvorgabe entsprechend der staatlichen Auflage in Höhe von 2.270 VBE erhalten im Einzelnen:
L = 218 VBE
A = 66 VBE
F = 533 VBE
G = 329 VBE
K = 332 VBE
Ö = 193 VBE
P = 79 VBE
T = 503 VBE
GO = 17 VBE
2.270 VBE
Die Stellenpläne sind auf oben genannter Basis zu überarbeiten und bis 22. 1. 1971 an ÖPL zu geben, damit am 27. 1. 1971 die Stellenplangesamtbilanz für den Betrieb zur Verfügung steht.«[341]

18. Januar 1971

DAMW: WBA »über dem Durchschnitt«

»Insgesamt wurde der Betrieb mit dem Ergebnis ›über dem Durchschnitt‹ bewertet. Es kam jedoch zu kritischen Bemerkungen zur Arbeit in der Abteilung Standardisierung.«[342]

18. Januar 1971

Plastehalle für Repräsentativwagen nötig!

»Besonders gilt dies für die 50 Wagen repräsentative Serie mit verbesserter kombinierter Heizung, maximalem Plasteeinsatz, Kleinst-Kehlnahtschweißung und verbesserter Sanitärzelle, für deren Fertigung die Einrichtung einer Plastehalle erforderlich ist.«[343] **26. Januar 1971**

336.–339. LASA, MER, VEB Waggonbau Ammendorf, Nr. 54036.

340.–343. LASA, MER, VEB Waggonbau Ammendorf, Nr. 54036.

Das ist viel: 600.000 Mark Verzugszinsen …

»Obwohl die Verzugszinsen im Jahre 1970 mit einer Höhe von circa 600 TM keine unwesentliche Rolle spielten, werden diese im sozialistischen Wettbewerb 1971 über keine Kennziffer direkt stimuliert. Der Schwerpunkt der Kontrolle der Effektivität der ökonomischen Ergebnisse wird auf den Nettogewinn gelegt, der als Hauptkennziffer für alle Direktionsbereiche festgelegt wurde.«[344]

1./2. Februar 1971

Weil Leute fehlen: Schüler mitzählen!

»Auf Grund der in den Fertigungsbereichen bei der Arbeitskräftesituation bestehenden Differenzen, sind die in der Ferienaktion zu erwartenden befristeten Einstellungen von Studenten und Schülern in die Arbeitszeitbilanz 1971 einzubeziehen.«[345]

1./2. Februar 1971

Plandiskussion: VVB will mehr Valuta: WBA will 75.000 Westmark behalten

»Die von der VVB erteilte Beauflagung hinsichtlich der Erlösabführung vom 75 TEM NSW-Export wird nicht anerkannt, wozu die entsprechende Berechnung durchzuführen ist.«[346]

16. Februar 1971

Der Finalproduzent muss sich durchsetzen!

»Es sind Vertragsgestaltungsverfahren gegenüber den Betrieben zu eröffnen, die sich weigern, im Widerspruch zum Finalproduzenten Monatsverträge abzuschließen.«[347]

16. Februar 1971

VVB soll auf den Tisch hauen …

»Es ist ein Werkdirektorschreiben an den Generaldirektor vorzubereiten, das auf das im Juni 1970 mit Faga abgeschlossene Protokoll einzugehen und die damalige VVB-Anweisung zu beinhalten hat. Insbesondere sind dabei die GD-Festlegungen vom … und … hinsichtlich der Sicherung der Verträge durch die Zulieferbetriebe heranzuziehen und die durch Bilanzentscheid verursachten negativen ökonomischen Auswirkungen (Vertragsstrafen) auf WBA darzustellen. Ein Vertragsverfahren gegen Faga ist einzuleiten.«[348]

16. Februar 1971

Staat kürzt Investitionen …

»Entgegen der betrieblichen Forderung in Höhe von 6,8 Mio M wurde in der staatlichen Auflage ein Volumen von 6,2 Mio M bestätigt. Diese Summe wurde in der präzisierten Auflage um eine weiter Mio M auf 5,2 Mio M gesenkt.«[349]

1./2. März 1971

Das reicht nicht

»Mit dieser Summe können die durch WBA vorgesehenen Investvorhaben nicht … realisiert werden.«[350]

1./2. März 1971

Zusammenhang langfristige Verträge und Investitionen in Übersicht verdeutlichen!

»In Anbetracht der Bedeutung der Investitionen 1971 … ist eine Übersicht zu erarbeiten, aus der die vertragliche Absicherung der Investitionen … Hinsicht hervorzugehen hat.«[351]

1./2. März 1971

Urlauberobjekte

»In Fortführung der … diskutierten Varianten für die Urlauberobjekte des WBA, gab Ö folgendes bekannt:
- Variante ›Spießberghaus‹ – zur Zeit nicht realisierbar
- Variante ›Groß-Breitenbach‹ – Aufbaumöglichkeit für 10 Bungalows des Typs HW 22 gegeben … Bis Ende März erfolgt Entscheidung
- Variante ›Langenhennersdorf‹ – ohne Änderung beibehalten
- Variante ›Kipsdorf‹ – ohne Änderung beibehalten
- Variante ›Ostsee‹ – nochmalige Prüfung mit Territorium …«[352] **1./2. März 1971**

344.–347. LASA, MER, VEB Waggonbau Ammendorf, Nr. 54036.

348–352. LASA, MER, VEB Waggonbau Ammendorf, Nr. 54036.

1971

Moskau-Verhandlungen
Schleppender Verhandlungsverlauf

»Genosse ... informierte die Leitung über den Stand der Verhandlungen in Moskau, die von A und T derzeitig geführt werden. Der Verhandlungsverlauf ist schleppend. Konkrete Ergebnisse konnten nicht erzielt werden. Seitens MI Moskau wurde zum Ausdruck gebracht, daß die Beratungen zu den anstehenden Fragen auf der LFM 1971 bzw. im WBA fortgesetzt werden. Es wurden folgende Termine genannt:
- 16. 3. 1971 Besuch der LFM durch den Genossen Nowikow
- 18. 3. 1971 Besuch des WBA durch die Genossen Nowikow und Maximow.«[353]

12./15. März 1971

Endlich: 1 Million Mark mehr erkämpft!

»Die über die bisher von der VVB Schienenfahrzeuge vorgegebene Investitionssumme in Höhe von 5,2 Mio M wurde durch den Genossen ... um eine weitere Mio M genehmigt.«[354]

25./29. März 1971

Ziel: 2-Jahres-Verträge statt Jahr-zu-Jahr

»Die Kontaktaufnahmen zwischen MI und WBA werden weiter verstärkt. Die Bereitschaftserklärung für den Abschluß von Zweijahresverträgen liegt seitens MI Moskau vor.«[355]

25./29. März 1971

Ausstellung in Tscherbinka

»Genosse ... wies ... auf die Notwendigkeit der exakten Vorbereitung der Ausstellung in Tscherbinka im Juli dieses Jahres hin. Unter Berücksichtigung aller infragekommenden Faktoren wurde folgende Festlegung durch L getroffen:
M 18 Erarbeitung einer technisch-ökonomischen Ausstellungskonzeption ... unter Berücksichtigung der Exponate
Ayl/k
47 D/red
Plasteteilesortiment«[356] **25./29. März 1971**

353.–356 LASA, MER, VEB Waggonbau Ammendorf, Nr. 59058.

Abweichungen von bis zu 2 Mio M!

»Genosse ... kommentierte die Vorlage ... Dabei stellte die Werkleitung fest, daß diese Unterlagen in ihrem Inhalt und den darin enthaltenen Summen für die einzelnen Teile des Investitionsvorhabens nicht korrespondierten. Besonders kraß trat dies bei der Ausbaumontagehalle mit einer Abweichung von rund 2 Mio M zutage.«[357]

12./19. April 1971

Was tun? Betankungsstation gestrichen!

»Die Reparatur- und Betankungsstation für Werk II wird gestrichen. Eine entsprechende Lösung für Werk I ist zu erarbeiten.«[358]

12./19. April 1971

WBA Sieger = 7 Reisen in die SU ...

»In Ergänzung zu den von L gegebenen Informationen gab Genosse ... die Ergebnisse der Wettbewerbsauswertung des I. Quartals 1971 für die VVB Schienenfahrzeuge bekannt, bei der VEB Waggonbau Ammendorf als Sieger ermittelt und mit 7 Reisen in die SU ausgezeichnet wurde.«[359]

12./19. April 1971

I. Konsumgüterherstellung

Im Protokoll des 7. Juni 1971 fand sich die Konsumgüterherstellung an der ersten Stelle. Wie auf den am Ende der Protokollseiten 1971 folgenden Themenseiten Konsumgüter zu lesen ist, übte die Stadt Halle gehörig Druck auf die regionalen Betriebe aus, mehr zu tun diesbezüglich.

»Der Beauftragte für Konsumgüter ... gab einen Bericht über die seit ... eingetretenden Veränderungen. Bisher liegt eine Ist-Abrechnung über 26 TM vor. der Schwerpunkt der Arbeit liegt saisonbedingt beim Artikel ›Camping-Grill‹. Für die auf dem Gebiet der Konsumgüterherstellung zu lösenden Aufgaben kam es zu folgenden Festlegungen ...«[360]

7. Juni 1971

357.–360. LASA, MER, VEB Waggonbau Ammendorf, Nr. 59058.

Verhandlungen in Moskau

»Zusammenfassend kann festgestellt werden, daß die technischen Fragen zwischen beiden Seiten grundsätzlich geklärt wurden, daß jedoch beim kommerziellen Teil der Komplex ›Preise‹ nicht mit der gesteckten Zielsetzung abgeschlossen werden konnte. Die Verhandlungen wurden seitens WBA am 21. 5. 1971 unterbrochen, da die technisch und ökonomisch begründeten Argumente für die Preise der 50 Wagen repräsentative Serie mit kombinierter Heizung und Plasteausstattung von sowjetischer Seite nicht akzeptiert wurden.«[361]

24. Mai 1971

Was tun?

»Die Auswirkungen aus der Verhandlung mit der sowjetischen Seite sind aufzurechnen und in die Zeiträume 1972, 1973–1975 sowie 1976–1980 zu gliedern. Insbesondere ist dabei die kombinierte Heizung und der Plasteeinsatz für die 50 Wagen repräsentative Serie und der Typ AxL einzubeziehen. Diese Materialien bilden die Grundlage für die Aussprache mit dem GD.«[362]

24. Mai 1971

Polnische Feuerwand für mehr Gewinn?

»Es sind die Möglichkeiten zu untersuchen, wie auf dem Gebiet der Materialversorgung das ökonomische Ergebnis des Betriebes verbessert werden kann. Dazu sind unter dem Aspekt der Erweiterung der sozialistischen Integration … Angebote für die wertintensiven Einbauteile einzuholen. Speziell ist dabei mit der VRP (VR Polen, d. A.) ein Erfahrungsaustausch über … Liefermöglichkeit der feuerhemmenden Wand zu führen.«[363]

24. Mai 1971

Maschinen aus Österreich und Frankreich

»Der Import der Plastverarbeitungsmaschinen aus Österreich und Frankreich erfolgt zu den vereinbarten Terminen. Die Ausrüstungsteile für oben genannte Maschinen sind unterwegs.«[364]

2. August 1971

Messen lohnen sich!

»Zusammenfassend wurde festgestellt, daß diese Ausstellung wertvolle Erkenntnisse für die weitere Verbesserung der Grundsatzarbeit des Betriebes auf technischem und kommerziellem Gebiet vermittelte. Es ist unter allen Umständen zu empfehlen, künftig gleiche oder ähnliche Veranstaltungen durch geeignete Exponate zu beschicken«[365]

11. August 1971

80 Arbeiter aus Polen nach Ammendorf!

»Genosse Fritzsche informierte die Leitung über die Aussprache mit den Vertretern des Amtes für Arbeit beim Rat der Stadt … Es wurden verschiedene Varianten der Arbeitskräftezuführung erörtert, die der näheren Präzisierung bedürfen. Im Ergebnis der Beratung wurde festgelegt, daß WBA ab 1. 7. 1972 80 Arbeitskräfte aus der VR Polen erhält.«[366]

11. August 1971

Wo sollen die Polen schlafen und essen?

»M 1 Zur Unterbringung der AK aus der VR Polen sind für die durchzuführenden Baumaßnahmen 2,8 Mio M einzuplanen und die erforderlichen Schritte für die Errichtung des Gebäudes außerhalb des Werksgeländes einzuleiten.«[367]

11. August 1971

Wer bezahlt das? Der Staat!

»Die Mittel hierfür werden von der Staatlichen Plankommission zur Verfügung gestellt.«[368]

11. August 1971

Welche Polen brauchen wir?

»Die Berufsgruppenstruktur für die ab 1972 zur Einstellung kommenden polnischen Arbeitskräfte ist zu ermitteln. «[369]

11. August 1971

361.–363. LASA, MER, VEB Waggonbau Ammendorf, Nr. 54167.

364.–369. LASA, MER, VEB Waggonbau Ammendorf, Nr. 54167.

1971

Weitere 4 Bungalows Löbitzsee

»Für 1971 ist der Aufbau weiterer 4 Bungalows am Löbitzsee vorzubereiten und der Aufbau wenn möglich noch 1971 abzuschließen.«[370]

9. September 1971

Schmiedeberg

»Über die Umbau- bzw. Aufstockungsarbeiten im Ferienlager Schmiedeberg wird nach Vorliegen des Grobprojektes seitens des Auftragnehmers entschieden.«[371]

9. September 1971

HO Waren täglicher Bedarf Bottstedt

»Die Verhandlungen mit HO-WtB zwecks Nutzungsübernahme des Objektes in Bottstedt sind mit der Zielstellung, das Nutzungsrecht des Objektes für den WBA zu erhalten, zum Abschluß zu bringen. Parallel dazu ist vorzubereiten, daß im gesamten Objekt 1972 kurzfristig 4 Bungalows aufgestellt werden können.«[372]

9. September 1971

Fluktuationen: Es fehlen Wohnungen, darum kündigen die Leute!

Wohnungen waren damals wie eine Währung: wer Wohnungen vergeben konnte, bekam die Leute.

»P ging in seinem Bericht zum Maßnahmeplan zur Verringerung der Fluktuation … besonders auf die darin enthaltenen Maßnahmevorschläge ein. Es wurde herausgearbeitet, daß der Schwerpunkt für die Kündigungen eindeutig auf Wohnungsprobleme zurückzuführen ist.«[373]

27. September 1971

Zusatzrentenversicherung

»Genosse … informierte die Leitung über den Stand der Abschlüsse bei der freiwilligen Zusatzrentenversicherung … Unter Zugrundelegung der Basis von 2.718 möglichen Abschlüssen ergibt sich bei einer derzeitigen Abschlußanzahl von 808 Beschäftigten folgende Übersicht in den einzelnen Fertigungs- bzw. Direktionsbereichen:

F 1 = 34,8%
F 2 = 41,1%
F 3 = 22,8%
F 4 = 26,0%
F 5 = 26,0%
F = 10%
T = 20%
A = 16%
K = 18%
P = 55%
Ö = 40%
G = 17%
L = 15%
GO = 27%
BBS = 20%«[374]

11. Oktober 1971

Frau Honecker kommt …

»Der Besuch des Ministers für Volksbildung, Genossin Honecker, am 13. 10. 71, ist entsprechend abzusichern.«[375]

11. Oktober 1971

Strafgefangene rekrutieren!

»M 20 Zur Nutzung aller Möglichkeiten, die Arbeitskräftesituation zu stabilisieren, sind die Möglichkeiten des Einsatzes von Jugendlichen aus dem Strafvollzug zu prüfen. Hierbei wird auf die Aktennotiz … über die Beratung beim Rat des Bezirkes … hingewiesen.«[376]

11. Oktober 1971

Absatz: Sowjets wollen Kontinuität

»Zur Vorschau bei der Erfüllung des Exportplanes 1971 wies Genosse … darauf hin, daß seitens AHB TM und MI Moskau großes Interesse besteht, die Exporte bei den Haupterzeugnissen, Ersatzteilen und Modus-Ersatzteilen für die Monate Oktober bis Dezember kontinuierlich zu erfüllen. Als Äquivalent für den im Ersatzteil-Direkt-Export bestehenden Vertragsrückstand ist ein Wert von 450 TM zu IAP zu realisieren.«[377]

25. Oktober 1971

370.–373. LASA, MER, VEB Waggonbau Ammendorf, Nr. 59058.

374.–377. LASA, MER, VEB Waggonbau Ammendorf, Nr. 59058.

Lieber einen Speisewagen mehr, dann sind wir auf der sicheren Seite …

»Zur Kompensierung verbleibender bzw. noch nicht abzusehender Rückstände in der Planerfüllung ist ein Speisewagen mehr als bisher vorgesehen fertigzustellen.«[378]

25. Oktober 1971

Beratung Prof. Dr. Gilde

Die Zusammenarbeit mit dem Zentralinstitut für Schweißtechnik Halle war eng.

»Erarbeitung des Maßnahmeplanes in Auswertung der Beratung mit Prof. Dr. Gilde, ZIS (Zentral-Institut für Schweißtechnik, d. A.).«[379]

22. November 1971

Ferienheim Birkenende

»M 25 Prüfung der Möglichkeiten zum Bau eines Ferienheimes in Birkenende als Interessengemeinschaft zwischen VVB, IfS und WBA mit einer Kapazität von 25 Zimmern.«[380]

22. November 1971

Neue Technik – Neuer Preis!

»Entsprechend des Prinzips ›Neue Technik – Neuer Preis‹ ist für den AxL ein Serienpreis von 73,5 TRbl und für den D/K-Wagen ein Serienpreis von 51,4 TRbl anzustreben. Auf dieser Basis ist die Verhandlung in Moskau fortzusetzen, jedoch vorbehaltlich der Zustimmung durch den GD.«[381]

25./27. November 1971

Arbeitskräfte

»P schätzte ein, daß trotz laufend vorgenommener Einstellungen die Unterdeckung mit Arbeitskräften per 20. 11. 1971 bei 82 AK liegen wird.«[382]

6. Dezember 1971

Was tun? Leute aus dem Gefängnis holen!

»Voraussichtlich kann diese Unterdeckung durch entsprechende Vereinbarung mit dem Strafvollzug Halle weiter reduziert werden. Außerdem hat WBA zur Zeit 13 AK zur sozialistischen Hilfe in Betriebe der VVB delegiert, wovon allein 11 AK im VEB Faga Berlin eingesetzt sind.«[383]

6. Dezember 1971

Polen: H. Cegielski

»T gab das Ergebnis der Verhandlung zwischen HCP und WBA vom 1.–4. 12. bekannt … positiv ist die Lieferbereitschaft der polnischen Seite bei diversen Bauteilen wie

- feuerhemmende Platten
- Stahlguß
- Schaltschränke

zu bewerten. Die Kooperationsbeziehungen sind ausbaufähig und nach dem Komplexprogramm des RGW durchzuführen.«[384]

6. Dezember 1971

Was tun? Polen zur Unifizierung einladen!

»Genosse … ist zu informieren, daß durch MPS … zur Unifizierungskonferenz ab 13. 12. 1971 im WBA die in Frage kommenden polnischen Genossen eingeladen werden.«[385]

6. Dezember 1971

Polen wollen Ammendorfer Lizenzen

»Da HCB an der Lizenznahme von

- Kleinteilefarbgebung
- Rohbaufertigung
- Betriebsmittelsatz
- Minika-Schweißung

interessiert ist, ist das Programm … zu überarbeiten.«[386]

6. Dezember 1971

Sowjets wollen die 2-Platz-Wagen vor der Urlaubssaison!

»Zum gegenwärtigen Stand der Verhandlung in Moskau teilten die Genossen … mit, daß die sowjetische Seite Wert darauf legt, die D-Wagen mit 2-Platzabteil noch vor Beginn des Sommer-Touristenverkehrs zu erhalten …«[387]

6. Dezember 1971

378.–382. LASA, MER, VEB Waggonbau Ammendorf, Nr. 54167.

383.–387. LASA, MER, VEB Waggonbau Ammendorf, Nr. 54167.

Arbeitskräfte

»Zur Arbeitskräftesituation legte P die Übersicht in der schriftlichen Fassung vom 17. 12. 71 vor. 14 Zugängen stehen 5 Abgänge gegenüber. Für die im Direktionsbereich G zugesicherten 11 AK wurden 6 AK eingestellt. Im Januar 1972 erfolgt die Eingliederung der restlichen 5 AK.«[388]

20. Dezember 1971

Keine Strafgefangenen!

»Der Einsatz von straffällig gewordenen Jugendlichen im WBA wurde durch die zuständige Dienststelle abgelehnt.«[389]

20. Dezember 1971

Auch keine Polen!

»Auch der Einsatz von polnischen Arbeitskräften wird voraussichtlich nicht zum Tragen kommen.«[390]

20. Dezember 1971

Was tun? Abiturienten!

»Entsprechend der positiven Ergebnisse beim Einsatz von Abiturienten wird diese Aktion für 1972 ebenfalls wieder im vollen Umfang vorbereitet.«[391]

20. Dezember 1971

Jeden einstellen, der arbeiten will!

»M 5 Unter Berücksichtigung, daß im Jahr 1972 keine polnischen AK und Jugendliche aus dem Strafvollzug eingestellt werden, sind die Einstellungen für 1971 voll vorzunehmen. «[392]

20. Dezember 1971

Streit zwischen Zulieferern und Finalproduzenten: Finalproduzenten first!

»Für das Jahr 1972 sind im verstärkten Umfang Ersatzinvestitionen, vor allem bei Werkzeugmaschinen und bei Transport- und Fördermittel, vorgesehen. Zur Zeit haben wir von dem geplanten Ersatz von 24 Werkzeugmaschinen mit rund 1 Mio M Investumfang nur 5 Maschinen bilanziert erhalten. Das ist viel zu wenig, um von einer Verjüngung des Maschinenparkes zu sprechen. Wir können es auch nicht für gut heißen, wenn bilanzierte Werkzeugmaschinen vorrangig den Zulieferbetrieben angeboten werden und erst dann den Finalproduzenten.«[393]

30. Dezember 1971

Was wurde 1972 nicht bilanziert?

»Es wurden nicht für 1972 bilanziert:
2 Stück Doppelständerexzenterpressen PED 100
1 Stück Doppelständerexzenterpresse PED 63
1 Stück Doppelständerexzenterpresse PED 25
1 Stück Reibspindelpresse LF 200/850
1 Stück Hobel- und Kehlmaschine C 10
1 Stück Hobel- und Kehlmaschine C 26-2
1 Stück Kurbeltafelschere ScTP 16x3.150
Weiterhin sind dringend für Werk II Transportausrüstungen erforderlich, die … nicht für 1972 bilanziert wurde …:
3 Stück Kleintransporter Multicar
2 Stück Gabelstapler DFG 3002
2 Stück Gabelstapler DFG 2002
Schon seit Jahren bildet die … Folienstumpfnahtschweißmaschine (Import BRD) einen … Schwerpunkt.«[394]

30. Dezember 1971

Gibt es 1972 Westgeld?
Wenn nicht, können wir dicht machen!

»Für 1972 stehen die erforderlichen Importmittel von 250 TVM (Tausend Valuta-Mark, d. A.) wiederum nicht zur Verfügung. Wir müssen in diesem Zusammenhang nochmals betonen, daß der endgültige Ausfall der Maschine zum Erliegen der Produktion im VEB Waggonbau Ammendorf führt. Es wird erwartet, daß unsere VVB ihren Einfluß bei der Beschaffung der Maschine geltend macht, um das Schlimmste abzuwenden.«[395]

30. Dezember 1971

388.–392. LASA, MER, VEB Waggonbau Ammendorf, Nr. 59058.

393.–395. LASA, MER, VEB Waggonbau Ammendorf, Nr. 59058.

Die T-Schreiben: erste Seite

Die Abnehmer aus der Sowjetunion hatten viele Fragen, die nicht unmittelbar in den Verhandlungen beantwortet werden konnten. Die Antworten lieferten die zweisprachigen T-Schreiben (Abb. 105).[396]

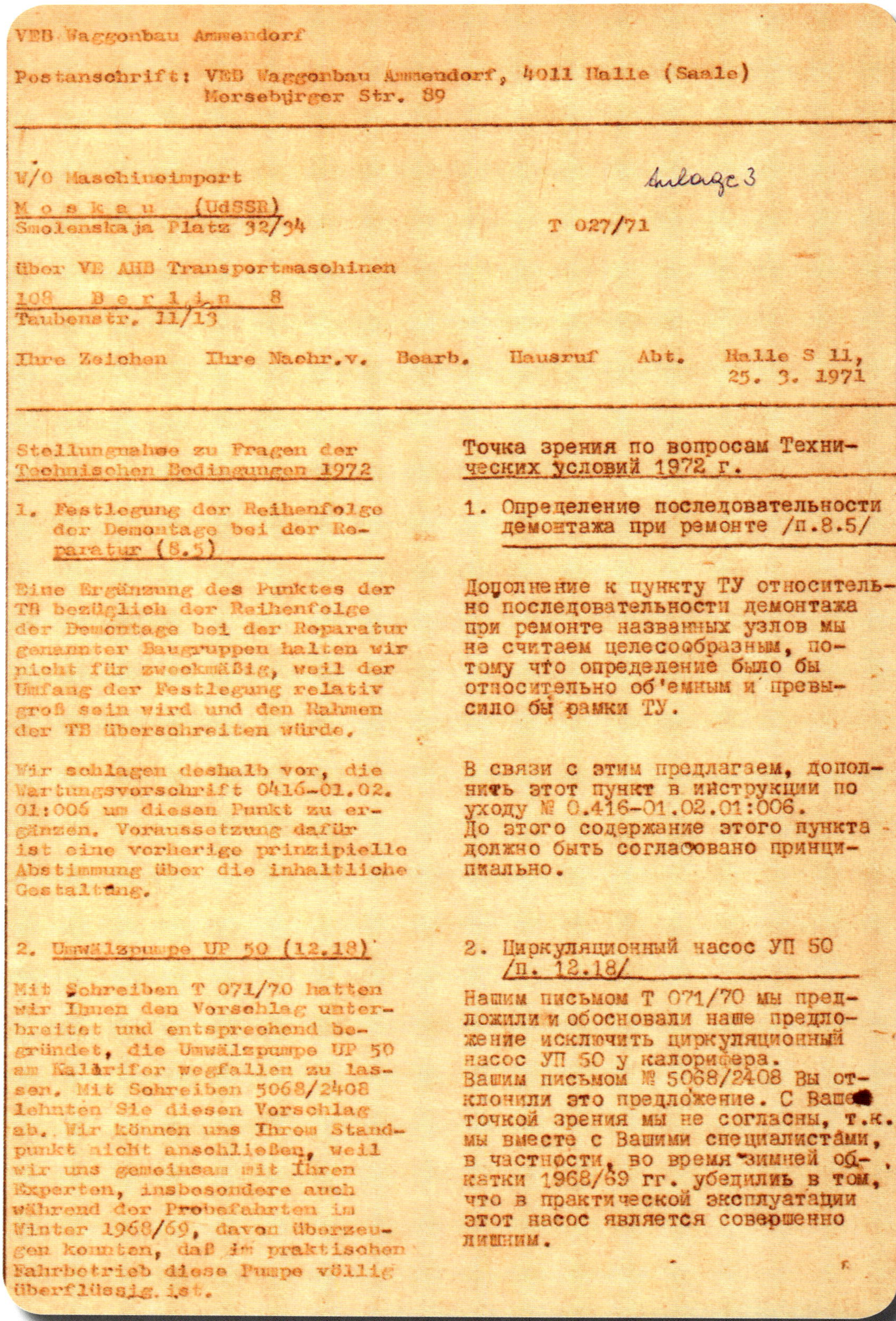

VEB Waggonbau Ammendorf

Postanschrift: VEB Waggonbau Ammendorf, 4011 Halle (Saale)
Merseburger Str. 89

W/O Maschinoimport
Anlage 3
M o s k a u (UdSSR)
Smolenskaja Platz 32/34
T 027/71

über VE AHB Transportmaschinen
108 B e r l i n 8
Taubenstr. 11/13

Ihre Zeichen | Ihre Nachr.v. | Bearb. | Hausruf | Abt. | Halle S 11, 25. 3. 1971

Stellungnahme zu Fragen der Technischen Bedingungen 1972

1. Festlegung der Reihenfolge der Demontage bei der Reparatur (8.5)

Eine Ergänzung des Punktes der TB bezüglich der Reihenfolge der Demontage bei der Reparatur genannter Baugruppen halten wir nicht für zweckmäßig, weil der Umfang der Festlegung relativ groß sein wird und den Rahmen der TB überschreiten würde.

Wir schlagen deshalb vor, die Wartungsvorschrift 0416-01.02.01:006 um diesen Punkt zu ergänzen. Voraussetzung dafür ist eine vorherige prinzipielle Abstimmung über die inhaltliche Gestaltung.

2. Umwälzpumpe UP 50 (12.18)

Mit Schreiben T 071/70 hatten wir Ihnen den Vorschlag unterbreitet und entsprechend begründet, die Umwälzpumpe UP 50 am Kalorifer wegfallen zu lassen. Mit Schreiben 5068/2408 lehnten Sie diesen Vorschlag ab. Wir können uns Ihrem Standpunkt nicht anschließen, weil wir uns gemeinsam mit Ihren Experten, insbesondere auch während der Probefahrten im Winter 1968/69, davon überzeugen konnten, daß im praktischen Fahrbetrieb diese Pumpe völlig überflüssig ist.

Точка зрения по вопросам Технических условий 1972 г.

1. Определение последовательности демонтажа при ремонте /п.8.5/

Дополнение к пункту ТУ относительно последовательности демонтажа при ремонте названных узлов мы не считаем целесообразным, потому что определение было бы относительно об'емным и превысило бы рамки ТУ.

В связи с этим предлагаем, дополнить этот пункт в инструкции по уходу № 0.416-01.02.01:006.
До этого содержание этого пункта должно быть согласовано принципиально.

2. Циркуляционный насос УП 50 /п. 12.18/

Нашим письмом Т 071/70 мы предложили и обосновали наше предложение исключить циркуляционный насос УП 50 у калорифера.
Вашим письмом № 5068/2408 Вы отклонили это предложение. С Вашей точкой зрения мы не согласны, т.к. мы вместе с Вашими специалистами, в частности, во время зимней обкатки 1968/69 гг. убедились в том, что в практической эксплуатации этот насос является совершенно лишним.

Abb. 105: T-Schreiben 027/71, Ammendorf 1971.

396. Frotscher-Archiv, Halle.

Die T-Schreiben: letzte Seite

Insgesamt bestand dieses T-Schreiben aus 8 Seiten. So viel Platz haben wir hier nicht. Deshalb haben wir nur die erste und die letzte Seite als Beispiele abgebildet. Weiter geht es mit den Muttern. Auch eine Kontermutter, die von den sowjetischen Partnern vorgeschlagen wurde, wird abgelehnt. Die Ursache wird genau erklärt und Änderungen widersprochen (Abb. 106).[397]

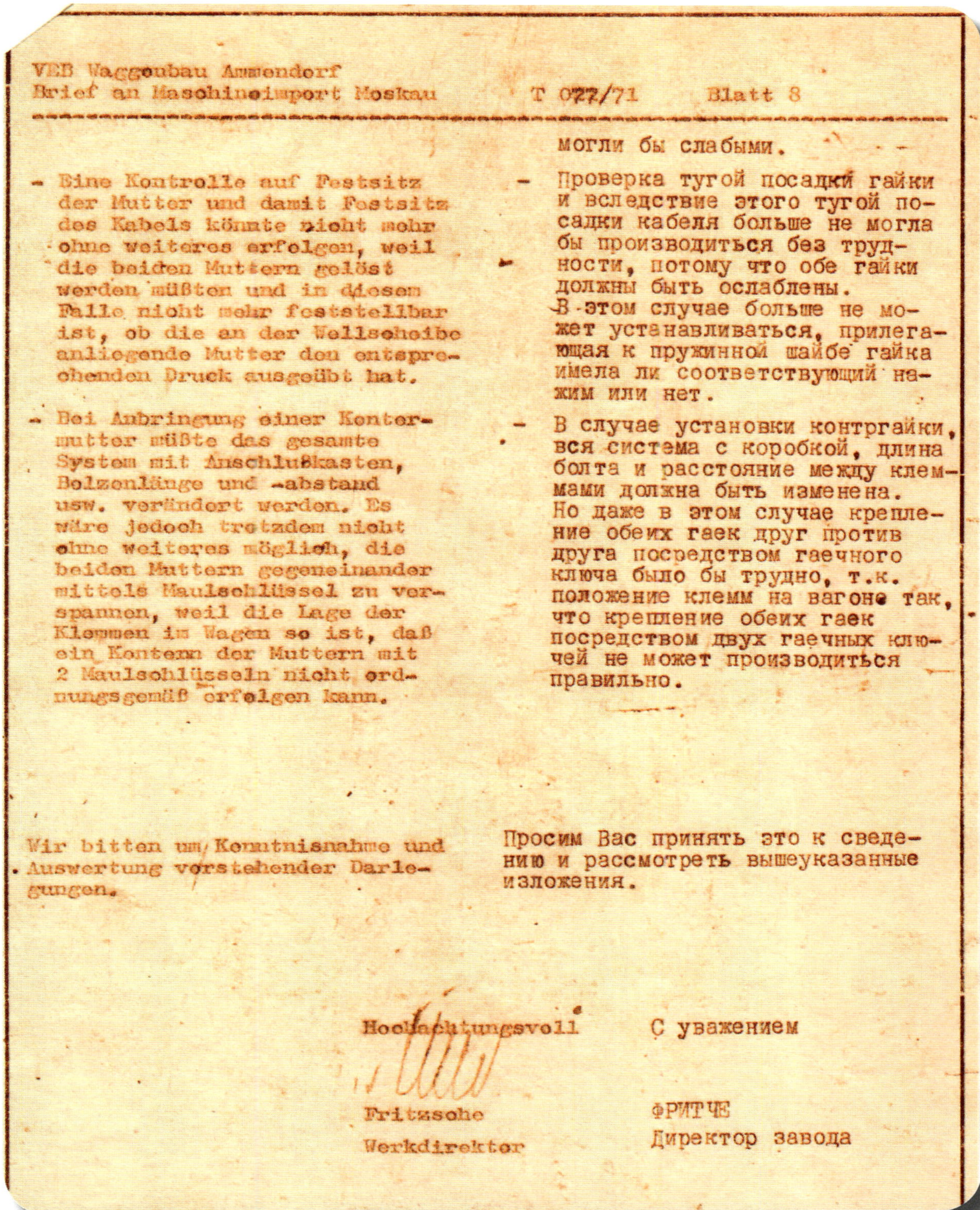

VEB Waggonbau Ammendorf
Brief an Maschineimport Moskau — T 027/71 — Blatt 8

- Eine Kontrolle auf Festsitz der Mutter und damit Festsitz des Kabels könnte nicht mehr ohne weiteres erfolgen, weil die beiden Muttern gelöst werden müßten und in diesem Falle nicht mehr feststellbar ist, ob die an der Wellscheibe anliegende Mutter den entsprechenden Druck ausgeübt hat.
- Bei Anbringung einer Kontermutter müßte das gesamte System mit Anschlußkasten, Bolzenlänge und -abstand usw. verändert werden. Es wäre jedoch trotzdem nicht ohne weiteres möglich, die beiden Muttern gegeneinander mittels Maulschlüssel zu verspannen, weil die Lage der Klemmen im Wagen so ist, daß ein Kontern der Muttern mit 2 Maulschlüsseln nicht ordnungsgemäß erfolgen kann.

могли бы слабыми.

- Проверка тугой посадки гайки и вследствие этого тугой посадки кабеля больше не могла бы производиться без трудности, потому что обе гайки должны быть ослаблены. В этом случае больше не может устанавливаться, прилегающая к пружинной шайбе гайка имела ли соответствующий нажим или нет.
- В случае установки контргайки, вся система с коробкой, длина болта и расстояние между клеммами должна быть изменена. Но даже в этом случае крепление обеих гаек друг против друга посредством гаечного ключа было бы трудно, т.к. положение клемм на вагоне так, что крепление обеих гаек посредством двух гаечных ключей не может производиться правильно.

Wir bitten um Kenntnisnahme und Auswertung vorstehender Darlegungen.

Просим Вас принять это к сведению и рассмотреть вышеуказанные изложения.

Hochachtungsvoll — С уважением

Fritzsche — ФРИТЧЕ
Werkdirektor — Директор завода

Abb. 106: T-Schreiben 027/71 Teil 2, Ammendorf 1971.

397. Frotscher-Archiv, Halle.

Konsumgüter 1971
Die folgenden Dokumente geben einen Einblick in die Problematik Konsumgüter. Sie waren eher Anhängsel jener Produktion, die die Existenz des Staates durch Außenhandel sicherten (Abb. 107).[398]

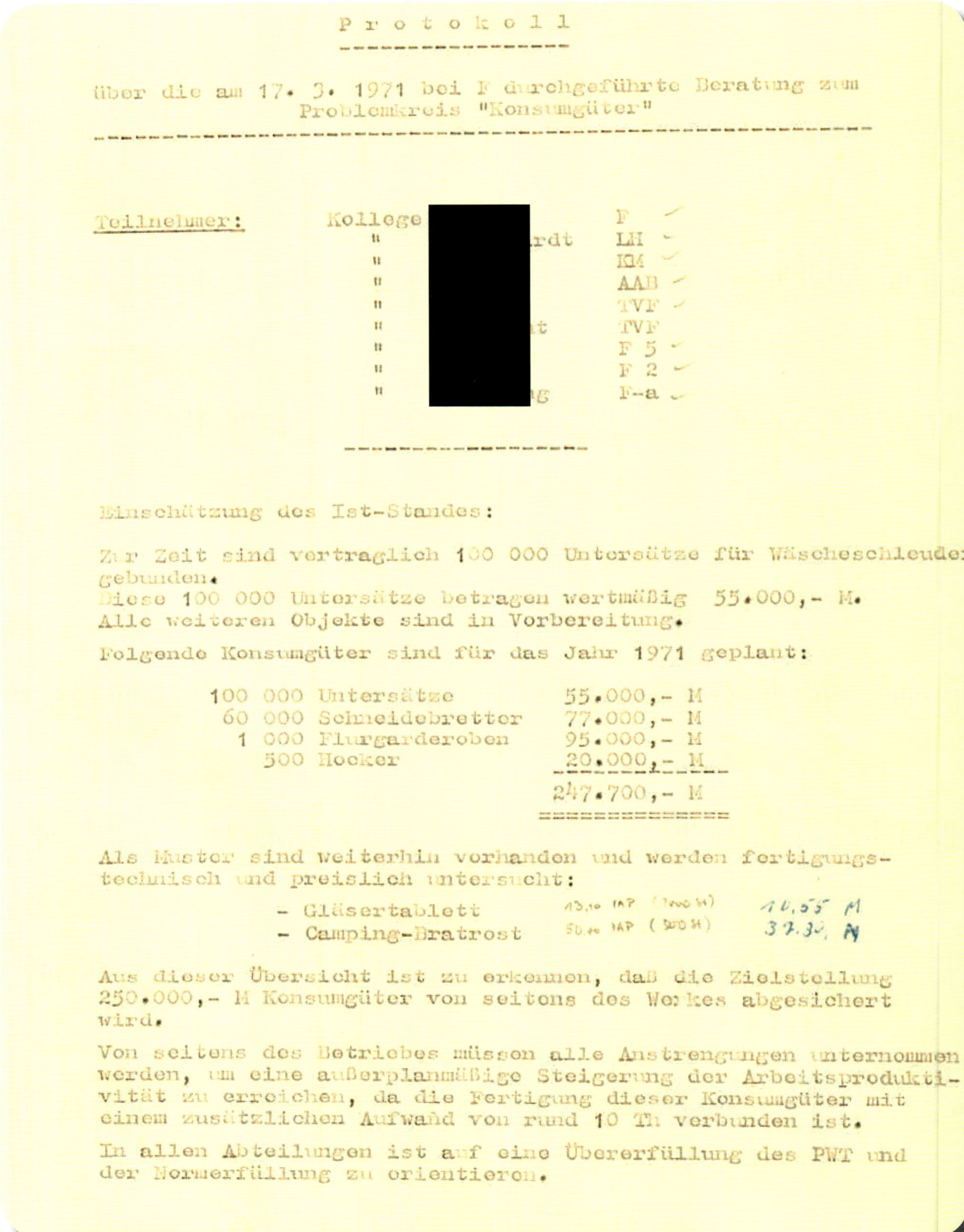

P r o t o k o l l

über die am 17. 3. 1971 bei F durchgeführte Beratung zum Problemkreis "Konsumgüter"

Teilnehmer: Kollege [redacted] F
" [redacted] LH
" [redacted] KM
" [redacted] AAB
" [redacted] TVF
" [redacted] TVF
" [redacted] F 5
" [redacted] F 2
" [redacted] F-a

Einschätzung des Ist-Standes:

Zur Zeit sind vertraglich 100 000 Untersütze für Wäscheschleuder gebunden.
Diese 100 000 Untersätze betragen wertmäßig 55.000,- M.
Alle weiteren Objekte sind in Vorbereitung.

Folgende Konsumgüter sind für das Jahr 1971 geplant:

100 000	Untersätze	55.000,- M
60 000	Schneidebretter	77.000,- M
1 000	Flurgarderoben	95.000,- M
500	Hocker	20.000,- M
		247.700,- M

Als Muster sind weiterhin vorhanden und werden fertigungstechnisch und preislich untersucht:

- Gläsertablett 13,10 IAP (1000 M) 10,55 M
- Camping-Bratrost 50,40 IAP (500 M) 37,30 M

Aus dieser Übersicht ist zu erkennen, daß die Zielstellung 250.000,- M Konsumgüter von seitens des Werkes abgesichert wird.

Von seitens des Betriebes müssen alle Anstrengungen unternommen werden, um eine außerplanmäßige Steigerung der Arbeitsproduktivität zu erreichen, da die Fertigung dieser Konsumgüter mit einem zusätzlichen Aufwand von rund 10 Th verbunden ist.

In allen Abteilungen ist auf eine Übererfüllung des PWT und der Normerfüllung zu orientieren.

Abb. 107: Konsumgüter, Ammendorf 1971.

398. Frotscher-Archiv, Halle.

Kampf um die Großhandelsspanne
Interessant ist Maßnahme 6, die untersuchen soll, ob man nich den Großhandel umgehen kann, um die Großhandelskosten zu sparen. Das hätte man für die DDR nicht erwartet (Abb. 108).[399]

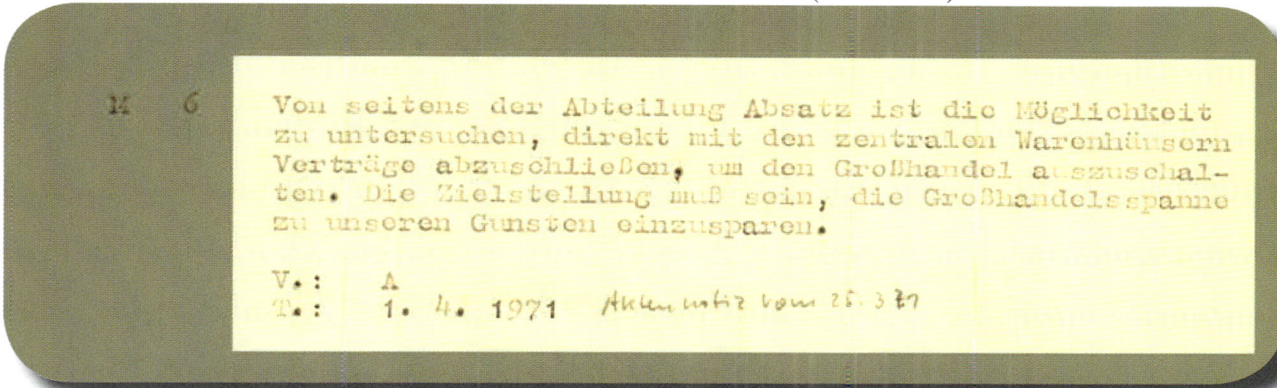
M 6 Von seitens der Abteilung Absatz ist die Möglichkeit zu untersuchen, direkt mit den zentralen Warenhäusern Verträge abzuschließen, um den Großhandel auszuschalten. Die Zielstellung muß sein, die Großhandelsspanne zu unseren Gunsten einzusparen.

V.: A
T.: 1. 4. 1971 Aktennotiz vom 25.3.71

Abb. 108: Konsumgüter 1971 Teil 2, Ammendorf 1971.

Was produzieren? Die Vorschläge …
Dem Protokoll und der Aktennotiz wurden Fotos und Zeichnungen beigelegt, die die Produkte darstellten. Außerdem wurde der IAP, der Industrie-Abgabe-Preis bei den meisten angegeben (Abb. 109–112).[400]

Abb. 109: Hocker, Ammendorf 1971.

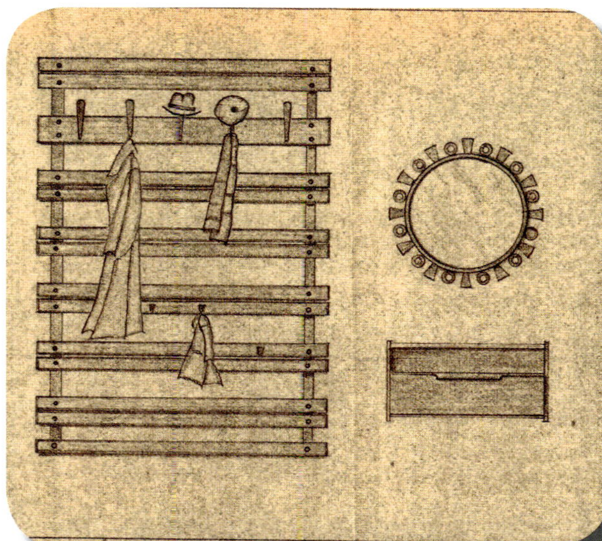
Abb. 111: Flurgarderobe und Spiegel (oben und rechts), Ammendorf 1971.

Abb. 110: Hocker, Ammendorf 1971.

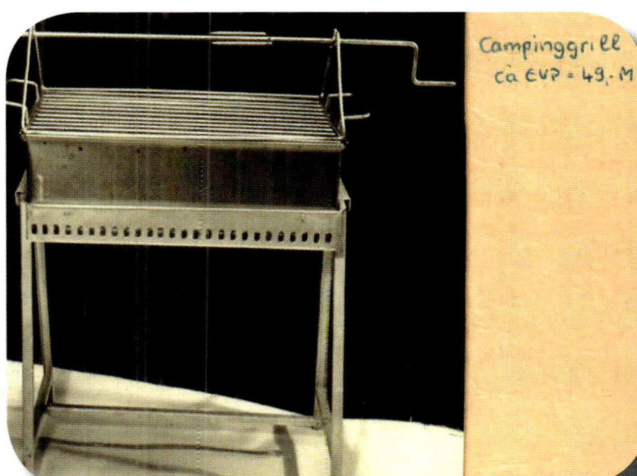

Abb. 112: Grill, Ammendorf 1971.

399. Frotscher-Archiv, Halle.
400. Frotscher-Archiv, Halle.

Konsumgüter 1971 Teil 4

Wie stellte man eigentlich den Bedarf fest? Man befragte die Verkaufsbereichsleiter des Centrumwarenhauses, um zu erfahren, wo der Schuh drückte und was produziert werden sollte (Abb. 113).[401]

A k t e n n o t i z

Am 9. 3. 1971 fand in der Zeit von 15.00 bis 17.00 Uhr im Centrumwarenhaus Halle eine Aussprache mit Vertretern des Handels und der Industrie zur Versorgung mit Konsumgütern statt.

Teilnehmer waren neben den Verkaufsbereichsleitern des Warenhauses aus den Betrieben Buna, Leuna, Polyplast, Orbitaplast, Gölzau-Plast und Waggonbau.

Aus der Vielzahl der Artikel, die von den Verkaufsbereichsleitern genannt wurden und bei denen es absolute Beschaffungsschwierigkeiten gibt, seien hier einige genannt:

- Schlagmühlendeckel
- Staubsaugerdüsen
- Fleischklopfer
- Wäschestützen
- S c h n e i d e b r e t t c h e n

Aufsätze für Badewannen
- Kippeimer
- Wäschetrockner
- Plastfolien
- S p r e l a c a r t a b f ä l l e
- P l a s t f l i e s e n
- S c h a u m f l o c k e n
- Tischumleimer
- B a s t e l l e i s t e n
- Tapetenschoner
- V i e r t e l s t ä b e
- Schleuderschienen
- Plastspießer
- Latex (farblos)
- Gelenkglieder für Toilettendeckel
- Filtertüten für Staubsauger
- Besteckkästen u.v.a.

An den Waggonbau ging die Bitte, zu untersuchen, inwieweit es möglich ist, die Versorgungslücke bei den gesperrt geschriebenen Artikeln schließen zu helfen.

Bei entsprechender Forderung ist das Warenhaus bereit, die Preisgenehmigungen über den Rat des Bezirkes innerhalb kurzer Zeit zu beschaffen.

Für Schneidebrettchen liegen Vergleichspreise von 1,80 - 2,80 M vor, für Sprelacartabfäll wird ein Kilopreis von 2,40 M gezahlt.

Verhandlungspartner für Vertreter des Waggonbau im Warenhaus wären die Kollegin Grafe und Koll. Thiel.

Halle S 11, den 11. 3. 1971

Abb. 113: Konsumgüter, Ammendorf 1971.

401. Frotscher-Archiv, Halle.

Was kostet ein Konsumgut?
Materialeinsatz und Lohnkosten für einen Hocker wurden hier detailliert aufgelistet. Von Grobleinen über Polsterwatte bis hin zu Schaumkunstleder und Alkydharzfarbe wurde alles aufgeschrieben (Abb. 114).[402]

Betreff
Materialeinsatz und Lohnkosten f. eines Hockers

Größe: Ø 370 x 420 mm

Materialeinsatz:

			Kosten
Grobleinen	Abmessung	$0{,}160\ m^2$	= 0,42 M
1 PU-Streifen	"	50 x 1150 x 35	= 0,61 M
Polsterwatte	"	$0{,}200\ m^2$	= 0,18 M
Kabelnessel	"	$0{,}400\ m^2$	= 0,38 M
Schaumkunstleder	"	$0{,}400\ m^2$	= 2,68 M
Ködereinlage	"	Ø 1,5 x 1200	= 0,10 M
Nähmaschinengarn M 30		0,005 kg	= 0,05 M
Bärenkleber		0,100 kg	= 0,05 M
Chemisol - L 1105		0,050 kg	= 0,11 M
Bukamaklammern		100 Stck.	= 0,05 M
(Polystyrol)		Ø 370 x 50	= 0,60 M
		ges.:	5,23 M

Sitzplatte

Material: 19 mm Tischlerplatte 400x400 = $0{,}16m^2$ = 3,- M
2 Stck. Eiche 350x350x20 = $0{,}0062\ m^3$ = 3,10 M
ges.: = 6,10 M

Anstrich f. Hocker

400 g Alkydharzfarbe	= 1,50 M
400 g Ölspachtel	= 1,- M
ges.:	= 2,50 M

- 2 -

Abb. 114: Was kostet ein Konsumgut?, Ammendorf 1971.

402. Frotscher-Archiv, Halle.

Produktionsablaufplan Konsumgüter
Die Maßnahmepläne wurden jeweils in Tabellen strukturiert, um operative Produktionsablaufpläne zu erhalten. Dies gibt einen guten Überblick über die damalige Konsumgüterproduktion (Abb. 115).[403]

Operativer Produktionsablaufplan-Konsumgüter -1971- Halle, 15.8.71

Lfd. Nr.	Erzeugnis	ausführ. Abtlg.	Erzeugn. Stückz.		Juni	Juli	August	Sept.	Okt.	Nov.	Dez.	Bemerkungen
1.	Camping-Grill		300									
1.1	Zuschneiden	F53		S / J	150/150	150/300						
1.2	Fertigung	F43		S / J		150/150	150/300					
1.3	Spieß u. Rost brünieren	Koop.		S / J		150/150	150/300					
1.4	Komplettieren und Bereitstellen zum Versand	F43		S / J		100/100	150/250	50/300 (bis 10.9.71)				
2.	Spiegel		500									
2.1	Zuschitt und Fertigung des Rahmens	F1		S / J	100/100	100/200	100/300	100/400	100/500			
2.2	Farbgebung	F52		S / J		100/100	100/200	100/300	100/400	100/500		
2.3	Rückwand (Hartpapier) zuschneiden	F21		S / J		100/100	100/200	100/300	100/400	100/500		
2.4	Komplettierung	PB		S / J			100/100	100/200	100/300	100/400	100/500	
2.5	Bereitstellung zum Versand	PB		S / J			100/100	100/200	100/300	100/400	100/500	
3.	Garderobenwand		500									
3.1	Zuschnitt und Abkanten der Profile und Haken	F1		S / J	100/100	100/200	100/300	100/400	100/500			
3.2	Schweißen der Rahmen und Hakenfertigung	F3		S / J		100/100	100/200	100/300	100/400	100/500		
3.3	Farbgebung	F52		S / J		100/100	100/200	100/300	100/400	100/500		
3.4	Zuschnitt der Holzteile	F22		S / J		100/100	100/200	100/300	100/400	100/500		
3.5	Lackieren der Holzteile	F22		S / J		100/100	100/200	100/300	100/400	100/500		
3.6	Zusammenbau	PB		S / J			100/100	100/200	100/300	100/400	100/500	
3.7	Bereitstellung z. Versand	PB		S / J			100/100	100/200	100/300	100/400	100/500	
4.	Gläsertablett		500 (400)									
4.1	Zuschnitt Kastenblech	F51		S / J	80/80	80/160	80/240	80/320	80/400			
4.2	Fertigung Tablett	F53		S / J		80/80	80/160	80/240	80/320	80/400		
4.3	Farbgebung	F52		S / J		80/80	80/160	80/240	80/320	80/400		
4.4	Fliesen einkleben	F53		S / J			80/80	80/160	80/240	80/320	80/400	
4.5	Bereitstellung z. Versand	F53		S / J			80/80	80/160	80/240	80/320	80/400	
5.	Polsterhocker (mit naturlackierten Füßen)		1000 (500)									
5.1	Fußgestell anfertigen	F21		S / J	100/100	100/200	100/300	100/400	100/500			
5.2	Lackieren	F22		S / J		100/100	100/200	100/300	100/400	100/500		
5.3	Sitzfläche kompl. beziehen	F23		S / J		100/100	100/200	100/300	100/400	100/500		
5.4	Sitzplatte aufleimen und versandfertig machen	F23		S / J			100/100	100/200	100/300	100/400	100/500	
6.	Träger f. Wäscheschleuder		103000									
6.1	Wirbelsintern und versandfertig machen	F23		S / J	3500/9500	9500/19000	9500/28500	8000/36500	9500/46000	9500/55500	9500/65000	Die Fertigung erfolgt bereits seit Febr. 1971.
7.	Schneidebretter-320x150mm		3100									
7.1	komplett anfertigen und zum Versand anliefern	F22		S / J	4500/4500	4500/9000	4500/13500	4500/18000	4500/22500	4500/27000	4000/31000	
8.	Schneidebretter-260x130mm		26500									
8.1	komplett anfertigen und zum Versand anliefern	F22		S / J	3500/3500	3500/7000	3500/10500	4000/14500	4000/18500	4000/22500	4000/26500	
9.	Sprelacart - Restzuschnitt		1500 kg									
9.1	Paketieren und zum Versand anliefern	F21 F22		S / J	1100/1100	1100/2200	1100/3300	1100/4400	1100/5500	1000/6500	1000/7500	
10.	Schaumgummi-Flocken		300 Kg									
10.1	Absacken und versandfertig machen	F23		S / J		100/100	100/200	100/300				

Die Termine „Bereitstellung zum Versand" beziehen sich jeweils auf den 20. eines Monats.

Abb. 115: Produktionsablaufplan Konsumgüter, Ammendorf 1971.

403. Frotscher-Archiv, Halle.

Woher kam der Druck?
Unten, vor Ort, in den Kommunen, spürte man am ehesten, dass Konsumgüter fehlten und die Regale leer waren. Von dort kam deshalb der stärkste Druck bezüglich der Konsumgüter (Abb. 116).[404]

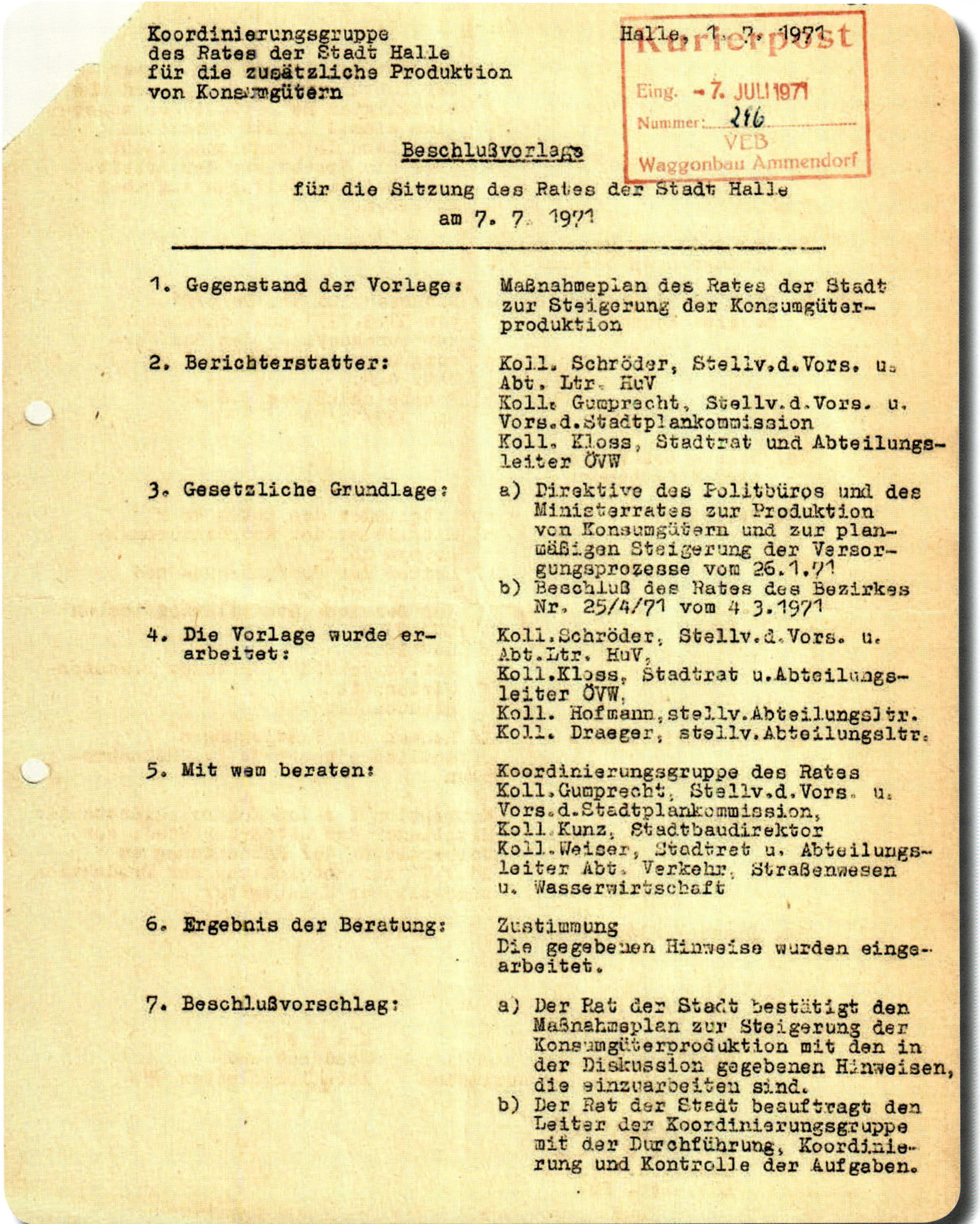

Koordinierungsgruppe
des Rates der Stadt Halle
für die zusätzliche Produktion
von Konsumgütern

Halle, 1. 7. 1971

Kurierpost
Eing. -7. JULI 1971
Nummer: 216
VEB
Waggonbau Ammendorf

Beschlußvorlage

für die Sitzung des Rates der Stadt Halle
am 7. 7. 1971

1. Gegenstand der Vorlage:	Maßnahmeplan des Rates der Stadt zur Steigerung der Konsumgüterproduktion
2. Berichterstatter:	Koll. Schröder, Stellv.d.Vors. u. Abt. Ltr. HuV Koll. Gumprecht, Stellv.d.Vors. u. Vors.d.Stadtplankommission Koll. Kloss, Stadtrat und Abteilungsleiter ÖVW
3. Gesetzliche Grundlage:	a) Direktive des Politbüros und des Ministerrates zur Produktion von Konsumgütern und zur planmäßigen Steigerung der Versorgungsprozesse vom 26.1.71 b) Beschluß des Rates des Bezirkes Nr. 25/4/71 vom 4.3.1971
4. Die Vorlage wurde erarbeitet:	Koll.Schröder, Stellv.d.Vors. u. Abt.Ltr. HuV, Koll.Kloss, Stadtrat u.Abteilungsleiter ÖVW, Koll. Hofmann, stellv.Abteilungsltr. Koll. Draeger, stellv.Abteilungsltr.
5. Mit wem beraten:	Koordinierungsgruppe des Rates Koll.Gumprecht, Stellv.d.Vors. u. Vors.d.Stadtplankommission, Koll.Kunz, Stadtbaudirektor Koll.Weiser, Stadtrat u. Abteilungsleiter Abt. Verkehr, Straßenwesen u. Wasserwirtschaft
6. Ergebnis der Beratung:	Zustimmung Die gegebenen Hinweise wurden eingearbeitet.
7. Beschlußvorschlag:	a) Der Rat der Stadt bestätigt den Maßnahmeplan zur Steigerung der Konsumgüterproduktion mit den in der Diskussion gegebenen Hinweisen, die einzuarbeiten sind. b) Der Rat der Stadt beauftragt den Leiter der Koordinierungsgruppe mit der Durchführung, Koordinierung und Kontrolle der Aufgaben.

Abb. 116: Woher kam der Druck?, Ammendorf 1971.

404. Frotscher-Archiv, Halle.

Woher kam der Druck? Teil 2

1971 gab es aufgrund eines Politbürobeschlusses eine Koordinierungsgruppe des Rates der Stadt Halle für die zusätzliche Produktion von Konsumgütern, die diese Vorlage erarbeitete (Abb. 117).[405]

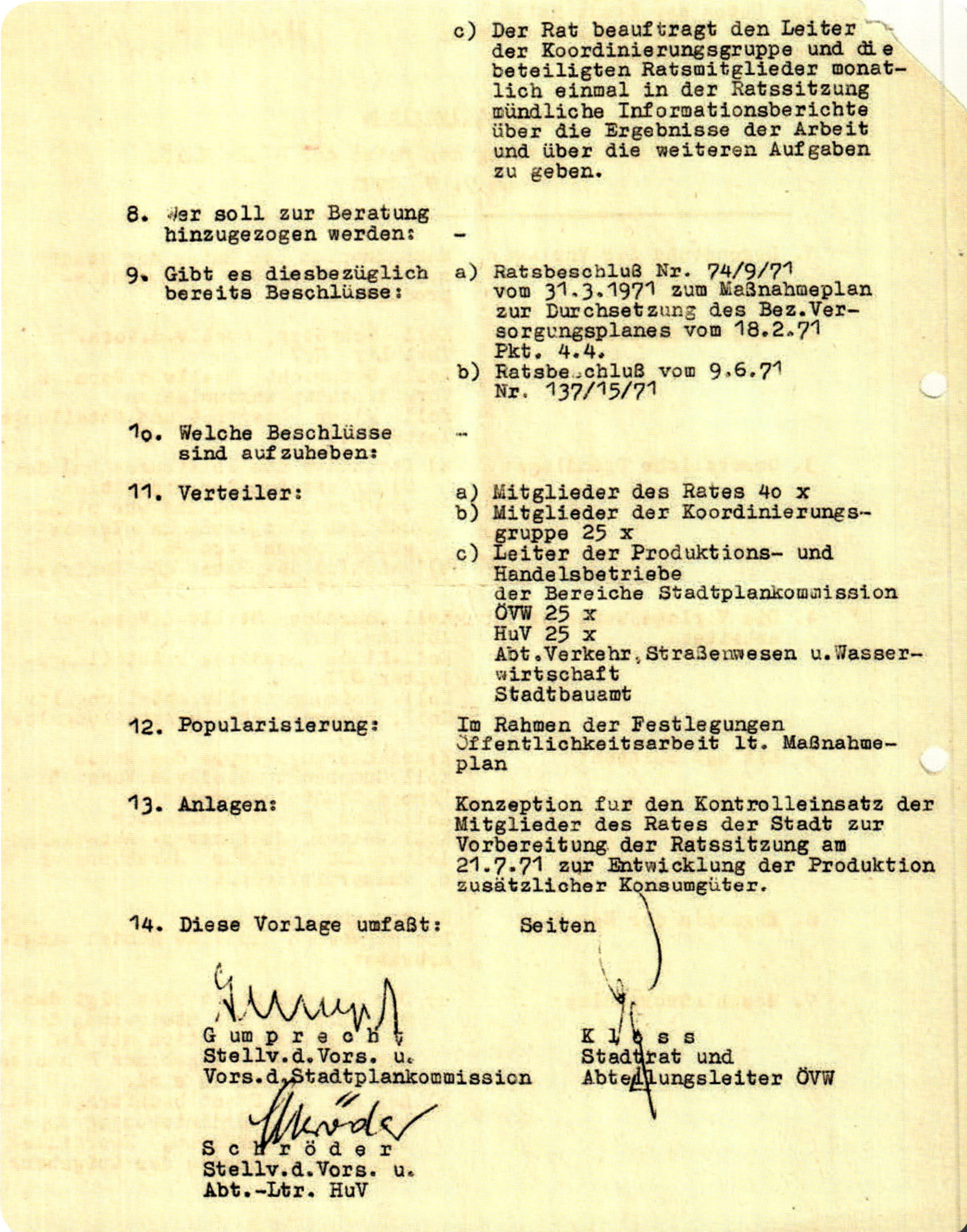

c) Der Rat beauftragt den Leiter der Koordinierungsgruppe und die beteiligten Ratsmitglieder monatlich einmal in der Ratssitzung mündliche Informationsberichte über die Ergebnisse der Arbeit und über die weiteren Aufgaben zu geben.

8. Wer soll zur Beratung hinzugezogen werden:	-
9. Gibt es diesbezüglich bereits Beschlüsse:	a) Ratsbeschluß Nr. 74/9/71 vom 31.3.1971 zum Maßnahmeplan zur Durchsetzung des Bez.Versorgungsplanes vom 18.2.71 Pkt. 4.4. b) Ratsbeschluß vom 9.6.71 Nr. 137/15/71
1o. Welche Beschlüsse sind aufzuheben:	-
11. Verteiler:	a) Mitglieder des Rates 4o x b) Mitglieder der Koordinierungsgruppe 25 x c) Leiter der Produktions- und Handelsbetriebe der Bereiche Stadtplankommission ÖVW 25 x HuV 25 x Abt.Verkehr, Straßenwesen u.Wasserwirtschaft Stadtbauamt
12. Popularisierung:	Im Rahmen der Festlegungen Öffentlichkeitsarbeit lt. Maßnahmeplan
13. Anlagen:	Konzeption für den Kontrolleinsatz der Mitglieder des Rates der Stadt zur Vorbereitung der Ratssitzung am 21.7.71 zur Entwicklung der Produktion zusätzlicher Konsumgüter.
14. Diese Vorlage umfaßt:	Seiten

G u m p r e c h t
Stellv.d.Vors. u.
Vors.d.Stadtplankommission

K l o s s
Stadtrat und
Abteilungsleiter ÖVW

S c h r ö d e r
Stellv.d.Vors. u.
Abt.-Ltr. HuV

Abb. 117: Woher kam der Druck? Teil 2, Ammendorf 1971.

405. Frotscher-Archiv, Halle.

Woher kam der Druck? Teil 3
Wir erinnern uns an ein Protokoll, in dem das Ende der Konsumgüterproduktion durch Helmut Schneider ausgerufen wurde. Hier nur die Kehrtwende: sie soll nicht mehr Hobby-Produktion sein (Abb. 118).[406]

- 3 -

Daran wird deutlich, daß der politische Inhalt der Beschlüsse zur Produktion von Konsumgütern noch nicht überall richtig verstanden wurde und verstärkte politisch-ideologische Arbeit erforderlich ist.
Die Ursachen liegen darin, daß die Aufgabe der Entwicklung der Konsumgüterproduktion und die Herstellung neuer Erzeugnisse z. Z. nur als eine der Leiter, nicht aber der Kollektive angesehen wird.
Es ist deshalb dringend erforderlich, daß die Werktätigen in den Betrieben über die Bedeutung der Konsumgüterproduktion informiert werden und daß ihre Ideen und Vorschläge, die sich derzeitig in vielen Betrieben in einer Hobby-Produktion zeigen, volkswirtschaftlich genutzt werden. Weiterhin wird noch immer nicht erkannt, daß die zusätzliche Produktion von Massenbedarfsgütern keine vorübergehende Erscheinung ist, sondern zum Bestandteil des Fünfjahrplanes werden wird. Auch die Handelsorgane und insbesondere der Großhandel haben noch nicht voll erkannt, daß ihre Aufgabe darin besteht, die Produktion zielgerichtet zu beeinflussen und die Herstellung von solchen Waren zu fordern und vertraglich zu sichern, bei denen der Bedarf der Bevölkerung z. Z. nicht voll abgedeckt werden kann.

Zur schnellen Herbeiführung einer erhöhten Produktion von Konsumgütern und zur Stimulierung des sozialistischen Wettbewerbes ist es erforderlich, daß das Zusammenwirken mit den Organen des FDGB und der Nationalen Front erhöht wird.

Die bisher durch die Fachorgane des Rates der Stadt, wie Stadtplankommission, Abt. ÖVW, Abt. HuV, durchgeführten Überprüfungen zeigen, daß solche Betriebe wie VEB Orbita-Plast, Waggon, Buna u.a. bereits Verträge mit dem CENTRUM-Warenhaus abgeschlossen haben.
Das trifft auch für die Hallesche Lederwarenfabrik, den halleschen Betrieb des Helbraer Konfektionskombinates, den VEB Feinmechanische Werke, die Firma Germa-Plast und die W. Pietsch KG, zu.
Im VEB Waggonbau wurde ab 1. 4. mit der Auslieferung von Schneidebrettern im Werte von 86,4 TM begonnen.

Abb. 118: Woher kam der Druck? Teil 3, Ammendorf 1971.

406. Frotscher-Archiv, Halle.

Woher kam der Druck? Teil 4
Nein, man wollte nicht nur einfache Artikel wie einen Hocker. Hochwertige Artikel sollten es sein. Einige Betriebe wehrten sich. Sie kamen schon bei den Haupterzeugnissen nicht hinterher (Abb. 119).[407]

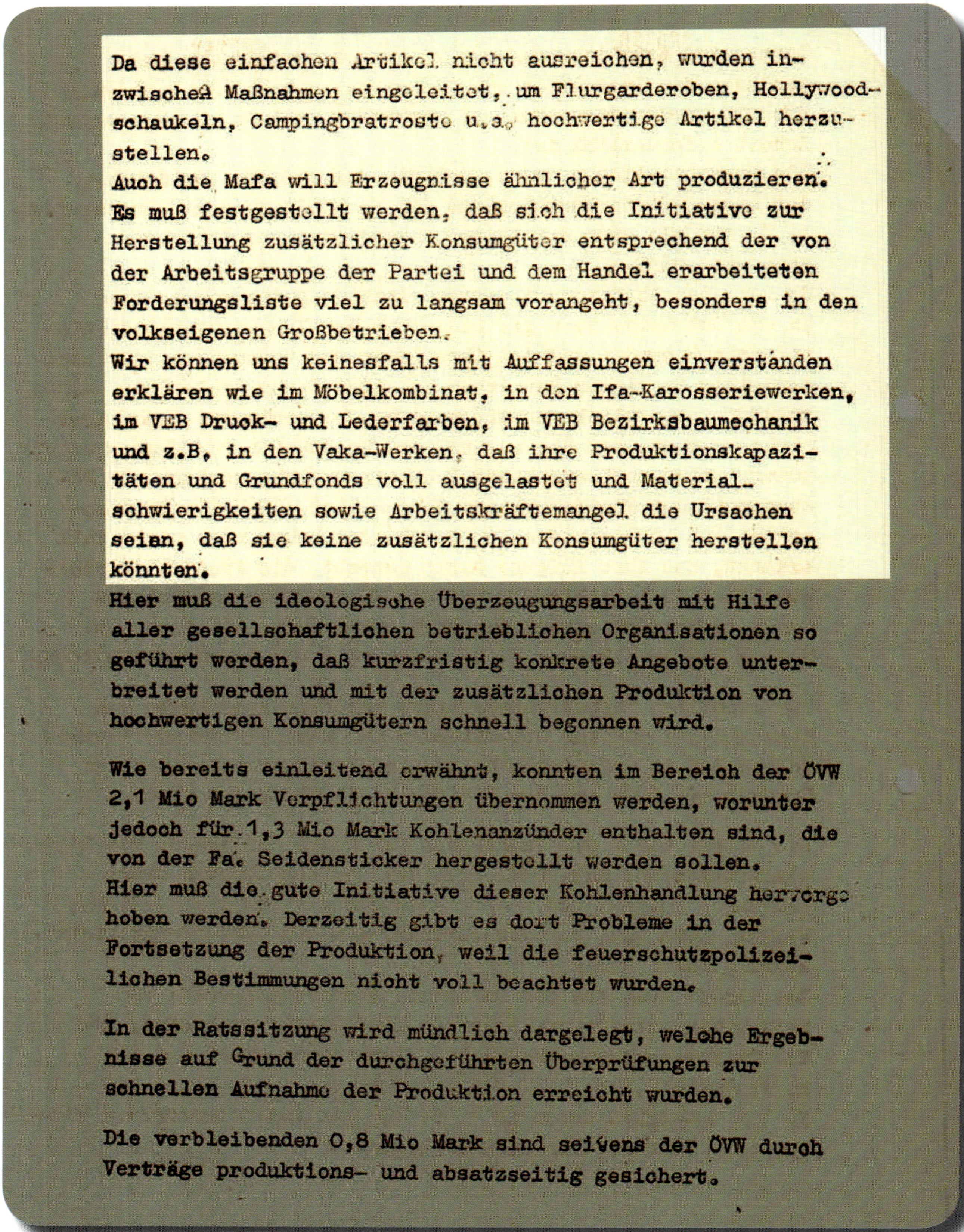

Da diese einfachen Artikel nicht ausreichen, wurden inzwischen Maßnahmen eingeleitet, um Flurgarderoben, Hollywoodschaukeln, Campingbratroste u.a. hochwertige Artikel herzustellen.
Auch die Mafa will Erzeugnisse ähnlicher Art produzieren.
Es muß festgestellt werden, daß sich die Initiative zur Herstellung zusätzlicher Konsumgüter entsprechend der von der Arbeitsgruppe der Partei und dem Handel erarbeiteten Forderungsliste viel zu langsam vorangeht, besonders in den volkseigenen Großbetrieben.
Wir können uns keinesfalls mit Auffassungen einverstanden erklären wie im Möbelkombinat, in den Ifa-Karosseriewerken, im VEB Druck- und Lederfarben, im VEB Bezirksbaumechanik und z.B. in den Vaka-Werken, daß ihre Produktionskapazitäten und Grundfonds voll ausgelastet und Materialschwierigkeiten sowie Arbeitskräftemangel die Ursachen seien, daß sie keine zusätzlichen Konsumgüter herstellen könnten.
Hier muß die ideologische Überzeugungsarbeit mit Hilfe aller gesellschaftlichen betrieblichen Organisationen so geführt werden, daß kurzfristig konkrete Angebote unterbreitet werden und mit der zusätzlichen Produktion von hochwertigen Konsumgütern schnell begonnen wird.

Wie bereits einleitend erwähnt, konnten im Bereich der ÖVW 2,1 Mio Mark Verpflichtungen übernommen werden, worunter jedoch für 1,3 Mio Mark Kohlenanzünder enthalten sind, die von der Fa. Seidensticker hergestellt werden sollen.
Hier muß die gute Initiative dieser Kohlenhandlung hervorgehoben werden. Derzeitig gibt es dort Probleme in der Fortsetzung der Produktion, weil die feuerschutzpolizeilichen Bestimmungen nicht voll beachtet wurden.

In der Ratssitzung wird mündlich dargelegt, welche Ergebnisse auf Grund der durchgeführten Überprüfungen zur schnellen Aufnahme der Produktion erreicht wurden.

Die verbleibenden 0,8 Mio Mark sind seitens der ÖVW durch Verträge produktions- und absatzseitig gesichert.

Abb. 119: Woher kam der Druck? Teil 4, Ammendorf 1971.

407. Frotscher-Archiv, Halle.

Woher kam der Druck? Teil 5
Und man kannte seine Pappenheimer. Eine der Ausreden war, dass die Preisgenehmigungen zu langsam kamen. In Zukunft sollte das innerhalb von 3 Tagen entschieden sein (Abb. 120).[408]

Hier handelt es sich insbesondere um die Herstellung von Kinderbekleidung, Beleuchtungskörpern, Fotoartikeln, Kleinmöbeln und solchen Gebrauchsgegenständen wie Steppdecken und Einkaufstaschen. Davon wurden bereits 0,3 Mio Mark = rd. 40 % produziert und abgesetzt.

Durch die Handelsbetriebe wurde erreicht, daß neben halleschen Betrieben auch mit anderen Betrieben der Republik Verträge über die Lieferung zusätzlicher Konsumgüter abgeschlossen wurden. Z.B. durch das CENTRUM-Warenhaus in Verbindung mit den Leuna-Werken "Walter Ulbricht", VEB Möbelfabrik Burg, Chemische Werke Buna, Flachglaswerk Aken.
Erste Lieferungen erfolgten bereits. Darüber hinaus wurden durch die GHG Haushaltwaren Verträge mit etwa 30 Betrieben im Werte von 4,4 Mio Mark abgeschlossen und die Zulieferung, allerdings nicht nur nach Halle, organisiert.

Die letzten Beispiele machen deutlich, daß an diesem Abschnitt ein enges Zusammenwirken mit den bezirklichen Organen, wie mit der Bezirksarbeitsgruppe für Konsumgüterproduktion, mit dem Bezirkswirtschaftsrat, dem RLN u.a. Organen, erforderlich ist.
Das ist schon deshalb notwendig, weil von einer Reihe von Betrieben als A usrede angegeben wird, daß die Preisbildung von Konsumgütern zu langsam vorangeht, daß die Überplanbestände und Liquiditätsanalysen nur zu wenig beachtet werden. Es muß gesichert werden, daß die im Bezirk produzierten Waren vorrangig in der Bezirksstadt angeboten werden.
Auch hinsichtlich der Auslastung der Grundfonds, der Materialreserven und des Materialeinsatzes sind unbedingt Abstimmungen mit den wirtschaftsleitenden Organen notwendig.

Zur Sicherung der verstärkten politisch-ideologischen Arbeit und zur Schaffung einer straffen staatlichen Leitung und exakten Übersicht im Territorium ist die Bildung einer Koordinierungsgruppe des Rates der Stadt unter Beteiligung von Vertretern der wichtigsten Großbetriebe, des Handels, des Bezirkswirtschaftsrates, des FDGB und von Ratsmitgliedern der 3 Stadtbezirke erforderlich.

Abb. 120: Woher kam der Druck? Teil 5, Ammendorf 1971.

408. Frotscher-Archiv, Halle.

Woher kam das Material für Konsumgüter? Zwei Herren kann man nicht dienen. Die VVB war auf Schienenfahrzeuge fixiert. Die Kommune auf Konsumgüter. Es blieb nur, Schrott und Abfälle zu Konsumgütern zu machen … (Abb. 121).[409]

Bericht

über den Stand und die bisherigen Erfahrungen bei der Konsumgüter-Produktion im VEB Waggonbau Ammendorf

Bei der Aufnahme der Produktion von Konsumgütern sind wir im VEB Waggonbau Ammendorf davon ausgegangen, einmal zur besseren Versorgung der Bevölkerung mit Konsumgütern beizutragen und zum anderen das ökonomische Ergebnis des Betriebes zu verbessern. Dementsprechend wurden besonders die Probleme der Materialökonomie im Betrieb auf die Tagesordnung gesetzt. In den Produktionsberatungen wurden alle Kollegen aufgerufen, Vorschläge für die Fertigung von Konsumgütern vorzuschlagen. Innerhalb von 4 Wochen erhielten wir rd. 20 Vorschläge. Diese 20 Vorschläge wurden in der gebildeten Kommission für Konsumgüter ausgewertet. Bei der Auswahl der zu fertigenden Artikel sind wir davon ausgegangen, vorwiegend die Fertigung von solchen Erzeugnissen aufzunehmen, die aus Schrott- oder Abfallprodukten gefetigt werden können. Nach eingehender Überprüfung wurde folgendes Sortiment ausgewählt:

300 Stück	Camping-Grills
500 "	Gläsertabletts
1 000 "	Polsterhocker
500 "	Flurgarderoben
60 000 "	Schneidebrettchen
ca. 6 000 kg	Sprelacartabfälle
ca. 300 kg	Schaumstoff-Flocken (abgepackt)
ca. 1 200 kg	Schaumstoff-Flocken (ohne Verpackung)
103 000 Stück	Untersätze für Wäscheschleudern wirbelsintern als Kooperationsleistung für die Konsumgüter-

Abb. 121: Woher kam das Material für Konsumgüter?, Ammendorf 1971.

409. Frotscher-Archiv, Halle.

Wer waren die Hauptabnehmer?
Hauptabnehmer der Konsumgüter waren das Centrumwarenhaus Halle, das Expovita-Kaufhaus Halle, die GHG Haushaltswaren Halle und der Großhandelsbetrieb Möbel Halle (Abb. 122).[410]

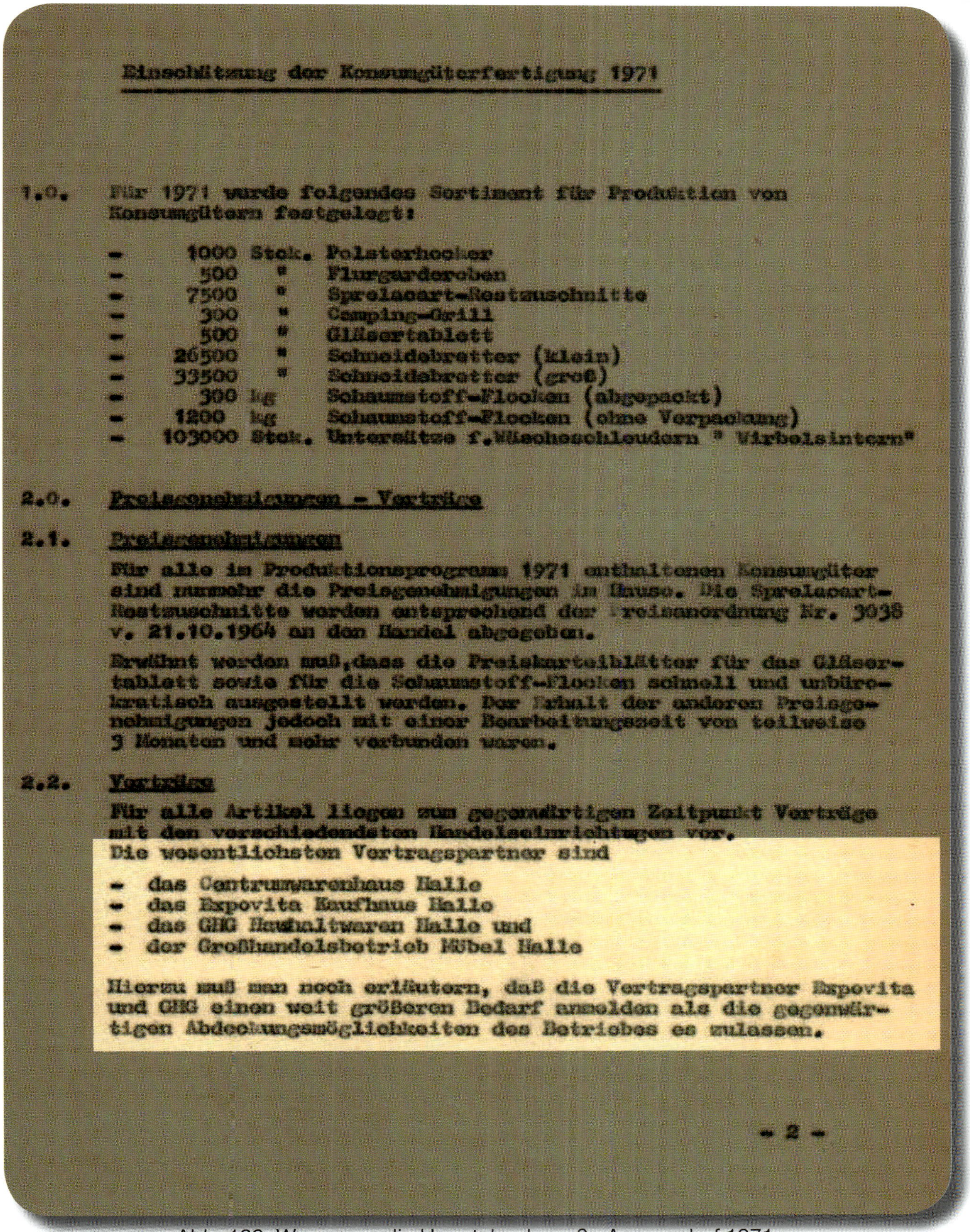

Einschätzung der Konsumgüterfertigung 1971

1.0. Für 1971 wurde folgendes Sortiment für Produktion von Konsumgütern festgelegt:

- 1000 Stck. Polsterhocker
- 500 " Flurgarderoben
- 7500 " Sprelacart-Restzuschnitte
- 300 " Camping-Grill
- 500 " Gläsertablett
- 26500 " Schneidebretter (klein)
- 33500 " Schneidebretter (groß)
- 300 kg Schaumstoff-Flocken (abgepackt)
- 1200 kg Schaumstoff-Flocken (ohne Verpackung)
- 103000 Stck. Untersätze f. Wäscheschleudern " Wirbelsintern"

2.0. Preisgenehmigungen - Verträge

2.1. Preisgenehmigungen

Für alle im Produktionsprogramm 1971 enthaltenen Konsumgüter sind nunmehr die Preisgenehmigungen im Hause. Die Sprelacart-Restzuschnitte werden entsprechend der Preisanordnung Nr. 3038 v. 21.10.1964 an den Handel abgegeben.

Erwähnt werden muß, dass die Preiskarteiblätter für das Gläsertablett sowie für die Schaumstoff-Flocken schnell und unbürokratisch ausgestellt werden. Der Erhalt der anderen Preisgenehmigungen jedoch mit einer Bearbeitungszeit von teilweise 3 Monaten und mehr verbunden waren.

2.2. Verträge

Für alle Artikel liegen zum gegenwärtigen Zeitpunkt Verträge mit den verschiedendsten Handelseinrichtungen vor.
Die wesentlichsten Vertragspartner sind

- das Centrumwarenhaus Halle
- das Expovita Kaufhaus Halle
- das GHG Haushaltwaren Halle und
- der Großhandelsbetrieb Möbel Halle

Hierzu muß man noch erläutern, daß die Vertragspartner Expovita und GHG einen weit größeren Bedarf anmelden als die gegenwärtigen Abdeckungsmöglichkeiten des Betriebes es zulassen.

- 2 -

Abb. 122: Wer waren die Hauptabnehmer?, Ammendorf 1971.

410. Frotscher-Archiv, Halle.

Wie war der Handel zufrieden?
Laut Protokoll der Konsumgüterberatung mit den Handelsvertretern gab es viel lobende Worte und es war sogar so, dass der Waggonbau Ammendorf gar nicht so viel liefern konnte wie angefragt (Abb. 123).[411]

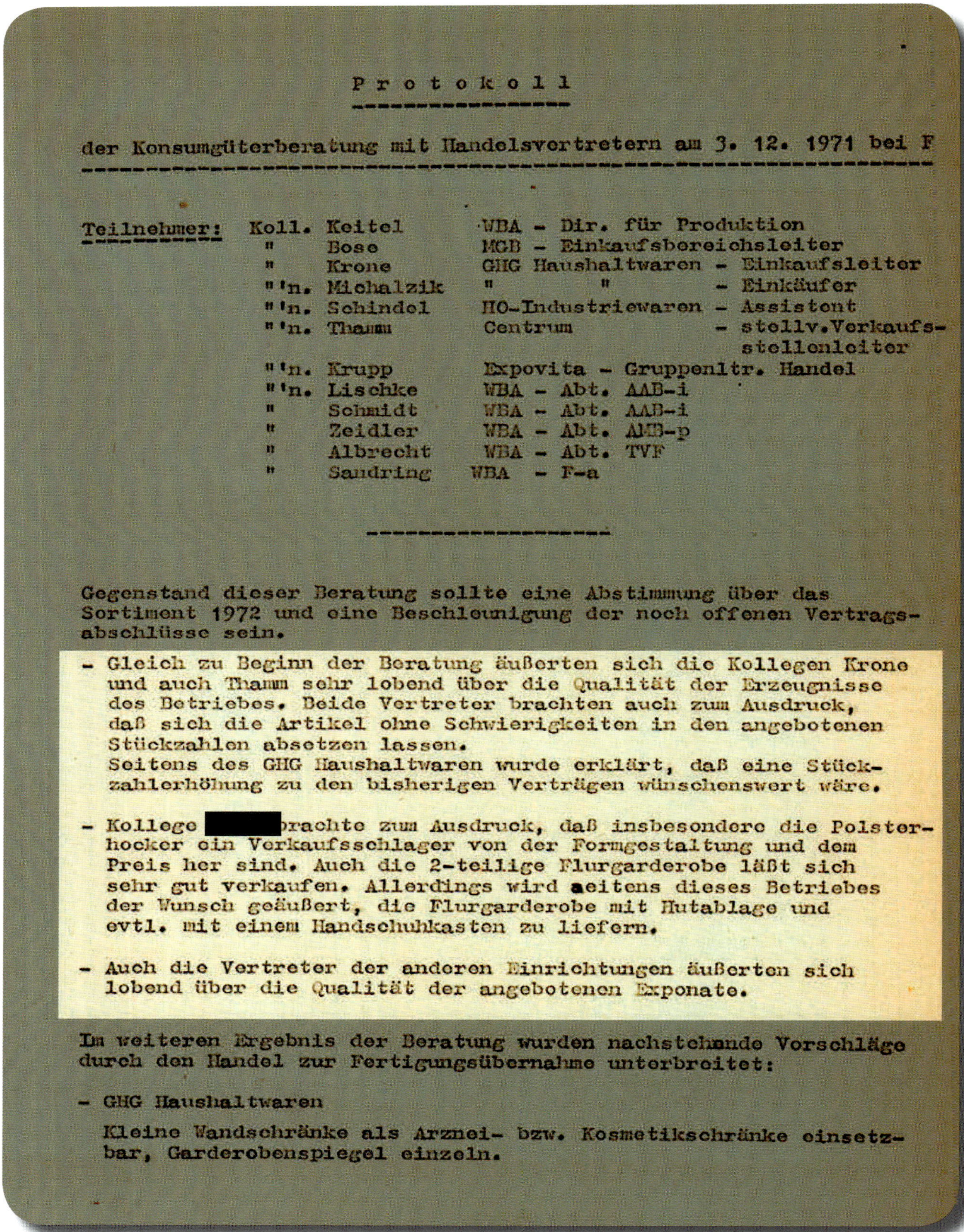

P r o t o k o l l

der Konsumgüterberatung mit Handelsvertretern am 3. 12. 1971 bei F

Teilnehmer:	Koll.	Keitel	WBA – Dir. für Produktion	
	"	Bose	MGB – Einkaufsbereichsleiter	
	"	Krone	GHG Haushaltwaren	– Einkaufsleiter
	" 'n.	Michalzik	" "	– Einkäufer
	" 'n.	Schindel	HO-Industriewaren	– Assistent
	" 'n.	Thamm	Centrum	– stellv. Verkaufsstellenleiter
	" 'n.	Krupp	Expovita – Gruppenltr. Handel	
	" 'n.	Lischke	WBA – Abt. AAB-i	
	"	Schmidt	WBA – Abt. AAB-i	
	"	Zeidler	WBA – Abt. AMB-p	
	"	Albrecht	WBA – Abt. TVF	
	"	Sandring	WBA – F-a	

Gegenstand dieser Beratung sollte eine Abstimmung über das Sortiment 1972 und eine Beschleunigung der noch offenen Vertragsabschlüsse sein.

- Gleich zu Beginn der Beratung äußerten sich die Kollegen Krone und auch Thamm sehr lobend über die Qualität der Erzeugnisse des Betriebes. Beide Vertreter brachten auch zum Ausdruck, daß sich die Artikel ohne Schwierigkeiten in den angebotenen Stückzahlen absetzen lassen.
  Seitens des GHG Haushaltwaren wurde erklärt, daß eine Stückzahlerhöhung zu den bisherigen Verträgen wünschenswert wäre.

- Kollege [redacted]rachte zum Ausdruck, daß insbesondere die Polsterhocker ein Verkaufsschlager von der Formgestaltung und dem Preis her sind. Auch die 2-teilige Flurgarderobe läßt sich sehr gut verkaufen. Allerdings wird seitens dieses Betriebes der Wunsch geäußert, die Flurgarderobe mit Hutablage und evtl. mit einem Handschuhkasten zu liefern.

- Auch die Vertreter der anderen Einrichtungen äußerten sich lobend über die Qualität der angebotenen Exponate.

Im weiteren Ergebnis der Beratung wurden nachstehende Vorschläge durch den Handel zur Fertigungsübernahme unterbreitet:

- GHG Haushaltwaren

  Kleine Wandschränke als Arznei- bzw. Kosmetikschränke einsetzbar, Garderobenspiegel einzeln.

Abb. 123: Wie war der Handel zufrieden?, Ammendorf 1971.

411. Frotscher-Archiv, Halle.

Wie war der Handel zufrieden? Teil 2
Der Handel machte Verbesserungsvorschläge. Einen Stahlsafe brauchte man, Wandschmuck aus Draht und Sportgeräte. Die Nachfrage nach Sportgeräten führte später zu der Idee, unter Nutzung der Forschungsarbeit und Erfahrungen mit Polyurethan-Hartschaum für die Reisezugwagen (Sandwich-Bauweise), Segelbretter zu entwickeln. Die Türfüllungen aus PUR-HS gaben die Form-Idee. Man nannte sie zunächst Balance-Segler (Abb. 124).[412]

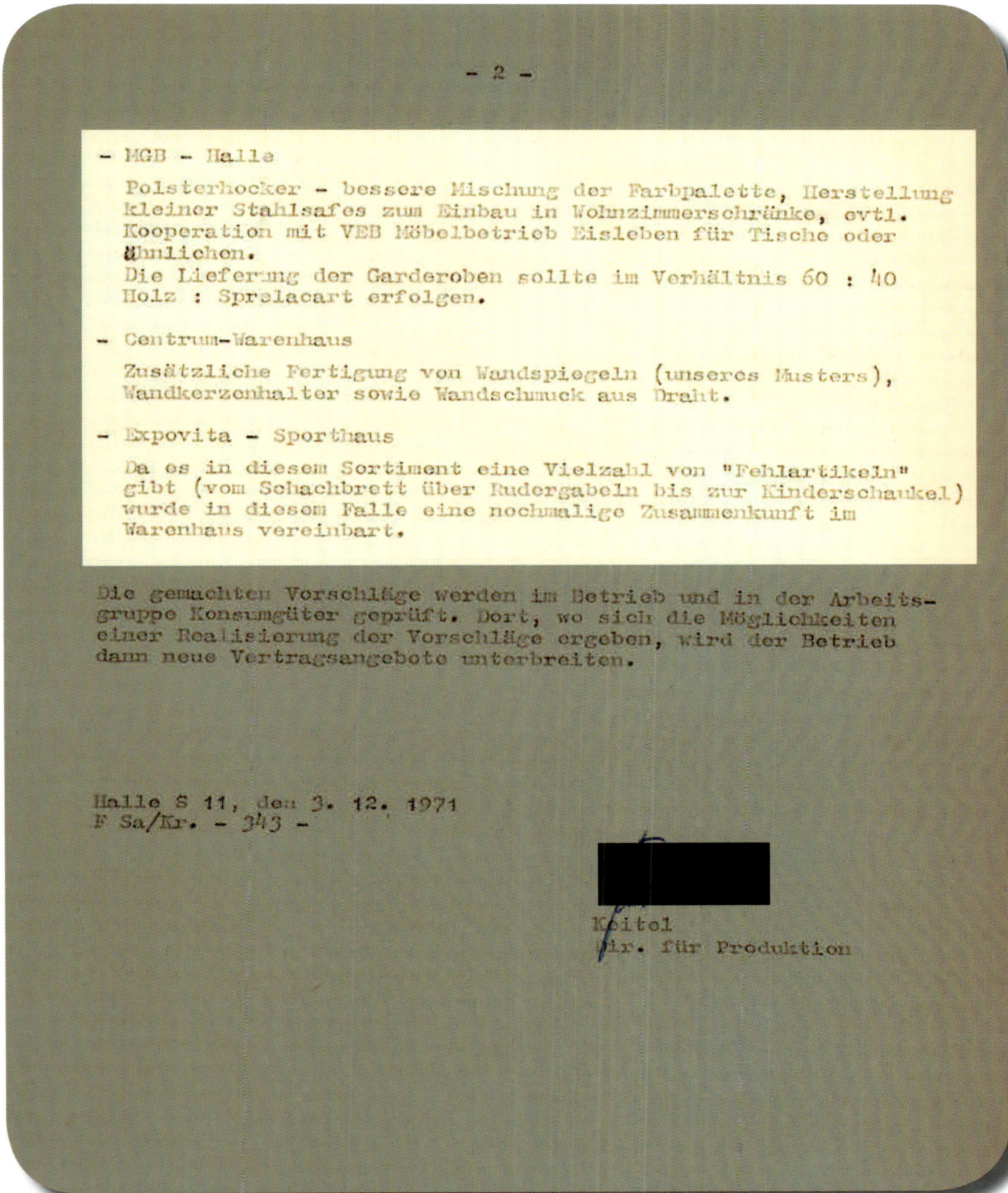

\- 2 -

\- MGB - Halle

Polsterhocker - bessere Mischung der Farbpalette, Herstellung kleiner Stahlsafes zum Einbau in Wohnzimmerschränke, evtl. Kooperation mit VEB Möbelbetrieb Eisleben für Tische oder ähnlichen.
Die Lieferung der Garderoben sollte im Verhältnis 60 : 40 Holz : Sprelacart erfolgen.

\- Centrum-Warenhaus

Zusätzliche Fertigung von Wandspiegeln (unseres Musters), Wandkerzenhalter sowie Wandschmuck aus Draht.

\- Expovita - Sporthaus

Da es in diesem Sortiment eine Vielzahl von "Fehlartikeln" gibt (vom Schachbrett über Rudergabeln bis zur Kinderschaukel) wurde in diesem Falle eine nochmalige Zusammenkunft im Warenhaus vereinbart.

Die gemachten Vorschläge werden im Betrieb und in der Arbeitsgruppe Konsumgüter geprüft. Dort, wo sich die Möglichkeiten einer Realisierung der Vorschläge ergeben, wird der Betrieb dann neue Vertragsangebote unterbreiten.

Halle S 11, den 3. 12. 1971
F Sa/Kr. - 343 -

[redacted]
Keitel
Dir. für Produktion

Abb. 124: Wie war der Handel zufrieden? Teil 2, Ammendorf 1971.

412. Frotscher-Archiv, Halle.

Wer hatte Macht? Handel oder Produzent? Die Macht lag eindeutig bei den Produzenten aufgrund der Mangelwirtschaft. Demzufolge musste der Handel Teile der Gewinnspanne an den Waggonbau Ammendorf abtreten … (Abb. 125).[413]

A k t e n n o t i z

über die am 23.3.1971 im Centrum-Warenhaus geführten Verhandlungen

Teilnehmer waren: Gen'n. [redacted] - Direktorin Cehntrum-Warenhaus
Gen'n. [redacted] - Handelsbereichsleiter "
Gen. [redacted] - WBA - AAB
Gen. [redacted] WBA - F-a

Gegenstand der Beratung war der direkte Absatz von Konsumgütern an das Centrum-Warenhaus.

Seitens WBA wurden zur kurzfristigen Lieferung angeboten:

- Schneidebrettchen 260 x 1300
- Schneidebrettchen 320 x 1500
- Schaumflocken
- Sprelacartabfälle

Bei Schneidebrettern wurden die Preisverhandlungen auf der Basis der von Erfurt genehmigten IAP geführt.
Danach ergeben sich die EVP zu 1,40 M und 1,90 M (das entspricht einer Handelsspanne von 27 % auf IAP).

Wenn WBA die genannten Artikel an Centrum-Warenhaus anliefert, liegt Einverständnis zur Teilung der 10 % GH-Spanne im Verhältnis 60 : 40 - Centrum : WBA vor.
Aus dieser Teilung würde sich für den WBA ein zusätzlicher Erlös von 0,07 bzw. 0,13 M ergeben.

Zu gleichen Bedingungen wäre Centrum-Warenhaus bereit, in unbegrenztem Maße Schaumflocken abzunehmen, die einschließlich Verpackung mit einem EVP von 6,00 M gehandelt werden. Hier würde der GH-Spanne - Zusatzgewinn ca. 0,40 M betragen.

Sprelacartabfälle werden durch das Centrum-Warenhaus mit einem EVP von 3,29/kg gehandelt. Centrum ist auch hier zur genannten GH-Spannen-Teilung bereit.

Im anschließenden zwanglosen Gespräch waren die Vertreter des Centrum-Warenhauses auch bereit, einige Muster der Flurgarderoben (2-teilig oder 3-teilig) zum Test zu übernehmen. Das gleiche gilt für die Gläsertabletts.

Die Kollegin Schulz vom Centrum-Warenhaus wird für die 4 erstgenannten Artikel die EVP-Genehmigungen einholen.

Halle S 11, den 23. 3. 1971
F Sa/Kr. - 343 -

[redacted]

Abb. 125: Wer hatte die Macht? Handel oder Produzent?, Ammendorf 1971.

413. Frotscher-Archiv, Halle.

Bilder 1971 (Abb. 126–131).[414]

Abb. 126: Schaltanlage für Farbtauschanlage F 5, Ammendorf 6. Januar 1971.

Abb. 127: Schmiedeberg im Erzgebirge, Ammendorf 6. Januar 1971.

Abb. 128: Kollege Nittel, Ältester Fußballer, Ammendorf 17. Februar 1971.

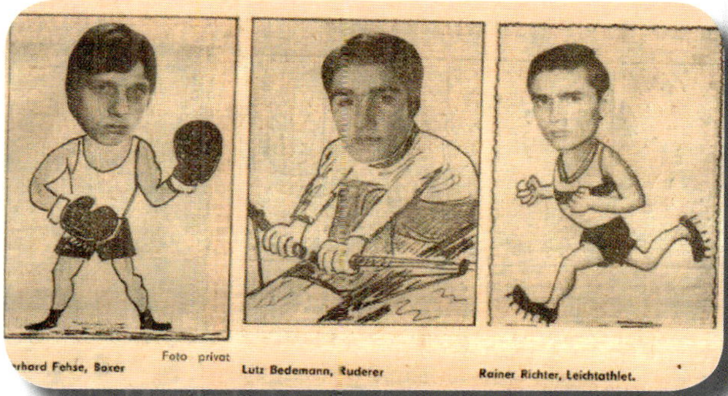

Abb. 129: Gerhard Fehse, Boxer; Lutz Bedemann, Ruderer; Rainer Richter, Leichtathlet; Ammendorf 24. Februar 1971.

Abb. 130: Kollege Arno Pfeifer in der Werkstatt für Produktionspropaganda, Ammendorf 24. März 1971.

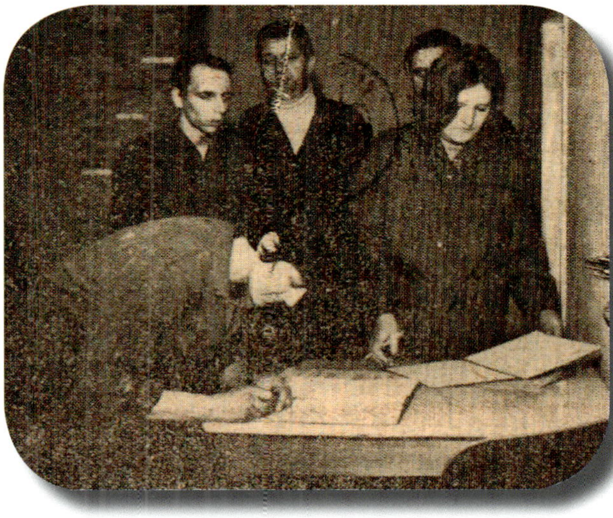

Abb. 131:Leiter der Jugendschichten Charlotte Ulrich und Johanna Baufeld, Ammendorf 14. April 1971.

414. Bahn frei!, Ausgaben des Jahres 1971.

Bilder 1971[415]

Die Bilder zeigen den Abschluss der Arbeiten für den Ausbau der Kleinteilefarbgebung, die am 30. Juni 1971 voll produktionswirksam werden sollte. Außerdem wurde die Zusatzrentenversicherung in mehreren Artikeln erläutert. Wie man in den Protokollen lesen konnte, war das ein Staatsziel, das in nahezu jeder Werkleitungssitzung angesprochen wurde. Auch die Konsumgüterqualität wurde thematisiert und das höchstwertige Gütesiegel ›Q‹ angestrebt, was mehr Geld einbrachte (Abb. 132–134).[415]

Abb. 132: Ausbau der Kleinteilefarbgebung, Ammendorf 1971.

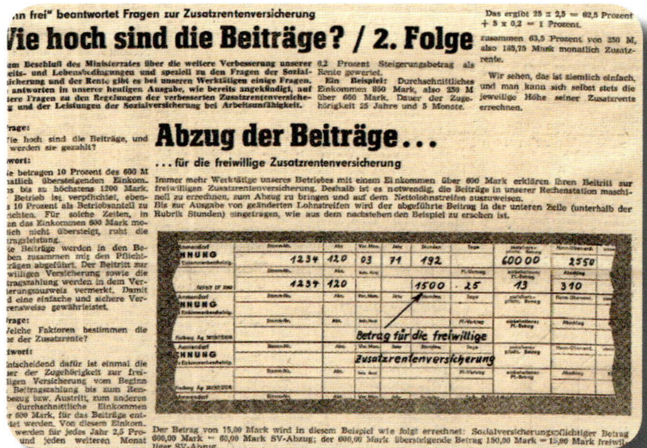

..n frei" beantwortet Fragen zur Zusatzrentenversicherung

..ie hoch sind die Beiträge? / 2. Folge

..m Beschluß des Ministerrates über die weitere Verbesserung unserer ..eits- und Lebensbedingungen und speziell zu den Fragen der Sozial..icherung und der Rente gibt es bei unseren Werktätigen einige Fragen. .. antworten in unserer heutigen Ausgabe, wie bereits angekündigt, auf ..tere Fragen zu den Regelungen der verbesserten Zusatzrentenversiche..g und der Leistungen der Sozialversicherung bei Arbeitsunfähigkeit.

0,2 Prozent Steigerungsbetrag als Rente gewertet.

Ein Beispiel: Durchschnittliches Einkommen 850 Mark, also 250 M über 600 Mark. Dauer der Zugehörigkeit 25 Jahre und 5 Monate.

Das ergibt 25 x 2,5 = 62,5 Prozent + 5 x 0,2 = 1 Prozent.

zusammen 63,5 Prozent von 250 M, also 158,75 Mark monatlich Zusatzrente.

Wir sehen, das ist ziemlich einfach, und man kann sich selbst stets die jeweilige Höhe seiner Zusatzrente errechnen.

..rage:

..ie hoch sind die Beiträge, und .. werden sie gezahlt?

..wort:

..e betragen 10 Prozent des 600 M ..natlich übersteigenden Einkom..s bis zu höchstens 1200 Mark. .. Betrieb ist verpflichtet, eben..s 10 Prozent als Betriebsanteil zu ..ichten. Für solche Zeiten, in ..n das Einkommen 600 Mark mo..lich nicht übersteigt, ruht die ..ragsleistung.

..e Beiträge werden in den Be..ben zusammen mit den Pflicht..rägen abgeführt. Der Beitritt zur ..willigen Versicherung sowie die ..ragszahlung werden in dem Ver..erungsausweis vermerkt. Damit ..d eine einfache und sichere Ver..rensweise gewährleistet.

..rage:

..elche Faktoren bestimmen die ..e der Zusatzrente?

..wort:

..ntscheidend dafür ist einmal die ..er der Zugehörigkeit zur frei..ligen Versicherung vom Beginn .. Beitragszahlung bis zum Ren..bezug bzw. Austritt, zum anderen .. durchschnittliche Einkommen .. 600 Mark, für das Beiträge ent..tet werden. Von diesem Einkom.. .. werden für jedes Jahr 2,5 Pro.. .. und jeden weiteren Monat

Abzug der Beiträge...

...für die freiwillige Zusatzrentenversicherung

Immer mehr Werktätige unseres Betriebes mit einem Einkommen über 600 Mark erklären ihren Beitritt zur freiwilligen Zusatzrentenversicherung. Deshalb ist es notwendig, die Beiträge in unserer Rechenstation maschinell zu errechnen, zum Abzug zu bringen und auf dem Nettolohnstreifen auszuweisen.
Bis zur Ausgabe von geänderten Lohnstreifen wird der abgeführte Beitrag in der unteren Zeile (unterhalb der Rubrik Stunden) eingetragen, wie aus dem nachstehenden Beispiel zu ersehen ist.

Der Betrag von 15,00 Mark wird in diesem Beispiel wie folgt errechnet: Sozialversicherungspflichtiger Betrag 600,00 Mark = 60,00 Mark SV-Abzug; der 600,00 Mark übersteigende Betrag 150,00 Mark = 15,00 Mark freiwilliger SV-Abzug.

Abb. 133: Die Zusatzrentenversicherung wird in der Bahn frei! erläutert, Ammendorf 1971.

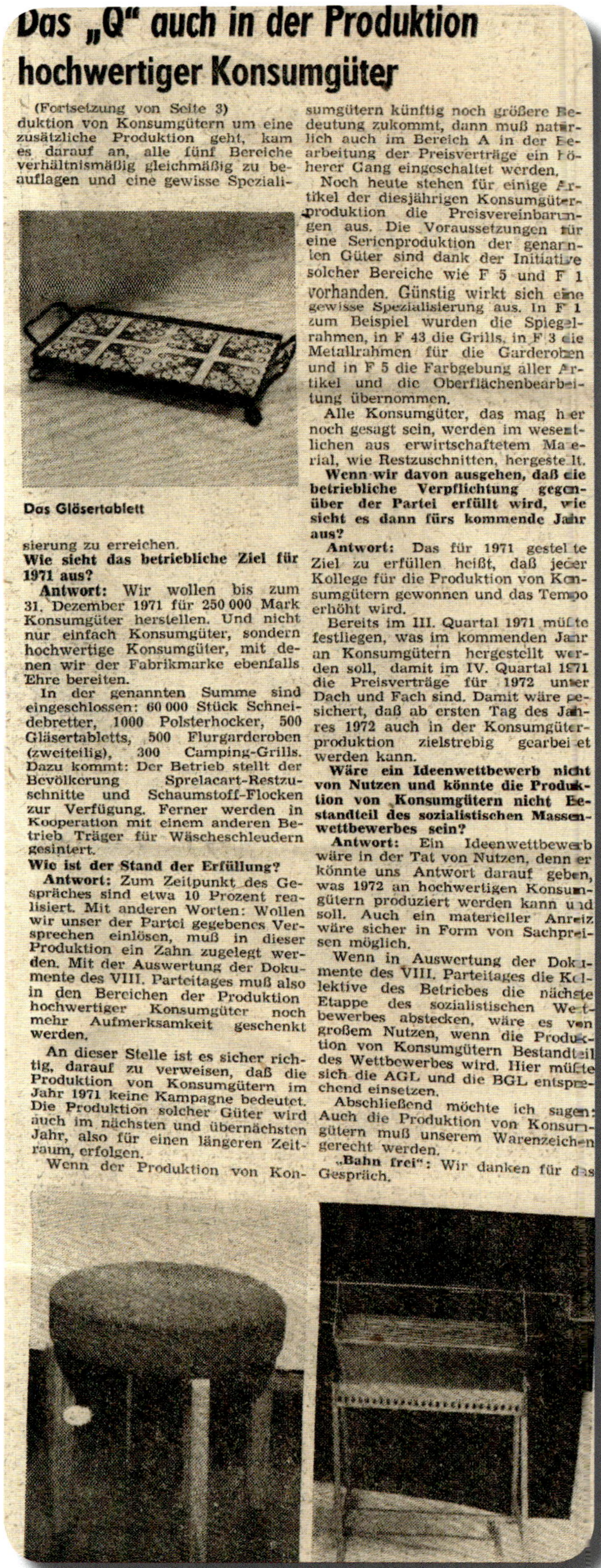

Das „Q" auch in der Produktion hochwertiger Konsumgüter

(Fortsetzung von Seite 3)

duktion von Konsumgütern um eine zusätzliche Produktion geht, kam es darauf an, alle fünf Bereiche verhältnismäßig gleichmäßig zu beauflagen und eine gewisse Spezialisierung zu erreichen.

Das Gläsertablett

Wie sieht das betriebliche Ziel für 1971 aus?

Antwort: Wir wollen bis zum 31. Dezember 1971 für 250 000 Mark Konsumgüter herstellen. Und nicht nur einfach Konsumgüter, sondern hochwertige Konsumgüter, mit denen wir der Fabrikmarke ebenfalls Ehre bereiten.

In der genannten Summe sind eingeschlossen: 60 000 Stück Schneidebretter, 1000 Polsterhocker, 500 Gläsertabletts, 500 Flurgarderoben (zweiteilig), 300 Camping-Grills. Dazu kommt: Der Betrieb stellt der Bevölkerung Sprelacart-Restzuschnitte und Schaumstoff-Flocken zur Verfügung. Ferner werden in Kooperation mit einem anderen Betrieb Träger für Wäscheschleudern gesintert.

Wie ist der Stand der Erfüllung?

Antwort: Zum Zeitpunkt des Gespräches sind etwa 10 Prozent realisiert. Mit anderen Worten: Wollen wir unser der Partei gegebenes Versprechen einlösen, muß in dieser Produktion ein Zahn zugelegt werden. Mit der Auswertung der Dokumente des VIII. Parteitages muß also in den Bereichen der Produktion hochwertiger Konsumgüter noch mehr Aufmerksamkeit geschenkt werden.

An dieser Stelle ist es sicher richtig, darauf zu verweisen, daß die Produktion von Konsumgütern im Jahr 1971 keine Kampagne bedeutet. Die Produktion solcher Güter wird auch im nächsten und übernächsten Jahr, also für einen längeren Zeitraum, erfolgen.

Wenn der Produktion von Konsumgütern künftig noch größere Bedeutung zukommt, dann muß natürlich auch im Bereich A in der Bearbeitung der Preisverträge ein höherer Gang eingeschaltet werden.

Noch heute stehen für einige Artikel der diesjährigen Konsumgüterproduktion die Preisvereinbarungen aus. Die Voraussetzungen für eine Serienproduktion der genannten Güter sind dank der Initiative solcher Bereiche wie F 5 und F 1 vorhanden. Günstig wirkt sich eine gewisse Spezialisierung aus. In F 1 zum Beispiel wurden die Spiegelrahmen, in F 43 die Grills, in F 3 die Metallrahmen für die Garderoben und in F 5 die Farbgebung aller Artikel und die Oberflächenbearbeitung übernommen.

Alle Konsumgüter, das mag hier noch gesagt sein, werden im wesentlichen aus erwirtschaftetem Material, wie Restzuschnitten, hergestellt.

Wenn wir davon ausgehen, daß die betriebliche Verpflichtung gegenüber der Partei erfüllt wird, wie sieht es dann fürs kommende Jahr aus?

Antwort: Das für 1971 gestellte Ziel zu erfüllen heißt, daß jeder Kollege für die Produktion von Konsumgütern gewonnen und das Tempo erhöht wird.

Bereits im III. Quartal 1971 müßte festliegen, was im kommenden Jahr an Konsumgütern hergestellt werden soll, damit im IV. Quartal 1971 die Preisverträge für 1972 unter Dach und Fach sind. Damit wäre gesichert, daß ab ersten Tag des Jahres 1972 auch in der Konsumgüterproduktion zielstrebig gearbeitet werden kann.

Wäre ein Ideenwettbewerb nicht von Nutzen und könnte die Produktion von Konsumgütern nicht Bestandteil des sozialistischen Massenwettbewerbes sein?

Antwort: Ein Ideenwettbewerb wäre in der Tat von Nutzen, denn er könnte uns Antwort darauf geben, was 1972 an hochwertigen Konsumgütern produziert werden kann und soll. Auch ein materieller Anreiz wäre sicher in Form von Sachpreisen möglich.

Wenn in Auswertung der Dokumente des VIII. Parteitages die Kollektive des Betriebes die nächste Etappe des sozialistischen Wettbewerbes abstecken, wäre es von großem Nutzen, wenn die Produktion von Konsumgütern Bestandteil des Wettbewerbes wird. Hier müßte sich die AGL und die BGL entsprechend einsetzen.

Abschließend möchte ich sagen: Auch die Produktion von Konsumgütern muß unserem Warenzeichen gerecht werden.

„Bahn frei": Wir danken für das Gespräch.

Abb. 134: Das ›Q‹ auch in der Produktion hochwertiger Konsumgüter wie zum Beispiel beim Gläsertablett, beim Hocker und beim Campinggrill aus dem VEB Waggonbau Ammendorf, Bahn frei! Ammendorf 1971.

415. Bahn frei! Ausgaben des Jahres 1971.

Bilder 1971

Die Bilder zeigen das Naherholungszentrum am Löbitz-See, das im Mai 1972 schließlich fertiggestellt wurde. Insgesamt befanden sich dort sechs Bungalows am See, der zum Baden einlud und für den auch Boote und Steg angelegt wurden (Abb. 135–138).[416]

Abb. 137: Sitzecke, Ammendorf 1971.

Abb. 135: Das mit zwei Doppelstockbetten eingerichtete Schlafzimmer. Ammendorf 1971.

Abb. 138: Bungalow, Ammendorf 1971.

Abb. 136: Bootssteg und die zum Objekt gehörenden vier Boote; Schwimmer haben die Möglichkeit, mittels einer Leiter in das Wasser zu steigen., Ammendorf 1971.

416. Bahn frei! Ausgaben des Jahres 1971.

Bilder 1971[417]

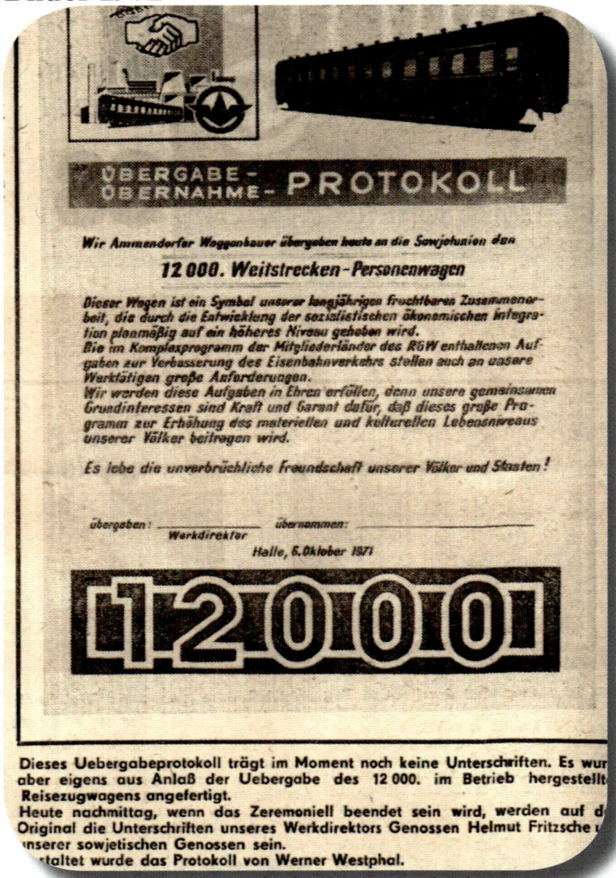

ÜBERGABE- ÜBERNAHME- PROTOKOLL

Wir Ammendorfer Waggonbauer übergaben heute an die Sowjetunion den

12 000. Weitstrecken-Personenwagen

Dieser Wagen ist ein Symbol unserer langjährigen fruchtbaren Zusammenarbeit, die durch die Entwicklung der sozialistischen ökonomischen Integration planmäßig auf ein höheres Niveau gehoben wird.
Die im Komplexprogramm der Mitgliederländer des RGW enthaltenen Aufgaben zur Verbesserung des Eisenbahnverkehrs stellen auch an unsere Werktätigen große Anforderungen.
Wir werden diese Aufgaben in Ehren erfüllen, denn unsere gemeinsamen Grundinteressen sind Kraft und Garant dafür, daß dieses große Programm zur Erhöhung des materiellen und kulturellen Lebensniveaus unserer Völker beitragen wird.

Es lebe die unverbrüchliche Freundschaft unserer Völker und Staaten!

übergeben: ______ Werkdirektor   übernommen: ______

Halle, 6. Oktober 1971

12000

Dieses Uebergabeprotokoll trägt im Moment noch keine Unterschriften. Es wur… aber eigens aus Anlaß der Uebergabe des 12 000. im Betrieb hergestellt… Reisezugwagens angefertigt.
Heute nachmittag, wenn das Zeremoniell beendet sein wird, werden auf d… Original die Unterschriften unseres Werkdirektors Genossen Helmut Fritzsche … unserer sowjetischen Genossen sein.
…staltet wurde das Protokoll von Werner Westphal.

Abb. 139: Protokoll, Ammendorf 1971.

…im Modell…

… Fließreihe für die Schiebetürenfertigung

Vom 25. September bis 10. Oktober 1971 findet in den Ausstellungshallen auf der Peißnitz die Bezirksmesse der Meister von morgen statt.

Unser Betrieb ist gemeinsam mit dem VEB Waggonbau Dessau mit einer Kollektivausstellung vertreten. Folgende Exponate werden von beiden Betrieben ausgestellt:

Fließstraße für Schiebetüren im Modell;
Anpassungsvorrichtung für die Rohrmontage;
Dokumentation über optimalen Materialzuschnitt;
Dokumentation über die Durchlaufplanung;
Dachklappen aus ABS-Plaste und das Modell der Ausbaumontagehalle.

Das Modell der Ausbaumontagehalle wurde bereits auf der Stadtmesse gezeigt und nach der Messe in Abteilungen des Bereiches F 4 und vor dem Leitungskollektiv von F.

Im Zusammenhang damit wurden von den Werktätigen 25 Vorschläge unterbreitet. Diese beinhalten unter anderem den effektiveren Montagedurchlauf. Bei der Erarbeitung der Technologie werden die Vorschläge mit berücksichtigt.

Alle Kollektive des Werkes, vor allem jene, die noch keine Möglichkeit hatten, das Modell der Ausbaumontagehalle zu sehen, sind aufgerufen, die Bezirksmesse der Meister von morgen zu besuchen.

Hans Francke

…as Modell (Ausschnitt) der Ausbaumontagehalle Werk II.

Abb. 141: Modell der Halle, Ammendorf 1971.

Bahn frei

Erscheint wöchentl.
6. Okt. 1971
22. Jahrg.
Preis 5 Pf

38

Organ der Betriebsparteiorganisation des VEB Waggonbau Ammendorf

des 12 000. Reisezugwagens an Vertreter der Sowjetunion

Die Auszeichnungen der Aktivisten der sozialistischen Arbeit und der „Kollektive der sozialistischen Arbeit" erfolgt durch die Bereiche ab 8.00 Uhr in eigener Verantwortung.

*

Auszeichnung mit dem Ehrenbanner des Betriebes – 3. Wettbewerbsetappe – in den entsprechenden Bereichen am Arbeitsplatz.

*

Ab 12.30 Uhr: Presseinformation beim Direktor für Oekonomie.

*

13.30 bis 14.30 Uhr auf der Schiebebühne: Feierstunde zur Uebergabe des 12 000. Weitstreckenpersonenwagens. Alle Waggonbauer sind herzlich eingeladen, an dieser Feierstunde teilzunehmen und die in- und ausländischen Gäste herzlich zu begrüßen. Die Feierlichkeiten werden mit einem Platzkonzert eingeleitet.

*

15.00 Uhr: Festveranstaltung für die an diesem Tag ausgezeichneten Werktätigen des Betriebes.

Heute Übergabe des 12000.

Abb. 140: 12.000 Weitstrecken-Personenwagen für die Sowjetunion, Ammendorf 1971.

417. Bahn frei! Ausgaben des Jahres 1971.

Bilder 1971[418]
Margot Honecker besucht den Betrieb

Abb. 142: Ankunft, Ammendorf 1971.

Abb. 145: Gespräch mit Jugendlichen, Ammendorf 1971.

Abb. 143: Rundgang, Ammendorf 1971.

Abb. 146: Besprechung, Ammendorf 1971.

Abb. 144: Diskussion, Ammendorf 1971.

Abb. 147: Konsumgüter, Ammendorf 1971.

418. Archiv Regine Czerner (Tochter von Helmut Fritzsche), Fotograf: Heinz Noack.

Prospekte 1971 (Abb. 148–157).[419–420]

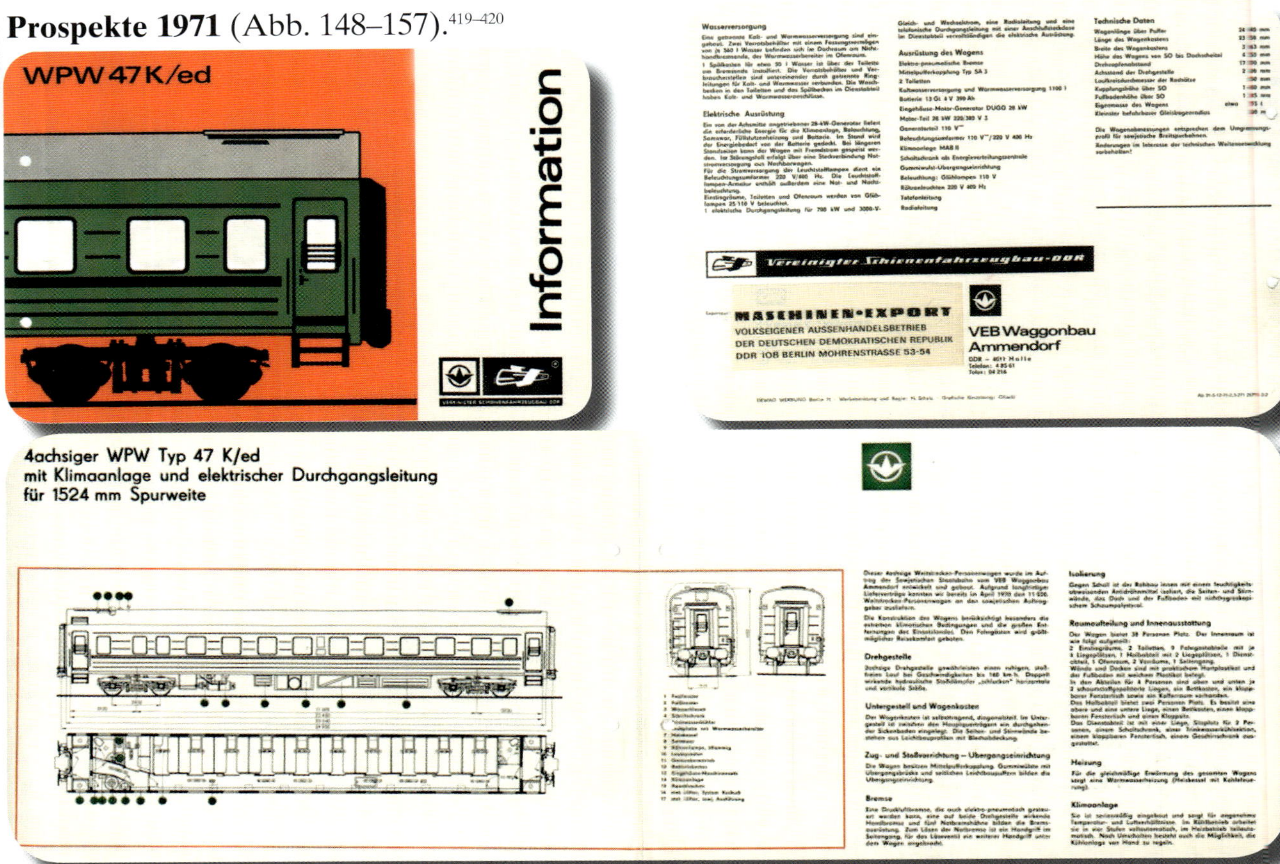

Abb. 148–150: WPW 47 K/ed, Ammendorf 1971.

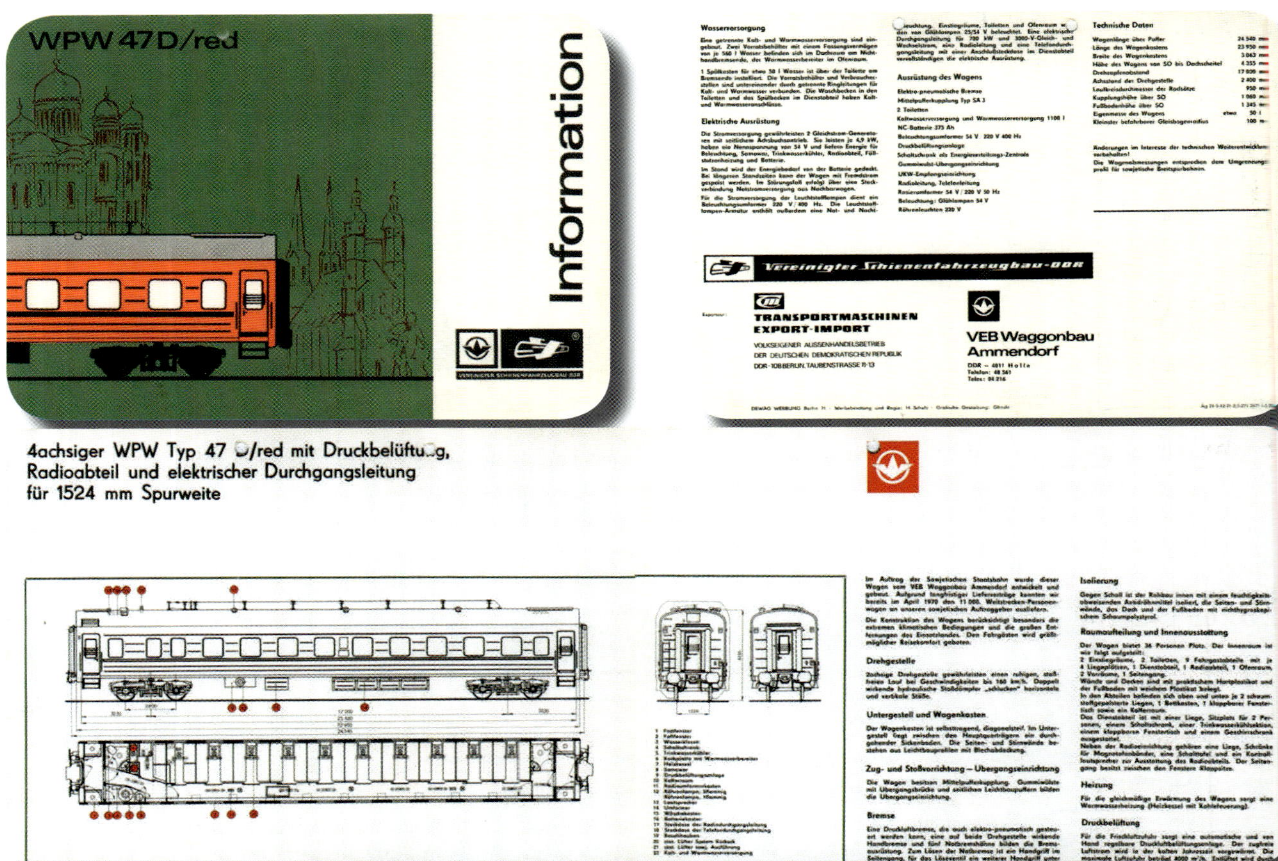

Abb. 151–153: WPW 47 D/red, Ammendorf 1971.

419. Frotscher-Archiv, Halle.

Hauptmerkmale des neuen Heizungssystems

Im VEB Waggonbau Ammendorf wurde ein Warmwasser-Heizungssystem für Schienenfahrzeuge und für den stationären Betrieb konstruiert, das gegenüber bisherigen Bauarten wesentliche Vorteile aufweist.

Die neue Flüssigkeitsheizung ist für alle Reisezugwagen mit einer für die Heizung notwendigen unabhängigen Wärmequelle ausgestattet. Sie kann mit festen, flüssigen oder gasförmigen Brennstoffen wie auch mit Dampf oder Elektroenergie betrieben werden.

Bisher wurden die Heizungsanlagen so ausgelegt, daß ein Umschalten vom Pumpen- in den Schwerkraftbetrieb nur durch Verstellen verschiedener Regelorgane möglich war. Dadurch konnten sehr leicht Bedienungsfehler auftreten, die zu Unregelmäßigkeiten und Störungen im Heizbetrieb führten.

Unsere neue Heizungsanlage schaltet diese Mängel aus. Die sinnvollere Anordnung einiger Regelelemente ermöglicht den wahlweisen Pumpen- und Schwerkraftantrieb nur durch das Ein- bzw. Ausschalten einer Umwälzpumpe, deren Aufgabe darin besteht, die maximale Heizleistung schnell zu erreichen.

Durch Ausnutzung vorhandener Druckunterschiede arbeiten die Regelelemente selbständig.

Für bestimmte Temperaturanforderungen kann bei diesem Heizungssystem auf die Umwälzpumpe verzichtet werden. Das begünstigt den vereinfachten konstruktiven Aufbau.

Bei einer Außentemperatur von etwa — 40 °C sind angemessene Wageninnentemperaturen zu verzeichnen. Es ist vorgesehen, die Funktionstüchtigkeit dieses Heizungssystems für Außentemperaturen bis zu — 50 °C weiterzuentwickeln.

Für die Fertigung der Heizungsanlage in eigenen Werkstätten ist keine höhere Qualifikation der Arbeitskräfte sowie Erweiterung des Maschinen- und Ausrüstungsparks erforderlich. Investitionen werden gespart. Das neue Heizungssystem ist raumsparend und mit geringem Energie- sowie regelungstechnischem Aufwand zu betreiben.

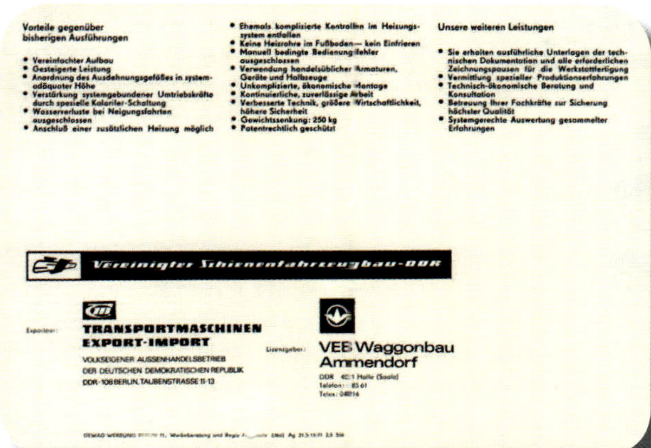

Vorteile gegenüber bisherigen Ausführungen

- Vereinfachter Aufbau
- Gesteigerte Leistung
- Anordnung des Ausdehnungsgefäßes in systemadäquater Höhe
- Verstärkung systemgebundener Umtriebskräfte durch spezielle Kalorifer-Schaltung
- Wasserverluste bei Neigungsfahrten ausgeschlossen
- Anschluß einer zusätzlichen Heizung möglich
- Ehemals komplizierte Kontrollen im Heizungssystem entfallen
- Keine Heizrohre im Fußboden — kein Einfrieren
- Manuell bedingte Bedienungsfehler ausgeschlossen
- Verwendung handelsüblicher Armaturen, Geräte und Halbzeuge
- Unkomplizierte, ökonomische Montage
- Kontinuierliche, zuverlässige Arbeit
- Verbesserte Technik, größere Wirtschaftlichkeit, höhere Sicherheit
- Gewichtssenkung: 250 kg
- Patentrechtlich geschützt

Unsere weiteren Leistungen

- Sie erhalten ausführliche Unterlagen der technischen Dokumentation und alle erforderlichen Zeichnungspausen für die Werkstattfertigung
- Vermittlung spezieller Produktionserfahrungen
- Technisch-ökonomische Beratung und Konsultation
- Betreuung Ihrer Fachkräfte zur Sicherung höchster Qualität
- Systemgerechte Auswertung gesammelter Erfahrungen

Vereinigter Schienenfahrzeugbau-DDR

Exporteur: TRANSPORTMASCHINEN EXPORT-IMPORT
VOLKSEIGENER AUSSENHANDELSBETRIEB
DER DEUTSCHEN DEMOKRATISCHEN REPUBLIK
DDR-108 BERLIN, TAUBENSTRASSE 11-13

Lizenzgeber: VEB Waggonbau Ammendorf
DDR 40[illegible]1 Halle (Saale)
Telefon: 85 61
Telex: 04216

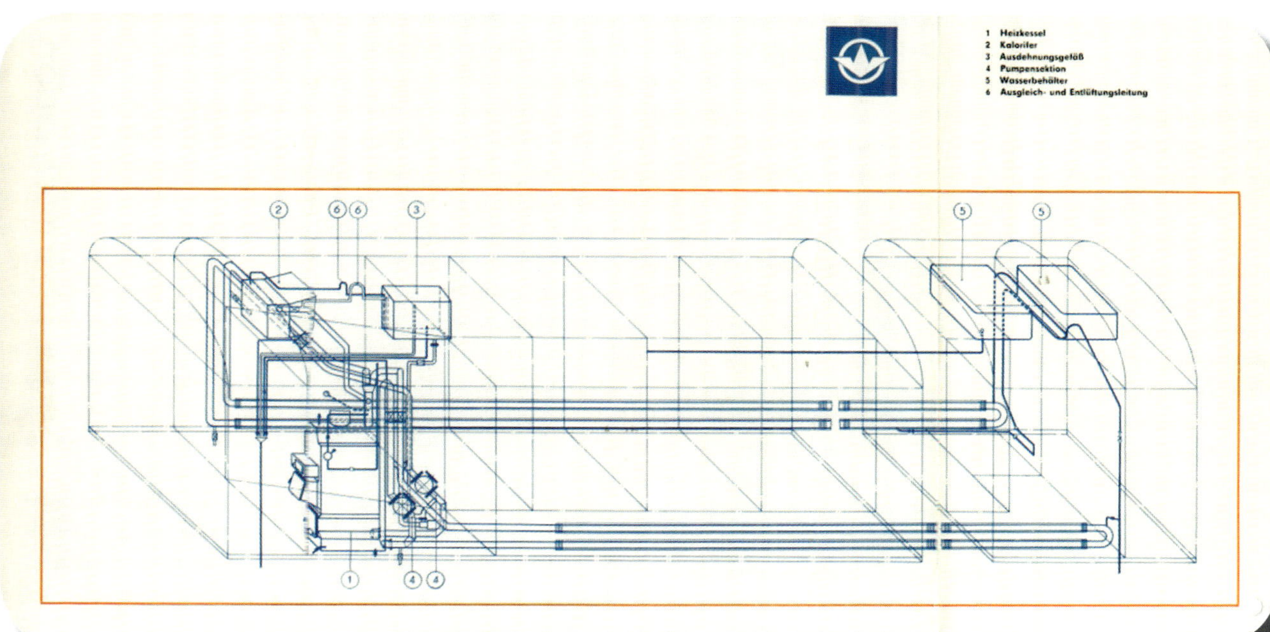

Abb. 154–157: Warmwasserheizungssystem Lizenzangebotsinformation, Ammendorf 1971. 420. Frotscher-Archiv, Halle.

Thema: Wie wurden die Preise kalkuliert?
Interessant sind die Regeln, die für die Preisgestaltung festgelegt wurden, sie sind noch heute aktuell und lehrreich:

»Folgende Hauptgesichtspunkte sind zu beachten:

• Preise müssen gegenseitig vorteilhaft sein, zur Erweiterung des Warenumsatzes beitragen und die allseitige wirtschaftliche Zusammenarbeit fördern.

• In der Regel sollen die Preise für den Zeitraum eines langfristigen Handelsabkommens gelten.

• Die Preise der Hauptwarenmärkte sind bei der Festlegung bzw. Korrektur zu berücksichtigen.

• Hauptwarenmärkte sind solche, die im Außenhandel der entsprechenden Ware führend sind.

• Weltmarktpreise werden auf der Grundlage folgender Dokumentationen festgelegt:

- Auskunftspreise (Presse)
- Verträge)
- Rechnungen) über durchgeführte Lieferungen
- Angebot (solider Firmen)
- Kataloge
- Preislisten

• Bei Sonderanfertigungen, für die keine Dokumentationen vorliegen, wird der Preis durch Vergleich mit dem Preis für ähnliche Erzeugnisse auf dem Weltmarkt festgelegt.

• Wenn auf Vereinbarung die im Vertrag festgelegte qualitative oder technische Charakteristik der Ware verändert wird, so müssen auch die früher vereinbarten Preise verändert werden.

• Es können in Ausnahmefällen vorläufige Preise vereinbart werden, die innerhalb von 3 Monaten in endgültige Preise umgewandelt werden müssen.

• Bei Festlegung der Preise für neue Waren sind auch Preise für analoge Waren zu berücksichtigen, die zwischen sozialistischen Ländern gehandelt werden.

• Für die Jahre 1965 und folgende sind die vorliegenden Vertragspreise entsprechend den Weltmarktpreisen 1960–1964 zu korrigieren. Die zur Zeit vorliegenden Vertragspreise für die Typen 47 K, 47 D und WSW sind auf dieser Grundlage bei bilateralen Verhandlungen im Jahre 1964 vereinbart worden.«[421]

Bauartänderung = Preisveränderung!

»Unter Anwendung dieser Grundsätze ist folgende Preiskonzeption für die einzelnen Fahrzeugtypen erarbeitet worden:

1. Serienfahrzeuge WPW 47 K, 47 D, WSW

Eine qualitative Veränderung der WPW/WSW ist durch folgende BAÄ eingetreten:

a) Ausführung der Kofferaumdecke klappbar … 700.– M
b) Heizverkleidung in Toiletten und Waschraum aus Nirosta anstelle bisher aus Stahlblech … 200,– M
c) Reinigung des Samowarabzugs durch den Fußboden … 170.– M
d) Kleiderhakenbefestigung geändert … 120.– M
e) 1 Aschenbecher zusätzlich im Vorraum … 10.– M
f) Abdeckung der Befestigung des Waschbeckens aus Nirosta … 60.– M
g) Einbau 1 zusätzlichen Rasiersteckdose … 50.– M
h) Lieferung von 2 Schutzhüllen für Blinddosen … 60.– M
i) Veränderung von Sicherheitsvorrichtungen … 160.– M
k) Leseleuchtenoberteil aus GFK … 130.– M
l) Rohrdurchbruch für den Ventilator in die Küche verändern … 110.– M …

Die Preiserhöhungen betragen bei vorstehenden BAÄ (Bauartänderungen, d. A.), für die auf der Grundlage der erwähnten Beschlüsse eine Preiserhöhung abgeleitet werden kann, bei …

(Tabelle).«[422] **1971**

421–422. LASA, MER, VEB Waggonbau Ammendorf, Nr. 52740.

Typ	IAP	Selbstkosten	Rubel
WPW Typ 47 K/Kr	1.660.–	1.440.–	250.–
WPW Typ 47 D/Dr	1.660.–	1.440.–	250.–
WSW/K	530.–	470.–	80.–

Wie hoch ist der %-Anteil?

»Das entspricht einem %-Anteil von den BAÄ 1972 insgesamt von
70% bei 47 K/Kr-Wagen
80% bei 47 D/Dr-Wagen
50% bei WSW
Bei den Differenzen bis zu 100% handelt es sich um folgende Maßnahmen, für die keine Valutapreiserhöhung abgeleitet werden kann:
a) Plastefußboden abdichten (Toilette bzw. Waschraum) …
b) Zugang zum Motor UP 50 verbessern …
c) Tropfwasserauffangvorrichtung für Handpumpe anbringen …
d) Klemmstelle am Batteriekasten für Verbindungskabel
e) Füllstutzen mit gewelltem Schutzmantel …
f) Einfrieren der Wasserrohrleitungen vermeiden …
g) 3000-V-Rohrleitungen auf Dichtigkeit prüfen …
h) Klemmkasten für elektrische Zusatzheizung …
i) Leuchtstoffröhren für Tungsram …
k) Staudruck für Fahrgastabteile verbessern.«[423]

Warum keine höheren Preise verlangen?

»Begründung:
- Die Punkte a, b, c, f und g) sind Qualitätsfragen und müßten schon jetzt gewährleistet sein.
- Bei den Punkten d) und h) handelt es sich um Maßnahmen, die im Zusammenhang mit der Zeichnungsabstimmung bereits 1971 realisiert werden.
- Der Punkt e) ist jetzt schon vorhanden. Es wurde nur die Ausführung verändert. Bei der Kalkulation ist Leder zugrunde gelegt, was nicht gefordert ist. Deshalb die erhöhten Kosten (70.– M/Wagen). Festgelegt ist der Anbau eines Gummiformteiles.
- Der Punkt i) umfaßt die Umstellung auf Tungsramleuchten, wenn die Narva-Ausführung den Anforderungen auf Lebensdauer, die schon seit Jahren in den TB (Technischen Bedingungen, d. A.) fixiert sind, nicht gerecht wird. Prüfungen laufen bis zum III. Quartal 1971.
- Beim Punkt k) lautet die Direktive, die jetzige Ausführung beizubehalten. Geplante Mehrkosten bilden daher eine Reserve (15 Std., 25.– M Material/Wagen).«[424]

Verhandlungs-Optionen

Interessant ist hier, dass man entweder einen höheren Preis bekommt oder den gleichen Preis, dann jedoch Teile weglässt und so auf seine Kosten kommt:

»Die Delegation hat nach folgender Konzeption zu verhandeln:
- Es ist ein Kostenausgleich in Höhe von 1.100.– M und 200.– Rubel durchzusetzen (ø der SK der 3 Wagentypen).
- Für die Argumentation sind die BAÄ a), b) und c) Grundlage.
- Die BAÄ d) und e) sind wegen Geringfügigkeit der Änderungen nicht einzeln zu verhandeln, sondern zur Unterstützung der Argumentation zusammengefaßt, ohne Nennung der einzelnen Preise, mit zu verwenden.
- Zum Ausgleich der Kosten sind folgende Varianten vorzuschlagen:
<u>Variante 1:</u> Erhöhung des Valutapreises um 200.– Rubel/Wagen
<u>Variante 2:</u> Korrektur des Lieferumfanges in Höhe von 1.100.– M/Wagen. Dazu sind folgende konkrete Möglichkeiten in der nachstehenden Reihenfolge MI zu unterbreiten:
Selbstkosten
• Wegfall der Telefonleitung 440.–M
• Beibehaltung der jetzigen Ausführung der Kofferräume … 580.– M
• Beibehaltung der jetzigen Konstruktion … Reinigung Samowar… 170.– M«[425]

423. LASA, MER, VEB Waggonbau Ammendorf, Nr. 52740.

424. LASA, MER, VEB Waggonbau Ammendorf, Nr. 52740.

425. LASA, MER, VEB Waggonbau Ammendorf, Nr. 52740.

Preis-Limite

»Folgende Preislimite sind zu verhandeln:

- Einführung von Plaste anstelle herkömmlichen Materials zur Erhöhung der Gebrauchswerteigenschaften, insbesondere bezüglich der Erhöhung der Lebensdauer, der Verbesserung der Korrosions- und Fäulnisbeständigkeit sowie der Dichtheit des Wagens gemäß Berechnung lt. Anlage 1

Rubel

1.020.–/700.–

- Für den Einbau der Brandmauer gemäß Berechnung lt. Anlage 2

200.–

- Für den zusätzlichen Einbau der elektrischen Warmwasserheizung 3.000 V als kombiniertes Heizungssystem nach der Berechnung lt. Anlage 3

2.300.–/2.000.–«[426]

Exportrentabilität 1,0 erreichen!

»Die Einführung der PUR-HS-Isolierung des Wagenkastens und des Plastefußbodens ist bei Sicherung einer Exportrentabilität von 1,0 nur bei Durchsetzung des vollen Rubelpreises von 1.020.–/Wagen und einer Preisdegression von 25% für PUR-HS möglich. Weder das eine noch das andere erscheint in vollem Umfange für die Jahre 1972–1975 realisierbar.«[427]

Was tun? 20.000 weniger Gewinn sind kein Pappenstiel!

»Es ist deshalb generell nur der Lieferung von 5 Musterwagen bei einer Mindestpreiserhöhung von 700.– Rubel zuzustimmen. Im äußersten Falle kann der Lieferung von 5 Wagen ohne Mehrpreis unter der Bedingung zugestimmt werden, daß der Preis nur für diese Musterwagen Gültigkeit hat und von MI keine Preissenkung für 5 Speisewagen gefordert wird. Wird dazu die Zustimmung nicht gegeben, ist bis zur LFM 1971 zu entscheiden, ob und unter welchen Bedingungen die Lieferung der 5 Musterfahrzeuge vorgenommen werden sollte (20 TM Gewinnminderung ohne Berücksichtigung der Anlaufkosten, Auswirkung auf spätere Lieferungen).«[428]

Brandmauer

»Für den Bau der Brandmauer sind 200.– Rubel als Mehrpreis durchzusetzen. Wird dem nicht zugestimmt, ist der Bau abzulehnen und die TB (Technischen Bedingungen, d. A.) zu verändern. Im äußersten Falle kann für 5 Musterwagen der Lieferung zugestimmt werden, wenn der Preis nur für die Musterfahrzeuge gültig und keine Preissenkung für die 5 Speisewagen 32 kW von MI gefordert wird.«[429]

3.000-V-Heizung

»Der zusätzliche Einbau der 3.000-V-Heizung (kombiniert mit der jetzigen Kohleheizung) muß mit einem Mehrpreis innerhalb des Limits von 2.300.– bis 2.000.– Rubel wirksam gemacht werden. Die Exportrentabilität von 1,0 bei einer Valutapreiserhöhung um 2.000.– Rubel – das sind circa 11.000.– M – entspricht.«[430]

EW 7

»Der Einbau einer Stromerzeugungsanlage EW 7 bringt erhöhte Kosten im Umfange von 2.600.– M bei einem Rubelpreis von 300.– Rubel für den Kalininantrieb. Trotzdem ist eine Rubelpreiserhöhung nicht abzuleiten. Allein durch den guten Devisenindex bei Teilen, die entfallen (Generator, Regler, Achsbuchsgetriebe) sind 1.900.– M zu begründen. Die Differenz von 700.– M ist auf überhöhte Selbstkosten bei wagenbaulichen Veränderungen zurückzuführen. Möglichkeiten zum Abbau dieser … Kosten …:

- Wegfall des Batterieladekastens und der Zwangsbelüftung der Batterie 720.– M

- Festlegung des Preislimits für wagenbauliche Änderungen auf 1.300.– M/Wagen 800.– M

- Festlegung des Limits für die Preiserhöhung des Drehgestells auf 600.– M …«[431]

426.–427. LASA, MER, VEB Waggonbau Ammendorf, Nr. 52740.

428.–431. LASA, MER, VEB Waggonbau Ammendorf, Nr. 52740.

Preissenkungsforderung möglich!

»Die 5 WSW/K mit 32 kW-Anlage sind zu einem Preis von 70.875.– Rubel + Preis für die 2. elektrische Durchgangsleitung (380 V) 400.– Rubel
71.275.– Rubel
vertraglich zu binden.
Es besteht für MI jedoch die begründete Möglichkeit, eine Preissenkung zu fordern, weil
- die Drehstromaggregate gegenüber der Gleichstromausführung im Weltmarktpreis generell niedriger liegen,
- die wegfallenden Teile saldiert mit den neuen Teilen eine Kostensenkung von Rubel für die einzelnen Teile ableiten lassen.
Herausragende Baugruppen sind dabei:
- *1 Stromerzeugungsanlage 4,9 kW – bestehend aus Getriebe, Welle, Generator mit einem Preis von 930.– Rubel.*
- *Dazu gehörende Regelgeräte –bestehend aus 1 Regelgerät mit Maschinenschalter und 1 Netzzusatzregler mit einem Preis von 353.– Rubel.*
- *1 Satz Batterien 13 GT mit 13 Trögen zum Preis von 1.110.– Rubel.*

Diese Schwerpunkte machen 2.393.– Rubel/Wagen aus. Das sind 11.965.– Rubel für 5 Wagen und 10.680.– M/Wagen; was einem Betrag von 53.400.– M für 5 Wagen entspricht.«[432]

Hohe Exportrentabilität wirkt so negativ!

»Die Exportrentabilität von … 1,2 bei diesen Teilen wirkt sich bei einer Reduzierung des Wagenpreises durch Herausnahme der Teile negativ aus. Die vorstehende Einschätzung ist sehr wichtig für den Fall, daß alle WSW mit dieser Anlage ausgerüstet werden und dann bei einer Preisreduzierung ein Exportvolumen von 119.650.– Rubel und 534.000.– M IAP ausfallen würde.«[433]

Was tun?

»Die Delegation hat deshalb nach folgender Konzeption zu verhandeln:
- Durchsetzung des Preises von 71.275.– Rubel/Wagen.
- Durchsetzung des Preises für die 2. Durchgangsleitung. Im äußersten Falle kann dieses mögliche Preissenkungsvolumen benutzt werden, um die im Abschnitt 2 genannten Probleme lösen zu helfen.«[434]

Prototyp AxL/K: Preisbeweis fehlt!

»Hier wurde MI ein Preis von 90.780.– Rubel als Musterwagen angeboten.
Der Preis für einen WPW 47 K beträgt 65.000.– Rubel und für einen Schlafwagen voraussichtlich 95.000.– Rubel.
Schon aus dem Vergleich ist ersichtlich, daß dieser hohe Preis für einen Serienwagen in keinem Falle bewiesen werden kann. Gegenwärtig wird eine Kalkulation auf der Grundlage der abgestimmten TB vorgenommen. Danach ist in Ableitung von bestehenden Preisen für die Typen 47 K und 47 D eine Preisberechnung durchzuführen mit dem Ziel, eine Preisargumentation nach RGW zu schaffen.
Zunächst bleibt es beim Angebotspreis von 90.780 Rubel.«[435]

Rubelpreiserhöhung bei Einführung von Plaste

»Die Umstellung auf Plaste gliedert sich in drei Gruppen:
a) Plasteteile
b) PUR-HS-Isolierung des Wagenkastens
c) Ausführung des Fußbodens aus PUR-HS mit GFP-Deckschichten.
Von den insgesamt zur Lieferung vorgesehenen
50 Wagen werden
45 Wagen mit Plasteteilen nach Gruppe a) und
5 Wagen mit Plaste nach den Gruppen a), b) und c) gefertigt.
Die Plasteteile a) werden aus der Valutapreisbetrachtung ausgeklammert, weil die Selbstkosten niedriger liegen als die bisheriger Bauweise.
…«[436]

432.–433. LASA, MER, VEB Waggonbau Ammendorf, Nr. 52740.

434.–436. LASA, MER, VEB Waggonbau Ammendorf, Nr. 52740.

Preiserhöhung für PUR-HS-Isolierung

»Für die PUR-HS-Isolierung (b) des Wagenkastens kann eine Rubelpreiserhöhung von 285.–Rubel/Wagen ermittelt werden … Daraus ergibt sich eine Preiserhöhung durch die Ablösung des herkömmlichen Materials und den Einsatz von PUR-HS auf der Basis bekannter Weltmarktpreise von 535.– Rbl/Wagen. Durch die Senkung des Arbeitszeitaufwandes ist eine Rubelpreissenkung von 250.– Rubel erreichbar. Danach müßte das Mehrpreislimit zwischen 535.– und 285.– Rbl. liegen.«[437]

Wie soll man das begründen?

»Zur technischen Begründung der Umstellung auf PUR-HS sind folgende Argumente zu verwenden:
- Lückenlose Isolierung (PUR wird im Wagen verschäumt, während Polystyrol-Schaumstoff in Platten eingebaut wird).
- Lambda-Wert für PUR = 0,018 kcal/mh grd; für Polystyrol-Schaumstoff ≠ 0,030 kcal/mh grd bei 20°C (ein Drittel der Isolationsdicke könnte also eingespart werden, der Fenstereinbau verlangt jedoch die circa 100 mm).
- Chemische Beständigkeit gegenüber Dieselkraftstoff, Benzin und Mineralöl, welche bei Polystyrol-Schaumstoff nicht gegeben ist.
- Brandbeständigkeit etwas besser als Polystyrol-Schaumstoff. Beim Brand entstehen keine flüchtigen Styrole, außerdem treten bei der Pyrolyse keine höheren Konzentrationen toxischer Stoffe auf wie bei den konventionellen Naturprodukten.
- Bessere mechanische Eigenschaften (Druckfestigkeit, Zugefestigkeit, Konturenstabilität, geschlossene Zellen)
- Besserer Korrosionsschutz für das Blech …«[438]

Fußbodenisolierung aus PUR-HS

»Die Umstellung auf eine Fußbodenisolierung aus PUR-HS mit GFP-Deckschichten führt zu einer kalkulierten Rubelpreiserhöhung um 415.– Rbl./Wagen.
…
Demnach ist mit einer Umstellung auf Plastematerial beim Fußboden auf der Basis ermittelter Weltmarktpreise eine Preiserhöhung von 485.– Rbl./Wagen abzuleiten. Auch hier ist eine Arbeitszeitreduzierung möglich, welche 70.– Rbl./Wagen ausmacht.
Das Preislimit liegt daher zwischen 485.– Rbl. und 415.– Rbl./Wagen.«[439]

437.–438. LASA, MER, VEB Waggonbau Ammendorf, Nr. 52740.

Wie argumentieren?

»Zur technischen Begründung der Einführung dieser Fußbodenkonstruktion sind folgende Argumente zu verwenden: Zusätzlich zu den Fakten, die bei der Isolierung des Wagenkastens genannt sind, gelten folgende Argumente:
- Fäulnisbeständigkeit
- Verminderung der Korrosionsanfälligkeit im Fußboden
- Verbesserung des thermischen Isolationswertes
- Verbesserung der Schalldämmung
- Reparaturmöglichkeit, ohne den Fußboden auszubauen.
Betrachtet man die möglichen Von-bis-Preislimite sowohl der Wagenkastenisolierung als auch des Plastefußbodens, so wird im Verhältnis zu den inlandsseitigen Kosten (IAP) eine Exportrentabilität von 0,92 – 0,60 erreicht.«[440]

Thema: Marktanalyse vom 30. 6. 1971

Eine interessante Marktanalyse findet sich im gleichen Aktenbestand:

»… Vorhandener Reisezugwagenpark
Die sowjetischen Personenwagen tragen keine Gattungszeichen. Das erschwert die Beschreibung. Es wird in der Literatur in der Regel zur Kennzeichnung die abgerundete Länge des Wagenkastens, das erste Baujahr und die Platzanzahl angegeben. Die am Wagen oberhalb der Wagennummer angebrachten Buchstaben stellen die Abkürzung der Heimatdirektion dar.«[441]

439.–441. LASA, MER, VEB Waggonbau Ammendorf, Nr. 52740.

Wie groß ist der Wagenpark? (Tabelle)

Typ	Prozent		Anzahl
WPW ›weich‹	6,0%	=	3.648
WPW Abteilliegewagen	24,5%	=	14.896
WPW Großraumsitzwagen	27,5%	=	16.720
WPW für Städteverkehr	9,1%	=	5.533
Gepäckwagen	4,1%	=	2.493
Postwagen	4,2%	=	2.553
Speisewagen	3,1%	=	1.885
Vorortzugwagen	21,4%	=	13.011
andere	0,1%	=	61
Gesamt	100%	=	60.800

Altersstruktur

»Nach der Berechnung war die Ausmusterung von Reisezugwagen im Zeitraum 1961–1965 mit durchschnittlich 1580 Rzw./Jahr erheblich höher als im Zeitraum 1966–1967 mit etwa 200 Rzw./Jahr. Damit wird die Einschätzung der Ausmusterung und der Alterstruktur erschwert.«[442]

Altersstruktur 1970 (Tabelle)

Baujahr	Alter	Anzahl
1970–1966	1–5	8.666
1965–1961	6–10	11.357
1960–1955	11–15	11.381
1955–1951	16–20	8.062
1950–1946	21–25	3.833
1945–1941	26–30	500
1940–1936	31–35	4.883
1935–1931	36–40	5.221

»Diese Zahlen müßten noch verringert werden um die Wagen, die bereits vorher ausgemustert wurden. Es wird angenommen, daß die zur Zeit ältesten Reisezugwagen etwa aus dem Jahre 1930 stammen, also ein Alter von etwa 40 Jahren haben. Das Allunions-Forschungsinstitut für Waggonbau (WNIIW) schätzte die Nutzungsdauer von Weitstrecken-Personenwagen mit 35–40 Jahren ein. nach 20 jahren Betriebseinsatz treten jedoch schon erhebliche Mängel auf, die die Nutzungsdauer verkürzen und überwiegend durch schlechten Korrosionsschutz hervorgerufen werden. Diese Erscheinungen treten sowohl bei importierten Fahrzeugen als auch bei Wagen sowjetischer Produktion auf.«[443]

442.–443. LHASA, MER, VEB Waggonbau Ammendorf, Nr. 52740.

Wie viele Züge fahren?

»Laut … sind zu jeder Tages- und Nachtzeit gleichzeitig etwa 3.000 Personenzüge unterwegs. Wenn dabei angenommen wird, daß elektrische Vorortzüge in dieser Zahl nicht mit eingeschlossen sind, wird die oben genannte Zahl für 1967 etwa bestätigt: 3.000 Züge x 12,7 Wagen je Zug … = 38.100 Wagen + 15% = 43.815 Wagen.«[444]

Reicht der Wagenpark aus?

»In den Sommermonaten reicht der Personenwagenpark zur Deckung des Reiseverkehrsaufkommens nicht aus, so daß ein großer Teil stark überalterter Personenwagen mit Holzaufbau wieder in Dienst gestellt wird. Im Rigaer Raum waren 1967 zum Beispiel solche Fahrzeuge noch im Einsatz. KD-Ingenieure bestätigten damals, daß derartige Fahrzeugtypen auch noch auf anderen Strecken angetroffen wurden …
Es handelt sich dabei offensichtlich um die vierachsige Einheitstype von 20,2 m-Holzkastenwagen mit Blechverkleidung (Baujahr 1928–1941).«[445]

Eigenproduktion, Lizenzbau, Montagebau

»Laut … werden in der UdSSR Reisezugwagen in drei Werken hergestellt:
1. Waggonbauwerk ›I. E. Jegorow‹ Leningrad:
- ›weiche‹ Wagen mit 2– und 4–Platzabteilen
- Aussichtswagen (Doppelstockwagen)
2. Waggonbauwerk Kalinin
- Personenwagen mit offenen Abteilen
- Wagen für Mittelstrecken verschiedener Spurweiten
3. Maschinenbauwerk Demichowo
- Schmalspurwagen (750 mm Spurweite)
…
Das Waggobauwerk ›I. E. Jegorow‹ Leningrad baut außerdem Metrotriebwagen, das Maschinenbauwerk Demichowo Schmalspur-Güterwagen … und Schmalspur-Verbrennungstriebwagen.«[446]

30. Juni 1971

444.–446. LASA, MER, VEB Waggonbau Ammendorf, Nr. 52740.

Einführende Zusammenfassung 1972

Für 1972 liegen keine Protokolle vor. Der Grund ließ sich nicht ermitteln. Interessanterweise nimmt auch der als Ersatz verwendete Geschäftsbericht ebenso kein Blatt vor den Mund. Dies war offenbar der Tatsache geschuldet, dass der Bericht vertraulich war. Neue Technologien wie die Plasteverarbeitung und auch die neuen Heizstäbe machten enorme Probleme. Es wird auch deutlich, dass die Gewinnabführung oberste Priorität hatte. Konnte sie nicht durch Preiserhöhungen erreicht werden, mussten Selbstkosten zum Ziel führen. So war es 1972: Kostensenkung trug wesentlich zum Gewinn bei.

Ein weiteres Thema war das neue Produkt: der 27-m-Ax. 1964 war der erste 27-m-Wagen entworfen worden. Die Zeiträume waren viel länger als heute. Einer Fahrerprobung 1973 sollte erst 1978 die Serienfertigung beginnen. Entsprechend robust waren die Fahrzeuge. Alle Pläne nützen nichts, wenn die Normen nicht eingehalten werden. 382 Stunden pro Wagen Mehrarbeit – das ist zu viel. Wie sich zeigte, lag dies an der Plastetechnologie und der Rückumstellung auf Holz. Das Durchschnittsalter der Maschinen betrug 22 Jahre. Die Zulieferindustrie wurde einzeln an den Pranger gestellt.

Insgesamt gibt der Geschäftsbericht eine gute Übersicht über das Geschehen!

Ein Betrieb des Warenzeichenverbandes
VEREINIGTER SCHIENENFAHRZEUGBAU DER DDR

Bahn frei

Erscheint wöchentl. 5. Jan. 1971 23. Jahrg. Preis 5 Pf

1

...gan der Betriebsparteiorganisation
...s VEB Waggonbau Ammendorf

Unsere Freiwillige Feuerwehr im Betrieb hat sich als zuverlässige Kräftegruppe im betrieblichen Komitee für Zivilverteidigung erwiesen. Auf unserem Bild: Genosse Werner Plaul, der Leiter dieser Kräftegruppe. Mehr auf Seite 2. Foto: Krug

...hn-frei"-Interview mit dem Leiter des Bereiches F 3 – Rohbaumontage – ...nossen Gerhard Muschol, zum Beginn des Kampfes um kontinuierliche Planerfüllung ...Jahre 1972

...lanerfüllung vom ersten ...age des Jahres 1972 an

Kommt und singt mit uns

Schon des öfteren konnte der Männerchor Ammendorf-Döllnitz die Werktätigen unseres Betriebes und die Bewohner des Territoriums mit seinen gesanglichen Darbietungen erfreuen. Besonders das letzte Chorkonzert im vollbesetzten Klubhaus-Saal vor wenigen Wochen fand bei den Besuchern großen Anklang.

Abb. 158: Erste Bahn frei von 1972 mit Druckfehler (1971), Ammendorf 1972. [447]

447. Bahn frei, Ammendorf 7. Januar 1970

Jahresgeschäftsbericht
Da für das Jahr 1972 keine Werkleitungsprotokolle vorliegen, wird die Geschichte dieses Jahres anhand von Auszügen aus dem Geschäftsbericht dokumentiert.

Jahresgeschäftsbericht des VEB Waggonbau Ammendorf für das Jahr 1972
I. Hauptaufgaben der Führungstätigkeit
II. Gestaltung der wissenschaftlich-technischen Politik
III. Materialwirtschaftliche Vorbereitung der Produktion
IV. Reproduktion der Arbeitskraft
V. Produktionsdurchführung
VI. Absatz und Außenwirtschaft
VII. Rentabilität, Fonds

Auszüge
Plastetechnologie wird nicht beherrscht!
»Hierbei darf jedoch nicht übersehen werden, daß im Verlauf des Jahres 1972 sich die Produktionssituation in zunehmendem Maße besonders schwierig entwickelte und dazu führte, daß in den Monaten Oktober und November erhebliche Produktions- und Exportrückstände eintraten. Ursache für die zeitweilige Untererfüllung waren die
- Umstellung von 50 Wagen mit erhöhtem Plastanteil auf 35 Wagen Normalausführung und 15 Wagen mit vermindertem Plasteanteil infolge Nichtbeherrschen der Technologie sowie
- die eingetretenen Schwierigkeiten bei der Herstellung der Heizstäbe und erhöhte Ausfälle bei der Funktionsprüfung, die die termingemäße Fertigstellung der D/Ked-Wagen verzögerte.«[448]

Was tun, wenn es finanziell unrund läuft?
»Infolge der bei der Plandurchführung entstandenen komplizierten Situation traten im Bereich der ökonomischen Kennziffern Unplanmäßigkeiten durch Kostenüberschreitungen und Mehrkosten ein. Seit Monat Mai bildete ein auf die Erfüllung der ökonomischen Zielstellung ausgerichtetes ökonomisches Programm, … Grundlage für die Leitungstätigkeit im Betrieb.«[449]

Wie wurde planmäßiger Gewinn erreicht?
»Die konsequente Einflußnahme auf die Kostenentwicklung … trug in wesentlichem Umfang zur Gewinnplanerfüllung bei.«[450]

Neue Produkte – Baureihe Ax in GS
»In kontinuierlicher Fortsetzung der 1970 begonnenen Projektierung eines Weitstreckenwagens mit Klimaanlage und kombinierter Heizung von 27 m Länge wurde nach Konstruktion und Musterbau der Prototyp AxL 326 zur LFM 1972 mit Erfolg ausgestellt. Nach Absolvierung des … Erprobungsprogramms in der DDR ist dieser Prototyp zwecks weiterer Testungen im Fahrbetrieb an die SU ausgeliefert worden. Analog dieser Entwicklung wurde zur Erfüllung des Kundenwunsches, 27 m lange Wagen auch mit Druckbelüftung zur Verfügung zu stellen, die Entwicklung und Konstruktion des Prototyps AxL/Dk durchgeführt und der Musterbau aufgenommen.«[451]

1973 kommt er …
»1973 sol die Fahrerprobung des AxL 326 in der SU abgeschlossen, der AxL/Dk fertiggestellt, in der DDR erprobt und zur Fahrerprobung in der SU dem Kunden geliefert werden. Vorgesehen ist … im Laufe des Jahres 1978 in Serie zu liefern.«[452]

Speisewagen
»Zwecks Modernisierung des Speisewagenparks der sowjetischen Staatsbahn wurden Untersuchungen über die Ausrüstung und Gestaltung eines Weitstrecken-Speisewagens AxR durchgeführt und dazu ein Angebotsprojekt erarbeitet. Für diesen Wagentyp soll … die Serienlieferung im Jahre 1979 aufgenommen werden.«[453]

448. LASA, MER, VEB Waggonbau Ammendorf, Nr. 51556.

449.–453. LASA, MER, VEB Waggonbau Ammendorf, Nr. 51556.

Fonds Wissenschaft und Technik

»Von den zu Lasten der Selbstkosten geplanten Mitteln für betriebliche Themen wurden im Jahre 1972 97,9% verbraucht.
Davon für

Neuentwicklungen	*48%*
Weiterentwicklungen	*47%*
Rationalisierungsthemen	*4%*
ökonomische Themen	*1%*

Der Anteil ... betrug an
neuentwickelten Erzeugnissen 0,2%
wieterentwickelten Erzeugnissen 93,2%
Die Rückflußdauer der ... F. u. E. - Mittel beträgt im Durchschnitt 2 Jahre.«[454]

Plaste-Probleme in der Produktion

»Im Rahmen der Weiterentwicklung der Baureihe 47, hier der WPW 47 D/K – Baujahr 1972 –, wurde festgelegt, Plastebauteile aus der Entwicklung des Prototyps AxL/KK zu übernehmen.
Leitungsseitig war eingeschätzt worden, daß die Erkenntnisse und Ergebnisse bei der Herstellung und dem Einbau von Plastbauteilen im Prototyp AxL/KK und dem D/K-Messewagen ausreichen, um ein Los der laufenden Produktion 1972 (47 D/K) entsprechend auszustatten. Auf Grund der Tatsache, daß
- die Austauschbarkeit der Plastbauteile mit den Bauteilen konventioneller Bauart ermöglicht werden mußte, war keine optimale plastgerechte Konstruktion gegeben.
- der fertigungstechnisch bedingte qualitative Neuigkeitsgrad der Betriebsmittel nicht ausreichend erprobt werden konnte, keine Fertigungswerkstatt für Plaste zur Verfügung stand und überwiegend ein Einsatz nicht ausreichend geschulter Arbeitskräfte erfolgte,
traten Qualitätsmängel auf.«[455]

Was war die Folge?

»Die Folge davon war, daß eine Reduzierung der geplanten Wagenzahl mit Plastebauteilen vorgenommen werden mußte.«[456]

454.–456. LASA, MER, VEB Waggonbau Ammendorf, Nr. 54951.

Was tun in Zukunft?

»In Auswertung der Sachlage ist vorgesehen, die Fertigungsvorbereitung durch systematische Prüfung und Testung der Technologie einschließlich der Vorrichtungen so zu gestalten, daß eine qualitativ einwandfreie Serienfertigung von Plastebauteilen gewährleistet wird.«[457]

Normstundenabweichungen

»Bei den im Jahre 1972 gefertigten Ded- und Ked-Wagen (589 Stück) liegen Normstundenabweichungen je Wagen von -25 bis +82 Nh vor. Diese Abweichungen sind unter anderem durch zusätzliche Forderungen im Bereich der Galvanik sowie durch zusätzliche Ausstattungen entstanden. Außerdem sind durch Vorgabe der alten Normzeit für Transport- und Wegezeiten zusätzlich 11 h/Wg benötigt worden ...«[458]

Wo sind die größten Abweichungen?

»Die Normstundenüberschreitung bei den Druckbelüftungswagen mit kombinierter Heizung und geplantem erhöhten Plastanteil beträgt im Durchschnitt pro Wagen +382 h.«[459]

Woran liegt das?

»Diese Überschreitungen zum Plan sind durch dienoch nicht beherrschte Technologie bei der Herstellung von Plasteteilen und die nachträgliche Umstellung von 35 Wagen mit Plasteteilen auf die ursprünglichen Holzteile entstanden.«[460]

Neuer Betriebsteil

»Durch die Investitionstätigkeit des Jahres 1972 wurde ein neuer Betriebsteil geschaffen ... Zur weiteren Erhöhung der Durchlaßfähigkeit und der Schaffung der Voraussetzungen zur Realisierung des mit der UdSSR abgeschlossenen langfristigen Handelsabkommens wird parallel zur Ausbaumontagehalle eine Farbgebungshalle errichtet, die 1974 in Betrieb genommen werden soll.«[461]

457.–461. LASA, MER, VEB Waggonbau Ammendorf, Nr. 54951.

Wie alt sind die Maschinen eigentlich?

»In der Grundmittelart Arbeits- und Werkzeugmaschinen beträgt das Durchschnittsalter zur Zeit 22 Jahre, Gütegrad 3.4.
Bei einem Bruttowert von 12,8 Mio M wurden 1972 443 TM Ersatzinvestitionen beschafft und der Reparaturfonds mit 1,9 Mio M in Anspruch genommen, das bedeutet, daß der gesamte Bruttowert innerhalb von 7 Jahren in Form von Reparaturfondsmitteln benötigt wird, während der Amortisationszyklus der Arbeits- und Werkzeugmaschinen bei einem Durchschnitts-Abschreibungsersatz von 4,3% 23 Jahre beträgt.«[462]

Welcher Gütegrad soll erreicht werden?

»Das hier bestehende Mißverhältnis wird hierdurch besonders unterstrichen. Die seit Jahren bestehende Forderung, den Gütegrad von 2.5 und das Durchschnittsalter von 15 Jahren zu erreichen, setzt eine langfristige und mehrere Jahre umfassende Ersatz- und Erhaltungstätigkeit voraus.«[463]

Welche Zulieferer stehen am Pranger?

»Wenn auch eingeschätzt werden kann, daß sich auf einigen Gebieten die Zulieferindustrie stabilisierte, muß doch festgestellt werden, daß wie in den Vorjahren nachstehend aufgeführte Betriebe die Produktion von WPW durch nicht qualitäts-, termin- und sortimentsgerechte Lieferung im Rahmen der abgeschlossenen Versorgungsverträge negativ beeinflußten:

VEB Faga Berlin
- *elektrotechnische Einbauteile für Zugbeleuchtungsanlagen und Ersatzteile für Direktexport*

VEB Megu Leipzig
- *Stahlformguß (1. Halbjahr 1972)*

VEB Förderwagen und Beschlagteile Mühlhausen
- *Schlösser und Beschlagteile*

VEB Getriebewerk Penig
- *Achsmittelgetriebe 28 kW*

VEB MAB Staßfurt
- *Heizkessel*

Import:

UdSSR
- *Bremsteile*

UVR
- *Elektroumformer*

SFRJ
- *Sprelacart …«*[464]

Wer ist am schlimmsten?

»Es muß festgestellt werden, daß die Betriebe des eigenen Industriezweiges (insbesondere Faga und Mühlhausen) die abgeschlossenen Verträge nicht termingerecht realisieren und es wiederholt zu erheblichen Produktionsstörungen kam. Trotz Verhandlungen auf Werkleiterebene und der dabei vereinbarten Termine wird seitens des VEB Fahrzeugausrüstung Berlin keine Vertragstreue gehalten. Dieser Zustand hat sich bis Jahresende 1972 weiter verschlechtert und zeichnet sich auch für das Jahr 1973 ab.«[465]

Wie sieht es mit den Sowjets aus, liefern sie ihre Bremsteile besser?
Nein, seit der RGW Spielraum lässt …

»Während in den letzten Jahren die UdSSR die Bremsteile im 1. Monate des Vertragsquartals an die DDR zur Auslieferung brachte, nimmt sie ab Anfang 1972 die laut RGW-Bestimmungen zulässigen 4 Wochen Karenzzeit in Anspruch, das heißt die Lieferungen der Bremsteile erfolgen gegenüber den Vorjahren 12 Wochen später. Dadurch treten wiederholt Störungen in der Versorgung der Produktion mit Bremszylinder, Bremsgestängesteller, Kupplungsarmaturen, Bremsschläuchen und Endsteckdosen auf.«[466]

Wie wurde das bisher gelöst?

»Nur durch kostspielige Transporte (Luftfracht, LKW) war es möglich, die Versorgung … durchzuführen.«[467]

462.–463. LASA, MER, VEB Waggonbau Ammendorf, Nr. 54951.

464.–467. LASA, MER, VEB Waggonbau Ammendorf, Nr. 54951.

Bei Auslösung der Verträge ist noch nicht klar, was überhaupt geliefert werden soll – das führt zu Schwierigkeiten …

»Die besondere Schwierigkeit ist nach wie vor, daß zum Zeitpunkt der Auslösung der Versorgungsverträge bei der Zulieferindustrie im II. Quartal für das nächstfolgende jahr noch keine bestätigten technischen Bedingungen vorliegen und demzufolge auch keine ordnungsgemäßen Bestellunterlagen (Stücklisten, Stofflisten, Ausrüstungslisten, Bedarfmeldung und anderes) zur Verfügung stehen.«[468]

Wer wird wieder Lieferschwierigkeiten haben?

»Bei der materiellen Sicherung der Produktion 1973 ergeben sich bereits jetzt foglende erkennbare Schwerpunkte:
elektrotechnische Einbauteile für Zugbeleuchtungsanlagen
Ersatzteile für Direktexport
- VEB Faga Berlin
Schlösser und Beschlagteile
- VEB Förderwagen udn Beschlagteile Mühlhausen
Stahlgußteile (Puffer, automatische Kupplungen und anderes
- VEB Megu Leipzig
Klemmschutzgummi
- VEB Gummikombinat Thüringen
Fensterrahmen und Beschlagteile aus Alu
- VEB Leichtmetallwerk Rackwitz bzw. Import UVR
Hochspannungsheizstäbe
- VEB Berliner Kieselgutwerk
Zwischenrelais
- Zentrale Beschaffung durch VEB Waggonbau Dessau von VEB EAW Treptow
Schaltschränke
- VEB Elektroschaltgeräte Eisenach
Importe:
- Zugbügel für Zug- und Stoßvorrichtung
- SFRJ
- Eichenschnittholz
- BRD
- Sprelacart
- SFRJ
- Bremsteile
- UdSSR
- Kalininantriebe
- VR Polen
- Elektroumformer
- UVR
- EW 7 - Anlage
- UdSSR«[469]

Bestandsentwicklung

»Im Planjahr 1972 konnte durch eine gute Arbeit mit den Beständen erreicht werden, daß bis auf das IV. Quartal (Produktionsrückstände) die Richtsatzplanbestände eingehalten und durch zentrale Verkaufsaktionen die illiquiden Materialbestände abgebaut wurden.«[470]

Urlaubs- und Erholungsmöglichkeiten verbessern!

»Besondere Anstrengungen wurden im Jahre 1972 hinsichtlich der Erweiterung der Urlaubs- und Erholungsmöglichkeiten unternommen. Das Naherholungszentrum am Löbitz-See wurde termingemäß bis zum 1. Mai 1972 fertiggestellt. Damit stehen 10 Bungalows und 1 Gemeinschaftshaus zur Verfügung.«[471]

Lieschow/Rügen

»Der 1. Bauabschnitt zur Schaffung eines Erholungszentrums in Lieschow/Rügen wurde abgeschlossen. Mit der Fertigstellung dieses Objektes im Verlauf des Jahres 1973 werden weitere 880 Ferienplätze jährlich geschaffen.«[472]

Wohnungen

»Im Bemühen, die Wohnbedingungen zu verbessern, konnten im Berichtszeitraum 137 Wohnungsprobleme gelöst werden. Darunter wurden durch Um- und Ausbau bzw. Instandsetzung 6 Wohnungseinheiten zusätzlich geschaffen bzw. wieder bewohnbar gemacht.«[473]

468. LASA, MER, VEB Waggonbau Ammendorf, Nr. 54951.

469.–473. LASA, MER, VEB Waggonbau Ammendorf, Nr. 54951.

Wie viele Essensportionen?

»Die Versorgungsleistungen konnten im Jahre 1972 weiter erhöht werden. Es wurden insgesamt rund 1 Mio Essensportionen gefertigt. Das sind 82.520 Portionen mehr als im Vorjahr.«[474]

Betriebspoliklinik versorgt weitere Betriebe

»Weitere Anstrengungen sind hinsichtlich der gesundheitlichen Betreuung der Werktätigen durch unsere Betriebspoliklinik unternommen worden. Mit 7 Betrieben im Ortsteil Ammendorf konnte auf vertraglicher Basis die medizinische Betreuung auch der Werktätigen dieser Betriebe vereinbart werden.«[475]

Sport für den Ort ...

»Durch die BSG Motor Ammendorf wurden in Zusammenarbeit mit der Sportkommission unter Einbeziehung der volkswirtschaftlichen Masseninitiative weitere Voraussetzungen für den Freizeit- und Erholungssport der Belegschaft und Bevölkerung im Wohngebiet geschaffen bzw. der Bau von weiteren Sportanlagen in Angriff genommen.«[476]

Taktstände wurden aufgelockert ...

»Mit der Inbetriebnahme der Ausbaumontagehalle im Werk II wurde eine Auflockerung an den Taktständen der bisherigen Fertigungsmontage und damit eine Verbesserung der Arbeitsbedingungen in der Montage erreicht.«[477]

Preissenkung traf uns unvorbereitet!

»Nachteilig wirkte sich die nicht geplante Preissenkung bei der Fertigung der Drehgestellteile für das RAW Halle aus. Es mußten im Jahr 1972 934 TM durch andere Produktion ausgeglichen werden. Das geplante Normstundenvolumen für diese Produktion blieb aber bestehen.«[478]

Konsumgüterproduktion

»Der Ablauf der Konsumgüterproduktion erfolgte planmäßig. die abgegebene Verpflichtung, 500 TM Fertigungserzeugnisse für die Bevölkerung und Kooperationsleistungen für die Konsumgüterindustrie herzustellen, wurde mit 35 TM übererfüllt. Die Bildung einer Abteilung für die Konsumgüterfertigung wurde Ende 1972 abgeschlossen.«[479]

474.–478. LASA, MER, VEB Waggonbau Ammendorf, Nr. 54951.

Außenhandelsergebnis

»Das ursprünglich mit 1.590 TM geplante AHE wurde durch die vorgenommene Planpräzisierung um 249 TM reduziert, so daß die eingetretene Übererfüllung um diesen Betrag höher eingetreten ist.«[480]

Kultur- und Sozialfonds

»Dem Kultur-und-Sozial-Fonds standen insgesamt 3.084 TM zur Verfügung ... «[481]

Was wurde damit gemacht?

»Wesentliche Ausgaben waren:

Küche	*715 TM*
Klubhaus	*206 TM*
BSG	*194 TM*
Berufsverkehr	*227 TM*
Poliklinik	*155 TM*
Kinderbetreuung	*306 TM*
Ferienbetreuung	*515 TM«*[482]

Wichtige Investitionsvorhaben

Insgesamt wurden 1972 Investitionen für 13.348 Millionen Mark durchgeführt. Das teuerste Projekt war die neue Ausbaumontagehalle.

»Die wichtigsten Investitionsvorhaben waren:

- Ausbaumontagehalle	*9.522 TM*
- Farbgebungshalle	*432 TM*
- Umbau Gebäude 400	*1.728 TM*
- Gasreglerstation	*93 TM*
- Verbesserung der Arbeits- und Lebensbedingungen	*378 TM*
- Rekonstruktion Telefonanlage	*19 TM*
- Ersatzinvestitionen	*1.082 TM«*[483]

479.–483. LASA, MER, VEB Waggonbau Ammendorf, Nr. 54951.

Thema: Ferienversorgung des WBA 1972
Die Ferienversorgung war wichtig für die Bindung der Mitarbeiter. Der FDGB verlangte Investitionen in die Ferienversorgung. Die Übersicht unten gibt einen Überblick über die Kapazitäten (Abb. 159).[484]

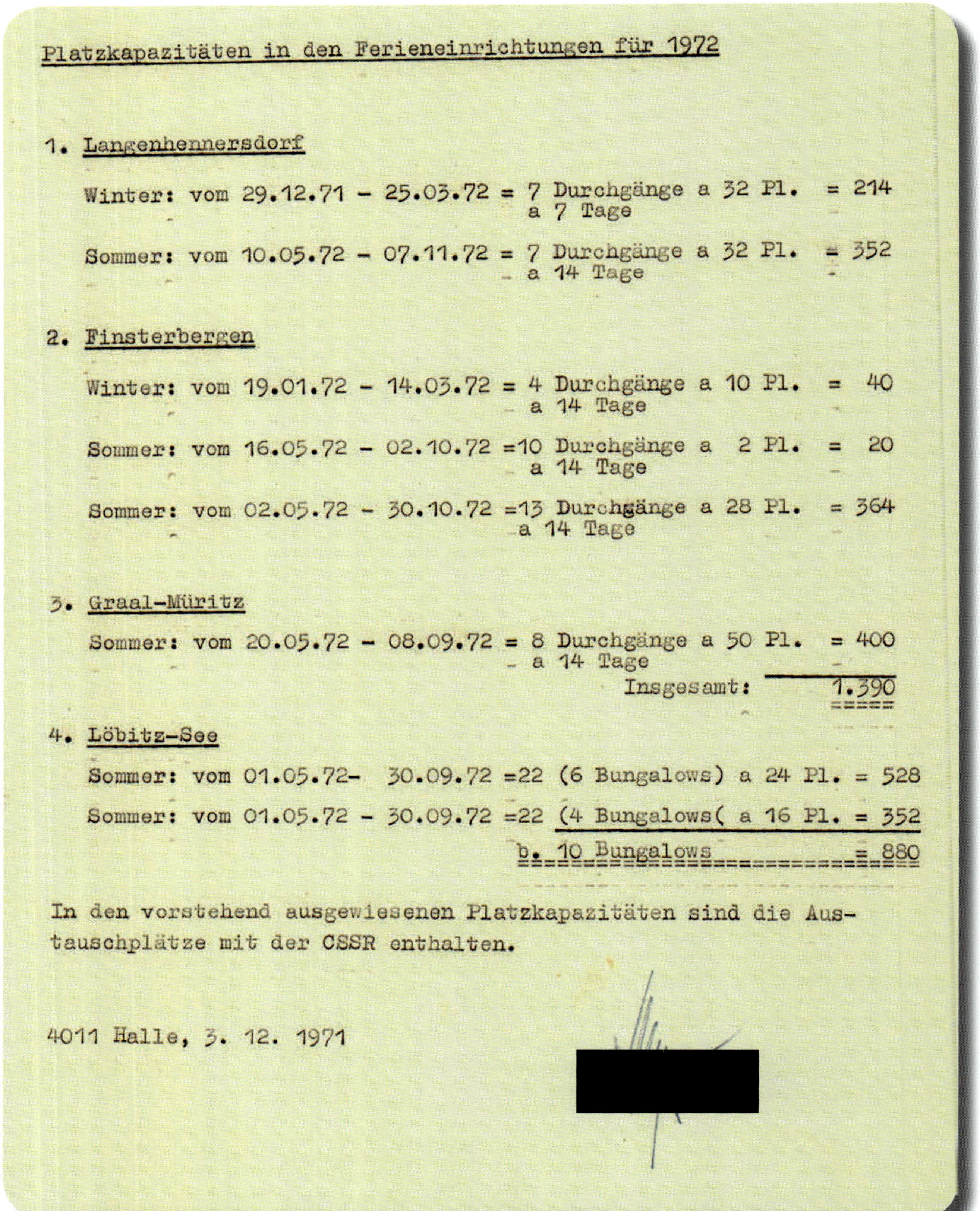

Platzkapazitäten in den Ferieneinrichtungen für 1972

1. Langenhennersdorf

Winter: vom 29.12.71 – 25.03.72 = 7 Durchgänge a 32 Pl. = 214
a 7 Tage

Sommer: vom 10.05.72 – 07.11.72 = 7 Durchgänge a 32 Pl. = 352
a 14 Tage

2. Finsterbergen

Winter: vom 19.01.72 – 14.03.72 = 4 Durchgänge a 10 Pl. = 40
a 14 Tage

Sommer: vom 16.05.72 – 02.10.72 =10 Durchgänge a 2 Pl. = 20
a 14 Tage

Sommer: vom 02.05.72 – 30.10.72 =13 Durchgänge a 28 Pl. = 364
a 14 Tage

3. Graal-Müritz

Sommer: vom 20.05.72 – 08.09.72 = 8 Durchgänge a 50 Pl. = 400
a 14 Tage

Insgesamt: 1.390

4. Löbitz-See

Sommer: vom 01.05.72- 30.09.72 =22 (6 Bungalows) a 24 Pl. = 528

Sommer: vom 01.05.72 – 30.09.72 =22 (4 Bungalows(a 16 Pl. = 352

b. 10 Bungalows = 880

In den vorstehend ausgewiesenen Platzkapazitäten sind die Austauschplätze mit der CSSR enthalten.

4011 Halle, 3. 12. 1971

[redacted]

Abb. 159: Ferienversorgung des WBA 1972, Ammendorf 1972.

484. Frotscher-Archiv, Halle.

Beispiel Lieschow
Bei Lieschow, das sehr beliebt war, ging es darum, ein ganzes Urlauberzentrum zu schaffen. Zu diesem Zwecke wurden mehrere Gehöfte gekauft, um ein geschlossenes Ensemble zu haben (Abb. 160).[485]

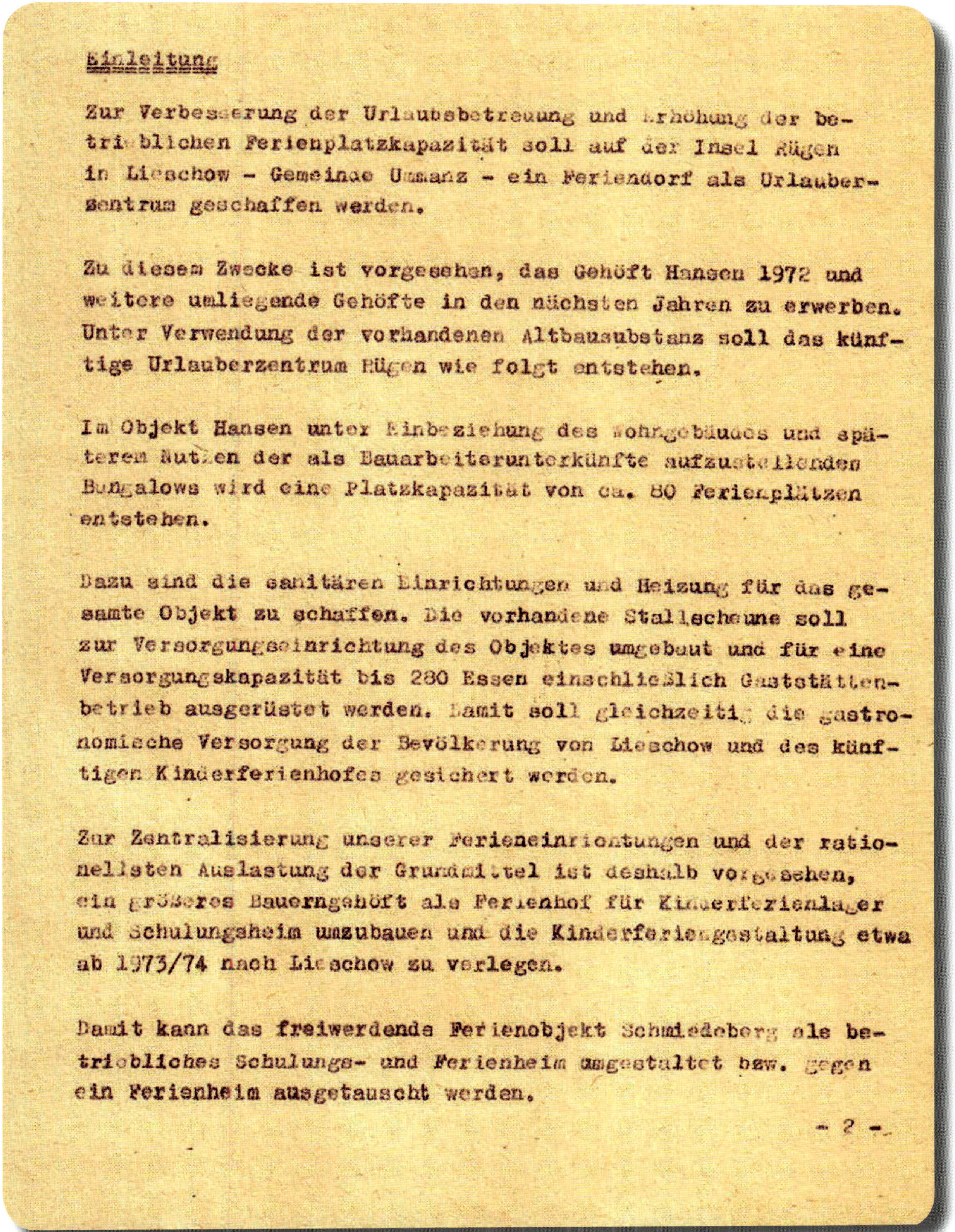

Einleitung

Zur Verbesserung der Urlaubsbetreuung und Erhöhung der betrieblichen Ferienplatzkapazität soll auf der Insel Rügen in Lieschow - Gemeinde Ummanz - ein Feriendorf als Urlauberzentrum geschaffen werden.

Zu diesem Zwecke ist vorgesehen, das Gehöft Hansen 1972 und weitere umliegende Gehöfte in den nächsten Jahren zu erwerben. Unter Verwendung der vorhandenen Altbausubstanz soll das künftige Urlauberzentrum Rügen wie folgt entstehen.

Im Objekt Hansen unter Einbeziehung des Wohngebäudes und späterem Nutzen der als Bauarbeiterunterkünfte aufzustellenden Bungalows wird eine Platzkapazität von ca. 80 Ferienplätzen entstehen.

Dazu sind die sanitären Einrichtungen und Heizung für das gesamte Objekt zu schaffen. Die vorhandene Stallscheune soll zur Versorgungseinrichtung des Objektes umgebaut und für eine Versorgungskapazität bis 280 Essen einschließlich Gaststättenbetrieb ausgerüstet werden. Damit soll gleichzeitig die gastronomische Versorgung der Bevölkerung von Lieschow und des künftigen Kinderferienhofes gesichert werden.

Zur Zentralisierung unserer Ferieneinrichtungen und der rationellsten Auslastung der Grundmittel ist deshalb vorgesehen, ein größeres Bauerngehöft als Ferienhof für Kinderferienlager und Schulungsheim umzubauen und die Kinderferiengestaltung etwa ab 1973/74 nach Lieschow zu verlegen.

Damit kann das freiwerdende Ferienobjekt Schmiedeberg als betriebliches Schulungs- und Ferienheim umgestaltet bzw. gegen ein Ferienheim ausgetauscht werden.

\- 2 -

Abb. 160: Ferienanlage Lieschow, Ammendorf 1972.

485. Frotscher-Archiv, Halle.

Karte
Um die Kapazität der Versorgung zu erweitern, die 1971 noch bei 2.907 Plätzen lag, was für einen über 4.000-Leute-Betrieb zu wenig war, baute man in Lieschow ein Feriendorf … (Abb. 161).[486]

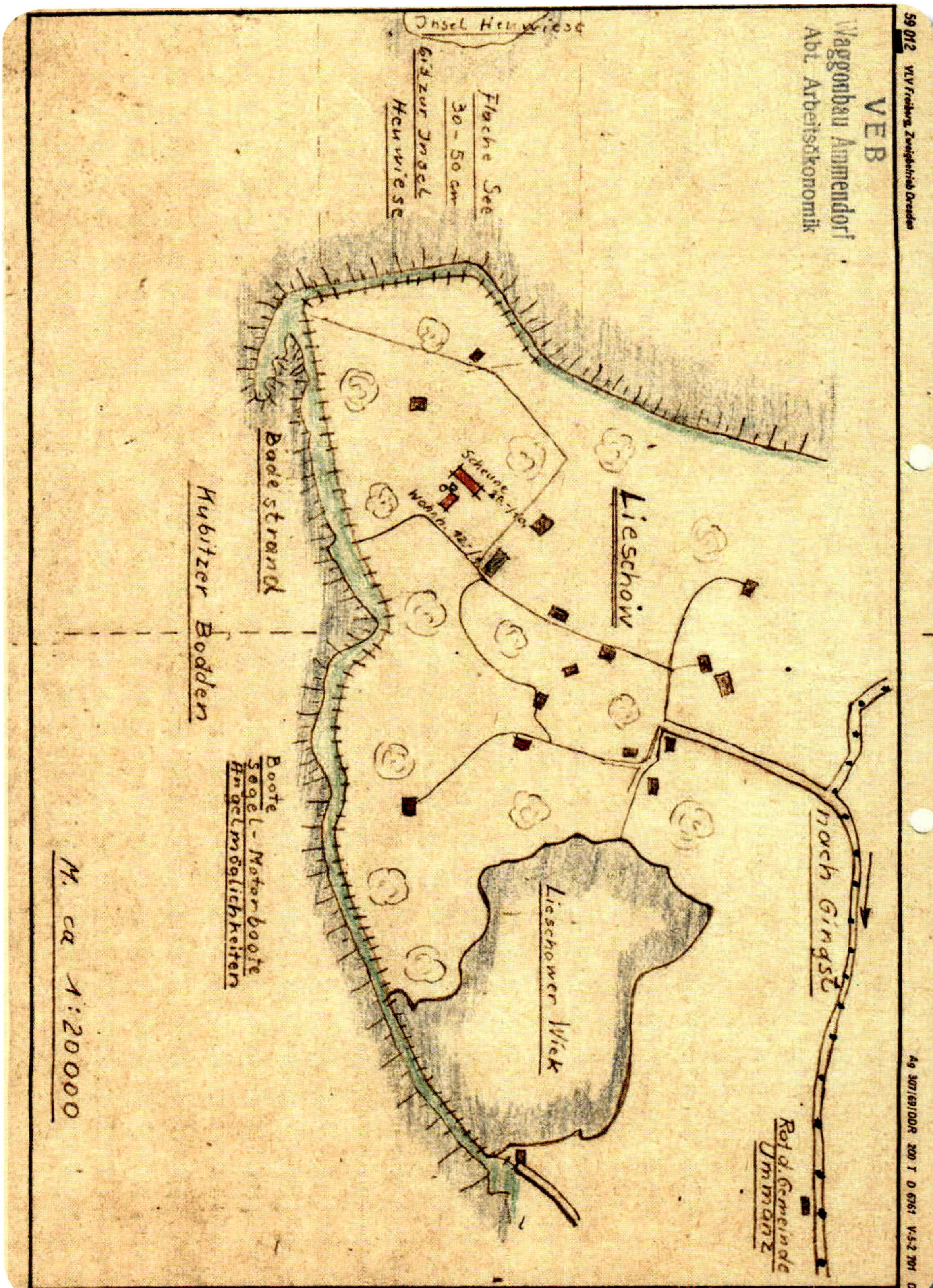

Abb. 161: Ferienanlage Lieschow, Ammendorf 1972.

486. Frotscher-Archiv, Halle.

Ferienversorgung des WBA 1972 Teil 3
Oben sieht man das Ferienobjekt Langhennersdorf. Unten einen Betriebsausflug in den Spreewald (Abb. 162–163).[487]

Abb. 162: Langhennersdorf, Ammendorf 1970er Jahre.

Abb. 163: Betriebsausflug Spreewald, Ammendorf 1970er Jahre.

487. Archiv Regine Czerner

Thema: Patente 1968–1972
Wann wurden Patente angemeldet und wann nicht, wann ließ man sie auslaufen?
Ein Protokoll aus dem Jahr 1971 soll darüber Auskunft geben. Es folgt ein Beispiel eines Patents, das 1972 aufgegeben wurde.

Warmwasserbehälter Füllkopf und Füllstutzen
»Bevor endgültig über die Schutzfähigkeit im Ausland entschieden wird, müssen die noch laufenden Versuche abgeschlossen sein …«[488]

Tragekonstruktion eines Kastengerippes für Reisezugwagen
»Da der Kunde Wagen mit diesem Mittellangträger ablehnt, werden Patentanmeldungen außerhalb der DDR nicht empfohlen.«[489]

Sandwich-Bauteile
»Dieses Verfahren ist leicht zu umgehen. Deshalb werden Patentanmeldungen außerhalb der DDR nicht empfohlen.«[490]

Vorrichtung zum Schutz seitlicher Dämpfungspuffer
»Diese Vorrichtung dient nur zur Überführung der Reisezugwagen bis zum Grenzübertritt. Patentanmeldungen außehalb der DDR werden nicht empfohlen.«[491]

Spannelement zum Festspannen von Stangenprofilen oder dergleichen
»Hinsichtlich der Schutzfähigkeit außerhalb der DDR ist der fachlich zuständige Industriezweig zu konsultieren. Danach erfolgt endgültiger Beschluß durch das Schutzrechtskollektiv.«[492]

Leitungssystem in der Art kommunizierender Röhren
»Weil unsere Bemühungen um eine Realisierung der Erfindung in Frankreich und in Westdeutschland erfolgt sind, wird aus Gründen sparsamer Devisenbewirtschaftung emfohlen, das französische Patent … nicht aufrecht zu erhalten und auch die Patentanmeldung in Westdeutschland nicht weiter zu verfolgen.«[493]

Patentanmeldung in der VR Ungarn
»In der VR Ungarn werden Weitstreckenpersonenwagen unserer Bauart nicht mehr hergestellt. Aus diesem Grund entfällt auch die Notwendigkeit, die oben genannte Patentanmeldung in der VR Ungarn weiterzuverfolgen.«[494]

Patentanmeldung in der VR Polen
»Aus Wettbewerbsgründen und zur Absicherung unseres Absatzmarktes UdSSR wird empfohlen, das Patent in der UdSSR weiter aufrecht zu erhalten und auch die Patentanmeldung in der VR Polen weiterzuverfolgen. Letzteres ist insbesondere erforderlich, weil Verdacht besteht, daß unsere Erfindung durch die polnische Schienenfahrzeuge bauende Industrie benutzt wird. In Zusammenarbeit mit TKB … ist … zu klären, ob tatsächlich eine Benutzung … erfolgt.«[495]

Übergangseinrichtung, insbesondere für miteinander gekuppelte Fahrzeuge
»Das Schutzrechtskollektiv empfiehlt die Weiterverfolgung dieser Patentanmeldung. Dies ist erforderlich, weil noch nicht entschieden ist, ob diese oder die Görlitzer Lösung unifiziert wird.«[496]

Fazit: Erfindungsergiebigkeit zu niedrig!
»Durch TNT-p wurde erneut darauf hingewiesen, daß die Zahl derjenigen Erfindungen, die Spitzenleistungen im Weltmaßstab darstellen, noch zu niedrig ist. Dadurch bestehen auch Schwierigkeiten der Realisierung von Lizentvergabeobjekten außerhalb der DDR. Es wurde ferner von TNT-p erneut auf die Notwendigkeit der Erarbeitung von Aufgabenstellungen hohen Niveaus hingewiesen, deren Lösungen hohe erfinderische Leistungen erfordern.«[497]

488.–492. LHASA, MER, VEB Waggonbau Ammendorf, Nr. 55448.

493.–497. LHASA, MER, VEB Waggonbau Ammendorf, Nr. 55448.

Patente 1968–1972 Teil 2
Aus den Patenten soll ein Patent herausgegriffen werden, dass in Westdeutschland angemeldet wurde. Es handelt sich um ein Leitungssystem in der Art kommunizierender Röhren (1968–1972, Abb. 164).[498]

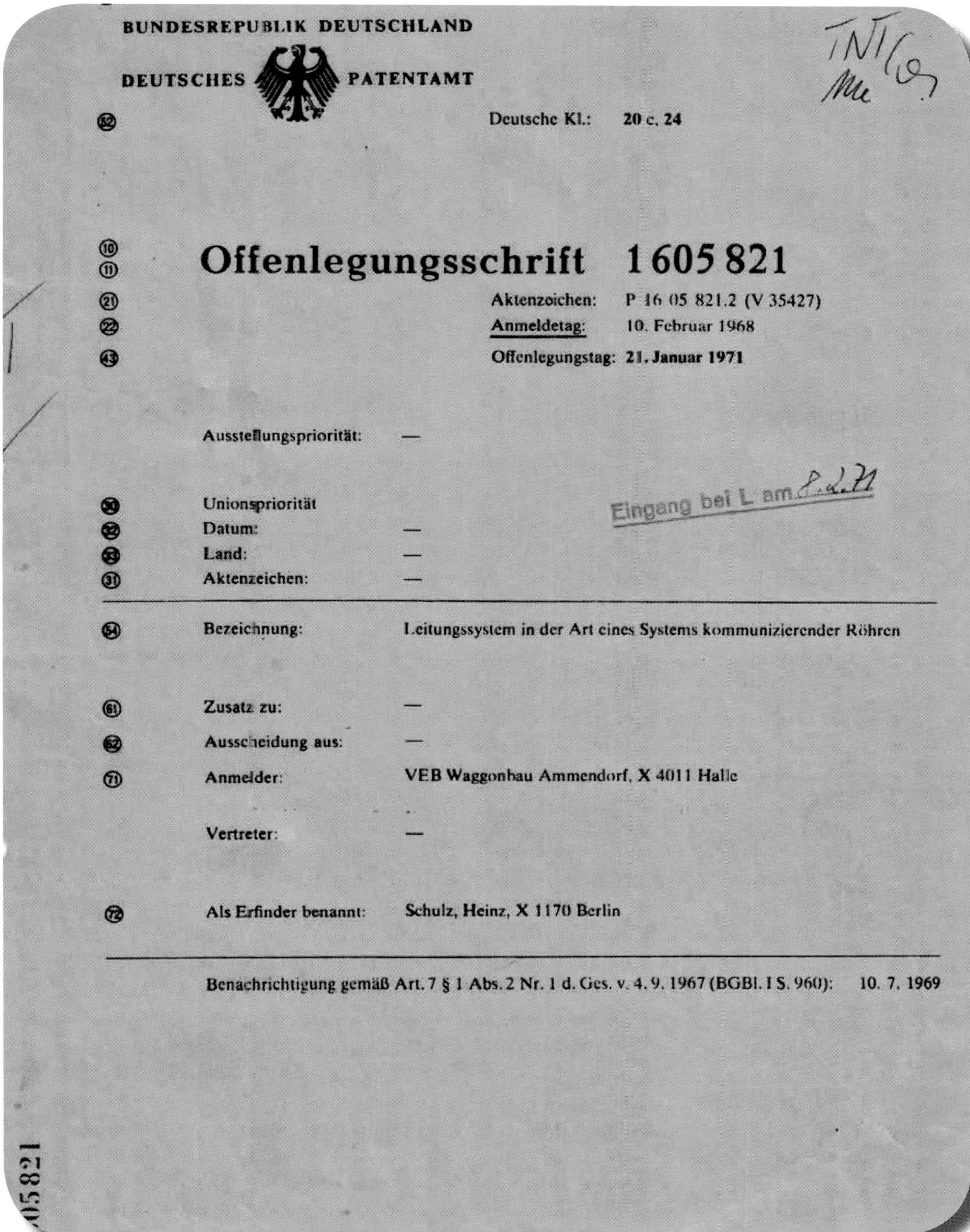
BUNDESREPUBLIK DEUTSCHLAND

DEUTSCHES PATENTAMT

(52) Deutsche Kl.: 20 c, 24

(10) (11) **Offenlegungsschrift 1 605 821**

(21) Aktenzeichen: P 16 05 821.2 (V 35427)

(22) Anmeldetag: 10. Februar 1968

(43) Offenlegungstag: 21. Januar 1971

Ausstellungspriorität: —

Eingang bei L am 8.2.71

(30) Unionspriorität

(32) Datum: —

(33) Land: —

(31) Aktenzeichen: —

(54) Bezeichnung: Leitungssystem in der Art eines Systems kommunizierender Röhren

(61) Zusatz zu: —

(62) Ausscheidung aus: —

(71) Anmelder: VEB Waggonbau Ammendorf, X 4011 Halle

Vertreter: —

(72) Als Erfinder benannt: Schulz, Heinz, X 1170 Berlin

Benachrichtigung gemäß Art. 7 § 1 Abs. 2 Nr. 1 d. Ges. v. 4. 9. 1967 (BGBl. I S. 960): 10. 7. 1969

1 605 821

Abb. 164: Offenlegungsschrift Patent BRD 1971, München 1971.

498. Frotscher-Archiv, Halle.

Patente 1968–1972 Teil 3

Als Anhang folgen die eigentlichen Patentansprüche. Gesperrt wurden die Signalwörter geschrieben: »*gekennzeichnet durch*«. Dadurch ergibt sich ein leichteres Verständnis des Patents (Abb. 165).[499]

1605821

9

Patentansprüche:

1. Leitungssystem in der Art eines Systems kommunizierender Röhren, mit einer oben offenen Röhre, einem oben offenen Behälter u. dgl., unter derem durch atmosphärischen Druck belasteten Niveauspiegel das Ende der anderen Röhre mit ihrem über dem Niveauspiegel angeordneten heberartigen Teil mündet, sowie mit einem Zufluß zur Regelung der Niveauhöhe im Leitungssystem, gekennzeichnet durch ein in der statischen Leitung (5) zwischen diesem Zufluß und der Mündung dieses heberartigen Teiles angeordnetes Absperrorgan (4).

2. Leitungssystem nach Anspruch 1, dadurch gekennzeichnet, daß die oben offene Röhre, der oben offene Behälter u. dgl. geschlossen und der Niveauspiegel durch einen höheren als den atmosphärischen Druck beaufschlagt ist.

3. Leitungssystem nach Anspruch 1 und 2, gekennzeichnet durch eine Anwendung in Heiz- oder Kühlsystemen mit vorzugsweise räumlich bedingt niedriger Anordnung des Ausdehnungs- oder Ausgleichgefäßes (9) unter dem höchsten Punkt des Heiz- oder Kühlkreislaufes.

4. Leitungssystem nach Anspruch 3, dadurch gekennzeichnet, daß der Zufluß die Zirkulationsleitung (1;1';2), das heberartige Teil das über dem Niveauspiegel (10;10') angeordnete Teil (1') einschließlich der Entlüftungsleitung (3) ist, daß das Absperrorgan ein nur nach der Zirkulationsleitung (1;1';2) hin öffnungsfähiges Ventil, beispielsweise eine Rückschlagklappe oder ein Rückschlagventil (4) ist, das in der statischen Leitung (5) zwischen der Zirkulationsleitung (1;1';2) und der Mündung (6) der Entlüftungsleitung (3) angeordnet ist.

009884/0048 - 2 -

Abb. 165: Offenlegungsschrift Patent BRD, München 1971.

499. Frotscher-Archiv, Halle.

Patente 1968–1972 Teil 4

Insgesamt gab es 6 Patentansprüche, von denen 4 auf der ersten Seite und 2 auf der zweiten Seite dargestellt wurden. Selbst die Nähe der Anordnung wurde geschützt (Abb. 166–167).[500]

- 2 - 10   1605321

5. Leitungssystem nach Anspruch 1 bis 4 für Heiz- oder Kühlanlagen mit Pumpumwälzung gekennzeichnet durch eine in der Zirkulationsleitung (1;1';2) in der Nähe der statischen Leitung (5) angeordnete Umwälzpumpe.

6. Leitungssystem nach Anspruch 3 bis 5, dadurch gekennzeichnet, daß die Entlüftungsleitung (3) gleichzeitig die Füll- und Sicherheitsleitung des Heiz- oder Kühlsystems ist.

Hierzu 1 Blatt Zeichnungen

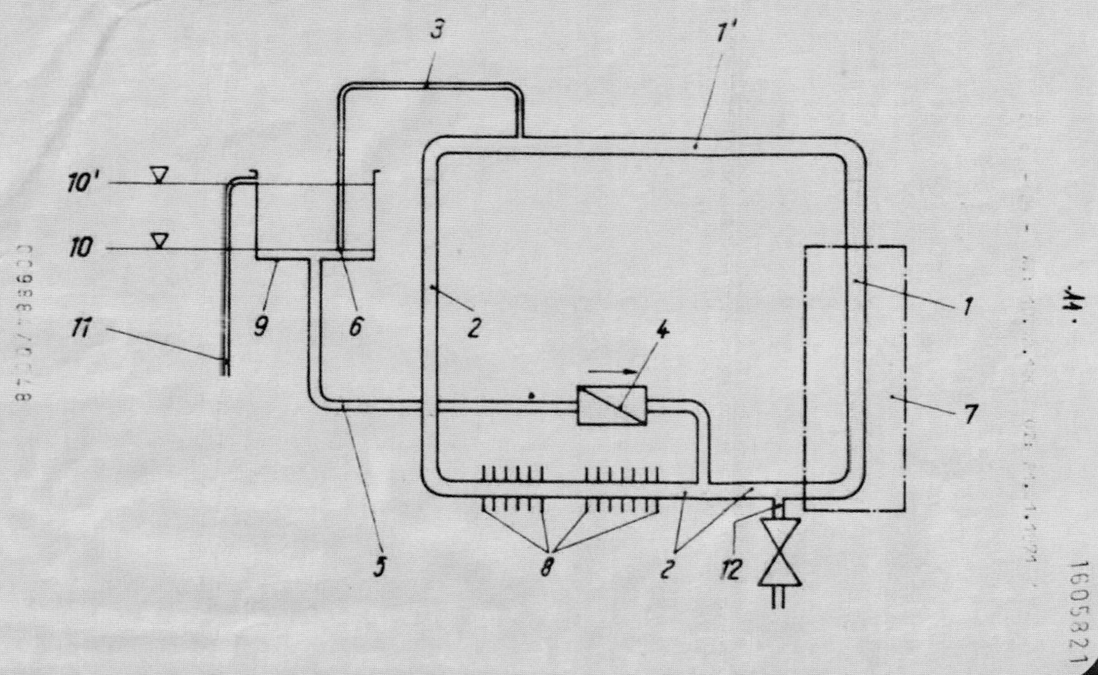

009884/0048

Abb. 166–167: Offenlegungsschrift Patent BRD 1971 , München 1971.

500. Frotscher-Archiv, Halle.

Patente 1968–1972 Teil 5
Das 1968 eingereichte Patent, das 1971 durch das Bundespatentamt München offengelegt wurde, wurde schließlich ab 1972 nicht weiter verfolgt. Die Patentanmeldung wurde fallen gelassen (Abb. 168–169).[501]

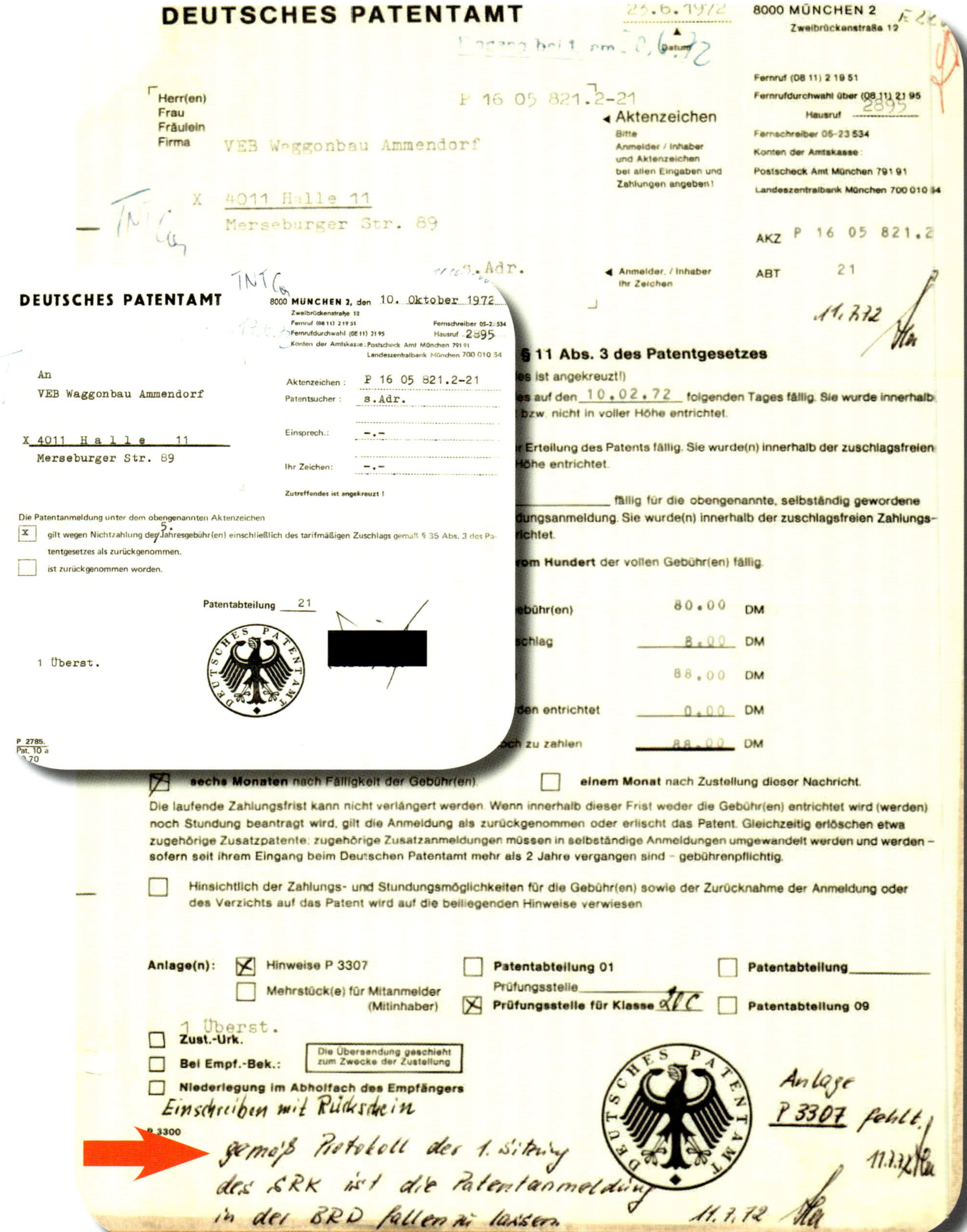
DEUTSCHES PATENTAMT

8000 MÜNCHEN 2, den 10. Oktober 1972
Zweibrückenstraße 12
Fernruf (08 11) 2 19 51
Fernrufdurchwahl (08 11) 21 95
Fernschreiber 05-23 534
Hausruf 2895
Konten der Amtskasse: Postscheck Amt München 791 91
Landeszentralbank München 700 010 54

An
VEB Waggonbau Ammendorf

X 4011 H a l l e 11
Merseburger Str. 89

Aktenzeichen: P 16 05 821.2-21
Patentsucher: s.Adr.
Einsprech.: -.-
Ihr Zeichen: -.-

Zutreffendes ist angekreuzt!

Die Patentanmeldung unter dem obengenannten Aktenzeichen
[x] gilt wegen Nichtzahlung der 5. Jahresgebühr(en) einschließlich des tarifmäßigen Zuschlags gemäß § 35 Abs. 3 des Patentgesetzes als zurückgenommen.
[ ] ist zurückgenommen worden.

Patentabteilung 21

[redacted]

1 Überst.

P 2785.
Pat. 10 a
70

DEUTSCHES PATENTAMT

23.6.1972
Eingang bei 1. am 30.6.72

8000 MÜNCHEN 2
Zweibrückenstraße 12
Fernruf (08 11) 2 19 51
Fernrufdurchwahl über (08 11) 21 95
Hausruf 2895
Fernschreiber 05-23 534
Konten der Amtskasse:
Postscheck Amt München 791 91
Landeszentralbank München 700 010 54

Herr(en)
Frau
Fräulein
Firma
VEB Waggonbau Ammendorf

X 4011 Halle 11
Merseburger Str. 89

P 16 05 821.2-21
Aktenzeichen
Bitte Anmelder / Inhaber und Aktenzeichen bei allen Eingaben und Zahlungen angeben!

AKZ P 16 05 821.2
ABT 21

s. Adr.
Anmelder / Inhaber ihr Zeichen

11.7.72

§ 11 Abs. 3 des Patentgesetzes
... ist angekreuzt!)
... auf den 10.02.72 folgenden Tages fällig. Sie wurde innerhalb ... bzw. nicht in voller Höhe entrichtet.
... Erteilung des Patents fällig. Sie wurde(n) innerhalb der zuschlagsfreien ... Höhe entrichtet.
... fällig für die obengenannte, selbständig gewordene ... dungsanmeldung. Sie wurde(n) innerhalb der zuschlagsfreien Zahlungs... ... richtet.
... vom Hundert der vollen Gebühr(en) fällig.

...gebühr(en)	80.00	DM
...schlag	8.00	DM
	88.00	DM
...den entrichtet	0.00	DM
...och zu zahlen	88.00	DM

[x] sechs Monaten nach Fälligkeit der Gebühr(en) [ ] einem Monat nach Zustellung dieser Nachricht.

Die laufende Zahlungsfrist kann nicht verlängert werden. Wenn innerhalb dieser Frist weder die Gebühr(en) entrichtet wird (werden) noch Stundung beantragt wird, gilt die Anmeldung als zurückgenommen oder erlischt das Patent. Gleichzeitig erlöschen etwa zugehörige Zusatzpatente; zugehörige Zusatzanmeldungen müssen in selbständige Anmeldungen umgewandelt werden und werden – sofern seit ihrem Eingang beim Deutschen Patentamt mehr als 2 Jahre vergangen sind – gebührenpflichtig.

[ ] Hinsichtlich der Zahlungs- und Stundungsmöglichkeiten für die Gebühr(en) sowie der Zurücknahme der Anmeldung oder des Verzichts auf das Patent wird auf die beiliegenden Hinweise verwiesen.

Anlage(n): [x] Hinweise P 3307 [ ] Mehrstück(e) für Mitanmelder (Mitinhaber)
[ ] Patentabteilung 01 Prüfungsstelle [x] Prüfungsstelle für Klasse 20c
[ ] Patentabteilung ____ [ ] Patentabteilung 09

1 Überst.
[ ] Zust.-Urk.
[ ] Bei Empf.-Bek.: Die Übersendung geschieht zum Zwecke der Zustellung
[ ] Niederlegung im Abholfach des Empfängers
Einschreiben mit Rückschein

P 3300

Anlage P 3307 fehlt. 11.7.72

gemäß Protokoll der 1. Sitzung des SRK ist die Patentanmeldung in der BRD fallen zu lassen. 11.7.72

Abb. 168–169: Nachricht und Zurücknahme, München 1972

501. Frotscher-Archiv, Halle.

Bilder 1972[502]

Abb. 173: Die neue BGL: Rudi Dehne, Heinz Höpfner, Peter Hahn, Kurt Müller, Rolf Schmidt, Helmut Wenzel, Ursula Pälecke, Paul Gotsch, Alfred Jahnke, Gerhard Künzel, Walter Heßler, Helga Koch, Hannelore Wagner, Heinz-Jürgen Trinter, Otto Hartmann, Erich Dusel, Hermann Brückner, Elke Hoppe, Jürgen Wipprich, Gerhard Sandring, Kurt Simon, Hans Miehe, Klaus Bohmeier, Ammendorf 1972.

Abb. 170: Die neue FDJ-Leitung: Detlef Hackenberg, Bärbel Butenschön, Lothar Müller, Gerd Gothe, Angelika Böcker, Klaus Schmieder, Eberhard Schmidt, Christiane Klepzig, Rüdiger Wissuwa, Ammendorf 1972.

Abb. 171: Alle kamen nach Halle: Werner Felfe und Fidel Castro, Ammendorf 1972.

Abb. 172: Kollektiv TE., Ammendorf 1972.

502. Bahn frei!, Ammendorf 1972.

Bilder 1972 (Abb. 174).[503]

Durchsichtige Modenschau

Sie kennen doch das Märchen „Des Kaisers neue Kleider".
Ein Schelm „webte" dem Märchen-Kaiser Gewänder, die völlig durchsichtig waren.
Völlig durchsichtig war auch die Modenschau, die im Dezember im Klubhaus unseres Betriebes stattfinden sollte. Nicht nur verschiedene Kollegen in Ö, sondern sogar der Klubhausleiter haben davon gewußt. So richtig verantwortlich dafür hat sich aber anscheinend keiner gefühlt. Oder war hier ein weiterer Schelm am Werke, der alles durchsichtig erscheinen ließ?
Wir haben jedenfalls an dem besagten Tag weder modische Kleider, noch hübsche Modedamen, noch ein Publikum entdeckt.

OWIE SCHADE

Was sind richtige Kerle?

... die nicht pünktlich, sondern später zur Arbeit kommen. Man ist doch ausgeruht ein ganz anderer Kerl.

*

... die sich davon leiten lassen: Wozu nach jeder Arbeit das Werkzeug bzw. den Arbeitsplatz reinigen, wo beides doch wieder schmutzig wird.

*

... die ihre Kinder bei den Schularbeiten ordentlich maßnehmen, während sie die Maße heben.

B. B. – Broduktions-Bropaganda

Es geht um das Mädchen auf Seite 8

Recht häufig veröffentlicht „Bahn frei" auf Seite 8 ein schönes Mädchen.
Wir wollten es nun genau wissen, ob dieses Bild tatsächlich in unserer Zeitung erwünscht ist. Dazu führten wir eine Umfrage. Wir fragten 100 Waggonbauer.
Die Frage lautete: Soll das Mädchenbild auf Seite 8 bleiben oder nicht?
Die Antworten auf einen Nenner gebracht:
51 Prozent: Selbstverständlich! Aber muß sie immer so viel anhaben?
35 Prozent: Da muß ich erst einmal meine Frau fragen.
10 Prozent: Muß nicht sein, wir haben den „Eulenspiegel" mit „Funzel" abonniert. Da geht's heißer zu.
1 Prozent: Ich bin dagegen, weil durch diese Bilder meine beiden 18jährigen Kinder sittlich gefährdet werden.

Zum untenstehenden Bild:

Seenplatte und Drehwinkel

Auf dem Weg zum Bauhof gibt es eine häßliche Stelle, die jedesmal nach einem Regen unter Wasser steht.
Aber was vielleicht noch schlimmer ist: Regelmäßig jede Woche rutscht beim Ziehen der Wagen auf dem Drehwinkel bestimmt ein Wagen aus dem Gleis. Schaden: Jede Menge Bohlenholz.
Letzte Woche saß der Wagen sogar tief drin und mußte mühselig hochgekurbelt werden.
Eine anständige Reparatur unter Verwendung von Eisenplatten — bitte, wir sind keine Reparaturfachleute — könnte dem ein für allemal abhelfen.

Schmidtchen

Wahre Begebenhei

Ein Kollege hat im Werk Tätigkeit aufgenommen. Es ihm schnell übermittelt, daß m der sogenannten W-Halle holz abgreifen kann.
So betritt er dann — einer sten unter dem Arm — zu diese Halle und wendet si einen Kollegen.
„Darf ich mir ein paar Stü Holz einlesen?"
„Na, mach schon!"
Als der Kasten fast vo fragt der holzspendable K „Hast du die Stückchen auc zählt?"
„Nein, muß man das?"
„Natürlich, du mußt doch zum Feierabend am Werke sagen, wieviel Stück du hast!"
Der Kollege schüttet den wieder aus. Jetzt zählt er die chen gewissenhaft wieder 'rei
„Es sind 63 Stück. Besten auch", verabschiedet er sich.
Er hat es am Haupteingan meldet ...

★

Für weitere wahre Gesch aus dem Betrieb zahlt „Bahn soundsoviel, wenn nicht noch

H

Annonce

Suchen WÜNSCHEL zum Aufspüren von R ven und Ersatzteilque

Knobeln Sie mit?

Sie sollen aus dem Stegrei Worte mit der Endung „nf" also Genf, Hanf, Senf usw.
Gelingt Ihnen das, dann k Sie sich als Held feiern lassen

Übrigens ...

... ist es nie die Schuld „Bahn frei", wenn kein Spei veröffentlicht wird.

N. A

„Ein paar solcher Wartehallen und unser Fahrplan der Str bahn stimmt!"

Abb. 174: B. B. – Broduktions-Bropaganda, Ammendorf Dezember 1972.

503. Bahn frei!, Ausgaben des Jahres 1972.

Prospekte 1972 (Abb. 175–207).[504–508]

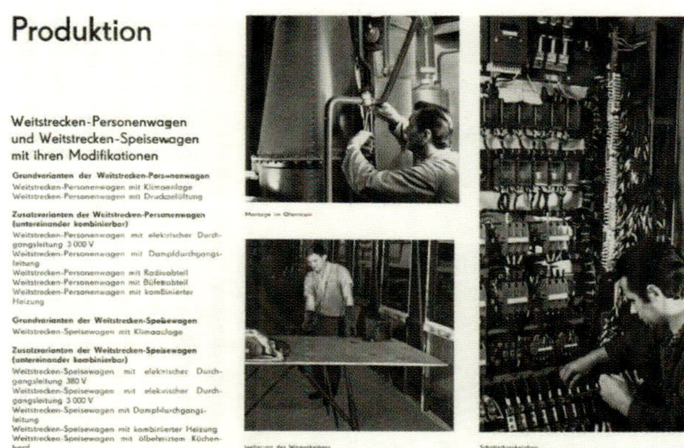

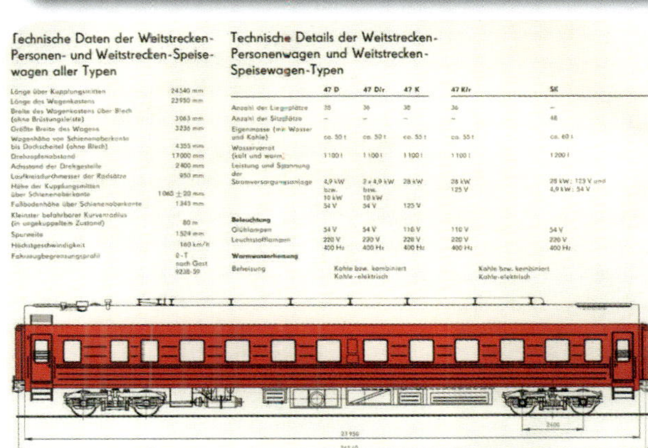

Abb. 175–182: WBA-Überblicks-Prospekt, Ammendorf 1972.

504. Frotscher-Archiv, Halle.

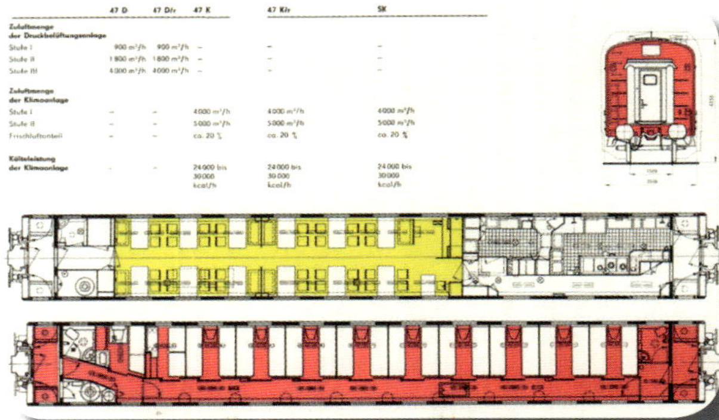

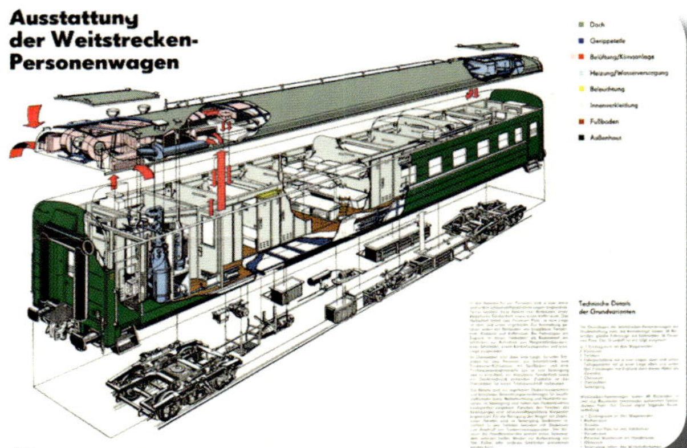

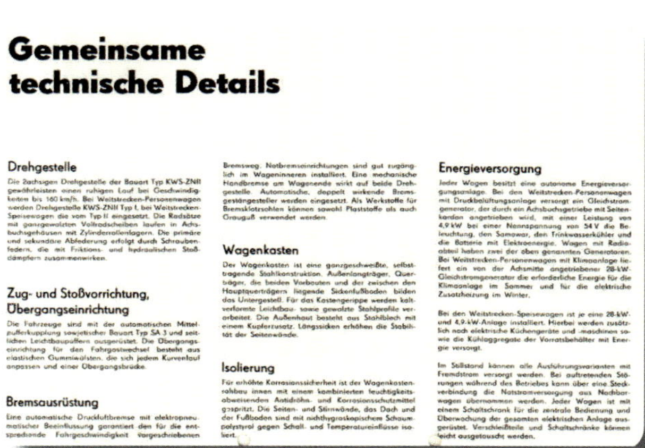

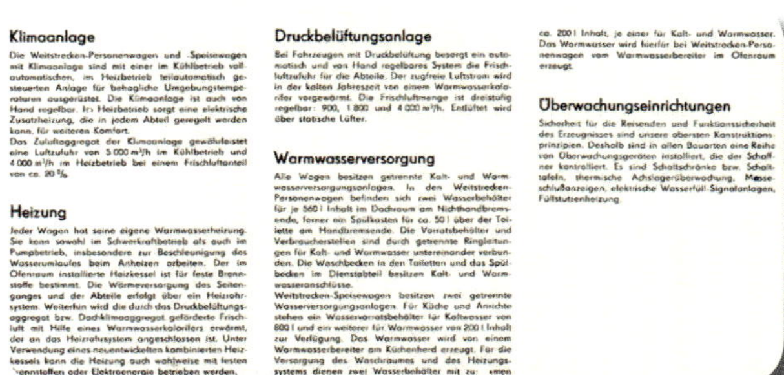

Abb. 183–190: WBA-Überblicks-Prospekt, Ammendorf 1972.

505. Frotscher-Archiv, Halle.

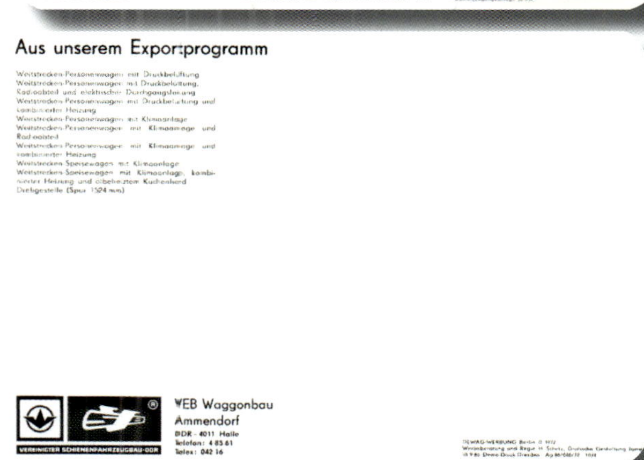

Abb. 191–194: WBA-Überblicks-Prospekt, Ammendorf 1972.

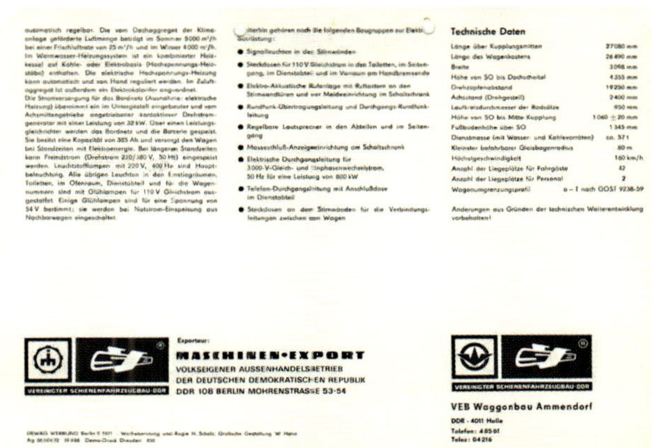

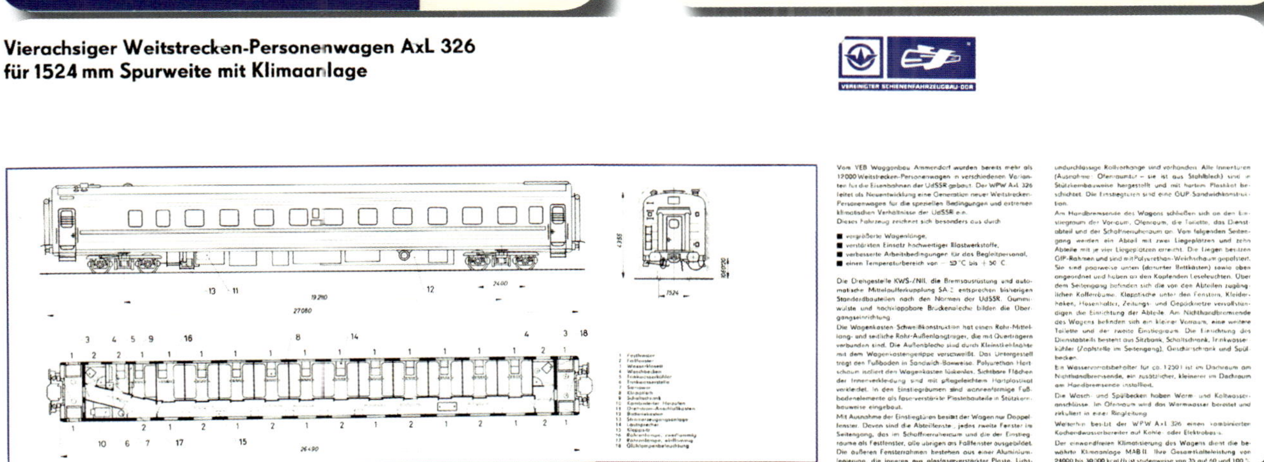

Abb. 195–197: AxL 326, Ammendorf 1972.

506. Frotscher-Archiv, Halle.

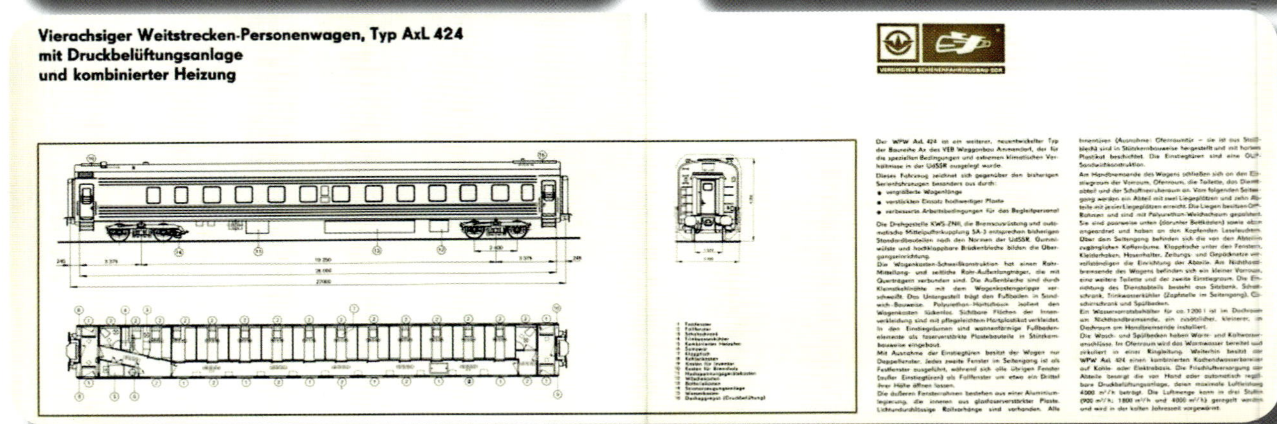

Abb. 198–200: AxL 424, Ammendorf 1972.

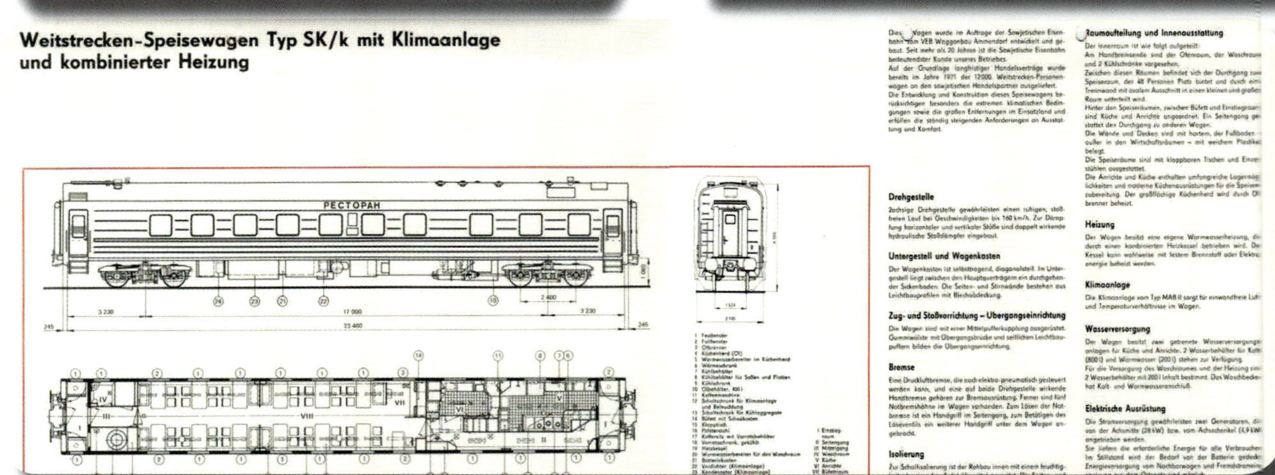

Abb. 201–203: WSW SK/k, Ammendorf 1972.

507. Frotscher-Archiv, Halle.

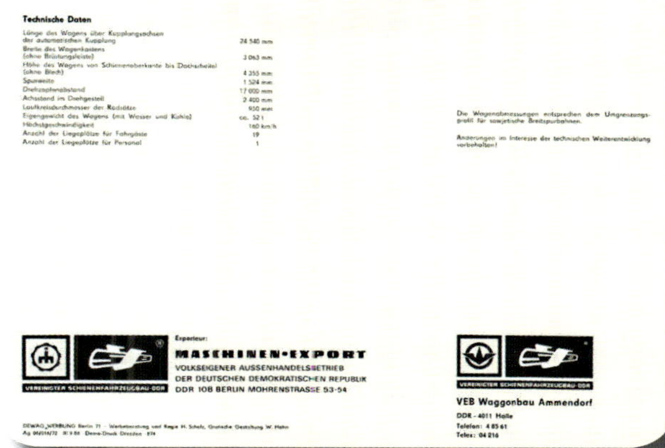

Technische Daten

Länge des Wagens über Kupplungsachsen der automatischen Kupplung	24 540 mm
Breite des Wagenkastens (ohne Brüstungsleiste)	3 063 mm
Höhe des Wagens von Schienenoberkante bis Dachscheitel (ohne Blech)	4 355 mm
Spurweite	1 524 mm
Drehzapfenabstand	17 000 mm
Achsstand im Drehgestell	2 400 mm
Laufkreisdurchmesser der Radsätze	950 mm
Eigengewicht des Wagens (mit Wasser und Kohle)	ca. 52 t
Höchstgeschwindigkeit	160 km/h
Anzahl der Liegeplätze für Fahrgäste	19
Anzahl der Liegeplätze für Personal	1

Exporteur:
MASCHINEN-EXPORT
VOLKSEIGENER AUSSENHANDELSBETRIEB
DER DEUTSCHEN DEMOKRATISCHEN REPUBLIK
DDR 108 BERLIN MOHRENSTRASSE 53-54

VEB Waggonbau Ammendorf
DDR - 4011 Halle
Telefon: 4 85 61
Telex: 04 216

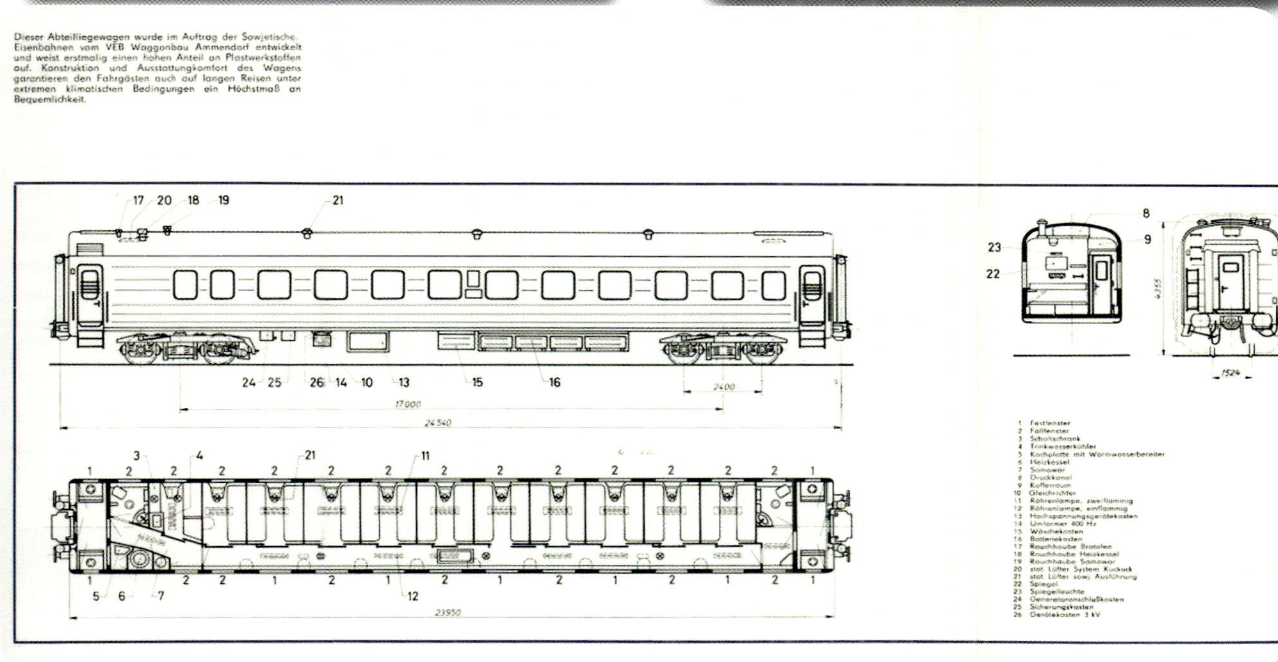

Dieser Abteilliegewagen wurde im Auftrag der Sowjetische Eisenbahnen vom VEB Waggonbau Ammendorf entwickelt und weist erstmalig einen hohen Anteil an Plastwerkstoffen auf. Konstruktion und Ausstattungkomfort des Wagens garantieren den Fahrgästen auch auf langen Reisen unter extremen klimatischen Bedingungen ein Höchstmaß an Bequemlichkeit.

1 Festfenster
2 Fallfenster
3 Schaltschrank
4 Trinkwasserkühler
5 Kochplatte mit Warmwasserbereiter
6 Heizkessel
7 Samowar
8 Druckkanal
9 Kofferraum
10 Gleichrichter
11 Röhrenlampe, zweiflammig
12 Röhrenlampe, einflammig
13 Hochspannungsgerätekasten
14 Umformer 400 Hz
15 Wäschekasten
16 Batteriekasten
17 Rauchhaube Bratofen
18 Rauchhaube Heizkessel
19 Rauchhaube Samowar
20 stat. Lüfter System Kuckuck
21 stat. Lüfter sowj. Ausführung
22 Spiegel
23 Spiegelleuchte
24 Generatoranschlußkasten
25 Sicherungskasten
26 Gerätekasten 3 kV

Abb. 204–206: WPW D/k EW-7/N, Ammendorf 1972.

Hersteller: VEB Waggonbau Ammendorf DDR – 4011 Halle	**Weitstreckenspeisewagen**	Exporteur: MASCHINEN-EXPORT Volkseigener Außenhandelsbetrieb DDR 108 Berlin

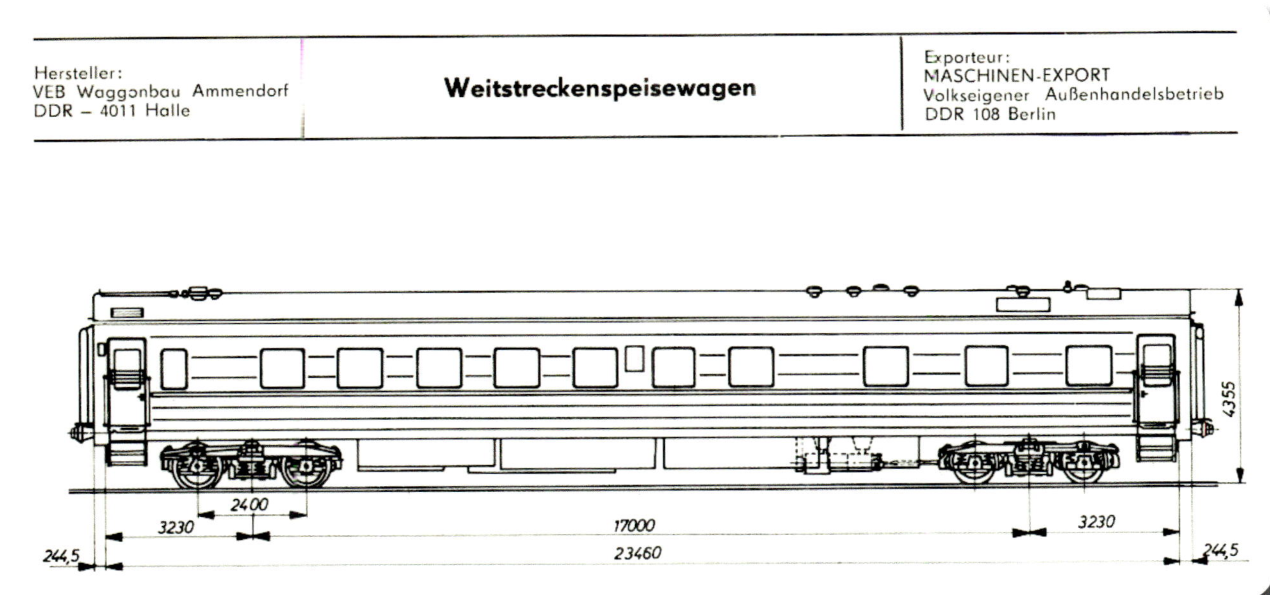

Abb. 207: Weitstreckenspeisewagen, Ammendorf 1972.

508. Frotscher-Archiv, Halle

Einführende Zusammenfassung 1973

In den ersten Protokollen 1973 wird eines ganz klar: die Exportbilanz hatte für die DDR Vorrang. Das rohstoffarme Land musste auf Teufel komm raus exportieren. Ziel: mehr Export, weniger Import. Dies war auch eine Folge der Ölkrise. Vorrang hatte aber für Ammendorf immer noch der Export in die Sowjetunion, Westexporte sollten dennoch vorangetrieben werden. Zur Erhöhung der Produktivität wurden verstärkt Schüler eingesetzt. Aber auch das »Q« als Gütezeichen war nicht nur Schmuck. Um 10% konnten die Preise angehoben werden. Allerdings galt dies auch für die Zulieferer. Es wirkte aber beim Finalprodukt natürlich viel stärker bei den hohen Endpreisen. Waggonbauer renovieren die Oper in Halle. Interessant auch, dass es durchaus Preisallokationen gab: je früher man eine Produktionshalle haben wollte, umso mehr musste man bezahlen. Investitionen wurden gestrichen, was tun? Unterflurseilzuganlage streichen! Es gab eine sehr genaue Reklamationsanalyse und hier muss man die Waggonbauer wieder ausdrücklich loben: nur 7 Reklamationen bei dem Produktionsstress, das war wirklich eine Spitzenleistung! Die Weltfestspiele darf man auch nicht vergessen: WBA war dabei!

Ein Betrieb des Warenzeichenverbandes
VEREINIGTER SCHIENENFAHRZEUGBAU DER DDR

Bahn frei

Erscheint wöchentl.
3. Jan. 1973
24. Jahrg.
Preis 5 Pf
1

[O]rgan der Betriebsparteiorganisation [d]es VEB Waggonbau Ammendorf

Wie Sie im untenstehenden Bericht erfahren, wurden am Vorabend des 50. Jahrestages der Bildung der UdSSR vier Kollektive des Betriebes mit dem Ehrennamen „Kollektiv der Deutsch-Sowjetischen Freundschaft" ausgezeichnet.
Unser Bild: Meister Gerhard Graf, Abteilung F 5, nimmt Wimpel und Urkunde entgegen. Fotos: Blaschke (5)

... seinem Schlußwort auf der 8. ...gung des Zentralkomitees der ...D wies Genosse Erich Honecker ...rauf hin, daß es im Jahr 1973 ...f eine stabile und dauerhafte ...sung der Konsumgüterproduk...n ankommt.

...örtlich sagte er: „Das allgemeine ...teresse an der Frage der Steige...ng der Konsumgüterproduktion ist, ...e wir alle wissen, groß. Es steht ... unmittelbarem Zusammenhang ...t der besseren Versorgung der ...völkerung.. Wir konzentrieren ...s auf jene Erzeugnisse, die für

...uch in unserem Betrieb
...973 – Jahr

Von der Belegschaftsversammlung im Werk II zum Planauftakt 1973 berichtet:

Auf bewährtem Weg in das Jahr 1973

Waggonbauer unterstützen Weltforderung Nr. 1: Frieden in Vietnam!

Dienstag, den 2. Januar 1973, 6.00 Uhr, in der Ausbau-Montagehalle im Werk II: Mit flotten Weisen wurden die Arbeiterinnen und Arbeiter empfangen, die sich zur Kundgebung zum Planauftakt 1973 eingefunden hatten.

In Anwesenheit des Sekretärs der BPO, Genossen Günter Röthe, des BGL-Vorsitzenden, Genos-

Am Anfang seiner Ausführungen würdigte er noch einmal den 50. Jahrestag der Bildung der UdSSR und stellte fest, daß die Werktätigen der DDR mit ihren Leistungen im Jahr 1972 die vom XXIV. Parteitag der KPdSU eingeleitete Friedensoffensive unterstützt haben.

Abb. 208: Erste Bahn frei von 1973, Ammendorf 1973. [509]

509. Bahn frei, Ammendorf 3. Januar 1973

Auswertung Planjahr 1972

»Die Ergebnisse der Monate November und Dezember sind anerkennenswert jedoch nicht ständig zu wiederholen. Die Orientierung und Durchsetzung des Auf- und Ausbaues von Werk II war und ist richtig … Die größten Reserven liegen im PWT, Teil II, in den Montageprozessen, im Transport und auf organisatorischem Gebiet. An der Komplexität des technischen Vorlaufs ist weiterzuarbeiten.«[510]

2. Januar 1973

Ziel: mehr Export, weniger Import!

»Die Hauptaufgabe besteht in der Verbesserung der Export/Import-Bilanz der DDR. Für unseren Betrieb bedeutet dies, weitere Reserven zur Steigerung der Arbeitsproduktivität, insbesondere durch die Fortführung des Ausbaus von Werk II, zu erschließen.«[511]

2. Januar 1973

Ecktermine 1973: Kampfgruppen und Weltfestspiele

»Die Wettbewerbskonzeption des Betriebes für das Jahr 1973 ist nach Schwerpunkten und Eckterminen zu konzipieren, wobei der 20. Jahrestag der Kampfgruppen und die X. Weltfestspiele einzubeziehen sind.«[512]

2. Januar 1973

Woher und zu welchen Teilen soll die Arbeitsproduktivitätserhöhung kommen?

»Die Steigerung der Arbeitsproduktivität ist zu circa 1/3 aus Verbesserung der Arbeitsorganisation und zu circa 2/3 aus Nutzung der materiellen Fonds zu sichern.«[513]

4. Januar 1973

Wer den Plan erfüllt, bekommt vom Territorium 3 Stück 4-Raum-Wohnungen für Großfamilien!

»M 4 Aufgrund der erreichten Ergebnisse im Planjahr 1972 wurden vom Rat des Bezirkes Halle unserem Betrieb 3 Stück 4-Raum-Wohnungen zur Verfügung gestellt. Diese sind für Familien mit 4 und mehr Kindern vorzusehen.«[514]

4. Januar 1973

Weniger Unterricht, weil der kostet; mehr Produktion im Unterricht, weil das was bringt!

»Ausgehend von den gegenwärtig beim Plan 1973 noch offenen Punkten legte nach Diskussion der Werkdirektor folgende Maßnahmen fest:

…

2 Konzeption für Limitierung der Leistung in der polytechnischen Ausbildung

3 Einbeziehung geeigneter WPW-Bauteile in das Lehrausbildungsprogramm«[515]

4. Januar 1973

Stellenplan

»Der Direktor für Ökonomie … kommentierte die ›Vorlage zum Stellenplan 1973‹ … Nach Diskussion der Limitvorschläge für die Bereiche des Betriebes, gegliedert nach der alten Struktur, wurden für das Stellenplanpersonal ›Sonstige Beschäftigte‹ folgende Werte fixiert, die in nachstehender Tabelle dargestellt werden.

Bereich	Limit in VBE
Funktionalorgane L	155,8
Direktorat A	67,0
Direktorat F	205,0
Direktorat G	39,0
Direktorat H	61,0
Direktorat K	228,0
Direktorat Ö	192,0
Direktorat P	79,0
Direktorat T	347,0
Gesellschaftliche Organisationen	8,0
Betriebssportgemeinschaft	5,4
Beschäftigte im Klubhaus	4,8
Gesamt	1.392,0

… Eine länger als 3 Monate nicht besetzte Planstelle gilt als gestrichen. Sie kann nur über den Werkdirektor neu beantragt werden.«[516]

4. Januar 1973

Klimaanlagen an Polen verkaufen!

»M 20 Erarbeitung einer Konzeption zum Verkauf von Klimaanlagen an die VRP …«[517]

6. Februar 1973

510.–513. LHASA, MER, VEB Waggonbau Ammendorf, Nr. 54951.

514.–517. LHASA, MER, VEB Waggonbau Ammendorf, Nr. 54951.

Mehr Lizenzen verkaufen!

»M 21 Erarbeitung von Grundsätzen für Lizenztätigkeit mit der VRP und der SU als Vorschlag an den GD.«[518]

6. Februar 1973

Die Sowjets verweigern die Unterschrift!

»Der Direktor für Produktion … informierte die Leitung, daß die derzeitige kritische Produktionssituation durch den Nichtausstoß des für den 23. 2. 1973 vorgesehenen Abtransportes weiter verschärft wird. Die sowjetischen Abnahmeinspektoren führten als Begründung für das Nichtunterschreiben der Exportdokumente folgende Beanstandungspunkte auf:
- Kontruktive Abweichung der Steckklappe im Abort
- Unterschreitung der zulässigen Toleranz der Batterien (54 V ± 3V)
- Funktionsungenauigkeiten bei der Handbügelpumpe
- Qualität des Bezugsstoffes für Liegen
- Schichtdicken bei Cu-Ni-Cr veredelten Teilen
- Unklarheiten bezüglich Wegfall des 2. Batteriekastens.«[519]

26. Februar 1973

Was bedeutet das im Portemonnaie?

»Nach Realisierung des Abtransportes am 28. 2. 1973 mit 12 Wagen verbleibt im Export ein Rückstand von circa 3,0 Mio M. Dies entspricht 8 WPW. «[520]

26. Februar 1973

Der General in Berlin entscheidet, wer an West-Ständen der LFM mal gucken darf …

»Grundsätzlich wird nochmals darauf hingewiesen, daß der Besuch der LFM durch Betriebsangehörige nur mit schriftlichem Auftrag zu erfolgen hat und daß das Aufsuchen von NSW-Messeständen nur durch solche Genossen erfolgen darf, die im Besitz einer vom GD unterzeichneten Verhandlungsdirektive sind.«[521]

5./7. März 1973

518.–521. LASA, MER, VEB Waggonbau Ammendorf, Nr. 54951.

»Die Partei führt, der Staat lenkt!« Die langfristige Perspektive eines Betriebes in der DDR bestimmte die SED …

»Genosse … verlas die von einem Kollektiv erarbeitete Vorlage über die Perspektive des VEB Waggonbau Ammendorf für den Zeitraum 1973–80, die im Monat März 1973 im Sekretariat der Bezirksleitung Halle der SED behandelt wird. Diese Vorlage … geht auf die Hauptaufgaben des WBA in den langfristigen Handelsabkommen 1971–75 und 1976–80 ein, wobei grundsätzlich in 4 Bauabschnitte untergliedert wird …
1. Bauabschnitt von 1970 bis 1972 mit 14 Mio M
2. Bauabschnitt von 1972 bis 1973 mit 18 Mio M
3. Bauabschnitt von 1973 bis 1976 mit 64 Mio M
4. Bauabschnitt von 1976 bis 1979 mit 12 Mio M.«[522]

5./7. März 1973

Paukenschlag: Nichtabschluss!

» In Vorgriff der schriftlichen Berichterstattung zur LFM 1973 nahm Genosse … eine erneute Auswertung vor. Die Verhandlungen zum Lieferzeitraum 1974/75 führten zum Nichtabschluß der erforderlichen Verträge.«[523]

19. März 1973

Wie war das möglich?

»Die Ursachen liegen im wesentlichen in
- der ausstehenden Entscheidung zum halbberuhigten Stahl
- den unterschiedlichen Auffassungen zu Isolierung und Brandverhalten
- den bestehenden Differenzen zu den Preisen«[524]

19. März 1973

Die Sowjets verlangen das Protokoll!

»Die sowjetischen Abnahmeinspektoren fordern das Protokoll des Rauchhauben-Saugleistungs-Versuches.«[525]

26./27. März 1973

522.–525. LASA, MER, VEB Waggonbau Ammendorf, Nr. 54951.

Wessi im Werk …

»Genosse … berichtete, daß die vorbereitenden Arbeiten zur Montage der neuen Folienstumpfnahtschweißmaschine der Firma Messer, Grießheim, Außenstelle München, seitens WBA erledigt wurden. Der Monteur aus der Bundesrepublik ist wie vereinbart termingemäß eingetroffen und wurde im Interhotel ›Stadt Halle‹ untergebracht. Seine soziale Betreuung innerhalb und außerhalb des Werkes ist gewährleistet.«[526]

26./27. März 1973

Theater des Friedens
Waggonbauer renovieren Oper, sie haben ja auch sonst zu wenig zu tun, und sie sind auch Malerprofis – so zeigt sich die Fehlallokation der Ressourcen in der DDR …

»Im Ergebnis der Beratung und Ortsbegehung im Theater renoviert WBA entsprechend der Spielplanpause vom 2. 7.–20. 8. 73 die infrage kommenden Einrichtungen. Der Stadtbaudirektor … sagte Unterstüztung bei der Materialbeschaffung zu.«[527]

9. April 1973

Waggonbauer suchen Schuhbauer

Manche Dinge klingen in heutigen Ohren skurril. Man muss sich aber vergegenwärtigen, dass die Unternehmen zum überwiegenden Teil in staatlicher Hand waren. Deshalb wurde innerhalb des gesamten Staatswesens hin und her geschoben. Es ist klar, dass dadurch Verluste an Zeit (Renovierung Oper) und auch Verluste an Humanressourcen (Suche nach Managern für die Schuhindustrie) kam.

»M 15 Nochmalige Eruierung der Gewinnung eines Kaders für die Schuhindustrie, um den MR-Beschluß zu realisieren …«[528]

9. April 1973

414 Anträge – was tun?

»414 Anträge auf Wohnraumverbesserung liegen vor. Die zentrale Leitungsgruppe und Operativgruppe wird zur Lösung der anstehenden Probleme eingesetzt … Die Behandlung der Wohnungseingaben hat wöchentlich zu erfolgen.«[529]

9. April 1973

Eichenholz macht Probleme
Substitution durch Plaste vorziehen!

»M 6 Erarbeitung eienr Analyse ›Holz‹ mit Aufzeigen technischer Ausweichlösungen für Eichenschnittholz, wie zum Beispiel der vorzeitigen Einführung der Plastedruckrahmen und -leisten …«[530]

23./25. April 1973

Mongolei will Salonwagen …

»M 25 Vorbereitung der Beratung mit MVR (Mongolische Volks-Republik, d. A.) über
- Lieferwunsch 2 Salonwagen
- Lieferprogramm 1975
- Lieferperspektive 1976–1980
unter Einbeziehung der bestehenden Projektzeichnungen.«[531]

23./25. April 1973

Die Arbeitsdisziplin soll durch öffentliche Gerichtsverhandlungen verbessert werden

»Genossin … ergänzte, daß am 22. 5. 1973, 14 Uhr, im Klubhaussaal eine öffentliche Gerichtsverhandlung zu Arbeitsrechtsverletzungen stattfindet.«[532]

7. Mai 1973

Wenn ihr die Halle früher wollt, müsst ihr mehr bezahlen, je früher, um so mehr!

»WBA ist mit den im Bauleistungsvertrag vom Hauptauftragnehmer BMK Schkopau genannten Fertigstellungstermin 10. 4. 1975 nicht einverstanden, da die wirtschaftlichen Bauzeiten keine realen Normative sind. Die vom HAN bei Unterbreitung der wirtschaftlichen Bauzeit geforderten Preiszuschläge belaufen sich
zum 15. 12. 1974 auf 241,0 TM
zum 30. 9. 1974 auf 241,0 TM
zum 30. 4. 1974 auf 620,0 TM …«[533]

11. Mai 1973

526.–528. LASA, MER, VEB Waggonbau Ammendorf, Nr. 54951.

529.–533. LHASA, MER, VEB Waggonbau Ammendorf, Nr. 54951.

Der Chef ist zornig …
Können wir vor's Bezirksvertragsgericht?

»Nach der Berichterstattung kam es zu kritischen Bemerkungen zur ungenügenden Aussage der Vorlage.
L legte dazu fest:
M 1 Die Vorlage wird zurückgewiesen und ist zu überarbeiten.
Dazu gehören:
- Überprüfung der wirtschaftlichen Bauzeiten für die Farbgebungshalle unter Zugrundelegung der TGL 22.813 … mit Prüfung der Möglichkeiten auf
- Einschaltung des Bezirksvertragsgerichtes.
- Durch eine Arbeitsgruppe sind die notwendigen Maßnahmen zur Einhaltung der Termine und des Investvolumens einschließlich des Bauanteils festzulegen.
- Erfahrungsaustausch mit den Waggonbaubetrieben Dessau und Niesky zur Farbgebungshalle sind durchzuführen.
- Der Bauleistungsvertrag für den Bauabschnitt II über ±0 (Rohbau und Innenausbau) ist unter Berücksichtigung der TGL 22.813 speziell zu prüfen.
- Die Industrie- und Handelsbank, Kreisfiliale Halle, ist einzuschalten … Behandlung in außerordentlicher WLS …«[534]

11. Mai 1973

Was tun mit den überbordenden Kosten?

»Die Einhaltung der in der Grundsatzentscheidung enthaltenen Summen ist abzusichern. Eine Unterbietung um 500–600 TM ist anzustreben. Die juristische Seite der Vorlage ist durch LJU einzuschätzen …«[535]

28. Mai 1973

Unterflurseilzuganlage wird gestrichen!
Können wir uns nicht leisten …

»M 5 Die Unterflurseilzuganlage für die Farbgebungshalle mit einem Gesamtaufwand von circa 600 TM, davon 300 TM Bau, wird gestrichen.«[536]

28. Mai 1973

534.–536. LASA, MER, VEB Waggonbau Ammendorf, Nr. 54951.

Dem BMK Vertragsstrafe aufbrummen!

»M 7 Die Vertragsstrafe in Höhe von 250 TM ist dem BMK Schkopau zu berechnen.«[537]

28. Mai 1973

Polen will Stromversorgungsanlagen

»M 15/12 Angebot über Lieferung von 28 kW-Stromversorgungsanlagen an die VRP.«[538]

28. Mai 1973

Den General informieren über Gelände

»Abfassung eines WD-Schreibens an den GD … :
- Geländeerwerb
- Verlegung der Verbindungsstraße von der Heydt …
- Herstellung des Geländeplanums …«[539]

4. Juni 1973

Ausbaumontagehalle bringt was …

»Der vom Genossen …erstattete Bericht zu den bei der Ausbaumontagehalle erzielten Einsparungen ergab folgende Übersicht:
- Insgesamt erzielte Einsparungen 297 Nh/Wagen
- davon direkt (Wege- und Transportzeiten 22 Nh/Wagen
- davon indirekt 275 Nh/Wagen
- noch abzusichern im Werk I 4 Nh/Wagen
- noch abzusichern im Werk II 19 Nh/Wagen
Offene Punkte
- Zentralisierung der Stapa-Rohr-Fertigung 4 Nh/Wagen
- Gabelstapler für Werk I und II 3 Nh/Wagen
- Materialbereitstellung für Komplexbrigade 1 Nh/Wagen …«[540]

4. Juni 1973

Dekor abgelehnt, was tun?

»Das Sprelacart entspricht nicht dem Muster von 1972 für 2-Platz-Abteilwagen und wurde vom Genossen Lawrik abgelehnt. …«[541]

4. Juni 1973

537.–541. LASA, MER, VEB Waggonbau Ammendorf, Nr. 54951.

VEB Polyplast gibt Gelände frei – können wir das gebrauchen?

»Zur Vorbereitung einer Entscheidungsfindung ist das Betriebsgelände des VEB Polyplast auf seine Einrichtungsmöglichkeiten für unseren Betrieb (Galvanik, Plastewerkstatt und anderes) zu sondieren.«[542]

25. Juni 1973

Vertragsverletzungen vermiesen das Ergebnis, deshalb konsequent strafen!

»In diesem Zusammenhang verwies Genosse Fritzsche nochmals darauf hin, daß gegenüber der Zulieferindustrie die Vertragsstrafen-Berechnungen als Beleg für die Durchlauf- und Auslieferugsverzögerung zu betrachten sind und deshalb mit aller Konsequenz durchzusetzen sind.«[543]

9. Juli 1973

Preiserhöhungen bei Wagen

»D- Wagen 700.--M/Wagen
K- Wagen 700.-- M/Wagen
D/K- Wagen 900.-- M/Wagen
K/K- Wagen 1.000.-- M/Wagen
S/K- Wagen 1.700.-- M/Wagen.«[544]

19. Juli 1973

Was sagt der Chef dazu?

»M 1 Die 700.--M Preiserhöhung für den D- und K-Wagen sind zu begründen und als Preiserhöhung zu beantragen …
M 2 Bei D/K- und K/K-Wagen ist der zusätzlich anfallende Preis für den Gerätekasten zu beantragen und der WPW-Gesamtpreis als Basisgröße in den Plan 1974 einzubeziehen …
M 3 Die Preiserhöhung für den Gerätekasten in Höhe von 1 200.-- M pro Stück ist zu beantragen und durchzusetzen. Der Preis der Hochspannungsheizstäbe für 1974 ist mit 200.-- M/Stück zu planen, während der Preis für 1973 mit 236.-- M/Stück zu beantragen ist …
M 4 Die Preiserhöhung für den ölbeheizten Speisewagen in Höhe von
1.200.-- M für Gerätekasten
500.-- M für Ölheizung
1.700.-- M Gesamt ist zu beantragen «[545]

19. Juli 1973

Asbest muss ausgetauscht werden!

»Erarbeitung einer Konzeption zum Austausch von Asbest gegen andere geeignete Materialien.«[546]

19. Juli 1973

Russische Vollradscheiben taugen nichts …

»Der Werkdirektor … wertete die … Versorgungssituation bei Vollradscheiben aus. Er stellte fest, daß mit Wirkung vom 20. 7. 1973 die Lieferung von Vollradscheiben durch die Sowjetunion voräufig eingestellt wurde, da es mehrmals im Personen- und Güterverkehr der DR zu Havarien kam. Zurückzuführen waren diese auf Material- und Vergütungsfehler der Vollradscheiben, die zu einem wesentlichen Absinken der Kerbschlagzähigkeit führten.«[547]

26. Juli 1973

Auswertung Brandunfall: Ein Toter …

»Der Werkdirektor … nahm im Vorgriff des Untersuchungsberichtes eine erste Auswertung des tragischen Unfalls vom 2. 8. 1973 vor. Bei diesem verunglückte der Kollege … im Kranfeld II (Seitenwandmontage des Fertigungsbereiches 3 - Rohbaumontage) beim Ziehen der WPW tödlich.«[548]

3. August 1973

NSW-Importablösung

» … ging auf die … NSW-Importablösekonzeption … ein. Gegenwärtig wird der Ölbrenner … aus Schweden und Eichenschnittholz … aus der BRD bezogen. Das Ziel besteht in der Entwicklung eines Ölbrenners durch DDR- bzw. RGW-Aufkommen und die … Ablösung von Eichenschnittholz durch Plastformbauteile.«[549]

28./29. August 1973

542.–544. LASA, MER, VEB Waggonbau Ammendorf, Nr. 54951.

545.–549. LASA, MER, VEB Waggonbau Ammendorf, Nr. 54951.

Ökonomisches Programm: es fehlt Geld!

»Nach jetziger Sicht wird das EBE mit voraussichtlich 1,3 Mio M untererfüllt …«[550]

10. September 1973

Was tun?
Die Fachdirektoren müssen liefern und zwar jeder einzeln seinen Beitrag!

»Die Fachdirektoren müssen … per 31. 7. 1973 in ihrem Verantwortungsbereich Maßnahmen fixieren, die zu einer Kompensierung der derzeitigen negativen ökonomischen Ergebnisse führen. Dazu zählen:
- Übererfüllung der industriellen Warenproduktion 50 TM
- Zusätzliche Leistung von 50 Th produktive Arbeitszeit 500 TM
- Durchsetzung der Vertragsstrafen 300 TM
- Preiserhöhung des D-Wagens 214 TM
- IAP-Erhöhung durch Gütezeichen ›Q‹ 300 TM
- Erhöhung der produktiven Lehrlingsleistung 80 TM
- Überschreitung der Materialkostensenkung 102 TM
- Unterschreitung der Materialkosten 120 TM
- Durchsetzung weiterer Vertragsstrafen 530 TM
- Erhöhung der PWT-Einsparung 133 TM
- Positive Ergebnisbeeinflussung durch T 300 TM
- Positive Ergebnisbeeinflussung durch F 220 TM
- Reduzierung des Reparaturfonds 133 TM
- Reduzierung der Energiekosten 70 TM
- Verschrottung der Astlochflickmaschine 16 TM
- Senkung der Garantieleistungen 30 TM
- Senkung der Werbekosten 30 TM
- Erlös aus Abfall-Verkauf 10 TM
3.138 TM«[551]

10. September 1973

Vertragsstrafen

»Die Vertragsstrafen an die Zulieferindustrie sind durchzusetzen.«[552]

10. September 1973

Idealzustand 1978: Träumen erlaubt!

»Aufzeigen der Vorstellungen über den ›Ideal-Zustand‹ des Betriebes im Jahre 1978 mit Darstellung der Grundrichtung der Entwicklung gegliedert in
- die zeitlichen Etappen
- die Produktionsflächen der Bereiche F 1–F 5
- die Realisierungsformen
• Neubau
• Ausbau
• Abriß …«[553]

12. September 1973

Werkstattprinzip oder Erzeugnisprinzip? Was ist gewinnbringender?

»Anfertigung einer ökonomischen Begründung fürd ie nach der vorgesehenen Konzeption erforderlichen Mittel beim
- Werkstattprinzip
- Erzeugnisprinzip …«[554]

12. September 1973

Reliefeinweihung auf dem Thälmannplatz

»- Am 5. 10. 1973, 16.00 Uhr, findet die Relief-Einweihung auf dem Thälmann-Platz statt …«[555]

1. Oktober 1973

Ersten Export von Heizstäben sichern!

»Der 1. Abtransport der Direkt-Export-Hochspannungsheizstäbe ist zu sichern …«[556]

1. Oktober 1973

ABI-Bericht ging ein

»Genosse Fritzsche informierte die Leitung, daß der Bericht der Zweiginspektion Schienenfahrzeuge der ABI … am 1. 10. 1973 einging.«[557] **1. Oktober 1973**

550. LASA, MER, VEB Waggonbau Ammendorf, Nr. 54951.

551.–557. LASA, MER, VEB Waggonbau Ammendorf, Nr. 54951.

1973

Preiserhöhung wegen Q

»Absicherung des Preiszuschlages für Gütezeichen ›Q‹ für D/Ked – EW 7 gemäß Gesetzblatt II/14/1964, Erhöhung der WP um 300 TM geht klar …«[558]

1. Oktober 1973

Film

»Herstellung eines Filmes über Unfallverhütung; Zwischenbericht durch das Amateurfilmstudio …«[559]

1. Oktober 1973

Fernwärmeversorgung
Differenzprotokoll dem Ministerium für Bauwesen vorlegen …

»Dieses Investvorhaben ›Heiztrasse bis zum WBA‹ stellt gegenwärtig den absoluten Schwerpunkt dar, da der erforderliche Stahlbedarf für 1974 in Höhe von circa 500 t vom VEB Metallleichtbaukombinat Halle noch nicht bilanziert wurde. Das entsprechende Differenzprotokoll wird angefertigt und dem Ministerium für Bauwesen vorgelegt … Die sich anbietende Ausweichlösung der Stahlbetonausführung wird geprüft, obwohl auch sie ähnlich schwierig ist.«[560]

22. Oktober 1973

Beratung Generaldirektor

»Der Werkdirektor, Genosse Fritzsche, informierte die Leitung über das Gespräch mit dem GD der VVB Schienen fahrzeuge …«[561]

6. November 1973

Es hagelte Kritik …

»Kritisiert wurde die ungenügende Tätigkeit der Leitung im Oktober 1973 und die unverantwortlich wechselnden Informationen durch den Werkdirektor an die übergeordneten Staats- und Parteiorgane bei der Vorschau zur Erfüllung der industriellen Warenproduktion, die per 31. 10. 1973 nicht mit einer Untererfüllung von 8,1 sondern 14,4 Mio M abschloß.«[562]

6. November 1973

558.–562. LASA, MER, VEB Waggonbau Ammendorf, Nr. 54951.

Disziplinarverfahren gegen Fritzsche!

»Bei der Werkdirektoren-Konsultation 7. 11. 1973 wird gegen den Genossen Fritzsche ein Disziplinarverfahren eröffnet«[563]

6. November 1973

Die SED will wissen, was los ist!

»Am 9. 11. 1973 erwartet die Stadtleitung Halle eine Berichterstattung zur Situation in unserem Betrieb.«[564]

6. November 1973

Verlorenes Vertrauen wieder gewinnen!

»Der VEB Waggonbau Ammendorf muß das Vertrauen, das er gegenwärtig nicht besitzt, durch Leistungen zurückgewinnen und die Ehrlichkeit in der Arbeit … verbessern. Es gilt, reale Zielstellungen den Kollektiven vorzugeben. Die erkannten Mißstände müssen abgestellt werden.«[565]

6. November 1973

Der General schickt eine Truppe ins Kampfgebiet …

»Die Arbeitsgruppe setzt sich zusammen aus:
Genosse … VEB Waggonbau Dessau – Leiter –
Genosse … VEB Waggnbau Dessau
Genosse … Ingenieurbüro Schienenfahrzeuge
Genosse … VEB Waggonbau Görlitz
Genose … Institut für Schienenfahrzeuge
Genosse … VVB Schienenfahrzeuge
…«[566]

12./13. November 1973

Zusätzliche Auflage wegen Dessau

»WBA erhielt die Auflage, zusätzlich 1,070 Mio M im Exportplan zu realisieren, womit per 31. 12. 73 insgesamt 251,860 Mio M zu erfüllen sind. Zurückzuführen ist diese Zusatzbeauflagung auf die Vertragsreduzierung von 60 Maschinenkühlwagen des WB Dessau durch Maschinoimport.«[567]

12./13. November 1973

563.–567. LASA, MER, VEB Waggonbau Ammendorf, Nr. 54951.

Was hat Vorrang?

»Vorrang hat weiterhin der Export in das sozialistische Wirtschaftssystem und hierbei speziell in die SU. Es sind jedoch Voraussetzungen zur wesentlichen Erhöhung der NSW-Exporte zu schaffen.«[568]

12./13. November 1973

2 Wagen für den Rat der Stadt Halle

»Prüfung der Möglichkeiten zu Bau und Abrechnung der 2 Wagen für den Rat der Stadt Halle in Vorbereitung der Beratung mit dem GD.«[569]

26. November 1973

Reklamationen: nur 7 Reklamationen, ein Beleg für gute Qualität!

»Die im Berichtszeitraum eingegangenen 7 Reklamationen wurden kurzfristig ausgewertet und Maßnahmen zur Überwindung eingeleitet, so daß zum gegenwärtigen Zeitpunkt die Reklamationen als abgeschlossen betrachtet werden können.
Absoluten Schwerpunkt bildeten:
- Offiziell reklamiert wurden 7 Wagen Typ 47 D/k mit EW-7-Anlage wegen losen Sitzes der Keilriemenscheibe des Kalinin-Antriebes.
Diese Reklamation konnte von uns abgelehnt werden, da wir und das Radsatzwerk Ilsenburg bis zum Bekanntwerden des Fehlers nach vereinbarten Instruktionen montiert haben. Eine neue Instruktion wurde erst danach offiziell in Kraft gesetzt.
- Ausfall eines Eingehäuseumformers DUGG
Die sowjetischen Genossen bemängelten mit ihrer offiziellen Reklamation, daß der Wellenstumpf für den Sitz der Schalterkupplung abgebrochen ist. den Bruch führten sie auf ein Nachschweißen der Keilnut zurück.
Aus diesem Grund wurde eine Auswertung mit dem Elbtalwerk Heidenau durchgeführt. Das Elbtalwerk Heidenau erklärte sich für einen kostenlosen Ersatz bereit und versicherte, daß dieses Vorkommnis einmalig ist. Ein neuer Umformer wurde zur Beseitigung der Reklamation an die UdSSR ausgeliefert.
- Ausfall von 2 Radsätzen durch Risse in den Radscheibennaben.
Für die 2 offiziell reklamierten Radsätze, an denen die Radscheibennaben gerissen sind, wurde durch Ilsenburg aufgrund der bekannten Situation kostenloser Ersatz geleistet. Eine Auswertung und Beurteilung der Schäden kann erst nach Rücklieferung der reklamierten Radsätze an uns erfolgen.
- Handflügelpumpen Typ AW 00
Der Ausfall der Handflügelpumpen bildete den absoluten Schwerpunkt im 1. Halbjahr 1973. Diese Pumpen wurden bekanntlich im Januar offiziell reklamiert … Leider erfolgte die Auswertung dieser Reklamation zu langwierig … Erst nach mehreren Beschwerden bei der Herstellerfirma, dem Bezirkswirtschaftsrat Karl-Marx-Stadt und auch der VVB Pumpen und Verdichter ist es gelungen … den sicheren Betrieb der Pumpen zu gewährleisten …«[570]

2. Hälfte 1973

Am Jahresende mal richtig ranklotzen!

»Am 22. 12. 1973 wird voll gearbeitet; am 23. 12. 1973 wird die erforderliche Arbeitskräftebesetzung für die Fertigstellung der Wagen gesichert. Am 27. und 28. 12. 1973 wird voll gearbeitet, während am 29. 12. 73 die erforderliche Besetzung für die abschließenden Arbeiten des Jahres 1973 erfolgt.«[571]

17. Dezember 1973

Gerangel um die Jahresendprämie

»Ö ergänzte, daß nach Vorliegen der Analyse eine exakte Berechnung des Gewinnplanes erfolgt. Aller Voraussicht nach wird der geplante Nettogewinn erreicht… Zum Planteil Export und der damit verbundenen Höhe der Jahresendprämie ist ein deutlicher Standpunkt zu erarbeiten …«[572]

10. Dezember 1973

568.–569. LASA, MER, VEB Waggonbau Ammendorf, Nr. 54951.

570.–572. LASA, MER, VEB Waggonbau Ammendorf, Nr. 54951.

Bilder 1973[573–574]

Abb. 209: Blau-Weiß-Combo, Ammendorf 14. Februar 1973.

Abb. 210: Übergabe des 13.000. WPW Ammendorf, 14. März 1973.

Abb. 211: Jens Lochow stoppt Buna-Stürmer 28. März 1973.

573. Bahn frei! Organ der Betriebsparteiorganisation des VEB Waggonbau Ammendorf (Foto: Blaschke), Ammendorf 1973.

574. Frotscher-Archiv, Halle.

Abb. 212: Abnahmeinspektor Lawrik, Ammendorf 1973.

Abb. 213: Steffani Schmeil, Zarina Basch, Egon Solf, Dagmar Kutz, Gisela Voigt, Christina Mietzner, Ammendorf, 9. Mai 1973.

Abb. 214: Werner Felfe zu Besuch, Ammendorf, 7. Dezember 1973.

Einführende Zusammenfassung 1974

1974 begann mit der Berechnung der Prämien für 1973: im Durchschnitt gab es 775 Mark pro Mitarbeiter. Man traute der reinen Anwesenheit nicht: lieber Stücklohn statt Zeitlohn! Das ASMW kommt und stellt fest: wegen Überheblichkeit der Bereiche F (Produktion) und G (Grundmittel) Rückstufung von »überdurchschnittlich« auf »durchschnittlich«. So weit, so schlecht, aber es droht Geldverlust durch Q-Verlust. Was tun? Die Qualitätskontrolle weiter entfernt von der Produktion anordnen in der Struktur. Gesagt, getan! Auch das noch: die Ölkrise schlägt auch im Westen zu, der will auf den sowjetischen Markt für Schienenfahrzeuge. Neuer Pranger: mussten sich die Werkleiter früher vor allem vor der VVB und den anderen Werkleitern rechtfertigen, steht der Pranger nun im Ministerrat. Wer vertritt eigentlich die Urlauber im Sommer? Die Schüler! 500, um es genau zu sagen, das sind mehr als 10% der Belegschaft! Mega-Gau: die Heizstäbe funktionieren nicht richtig. Der Minister für Glas und Keramik weist an: TKO einrichten, mehr Wohnungen für Heizstabbauer, mit England und Frankreich verhandeln. Die Groß-Sektionsbauweise GS soll endlich eingeführt werden, sie bringt viel in zweierlei Richtung: bessere K-Werte und mehr Produktivität. So war 1974!

Ein Betrieb des Warenzeichenverbandes
VEREINIGTER SCHIENENFAHRZEUGBAU DER DDR

Bahn frei

Erscheint wöchentl.
24. Jahrg.
2. Jan.
1974
Preis 5 Pf

51

an der Betriebsparteiorganisation
VEB Waggonbau Ammendorf

Was wollen die zahlreichen Män
nur soviel: Es handelt sich um
Arbeits- und Lebensbedingungen

11. Tagung bestärkt uns darin: Wir haben allen Grund, damit mi

Optimismus an die Arbeit

Liebe Genossinnen und lieb
nossen!

Liebe Kolleginnen und lieb

neue Parteileitung

Abb. 215: Erste Bahn frei von 1974, Ammendorf 1974.[575]

575. Bahn frei, Ammendorf 7. Januar 1974

Erste Auswertung 1973

»Der Werkleiter … dankte … für die … gezeigte Einsatzbereitschaft … Er wies darauf hin, daß es den Direktionsbereichen noch nicht in vollem Umfang gelang, die in der Problemdiskussion am Jahresbeginn 1973 erkannten Mängel abzustellen. «[576] **2. Januar 1974**

Wie viel ist im Prämientopf?

»Der Betriebsprämienfonds beinhaltet 3.409 TM, was 775 M/Kopf entspricht.«[577]

7. Januar 1974

Zusätzliche Last 1974

»Ausgehend von der durch die Plandiskussion entstandenen
- Erhöhung des Grundplanes um 2.251…
- Fixierung des Gegenplanes mit 1.900 …
sind in der industriellen Warenproduktion 4.151 TM insgesamt zusätzlich abzudecken …«[578]

9. und 11. Januar 1974

Woher soll das Geld kommen?

»Diese beinhaltet folgendes:
- Gütezeichen ›Q‹ für D/K-Wagen + 1.648 TM
- Verkauf des R 7 + 250 TM
- Heizstabfertigung ab II. Quartal + 2.436 TM
- Reduzierung der Stahlmantelrohrfertigung ./. 280 TM
- Erhöhung der sonstigen Produktion + 97 TM…«[579]

9. und 11. Januar 1974

AxL

»- Bei der am 29. 2. 1974 im Institut ZNII geführten Beratung zu Prototyp AxL wurde als Hauptproblem der Mittellangträger behandelt, wobei auf der Grundlage der von der sowjetischen Seite durchgeführten Untersuchungen ein Kastenprofil gefordert wurde. Die von WBA gewählte Wagenkonzeption kann jedoch prinzipiell beibehalten werden …«[580]

4./5. und 6. März 1974

576.–580. LASA, MER, VEB Waggonbau Ammendorf, Nr. 54951.

AxR

»- Bei der Beratung am 1. 3. 1974 wurde das Projekt des AxR behandelt. Die SU fordert entsprechend der Unifizierungsbedingungen des Speisewagens zwei 30 kW-Getriebe.«[581]

4./5. und 6. März 1974

Zentrales Konstruktionsbüro

»- Es erscheint zweckmäßig, für die DDR, VRP und SU ein zentrales Konstruktionsbüro für die Baureihe Ax einzurichten. (Die VRP fertigt bereits eine Ax-Mustersektion.)«[582]

4./5. und 6. März 1974

Grundsätzliche Einschätzung der Sowjets

»Die vom VEB Waggonbau Ammendorf gelieferten Wagen wurden von sowjetischer Seite positiv eingeschätzt, speziell hinsichtlich Fahrsicherheit und Fahrzeugelektrik.«[583]

4./5. und 6. März 1974

In Zukunft soll nach Leistung verrechnet werden (Stücklohn statt Zeitlohn) …

»In der Arbeitszeitbilanz besteht für März ein Fehl von circa 14 Th. Das Ziel besteht darin, die effektive Arbeitszeit nicht nach Anwesenheit sondern nach Leistung zu verrechnen.«[584]

4./5. und 6. März 1974

Wie den Fahrkomfort verbessern?

»Zur weiteren Verbesserung des Fahrkomforts bei den einzelnen Fahrzeugtypen ist die Innenausstattung auf optische Wirkung und Zwckmäßigkeit nach dem Prinzip der Entfeinerung zu überarbeiten. Dazu ist ein Ideen-Wettbewerb zur rationelleren Fertigung der Abteile auszuschreiben … Zielgerichtete technisch-ökonomische Orientierungsgrößen sind vorzugeben und in das Staatsplanthema AxL für 1974 einzubeziehen mit dem Ziel der Erarbeitung von ›Schubkastenvarianten‹.«[585]

9. März 1974

581.–585. LASA, MER, VEB Waggonbau Ammendorf, Nr. 54951.

Auswertung Frühjahrsmesse 1974

»Der Direktor für Absatz … nahm eine erste Auswertung der Leipziger Frühjahrsmesse 1974 vor …
- Die Messezielstellung 1974/1975 wurde erfüllt.
• Das WPW-Programm wurde fixiert für Typ 47
• Die Baureihe Ax wurde abgestimmt
• Das Drehgestellprogramm wurde festgelegt
•• Bis Juli 1974 erfolgt Klärung der technischen Ausführung des AxL; 1975 wird je 1 Prototyp AxL/D und AxL/K gefertigt.
•• Bis August 1974 erfolgt Klärung … AxR; 1975 wird 1 … AxR gefertigt …
• Der Plan für 1975 und 1976 ist zu überarbeiten.
•• Durch den Wegfall der ehemals vorgesehenen D-Serie der AxL-Typen ist ein Ausgleich durch die Erhöhung der Stückzahlen bei D- und K-Wagen z schaffen.
- Bei der Ersatzteil-Lieferung 1974 gibt es Probleme infolge Nichtlieferung vertraglich gebundener Ersatzteile.
• Die derzeitigen Rückstände von Faga betragen circa 300 TRBl.
- Der Außenhandelsbetrieb Transportmaschinen zog Zusage über zustätzliche Heizstablieferungen 1974 im Werte on 300 TM zurück.
- Der Vertrag über Heizstäbe für die Volksrepublik Polen wird voll erfüllt.
- Der Vertrag über Heizstäbe für die SU wurde mit 700 Stück fixiert.
- Die Lieferung von 15 + 2 Di-Wagen für das II./76 wurde als Fixpunkt mit Maschinoimport vereinbart.
- Die Bemerkungen zum statischen Umarter sind detailliert zu untersuchen.
- Auf der Grundlage der Wirtschaftsverträge mit einer zulässigen Toleranz von ±5 bis 10% ist der Abschluß eines Spezialisierungsvertrages mit der Volksrepublik Polen für den Zeitraum 1974–1980 vorgesehen.
• Die entsprechende Koordinierungsvereinbarung wurde bereits zur Messe abgeschlossen, wobei die polnische Seite Vorbedingungen ... stellte.
• 5 Klimaanlagen mit der Volksrepublik Polen wurden vertraglich nicht gebunden, da die VRP Ersatzteillieferung durch Waggonbau Görlitz fordert.
- Die Lieferung an Schienenfahrzeugen für den Zeitraum 1976–1980 wird voraussichtlich weitestgehend von den Wirtschaftsberatungen abhängen, die vom 1. 4. – 8. 4. 1974 in Moskau stattfinden.
• Der Außenhandelsbetrieb ›Transportmaschinen‹ stimmte der Ausarbeitung von Angeboten für den Typ 47 und die Baureihe Ax für den obengenannten Zeitraum ab III./1974 zu.
-Die Importtätigkeit nimmt an Bedeutung zu …
• Die Lizenz-Tätigkeit ist langfristig zu verbessern.
• Die Galvanik-Veredelungs-Einrichtungen sind aus dem SW beziehbar …«[586]

18. März 1974

Der Westen will in den Markt!

»- Über Lizenzgeschäfte versucht das NSW zu Informationen zu gelangen.
• Durch gezielte Maßnahmen versucht das NSW in den Markt ›Sowjetunion‹ einzudringen.
• Es gab systematische Anfragen durch NSW-Beauftragte …«[587]

18. März 1974

Mehr Sonderkredit, um sich mehr Material hinlegen zu können …
Die Abhängigkeit von den Zulieferern muss verringert werden!

»Nachweis der Notwendigkeit zur Erhöhung der Umlaufmittelbestände an Kreisfiliale Halle der Industrie- und Handelsbank bei gleichzeitiger Antragstellung eines Sonderkredits zur finanziellen Sicherung der erhöhten Bestände. Antrag auf Planänderung ist bei der VVB Schienenfahrzeuge zu stellen.«[588]

1. und 5. April 1974

586.–588. LASA, MER, VEB Waggonbau Ammendorf, Nr. 54951.

1974

II. Betriebsprüfung ASMW Zurückstufung wegen Überheblichkeit!

»Zur Betriebsprüfung des VEB Waggonbau Ammendorf durch das ASMW Magdeburg, Fachabteilung 223 und das Qualitätsaktiv der VVB Schienenfahrzeuge in der Zeit vom 2. 4. – 4. 4. 1974 informierte der Werkdirektor, Genosse Fritzsche …

Der Betrieb wird von ›über dem Durchschnitt‹ in ›im Durchschnitt‹ zurückgestuft, wobei die Hauptursachen subjektiver Natur sind und vor allem in den Direktionsbereichen Produktion und Grundmittel liegen …

- Politisch nicht einwandfreie Haltung und überhebliche Einstellung einer Reihe von Leitern und Mitarbeitern des Betriebes

- Es wurden im Betrieb gute Ideen entwickelt, aber nicht durchgesetzt

- Die Produktionsdisziplin läßt sehr zu wünschen übrig …«[589]

1. und 5. April 1974

Was droht? Geldverlust durch Q-Verlust!

»Das ASMW beauflagte den Betrieb, bis zur Nachüberprüfung im Juni 1974 die festgestellten Mängel abzustellen. Bei Nichterfüllung tritt durch den Verlust des Gütezeichens ›Q‹ ein Verlust in Höhe von circa 1,7 Mio M für 1974 ein.«[590]

1. und 5. April 1974

Was tun?
Prüfer nicht mit Produktion verbandeln!

»Die Abteilung LQG leitet weiterhin Genosse ... Für die Verhandlungen mit den Inspektoren ist ein ständiger Beauftragter zu benennen. Die Prüfer sind von den Fertigungsbereichen nach LQF zurückzuführen, um ihre Wirksamkeit auf die Qualität der Erzeugnisse zu erhöhen …«[591]

1. und 5. April 1974

Omnibusseitenwände –
können wir den Vertrag annullieren?

»Überprüfung der vertraglichen Vereinbarung zwischen VEB Waggonbau Ammendorf und VEB Karosseriebau Gera über die Fertigung von Omnibusseitenwänden. Die Möglichkeiten zur Annullierung sind darzustellen …«[592]

22. und 24. April 1974

Schuldnerbetriebe müssen in Zukunft direkt vor dem Ministerrat berichten!
Das Leben der Betriebe wird härter!

»In Auswertung der außerordentlichen Werkdirektoren-Konsultation … zusammen mit den BPO-Sekretären des Industriezweiges gab der Werkdirektor folgende Informationen des Generaldirektors …bekannt …

- Die VVB erteilte den Betrieben des Industriezweiges Bilanzbestätigung für 1973, der Übergang zu 1974 war gut. Die Arbeit mit den Gegenplänen ist zu qualifizieren.

- In der Leitung sind Kontinuität und Konsequenz zu verstärken. Schuldnerbetriebe müssen direkt vor dem Ministerrat berichten. Das reale gesellschaftliche Arbeitsvermögen ist besser zu nutzen …«[593]

13. und 14. Mai 1974

Werkleiterkonsultation: nur 5 Betriebe der VVB schaffen die Planerfüllung …
Ammendorf dabei!

»Der Werkdirektor … wertete die Werkleiterkonsultationen … aus. … Bei der Analyse der ökonomischen Ergebnisse … kam es zur Nennung positiver und negativer Beispiele im Zweig, wobei darauf hingewiesen wurde, die guten Erfahrungen aus Schwesterbetrieben zu verallgemeinern.

Aus der Gegenüberstellung der Direktive und des Ist bei industrieller Warenproduktion und Arbeitsproduktivitätssteigerung für den Zeitraum des Fünfjahresplanes 1971–1975 geht hervor, daß nur 5 Betriebe des Industriezweiges –Ammendorf, Bautzen, Görlitz, Mühlhausen und Schmölln –die beauflagten Kennziffern erfüllen werden.«[594]

27. Mai und 5. Juni 1974

589.–591. LASA, MER, VEB Waggonbau Ammendorf, Nr. 54951.

592.–594. LASA, MER, VEB Waggonbau Ammendorf, Nr. 54951.

Vorlage Rechentechnik

Das Zitat belegt, dass die Entscheidungsgewalt über die Investition in der Rechentechnik nicht im Betrieb lag, sondern bei der Plankommission des Bezirkes Halle:

»*Die Vorlage des Hauptabteilungsleiters Organisation und Rechentechnik ... beinhaltet die Begründung für die Verschiebung der Inbetriebnahme der EDVA ES 1020 auf den 2. 1. 77.*
3 Betriebe des MSAB im Bezirk Halle planen den Einsatz einer EDVA ES 1020
- VEB Waggonbau Ammendorf
- VEB Pumpenwerke Halle
- VEB ZEMAG Zeitz
Die Entscheidung der Bezirksplankommission Halle ist dazu noch nicht gefallen ...«[595]

10. Juni 1974

Grundsatzdiskussion:
Ax braucht neue Fertigungsprinzipien!

»*Durch den Haupttechnologen ... und den Abteilungs-Leiter Rationalisierung ... kam es zu folgenden prinzipiellen Ausführungen zur technologischen Entwicklung:*
- Die Baureihe Ax erfordert grundsätzlich neue Fertigungsprinzipien;
- Der Ausbau von Werk II wurde erforderlich, da Werk I veraltet ist, die Produktionsfläche zu gering ist und die Breite der Kranfelder sowie die Höhe der Hallen nicht den Erfordernissen entsprechen;
- Das Prinzip des betrieblichen Ablaufes sieht im Werk I die Teilefertigung und im Werk II die Montage vor;
- Die Realisierung der Investvorhaben erfolgt in 4 Etappen.
• Inbetriebnahme von Farbgebungs- sowie Export-, Versand- und Lagerhalle
• Bau von Klima- und Elektrikprüfkammern
• Montage der Wagenkasten-, Rohbau- und Montagehalle
• Ausbau von Werk I zur Sicherung der proportionellen Anlieferung der Teile «[596]

18. Juni 1974

Wo liegen die Vorteile von Werk II?

»*- Der Ausbau von Werk II bringt folgende grundsätzliche Vorteile:*
• Beseitigung von Engpässen in der Fertigung
• Weitere Erhöhung der Qualität der Erzeugnisse
• Rationalisierung des Fertigungsablaufes
• Weitere Verbesserung der Arbeits- und Lebensbedingungen der Werktätigen durch Mechanisierung der Produktion, günstigeren Durchlauf der Wagen und Schaffung zusätzlicher sozialer Einrichtungen in beiden Werkteilen ...«[597]

18. Juni 1974

Konsumgüter
Großassietten für die Großbäckerei in Halle-Neustadt: Vertragsveränderung!

»*Erarbeitung einer Konzeption, die die bauflagte Höhe der Kooperationsleistungen für die Bevölkerung innerhalb der Konsumgüterproduktion sichert. Um die 10.000 Stück Assiettenbehälter für die Großbäckerei Halle-Neustadt qualitätsgerecht realisieren zu können, ist eine Vertragsveränderung zum 31. 8. 1974 anzustreben.*«[598]

24. und 25. Juni 1974

Beratung im Stadthaus
Halle will Werks-Beteiligung an Festen
Moskau – Herz der Revolution

»*Nach Vorstellung des Rates der Stadt sind weitere Veranstaltungen vorgesehen:*
• Ausstellung
• Volkskunstfestival in der Saaleaue
• Kulturkonferenz
• Kulturtage im Theater des Friedens
• Laternenfest mit Eröffnung des Salinebades
• Kombinatsfeste Buna und Leuna
• Bootskorso
Die Beteiligung des Betriebes erfolgt unter der Losung ›Moskau Herz der Revolution‹ im Zusammenhang mit 25. Jahrestag der DDR.«[599]

22. Juli 1974

595.–596. LASA, MER, VEB Waggonbau Ammendorf, Nr. 54951.

597.–599. LHASA, MER, VEB Waggonbau Ammendorf, Nr. 54951.

Heizstäbe

»Der Werkdirektor … gab zur Heizstabsituation folgende Informationen: Am 22. 7. 74 fand eine Prüfung der Hochspannungsheizstäbe durch die sowjetischen Abnahmeinspektoren und die Gütekontrolle statt. Am gleichen Tag wurde dem Werkdirektor ein Schreiben der Inspektoren übergeben. Ab 24. 7. 74 weigerten sich die Inspektoren die Abnahme der Druckbelüftungswagen mit kombinierter Heizung durchzuführen.«[600]

5. und 6. August 1974

Mega-Gau: Abnahme verweigert!

»Die Beratung am 29. 7. 74 im VEB Waggonbau Ammendorf mit den Genossen Maximow, MI und Klaschnikow, MPS, ergab, daß die Partie von 26 DK-Wagen nicht abgenommen wird.«[601]

5. und 6. August 1974

Was tun? Sofort VVB informieren!

»Am 31. 7. 74 fand beim Generaldirektor … eine Beratung statt, an der die Genossen Maximow, Beloussow, Lawrik, Prof. Dr. Wießner … und Fritzsche teilnahmen …«[602]

5. und 6. August 1974

General stellt Tolerierungsantrag

»Genosse … stellte an die sowjetische Seite den begründeten Antrag auf Auslieferung der 26 D/K-Wagen von Fz 60 – 85. Ein Tolerierungsantrag vom Institut für Schienenfahrzeuge, Berlin, wurde gefertigt.«[603]

5. und 6. August 1974

Was sagt Lawrik (Abnahmeinspektor)?

»Genosse Lawrik hielt die negativen Feststellungen auf der Grundlage des Beanstandungsschreibens 5068/1356 von Maschinoimport, Moskau, vom 24. 7. 74 aufrecht und forderte einen Standpunkt des Amtes für Standardisierung, Meßwesen und Warenprüfung.«[604]

5. und 6. August 1974

600.–604 LASA, MER, VEB Waggonbau Ammendorf, Nr. 54951.

Was sagt der Direktor des IfS?

»Der Direktor des IfS fertigte ebenfalls einen Standpunkt an. Die geplante Besichtigung des Berliner Kieselgutwerkes fand nicht statt …«[605]

5. und 6. August 1974

Weiter geht es zum Ministerstellvertreter
Wieder ist die SED mit dabei …

»Am 2. 8. 74 fand beim Stellvertreter des Ministers für Glas und Keramik … eine Beratung zur Heizstabsituation statt, an der unter anderem der 1. Sekretär der Kreisleitung Pankow der SED teilnahm …«[606]

5. und 6. August 1974

Der Minister weist kurzfristig an …
TKO aufbauen!
Mehr Wohnungen für die Heizstabbauer!
Mit England und Frankreich verhandeln!

»Zur kurzfristigen Verbesserung der Situation im VEB Berliner Kieselgutwerk kam es zu folgenden Anweisungen:
A 1 Abstellung von 3 Genossen ingenieur-technisches Personal
A 2 Einsatz eines Auftragleiters und Erarbeitung eines Programmes
A 3 Erarbeitung eines Maßnahmeplanes für Aufbau einer TKO
A 4 Zurverfügungstellung zusätzlicher Arbeitskräfte aus dem Ministerium
A 5 Stellung eines Tolerierungsantrages an die SU
A 6 Materielle Stimulierung von Sondereinsätzen
A 7 Systematische Qualifizierung der Arbeitskräfte
A 8 Zurverfügungstellung von Wohnungen durch das Territorium
A 9 Zusätzliche Investitionen auf Grundlage des Programms
A 10 Die Verhandlungen mit England und Frankreich sind wieder aufzunehmen hinsichtlich
- *Verbesserung der Toleranzen*
- *Vorziehen von Lieferungen …«*[607]

5. und 6. August 1974

605.–607. LASA, MER, VEB Waggonbau Ammendorf, Nr. 54951.

Was ist mit den abgelehnten Wagen?

»In der Wochenendaktion am 17. 8. 74 wurden 9 Wagen nach den gegenüber den sowjetischen Inspektoren gegebenen Zusagen umgerüstet. Es wird angestrebt, eine Senkung der Prüfdauer der Heizstäbe für die 19 umzurüstenden Wagen von 12 auf 8 h/Wagen zu erreichen. Zur Realisierung der betrieblichen Aufgabenstellung sind täglich 150 Stück = 6 Wagen/ Tag durch das Berliner Kieselgutwerk bereitzustellen.
Das Problem der Umrüstung 19 D/K-Wagen aus der Juli-Produktion liegt bei der Gewährleistung der Dichtheit der Fenster. Der Tolerierungsantrag für Heizstäbe wurde durch Maschinoimport genehmigt, der endgültige Standpunkt zum MI-Schreiben … folgt.«[608]

19., 20. und 21. August 1974

Wer vertritt eigentlich die Urlauber?
10% der Belegschaft Schüler/Studenten!

»Insgesamt waren im Juli/August 500 Schüler und Studenten im Einsatz.«[609]

19., 20. und 21. August 1974

Speisewagen nicht abgenommen!

»Der Speisewagen SK 1 wurde von den Inspektoren nicht abgenommen, da folgende Forderungen erhoben wurden:
- Auswechseln des Asbestkonus des Ölbrenners
- Abschluß der 10 Th-Erprobung der Samowarheizpatrone
- Austausch des 4,9 kW-Generators …«[610]

19., 20. und 21. August 1974

Was sagt der Chef?
Er haut mit der Faust auf den Tisch …

»Nach Hinzuziehung des Chefkonstrukteuers … und dessen Standpunkt zum unverantwortlichen Verhalten der Versuchsabteilung beim Langzeitversuch Samowarheizpatrone kritisierten Werkdirektor und Inspektionsbeauftragter die Versäumnisse und das Fehlverhalten des Leiters und der Mitarbeiter der Versuchsabteilung. Sie bemängelten außerdem die ungenügende Wahrnehmung der politischen und fachlichen Verantwortung des Chefkonstrukteurs …«[611]

19., 20. und 21. August 1974

Görlitz will nicht galvanisieren …

»Vom VEB Waggonbau Görlitz wurde die Veredelung von Normteilen ab FZ 1/1975 für WBA abgelehnt …
- Die ehemalige Vorbauhalle ist für den Bau von Großvorrichtungen für die Baureihe Ax vorgesehen. Die endgültige Entscheidung für die Fortführung des Staatsplanthemas Ax steht durch MSAB und MfWT noch aus.«[612]

9. September 1974

Hilfsdrehgestelle sollen Geld sparen helfen

»- Die Überführung der WPW nach Werk II mit Hilfsdrehgestellen… gewährleistet eine … Reduzierung von Umlaufmittlen …
- Der ökonomische Nutzen der Variante 2 beträgt circa 2,8 Mio M. Demgegenüber steht ein Aufwand von circa 1,3 Mio M Investitionen und circa 0,5 Mio M Kosten …«[613] **9. September 1974**

Werner Felfe kommt … kurzfristig!

»… Vorbereitung des kurzfristig zu erwartenden Besuches des Kandidaten des Politbüros des ZK der SED und 1. Sekretärs der Bezirksleitung Halle der SED, Genossen Werner Felfe …«[614]

9. September 1974

Für den Chefkonstrukteur wird es eng!

»Nach kritischen Bemerkungen des Werkdirektors zur nachlässigen und unverantwortlichen Arbeit des Chefkonstrukteurs … Die Verhandlungen über Ölbrenner mit der schwedischen Lieferfirma ist durch den Direktor für Technik fortzuführen, der Chefkonstrukteur ist von der Verhandlung zurückzuziehen…«[615]

16. und 18. September 1974

608.–610. LASA, MER, VEB Waggonbau Ammendorf, Nr. 54951.

611.–615. LASA, MER, VEB Waggonbau Ammendorf, Nr. 54951.

GS = Groß-Sektions-Bauweise bringt es!

»- Die Groß-Sektions-Bauweise bringt für den Export in die SU bei einem geforderten Temperaturbereich von ±50°C beim Einsatz von Polyurethanschaum durch spürbare K-Wert-Verbesserung die größten Vorteile

- Der Jahresbedarf steigt bei den wertintensiven Exportgütern

• Weitstrecken-Personenwagen auf 1.000 Stück

• Hochspannungsheizstäbe auf 55.000 Stück

• Klimaanlage MAB II auf 100 Stück

- Der technologisch erforderliche Investitionsbedarf muß für den Typ Ax für ein jährliches Minimalvolumen von 3 Mio M Bauanteil abgesichert werden.

- Die Forderungen des XXIV. Parteitages der KPdSU zur Fahrkomforterhöhung müssen realisiert werden …«[616]

16. und 23. Oktober 1974

Die Jugoslawen wieder: Sie verlangen 1974 75% höhere und 1975 100% höhere Preise …

»Die Fliehkraftschaltkupplungen aus Jugoslawien sind für die Speisewagen FZ 36 gedeckt. Vom Hersteller werden für 1974 Preiserhöhungen von 75% und für 1975 von 100% gefordert.«[617]

26. Oktober 1974

Kampf um Investitionsmittel
Wer soll zahlen, das Ministerium oder Felfes SED-Reservefonds?

»- Der Minister für Schwermaschinen- und Anlagenbau bittet die Bezirksleitung Halle der SED 10–15 Mio M aus dem Reservefonds zur Verfügung zu stellen…«[618]

26. Oktober 1974

Die zusammengestrichenen Invest-Mittel bringen Ammendorf in die Bredouille

»Durch die Streichung der Investmittel für die Ax-Typenreihe ab 1978 war es notwendig, den Plan 1975 nochmals zu ändern. Nach letzter Auskunft der VVB ist für uns 1975 lediglich ein Bauvolumen von 100 TM vorgesehen. Allein das Fundament für die 800 t-Presse benötigt ein Bauvolumen von 240 TM. Daraus ist ersichtlich, daß nur das Allernotwendigste realisiert werden kann und außer dem Ax-Vorlauf auch die EDV-Anlage für 1975 nicht mehr in den Plan aufgenommen werden konnte. Zur Zeit gibt es außerdem noch Unstimmigkeiten, indem die VVB darauf besteht, ohne Berücksichtigung der Änderungen für 1975, das Stundenvolumen für die Ax-Wagen voll mit 20 Druckbelüftungswagen für die MVR auszugleichen …«[619]

25. November 1974

Aktennotiz über die Investleiter-Tagung: Erst Zulieferer, dann der Westen, dann SW!

»- Die Betriebe des Industriezweiges wurden hinsichtlich der Investitionen in 3 Kategorien eingeteilt.
Kategorie I
›Zulieferbetriebe‹
Faga, BBW, Mühlhausen, Ilsenburg, Bad Schandau, Zittau
Kategorie II
›NSW-Exportbetriebe‹
Niesky, Dessau, Bautzen
Kategorie III
›SW-Exportbetriebe‹
Ammendorf, Görlitz …
WBA erhielt 41,1 Mio M Investitionen, davon 17,4 Mio M Bau
22,0 Mio M Ausrüstung …«[620]

9. Dezember 1974

Wie sieht es für Ammendorf aus?

»- Der Typ Ax ist im Perspektivzeitraum von 1976–80 nicht enthalten.

- Die vorgesehenen Ersatzinvestitionen für den Perspektivzeitraum wurden bestätigt.

- Die EDVA ›ES 1020‹ ist im Jahr 1976 enthalten

- Die Haupttrasse der Fernwärmeversorgung wird 1976/1977 realisiert bestätigt …«[621]

9. Dezember 1974

616.–618. LASA, MER, VEB Waggonbau Ammendorf, Nr. 54951.

619.–621. LASA, MER, VEB Waggonbau Ammendorf, Nr. 54951.

Bilder 1974[622]

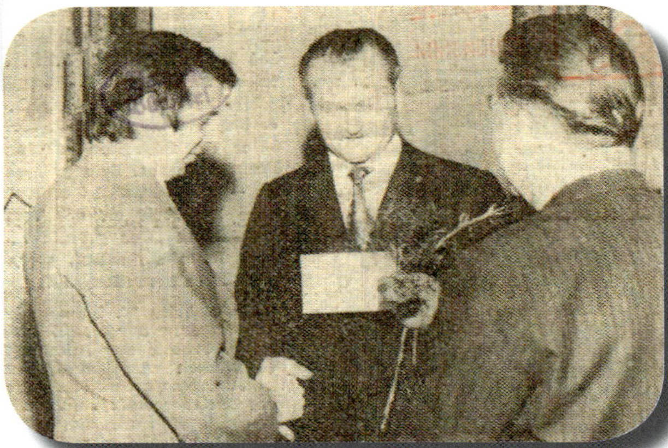

Abb. 216: Günter Hilbenz zeichnet DDR-Meister im Billiard Dieter Hoche aus, Ammendorf, 30. Januar 1973.

Abb. 219: Genosse Schrimpf, Genosse Unadow, Genosse Makarow, Genosse Schläger, Genosse Waskow, Genosse Schatz, Ammendorf 17. April 1974.

Abb. 217: Christa Wolf, Willy Loth und DEFA-Schauspieler, Ammendorf, 30. Januar 1973.

Abb. 220: Übergabe des 14.000. WPW, Ammendorf, 27. September 1974.

Abb. 218: Klaus Scherling erhält Auszeichnung von Siegfried Hauschild, Ammendorf, 10. April 1973.

Abb. 221: Neben dem 14.000. Wagen wurden auch noch die Farbgebungshalle in Werk II sowie das neu renovierte Klubhaus der Waggonbauer an diesem Tag übergeben, Ammendorf, 27. September 1974.

622. Bahn frei! (Fotos: Blaschke), Ammendorf 1973.

Bilder 1974[623]

Abb. 222: Hoher Besuch, Ammendorf, 3. Oktober 1974.

Abb. 225: Kollege Willuschek und Kollege Berthold Brandt arbeiten in der Schmiede, Ammendorf 1974.

Abb. 223: Produktionsdirektor Fred Keitel wird ausgezeichnet, Ammendorf, um 1974.

Abb. 226: Punktierer Rudi Richter, Ammendorf 1974.

Abb. 224: Gerhard Gebert, Sektion Handball, Ammendorf, 1974.

Abb. 227: v.l.n.r: Schrimpf, Unadow, Makarow, Waskow, Schatz, Ammendorf, 1974.

623. Bahn frei! (Fotos: Blaschke), Ammendorf 1973 und Archiv Regine Czerner

Einführende Zusammenfassung 1975

Auch die Protokolle können sich den Veränderungen nicht entziehen: E bedeutet Entscheidung. Ab 1981 soll es nur noch E-Protokolle geben (mit Entscheidungen in Tabellenform aufgelistet).

Der Druck wegen des moralischen Innovationsverlustes zeigt Wirkung: der General gibt Geld frei. Trotzdem muss gespart werden: kein Geld mehr für Warenzeichenverband, Messegelder 50% gestrichen, 10% weniger repräsentieren!

Gleichzeitig: Preise erhöhen! Export steigern!

Die Sowjetunion will bessere Wagen, für die die DDR die Investitionsgelder nicht hat. Was tun? Ax-Forschung abbrechen! Polen wittert seine Chance und bietet 27 m-Wagen an. Später stellt sich heraus: sie können gar nicht liefern!

Dienstwagenpreise: DDR will 78.000 Rubel, SU aber nur 69.200 zahlen …

Deutlich wird die Bedeutung von Schienenfahrzeug- und Schiffbau bei der Handelsbilanz: gleitet sie ins Negative ab, werden die beiden Branchen zu mehr Produktion verdonnert!

Auch mit der Staatsbank ist nicht immer gut Kirschen essen: sie will 8% statt 5%, Ammendorf sträubt sich!

Insgesamt ein kämpferisches Jahr an allen Fronten. Am Schluss viele schöne Bilder!

2B53988

Deutsche Bücherei

Bahn frei

Erscheint wöchentl.
26. Jahrg
8. Jan.
1975
Preis 5 Pf

1

rgan der Betriebsparteiorganisation
s VEB Waggonbau Ammendorf

Die 13. Tagung weist uns den Weg

enosse Heinz Höpfner, BGL-Vorsitzender, sprach mit den Bereichsleitern

ie 13. Tagung beurteilte die gegen-tige Lage und die künftigen Auf-en, die vor uns stehen.

ie Kompliziertheit dieser Probleme er- sich aus den höheren Anforderun- bei der weiteren Gestaltung der alistischen Gesellschaft aus den ob-iven Bedingungen der internatio-n Klassenauseinandersetzung zwi-n Sozialismus und Imperialismus.

Genosse Erich Honecker bemerkte am Schluß seines Berichtes an die 13. Tagung des Zentralkomitees der SED:

„Wir werden die vor uns liegenden Aufgaben meistern, wenn jeder seinen Platz ausfüllt und vor allem seine eigene Verantwortung voll wahrnimmt. Kommunisten sind berechtigt, stets mit Optimismus in die Zukunft zu schauen. Sie schöpfen ihre Zukunftsgewißheit aus den Erfahrungen unseres jahrzehntelangen Kampfes und aus den wissenschaftlichen Erkenntnissen unserer marxistisch-leninistischen Weltanschauung.

Diese Worte beherzigend, lud Genosse Heinz Höpfner, BGL-Vorsitzender, am 14. Dezember 1974 die Bereichsleiter ein, um in einem kameradschaftlichen Gespräch über die vor uns liegenden Aufgaben für das Jahr 1975 zu beraten.

Der BGL-Vorsitzende übermittelte in dieser Runde den Dank an alle Werktätigen für ihre geleistete Arbeit. Er würdigte auch die gute Unterstützung durch die Bereichsleitungen bei der Vorbereitung und Durchführung der Gewerkschaftswahlen und beim Abschluß des BKV.

prämie nach dem Leistungsprinzip auszuzahlen.

Der BGL-Vorsitzende ging dann auf den Plan Wissenschaft und Technik ein.

Der Plan Wissenschaft und Technik wurde im Jahr 1974 gut erfüllt. Das ist auch mit auf die wissenschaftliche Arbeitsorganisation zurückzuführen. Es wurde erkannt, daß die WAO ein Mittel zur Verbesserung der Arbeits- und Lebensbedingungen ist.

Im weiteren Verlauf des Gesprächs ging es um die Verbesserung der Zusammenarbeit zwischen Bereichsleitung und Bereichsökonom. Es wurde betont

Abb. 228: Erste Bahn frei von 1975, Ammendorf 1975. [624]

624. Bahn frei, Ammendorf 8. Januar 1974

Plan 1975

»Durch den Direktor für Ökonomie wurde die Vorlage zum Plan 1975 erläutert und folgende Schwerpunkte herausgestellt.
- Kennziffern und Einhaltung der staatlichen Auflage
- Situation zur Problematik Fehlkapazität
- Zielstellung in der Erfüllung pro Monat bis April
- Exportkennziffern
- Nettogewinn
- Investkennziffern
- Umlaufmittel
- AK-Bilanz
- Preisfragen bei einigen Zulieferern
- Planvarianten: Staatsplanauflage zu sonstiger Produktion …
- Lieferungen an die MVR …«[625]

6. Januar 1975

Entscheidungen

Mit diesem Protokoll beginnen die Kürzel E für Entscheidungen. Sie sind nummeriert:

E 4 Mongolische Volksrepublik

»Die 3 WPW 2 Platzabteil für die MVR sind aus Gründen fehlender Klarheit der TB nicht im Plan aufzunehmen.«[626]

6. Januar 1975

Problematik Ax 1975–1978
Wenn die Investmittel jetzt nicht kommen, veraltet das Innovations-Wissen!

»Wird auch 1976 keine Einordnung in Form von Zuweisung der erforderlichen Investkennziffern erfolgen, werden weitere Zeitverluste für die Einführung der Ax-Typen eintreten. Hinzu kommt, daß sich dann bereits der moralische Verschleiß der entwickelten Technik und Technologie bemerkbar machen wird …«[627]

6. Januar 1975

Den Kunden darauf orientieren, dass es danach nicht so viele Änderungen geben kann, das hier ist kein Wunschkonzert!

»Bei Abstimmung der TB für Ax ist beim sowjetischen Kunden darauf zu orientieren, daß danach keine prinzipiellen Änderungen der Grundkonzeption des Projektes Ax mehr eintreten …«[628]

6. Januar 1975

Warum laufen die Leute davon?

»Ausgehend von der erarbeiteten Analyse wird angeführt, daß die Gründe für die Abgänge im wesentlichen finanzielle Verbesserung, Arbeitsdisziplin und keine Schichtarbeit sind …«[629]

20. Januar 1975

Endlich: es gibt Geld für Investitionen!

»… Genosse Schomburg die Bereitschaft … auf Zurverfügungstellung von Investitionen ab 1975 mitteilte …«[630]

24. Januar 1975

Ziel der Investitionen

»Das Ziel muß darin bestehen, den Typ 47 zu bauen unter Einarbeitung der beim 27 m-Wagen vorgesehenen technischen Verbesserungen … wobei zu beachten ist, daß die sowjetische Seite vom neuen Mittellangträger nicht abgehen wird.«[631]

24. Januar 1975

Variante 1: Ökonomisch sinnvoll, aber …

»V1: Serienfertigung von 27 m-Wagen im Werk I. Zeitraum der Realisierung von 1979–1980 (schwebend).
Görlitz und Dessau schließen sich dem Ammendorfer Standpunkt an, daß dies nicht realisierbar ist, obwohl diese Variante ökonomisch am sinnvollsten erscheint …«[632]

24. Januar 1975

Variante 2: Vorzugsvariante!

»V2: Fertigung von 600–700 Wagen, Typ 47/Jahr im Werk I und einer Versuchspartie von circa 80 WPW, Typ Ax/Jahr im Werk II. Der Investitionsumfang beträgt circa 28 Mio M, davon 21 Mio M Bau … (Vorzugsvariante!)«[634]

24. Januar 1975

625.–627. LASA, MER, VEB Waggonbau Ammendorf, Nr. 51968.

628.–634. LASA, MER, VEB Waggonbau Ammendorf, Nr. 51968.

Variante 3

»Fertigung von 27 m-Wagen in konventioneller Bauweise ohne PU-Schaum mit … Investitionsumfang von 30 Mio…«[635]

24. Januar 1975

Variante 4

»Herstellung von 24,5 m-Wagen … mit … Investitionsvolumen von 35 Mio M.«[636]

24. Januar 1975

Variante 5

»Bau von 24,5 m-Wagen mit PU-Schaum im Werk II. Die Verschäumeinrichtungen sind für 27 m-Wagen auszulegen. Diese Variante ist … nicht realisierbar. Der Investitionsumfang beträgt 58 Mio M, davon 43 Mio M Bau.«[637]

24. Januar 1975

Variante 6

»Fertigung von 24,5 m-Wagen in GS-Bauweise (Groß-Sektions-Bauweise, d. A.) in den Betriebsteilen I und II. Diese Variante ist ökonomisch nicht vertretbar.«[638]

24. Januar 1975

Was tun? Der Vertrieb verlangt ab 1981 Ax

»Genosse … ergänzte, daß die Vorbereitung der Baureihe Ax finanziell und materiell im Perspektivzeitraum 1976–1980 zu erfolgen hat, während die Realisierung zur Einführung … Ax ab 1981/82 vorzusehen ist …«[639]

24. Januar 1975

Was sagt der Chef? Variante 7 erarbeiten!

»M 1/1 Es erscheint zweckmäßig, eine Variante 7 zu erarbeiten, in der Versuchspartien von 80–100 Wagen des Typs Ax ab 1981 zu liefern sind. Zur Reduzierung der geplanten Investitionen in Höhe von 34 Mio M ist die Rohbauhalle ohne 2 Anbauten mit 1 Kammer für Außenkonservierung zu projektieren …«[640]

24. Januar 1975

Treffen mit dem General:
Einerseits: Schienenfahrzeugbau steht an der Spitze der Industriezweige!

»Der Generaldirektor, Genosse Schomburg, wertete die Geschäftstätigkeit der VVB Schienenfahrzeuge des Jahres 1974 als gut aus. Die VVB liegt im Ministerium für Schwermaschinen- und Anlagenbau mit an der Spitze der Industriezweige …«[641]

7. März 1975

Andererseits: Das Geld ist alle …
Leipziger Messe: 50% weniger ausgeben …

»Weiterhin wurden ausgewertet der Ministerratsbeschluß vom 23. 1. 75 ›Sparsamkeitsprinzip‹ …
- Verwendung des Werbefonds nur für Export-Geschäftstätigkeit
- Sperrung der Mittel für Warenzeichenverband
- Reduzierung der Mittel zur Messetätigkeit 1975 um 50%
- Senkung der Ausgaben für Messen und Ausstellungen um 20%
- Absenkung des Repräsentationsfonds auf 10% zu 1974 bei gleichzeitiger sofortiger Sperrung
- Inlandwerbung ist nur noch gezielt positiv zulässig, wie zum Beispiel Arbeitskräftewerbung und Produktionspropaganda …«[642]

7. März 1975

Kultur und Soziales: 50 Mark für jeden!

»Entsprechend des Ministerratsbeschlusses … ist der Kultur- und Sozialfonds 1975 des VEB Waggonbau Ammendorf 1975 zu überarbeiten … Als Limit sind 50.-- M/Person festzulegen …«[643]

7. März 1975

Repräsentationsfonds ab sofort gesperrt …

»Der Repräsentationsfonds 1975 wird ab sofort gesperrt …Das reduzierte Limit von 1.000.-- M ist einzuhalten.«[644]

7. März 1975

Werbefonds: Kosten senken!

»Der Werbefonds 1975 ist auf der Basis des Ist-Verbrauches 1974 zugrunde zu legen, wobei die gesetzlich vorgeschriebenen Senkungssätze einzuhalten sind …«[645]

7. März 1975

635.–640. LASA, MER, VEB Waggonbau Ammendorf, Nr. 51968.

641.–645. LASA, MER, VEB Waggonbau Ammendorf, Nr. 51968.

Die Öl-Krise zeigt sich auch in der DDR Im Vergleich zu 1974: 20% weniger

»Zum Ministerratsbeschluß ›Vergaserkraftstoff‹ wurde in der ergänzenden Anordnung festgelegt, daß 1975 im Vergleich zu 1974 eine Kürzung um weitere 20% erfolgt.«[646] **7. März 1975**

Was tun? Nur noch 90 und 100 fahren!

»Für 1974 ist der Vergaserkraftstoffverbrauch in Litern nachzuweisen. Bisherige Ausnahmegenehmigungen sind zu überprüfen. Eine Belehrung der Kraftfahrer über die zulässigen Höchstgeschwindigkeiten auf der Autobahn mit 100 km/h und auf der Landstraße mit 90 km/h ist kontrollfähig durchzuführen.«[647]

7. März 1975

Preiserhöhung: Industrieabgabepreise ab 1976 erheblich höher als bisher …

»Durch den Direktor für Außenwirtschaft der VVB … wurde bekanntgegeben, daß ab 1. 1. 1976 für alle Finalerzeugnisse neue Industrieabgabepreise wirksam werden, die erheblich über den bisherigen liegen … Der Etappenplan sieht stufenweise Anhebung der Industrieabgabepreise bis 1978 vor. «[648]

7. März 1975

DDR braucht Devisen: Export steigern!

»Es ist vorgesehen, … 1976–1980 den Export des Industriezweiges um circa 40% zu steigern …«[649]

7. März 1975

Technologie 1970 bis 1974

»Weitere Einbeziehung des Werkteiles II in den Produktionsprozeß bei gleichzeitiger Spezialisierung:
Werk I – Teilefertigung und Teilmontage
Werk II – Rohbaumontage, Ausbaumontage, Farbgebung, Prüfung und Export.
Folgende Komplexe wurden bereits realisiert:
- Waggonrollprüfstand 1967
- Ausbaumontagehalle I … 1971/72
- Halle für Endlackierung 1973/74
- Ausbaumontagehalle II (im Bau) 1974/75
Bei diesen Objekten wurde … Ax in Großsektionsbauweise berücksichtigt …
- weitestgehende Mechanisierung der gesamten Schweißtechnik
(Beispiel: 1962 Mechanisierungsgrad 44% 339 Schweißer für 590 WPW
1972 Mechanisierungsgrad 98%
298 Schweißer für 693 WPW)«[650]

7. März 1975

Investitionen

»Die Investitionstätigkeit wurde in den letzten 5 Jahren zielgerichtet zur Erhöhung der Effektivität des gesamten Betriebes und zur Verbesserung der Arbeits- und Lebensbedingungen der Werktätigen eingesetzt. Dafür standen insgesamt als Kennziffern zur Verfügung«[651] (Tabelle)

Titel	1970 Mio M	1970 Mio M	1970 Mio M	1970 Mio M	1970 Mio M
Investitionen gesamt	4,3	7,0	11,2	10,8	6,7
davon Bau	1,4	3,0	5,7	6,7	3,8

Sicherung der Effektivität durch …

»- Großsektionsbauweise unter Anwendung der PUR-Verschäumungstechnik (circa 900 t/Jahr bei 700 Wagen) …
- Materialsubstitution durch Einsatz von Plastwerkstoffen und Einsparung von Stahl, Holz und Leichtmetall (circa 1.980 t Holz und 420 t Stahl pro Jahr bei 700 Wagen).«[652] **7. März 1975**

Neuer schwedischer Besitzer in Berlin

»… der neue Besitzer der schwedischen Ölbrenner-Herstellerfirma PIHL… in Berlin verhandeln wird.«[653] **7. März 1975**

HCP will 27 m-Wagen bauen

»Ab 1978 beabsichtigt HCP, 27 m-Wagen in voller Stückzahl zu liefern. Innerhalb der Lizenztätigkeit wird das Kleinstkehlnahtschweißen des VEB Waggonbau Ammendorf gegen den Samowar polnischer Konstruktion getauscht.«[654]

7. März 1975

646.–649. LASA, MER, VEB Waggonbau Ammendorf, Nr. 51968.

650.–654. LASA, MER, VEB Waggonbau Ammendorf, Nr. 51968.

Was will die Sowjetunion?
Sie will bessere Fahrzeuge, für die die DDR die Investitionsgelder nicht hat!

»Die Sowjetunion wünscht laut GOS-Plan die Lieferung von Weitstreckenwagen des Typs Ax. Die von den Inspektionsbeauftragten des Ministerrates, des Ministeriums für Schwermaschinen- und Anlagenbau und der VVB Schienenfahrzeuge im Februar 1975 durchgeführte Prüfung des Forschungsthemas Ax ergab, daß der vom Betrieb eingeschlagene Weg der technischen Politik prinzipiell richtig ist und die von der Sowjetunion erhobenen Forderungen zur weiteren technischen Verbesserung der Fahrzeuge grundsätzlich zu Recht bestehen.
Nach Einschätzung de MSAB und der VVB ist jedoch die Einordnung der für den Typ Ax erforderlichen Investitionen nicht möglich ...«[655]

19. März 1975

Was tun? Briefe schreiben in folgender Adressaten- Reihenfolge ...

»Diesen Umstand wird die DDR der Sowjetunion brieflich wie folgt mitteilen:
Genosse Zimmermann, MSAB
an Genossen Golowatyi, MPS
Genosse Schürer, SPK
an Genossen Baibakow, SPK
Genosse Sölle, MAH
an Genossen Patolitschew, MAH...«[656]

19. März 1975

Was schreiben in den Briefen?

»Der Inhalt wird sich im wesentlichen auf folgende Punkte beziehen:
- Ernsthafte Prüfung des Schreibens des Genossen Golowatyi vom 28. 2. 75 zur Problematik Ax in allen Ebenen.
- Die Forderung der sowjetischen Seite nach Typ Ax ist berechtigt.
- Die DDR ist zur Zeit nicht in der Lage, Investitionen im erforderlichen Umfang für den VEB Waggonbau Ammendorf bereitzustellen.
- Eine Investitionseinordnung bis 1980 ist nicht möglich ...
- Unterbreitung des Vorschlages über die technischen Vorstellungen zur Neuentwicklung eines 24,5 m Wagens ohne Stützstoffbauweise unter weitgehender Berücksichtigung der sowjetischen Forderungen gemäß Variante 4. Der Prototyp ist dabei für 1976 und der Serienbeginn für 1978 vorgesehen …
Zum Inhalt des Briefes sollten die sowjetischen Stellen so schnell wie möglich Stellung nehmen. «[657]

19. März 1975

Was sagt das Ministerium? Nichts anbieten!

»Der Minister und die Leitung des Ministeriums für Schwermaschinen- und Anlagenbau sind prinzipiell für den von Ammendorf konzipierten 27 m-Wagen, jedoch ist gegenwärtig keine Zusage möglich. In Verhandlungen mit der Sowjetunion sind deshalb keine 27 m-Wagen anzubieten!«[658]

19. März 1975

Weisung des Generals: alles abbrechen!

»W 1 Es ist keine Erzeugnisentwicklung für den Typ Ax zu betreiben. Das bisherige F/E-Thema ist sofort abzubrechen. Die konstruktive und technologische Kapazität ist auf die Neuentwicklung eines beherrschbaren 24,5 m-Wagens … zu überarbeiten …«[659]

19. März 1975

SU ärgert sich, Polen nahm den Mund zu voll

»Bei der durch Genossen Schofski zusätzlich angesetzten Beratung am 26. 3. 1975 wurden unter anderem Probleme des 27 m-Wagens angesprochen, wobei es zu kritischen Bemerkungen zu der bei diesem Wagentyp praktizierten Arbeitsweise kam. MPS besteht nach wie vor auf der Lieferung von 27 m-Wagen durch … Ammendorf, noch dazu wo die von der VR Polen zugesagten 300 Stück 27 m Wagen für 1976/1977 nicht eingehalten werden«[660]

31. März 1975

655.–656. LASA, MER, VEB Waggonbau Ammendorf, Nr. 51968.

657.–660. LASA, MER, VEB Waggonbau Ammendorf, Nr. 51968.

Was tun?
Konzentrieren auf Werk II!

»Grundsätzlich ist hierbei das Prinzip zu beachten, daß im Werk I nur die allernotwendigsten Maßnahmen zu realisieren sind …«[661] **21., 22. und 24. April 1975**

Wofür also Werk II vorrangig nutzen?

»Die Ausbaumontagehalle II ist vorrangig für die Arbeitsgebiete Metall und Elektrik zu nutzen. Durch eine kurzfristig zu bildende Arbeitsgruppe ist in Form eines Durchlaufplanes der Umfang der zu verlagernden Arbeiten der Gleise 2, 4 und 5 zu ermitteln, wobei ein Minimum ab Transport- und Rangierarbeiten anzustreben ist. Dies erfordert die Reduzierung von bisher 17 Ständen im Werk I auf 12 Stände im Werk II …«[662]

21., 22. und 24. April 1975

In welcher Reihenfolge das tun?

»Das Reihenfolgeproblem für 1975/76 …
- Abriß der Altbausubstanz an Gleis 5 mit Einbau eines Kranes
- Lösung des Wareneinganges und -ausganges
- Volle Nutzung der Feinblechlagerhalle für die Lagerwirtschaft
- Verlagerung der Drehgestelle nach Werk II zur Herstellung der Profilfreiheit der Werkshauptstraße
- Entlastung der ehemaligen Vorbauhalle zu Gunsten des Betriebsmittelbaues
- Minimierung der Aufwendungen, speziell des Bauanteils
- Zusammenfassung der zersplitterten Lager bei verstärkter Ausnutzung der zur Verfügung stehenden Lagerfläche
- Anteilmäßige Unterbringung des Bauhofes im Werk I und II
- Unterbringung des Kundendienstlagers
- Unterbringung der Asbestbearbeitung in jetziger Stanzenhalle
- Durchführung des Vorspritzens auf Gleis 2
- Ermittlung des Aufstellungsortes für Stanzen
- Fertigung der Außentüren auf Gleis 6
- Weitere Verbesserung der Arbeits- und Lebensbedingungen durch Bereitstellung der erforderlichen Umkleide- und Waschräume …«[663] **21., 22. und 24. April 1975**

Nicht einfach in den Westen anrufen!

»Genosse … informierte die Leitung über das GD-Schreiben ›Einhaltung der Prinzipien der Sparsamkeit und des Geheimnisschutzes im Nachrichtenwesen‹ … Bei Telefongesprächen, Fernschreiben und Telegrammen sind die Kosten spürbar zu senken. Vor Verbindungsaufnahme mit NSW-Staaten ist ein schriftlicher Antrag an den Fachdirektor zu stellen und von diesem bestätigen zu lassen.«[664]

21., 22. und 24. April 1975

Für West- und Ostgespräche Antrag!

»Bei Dienstanschlüssen in Wohnungen sind keine Gespräche mit NSW-Staaten zulässig. Telefongespräche mit SW-Staaten sind mit Genehmigung des Fachdirektors zulässig.«[665]

21., 22. und 24. April 1975

Dienstwagen für 78.000 Rubel …
Die Sowjets wollen nur 69.200 zahlen …

»WBA fordert pro Wagen 78 TRBl, während die SU auf 69,2 TRbl. orientiert. Die berechtigte Preiskorrektur zugunsten unseres Betriebes ist vorzunehmen.«[666]

5. Mai 1975

Wohnungen waren die harte Währung

»Kurzfristige, vordringliche Beschaffung einer Wohnung für den Genossen … F 44, aufgrund seiner außerordentlichen Leistungen in der Produktion …«[667]

12. Mai 1975

Negative Handelsbilanz, was tun?

»Entsprechend der … vorgenommenen fünf Plankonsultationen …, hat die DDR mit einer erheblichen negativen Handelsbilanz … zu rechnen …«[668]

22./23. Mai 1975

661.–662. LASA, MER, VEB Waggonbau Ammendorf, Nr. 51968.

663.–668. LASA, MER, VEB Waggonbau Ammendorf, Nr. 51968.

Wie soll das Defizit gedeckt werden? Durch mehr Schiffe und mehr Waggons!

»Neben dem Schiffbau muß der Schienenfahrzeugbau der DDR einen erheblichen Anteil des Defizits decken, um den erreichten Lebensstandard nicht nur zu halten, sondern auszubauen.«[669]

20./23. Mai 1975

Wie viel müssen wir mehr liefern?

»Insgesamt ergibt sich für den Perspektivzeitraum folgende Übersicht:
1976 = 785 Fahrzeuge
1977 = 820 Fahrzeuge
1978 = 835 Fahrzeuge
1979 = 850 Fahrzeuge
1980 = 890 Fahrzeuge
PZR = 4.180 Fahrzeuge ...«[670]

20./23. Mai 1975

Was bedeutet das für Ammendorf?

»Mit dieser Erhöhung des Produktionsvolumens tritt eine weitere Verschärfung der im Betrieb bereits bestehenden angespannten Arbeitskräftesituation und eine Überschreitung der derzeitigen technologischen Grenze von 850 Wagen ein.«[671]

20./23. Mai 1975

Wie kann man das Dilemma lösen?

»Zur rechtzeitigen Vorbereitung eines optimal gestalteten Planes 1976 ist unter Beachtung der geforderten Arbeitsproduktivitätssteigerung von durchschnittlich 7–8% pro Jahr des Perspektivzeitraumes eine maximale Erhöhung der technologischen Durchlaßfähigkeit des Betriebes anzustreben.«[672] **20./23. Mai 1975**

Wie geht das? 370 Arbeiter sollen im Betrieb schlafen, Mongolei bekommt nichts mehr, SU will schon zu viel ...

»- Unterbringung von eventuell zusätzlich 370 Arbeitskräften im Betrieb
- Bis auf restliche 2 WPW des Typs Di sind für die MVR keine weiteren Vertragsabschlüsse vorzunehmen ...«[673]

20./23. Mai 1975

669.–673. LASA, MER, VEB Waggonbau Ammendorf, Nr. 51968.

Halle muss endlich Leute liefern!

»Zu den Erfordernissen der Verbesserung der Arbeitskräftesituation im Betrieb ist ein schriftlicher Standpunkt abzugeben. Ein Protokoll des Amtes für Arbeit beim Rat der Stadt Halle ist vorzulegen ...«[674]

20./23. Mai 1975

Die Jugend bringt dem Werk neue Kraft! 770 Wagen mit 2.900 Leuten ≈ knapp 4 Leute bauen 1 Wagen im Jahr ...

»Gegenwärtig hat der Betrieb 4.330 Beschäftigte, davon 2.900 Produktionsarbeiter. Vom 1. 6. 75–20.6.75 gab es 24 Zugänge und 23 Abgänge, davon 13 objektiv. Außerdem nahmen im Betrieb 13 befristete Arbeitskräfte und 82 Schüler ihre Tätigkeit auf. Ab 16. 7. 1975 werden 146 Jungfacharbeiter eingesetzt, wovon für 126 bereits Arbeitsplätze festliegen.«[675]

23. Juni 1975

Wie viel Geld den Schülern zahlen? So viel, dass sie an maximaler Leistung interessiert sind!

»Die Entlohnung der Schüler hat entsprechend ihres Einsatzes als Produktionsgrundarbeiter so zu erfolgen, daß sie an einem Maximum an Leistung interessiert sind ...«[676]

23. Juni 1975

Ehemaliger hat Straftat begangen – sofort alle Auszeichnungen streichen!

»Auf Grund begangener Straftaten des Bürgers ..., geboren 1. 4. 1915 wohnhaft in Halle ... vormals beschäftigt im VEB Waggonbau Ammendorf, Abteilung F 44, werden ihm die staatlichen Auszeichnungen Aktivist 1956, 1958, 1973 und Kollektiv der sozialistischen Arbeit 1971 aberkannt. Die entsprechenden Änderungen in den Kaderunterlagen sind vorzunehmen. Die Stadtleitung Halle der SED ist über die Festlegung zu informieren.«[677]

19. Juli 1975

674.–677. LASA, MER, VEB Waggonbau Ammendorf, Nr. 51968.

Die Sowjets wollen nur einen Vertrag mit 27 m-Wagen unterschreiben, was tun?

»Durch die sowjetischen Genossen wurde zum Ausdruck gebracht, daß sie keinen Vertrag für 1976 abschließen können, weil sie von MPS nur ein Angebot für 27 m-Wagen haben. Bevor also die Frage der Lieferung von 27 m-Wagen nicht entschieden wird, werden wir keine Verträge erhalten. Es muß aber darauf aufmerksam gemacht werden, daß wir laut HTP die ersten Unterlagen in Produktion geben müssen. Diese Unterlagen können nur herausgegeben werden auf der Basis der bestehenden technischen Bedingungen und des T-Schreibens Nr. 037. Es dürfen keine Verträge abgeschlossen werden, in denen Forderungen enthalten sind, die 1976 nicht vertraglich mit der Zulieferindustrie abgesichert werden können.«[678]

28. Juli 1975

Was tun, wenn die Leute nicht reichen? Brief an SED-Felfe!

»Durch Ö ist die Maximal-Variante in bezug der Arbeitszeitbilanz durchzurechnen und es ist eine Aufstellung zu erarbeiten, in welcher die offenen Probleme dargelegt werden. Es ist ferner ein Brief als Information an den Genossen Felfe vorzubereiten …«[679]

28. Juli 1975

Wenn wir keine Verträge haben, auf welcher Rechtsgrundlage fertigen wir dann?

»Durch Ö und H ist die Rechtsgrundlage der Aufnahme der Fertigung für das Jahr 1976 zu überprüfen, weil keine Verträge für 1976 vorhanden sind.«[680]

28. Juli 1975

SED will arbeitstäglichen Durchschnitt

Wegen der Planschwierigkeiten verlangte die SED arbeitstäglichen Durchschnitt.

Jeden Tag 1.135.000 Mark erarbeiten!

»In Auswertung der Beschlüsse der Partei, welche auf die Einhaltung der arbeitstäglichen Leistung im Jahresdurchschnitt hinweisen, ist es notwendig, auch bei uns … zu überprüfen, weil wir auch im Monat August unter dem Jahresdurchschnitt liegen. Um die arbeitstägliche Leistung von 1.135 TM zu erreichen, ist es notwendig, im Monat August den Plan um 892 TM zu erhöhen und diesen Vorlauf im Monat September zu halten.«[681]

28. Juli 1975

Großrechner

»Die Genossen … werteten die Aussprache … aus, die mit Beauftragten des Ministeriums für Schwermaschinen- und Anlagenbau, der VVB Schienenfahrzeuge, des Rates der Stadt Halle sowie der Waggonbaubetriebe Ammendorf und Dessau in unserem Betrieb stattfand.«[682]

11./15. August 1975

Bekommen wir den Rechner? Nur unter Bedingungen: der Ax soll damit vorbereitet werden, das Baukastenprinzip und die neuen Grundlöhne

»Im Ergebnis der Beratung wurde festgestellt, daß WBA einen Rechner der 3. Generation des Typs ES 1040 für 1977/78 erhält unter Einhaltung folgender Bedingungen:
- Vorbereitung und Realisierung der Baureihe Ax
- Anwendung des Baukastenprinzips in der Produktionsvorbereitung und -durchführung
- Berechnung der neuen Grundlöhne.
Dabei sind die entsprechenden Kräfte und Mittel für den Perspektivzeitraum 1976–80 zu planen und bereitzustellen, wobei der erhöhte Investitionsaufwand zum ES 1020 in Höhe von circa 5,5 Mio M zu berücksichtigen ist.
Das Reihenfolgeproblem und die Bilanzierung sind zu klären. Die vom Beauftragten des MSAB … getroffene Aussage, daß die vom WBA beantragte EDVA gestrichen wird, kann nicht akzeptiert werden …«[683]

11./15. August 1975

678.–680. LASA, MER, VEB Waggonbau Ammendorf, Nr. 51968.

681.–683. LASA, MER, VEB Waggonbau Ammendorf, Nr. 51968.

Handelsabkommen 1976–1980
Typ 47 wird bis 1980 weiter gebaut!

»Zum langfristigen Handelsabkommen 1976–1980 wird festgelegt, daß Wagen des Typs 47 bis 1980 weiter gebaut werden«[684]

18./19. August 1975

Parallelfertigung wird abgelehnt

»Bei Wagen des Typs Ax wird eine Parallelfertigung mit Wagen des Typs 47 vom VEB Waggonbau Ammendorf abgelehnt.«[685] **18./19. August 1975**

Schüler weg = schlechtere Situation

»Die Arbeitskräftesituation hat sich durch die Beendigung des Schüler- und Studenteneinsatzes und durch weitere Abgänge etwas verschlechtert … Das gegenwärtige Ist beträgt 4.449 Personen, wobei die geplanten PGA erreicht, die geplanten PHA jedoch unterschritten wurden …«[686] **18./19. August 1975**

Staatsbank will 8% statt 5% Zinsen: niemals!

»Das Gespräch zur Ausbaumontagehalle II wird mit dem Direktor der Kreisfiliale Halle der Staatsbank der DDR am 21. 8. 1975 geführt mit dem Ziel, die angekündigten Sanktionen –Erhöhung der Kreditverzinsung von 5 auf 8% – abzuwenden. Dazu ist die Liquidierung des alten Kreditvertrages und die Eröffnung eines neuen notwendig …«[687]

18./19. August 1975

7,8% Arbeitsproduktivitätssteigerung gut!

»Die VVB schätzt den Planentwurf als progressiv ein. Die Orientierung von 7.0% Arbeitsproduktivitätssteigerung wird mit 7,8% erreicht.«[688]

25. August 1975

Es gibt eine neue Finanz-Eingreiftruppe!

»Durch Genossen … wurde auf die Verfügungen und Mitteilungen … hingewiesen. Die neu gebildete Kontrollgruppe Finanzen hat ihren Sitz in Magdeburg … Diese Kontrollgruppe kommt mit der entsprechenden Vollmacht versehen ohne Anmeldung in die Betriebe und überprüft die Einhaltung der Finanzdisziplin im Verantwortungsbereich …«[689]

25. August 1975

Wieso finanzieren wir eigentlich die Betriebspoliklinik allein?

»Die finanzielle Beteiligung an der Betriebspoliklinik durch die Anliegerbetriebe ist zu sichern. Die entsprechenden Verhandlungen sind zu führen.«[690]

26./27. August 1975

Maximale Arbeitskräftezuführung für WBA

»Hierzu erfolgte die Festlegung durch Genossen ... vom MSAB zur Anfertigung einer Vorlage für den Vorsitzenden der Staatlichen Plankommission. Es wurde eine maximale Bereitstellung des Arbeitskräftezuwachses ab 1976 für die materielle Produktion zugesichert. Im Bezirk Halle ist die Arbeitskräftezuführung vorrangig für den VEB Waggonbau Ammendorf vorzunehmen ...«[691]

1./2. und 3. September 1975

Der General macht 3 Auflagen

»Fertigstellung der Investitionsentscheidungen zur Absicherung der 5. Plankonsultation
a) für die unterschriebenen Reisezugwagen
b) für Vorbereitung und Realisierung des konzipierten Typs Ax ...
Der Kauf der beiden Hallenkörper vom VEB Stahlbau Plauen ist für die Ausbaumontagehalle III kurzfristig perfekt zu machen. (3 Hallenschiffe) ...
Erarbeitung eines sozial-ökonomischen Programms in den Etappen
• Sicherung der Arbeitskräfte für den Perspektivzeitraum 1976–1980
• Bereitstellung von Wohnungen sowie Kinderkrippen- und -Gartenplätzen
• Verstärkung der inner- und außerbetrieblichen Qualifizierung ...«[692]

1./2. und 3. September 1975

684.–688. LASA, MER, VEB Waggonbau Ammendorf, Nr. 51968.

689.–692. LASA, MER, VEB Waggonbau Ammendorf, Nr. 51968.

Probleme beim Typ Ax:
Ax war richtig!
Ax wird gebaut!

»Von den übergeordneten Dienststellen wird übereinstimmend der Standpunkt vertreten, daß die Entwicklung, Vorbereitung und Forderung des Typs Ax durch den WBA objektiv richtig war. Die Orientierung der Sowjetunion auf 27 m-Wagen ist verständlich. Die entsprechenden Lösungsmöglichkeiten zur Garantierung dieses Typs sind zu erarbeiten. Der Umstellungszeitraum ist ab 1981/82 seitens des WBA bzw. 1983/84 seitens der SPK vorgesehen ...«[693]

1./2. und 3. September 1975

Wann wird die Entscheidung Ax fallen?

»Die Entscheidung zu Ax wird bis 12. 9. 1975 fallen.«[694]

1./2. und 3. September 1975

Wenn ja, was sollen wir von der Sowjetunion fordern als Gegenleistung? Weniger Bauartänderungen, Preise wie international üblich!

»A 4 Minimierung der Bauartänderungen auf maximal 100 Nh/E ...
A 7 Darstellung von Ax-Nullserie im Jahre 1979 und Serienbeginn voraussichtlich 1981 ...
A 8 Preiskalkulation Ax auf Basis des internationalen Standes ...
A 9 Sicherung des Bedarfs an PUR-Materialien durch VEB Synthesewerk Schwarzheide ... «[695]

1./2. und 3. September 1975

Halle kürzt das Bauvolumen um 2 Mio M

»- Auswertung der Investleiter-Tagung ...
Ausgehend von der Planverteidigung 1976 der VVB vor dem MSAB wurde informiert, daß im Bezirk Halle eine Kürzung des Bauvolumens von 2,0 Mio M vorgenommen wird, die voll zu Lasten des Waggonbau Ammendorf erfolgen soll.«[696]

29. September 1975

693.–696. LASA, MER, VEB Waggonbau Ammendorf, Nr. 51968.

Alu-Folie zur Brandsicherheit einbauen!

»Die Einführung der Alu-Folie kann ab D/k 86 und K/k 51 erfolgen ...«[697]

29. September 1975

Trotz SU-Wunsch: keine Klapptritte

»Es wird festgelegt, daß die klappbaren Trittstufen nicht geliefert werden ...«[698]

29. September 1975

Trotz SU-Wunsch: keine starke Polsterung

»Es wird festgelegt, daß die verstärkte Liegenpolsterung nicht erfolgen kann, weil der Normstundenaufwand im Zusammenhang mit der maximalen Absicherung der Abstimmung der Planungsorgane nicht erfolgen kann ...«[699]

29. September 1975

Dafür kommt die Griffstange!

»Es ist zu sichern, daß die neue konstruktive Ausführung der Griffstange über dem Schutzgitter ab FZ 1/1976 eingebaut wird ...«[700]

29. September 1975

Herausnehmbare Tritte kommen nicht!

»Der herausnehmbare Tritt ist nicht einzubauen ...«[701]

29. September 1975

Zu viele Fast-Rentner im Betrieb
Das Territorium muss mehr liefern!
Wir müssen mehr ausbilden!

»Ausgehend von dem relativ hohen Anteil der Beschäftigten im bevorstehenden und erreichten Rentenalter ist auf solche Lösungen zu orientieren, die einen weitestgehenden Ausgleich der ausscheidenden Arbeitskräfte erzielen. Es handelt sich dabei im wesentlichen um
- Zurverfügungstellung von 80–120 AK aus dem Territorium
- Ausbildung von 150–220 Lehrlingen/Jahr in der Berufsausbildung
- Maximale Nutzung anderer Deckungsquellen, speziell Schulabgänger ...«[702]

29. September 1975

697.–702. LASA, MER, VEB Waggonbau Ammendorf, Nr. 51968.

Bildungsminister der Mongolei kommt …

»Der Besuch des Volksbildungsministers der MVR und der begleitenden Delegation ist vorzubereiten …«[703]

29. September 1975

Alte Wolgas aus dem Verkehr ziehen!

»Beim IFA-Vertrieb, Bezirksfiliale Halle, ist Antrag auf bevorzugte Belieferung mit Personenkraftwagen zu stellen, um die veralteten Wolga … nach und nach aus dem Verkehr zu ziehen …«[704]

13. Oktober 1975

Die Gleise sind verschlissen, kann die Reichsbahn helfen?

»Zur Instandsetzung der Gleise im Gelände unseres Betriebes ist mit dem Vizepräsidenten der RBD Halle … ein Gespräch zu führen …«[705]

13. Oktober 1975

Leute beschweren sich wegen Wohnungen!

»Genosse … berichtete, daß im Jahre 1975 bisher 16 Eingaben zu Wohnungen registriert wurden. Dazu ist folgender Realisierungsstand zu verzeichnen:
2 Wohnungen wurden schon bezogen
8 WE werden in IV/75 und I/76 realisiert
3 WE wurden angeboten, jedoch abgelehnt 3 WE befinden sich im Stadium der Bearbeitung …«[706] **13. Oktober 1975**

Mehr Geld für Schnaps und Schnitzel!

»Zur Bewirtung ausländischer Gäste ist für 1975 eine Erhöhung des Betreuungsaufwandes um 50 TM beim Direktor für Außenwirtschaft der VVB zu beantragen …«[707] **13. Oktober 1975**

Dessau will auch so ein schickes Urlauberobjekt wie Ammendorf: Pläne verkaufen!

»Der Antrag des … Waggonbau Dessau auf Überlassung des Projektes für das Urlauberobjekt Schmiedeberg ist gegen entsprechende Bezahlung zu bewilligen. Die Urheberrechte sind dabei zu berücksichtigen …«[708] **10. November 1975**

703.–708. LASA, MER, VEB Waggonbau Ammendorf, Nr. 51968.

Lizenz an die Polen

»- Der Lizenz-Vertrag zur Kleinstkehlnahtschweißung wurde unterschrieben … - Der Lizenzvertrag zum Samowar polnischer Konstruktion wurde ebenfalls abgeschlossen… «[709]

1. Dezember 1975

Wie war 1975?

Positiv

»Positive Ergebnisse wurden insbesondere erzielt bei den Kennziffern
- *industrielle Warenproduktion*
- *abgesetzte Warenproduktion*
- *Export*
- *Arbeitsproduktivität*
- *Nettogewinn*
- *Gesamtlohnfonds*
- *Hilfeleistungen*
- *nicht planbare Kosten …«*[710]

Negativ

»Negative Abweichungen gab es insbesondere bei den Kennziffern:
- *Gesamtanarbeitungsstand der UP*
- *Außenhandelsergebnis*
- *Normerfüllung*
- *Ausfallzeiten durch Krankheit*
- *Sonstige Ausfallzeiten*
- *Durchschnittslohn …«*[711]

1. Dezember 1975

Werkleitungssitzung am 24. Dezember! Wie und wann beginnt das neue Jahr?

»Zur konsequenten Erfüllung der Planaufgaben 1976 von Jahresbeginn an ist der 1. Abtransport Januar mit 10 D/Kr-Wagen bis 31. 12. 1975 als industrielle Warenproduktion fertigzustellen und am ersten Arbeitstag 1976 auszuliefern … Für die Eröffnung des Planjahres 1976 am
5. 1. 1976
- *6.00 Uhr durch den Produktionsdirektor im Werk II*
- *7.00 Uhr durch den Betriebsdirektor im Werk I*

ist die Zuarbeit fertigzustellen …«[712]

22. und 24. Dezember 1975

709.–712. LASA, MER, VEB Waggonbau Ammendorf, Nr. 51968.

Bilder 1975

Ein kürzlich gefundenes Fotoalbum zeigt die Selbstdarstellung des VEB Waggonbau Ammendorf als sozialistischen Großbetrieb (Abb. 229–230).[713] Nach dem Titelblatt (rechts) folgen zwei Seiten mit dem überblicksartig dargestellten Selbstbild des VEB Waggonbau Ammendorf und seinem Platz in der Region und der DDR.

Abb. 229: Ein sozialistischer Großbetrieb stellt sich vor, Ammendorf 1975.

- Der VEB Waggonbau Ammendorf ist der größte Produktionsbetrieb der Stadt Halle.
- Die Produktionserfolge des Betriebes kennzeichnen ihn als einen der führenden Hersteller von Reisezugwagen in der Welt.
- Von den mehr als 4500 Beschäftigten (davon 27 % Frauen, 23 % Jugendliche) ist ein großer erfahrener Facharbeiterstamm seit Jahrzehnten im Werk tätig.
- Der Betrieb verfügt über eine starke Parteiorganisation mit einem Organisierungsgrad von 26 % der Belegschaft, die die führende Rolle der Partei an allen Abschnitten des Betriebes gewährleistet.
- Die UdSSR ist der Haupthandelspartner des Betriebes. Im Dezember 1975 wird der 15.000 Weitstreckenpersonenwagen an die Sowjetunion übergeben.
- Enge freundschaftliche Beziehungen verbinden das Werk mit sowjetischen Partnerbetrieben und Instituten. Sie basieren auf einer jahrelangen erfolgreichen und fruchtbaren wissenschaftlich-technischen Zusammenarbeit.
- Zahlreiche Auszeichnungen, darunter das "Ehrenbanner des Zentralkomitees der SED" und der Orden "Banner der Arbeit" sowie 3 Goldmedaillen auf der Leipziger Messe sind Beweise für die Qualität und Leistungsfähigkeit des Betriebes.

Die Entwicklung der gesellschaftlichen Aktivitäten wird u. a. durch folgende Fakten zum Ausdruck gebracht:

- Kampf um den Ehrentitel "Kollektiv der sozialistischen Arbeit"
  95 Kollektive mit 2293 Werktätigen
- Persönlich- und kollektiv-schöpferische Pläne zur Steigerung der Arbeitsproduktivität
  389 Stück mit einem ökonomischen Nutzen von 1301 TM und 41,5 TNh
- Schulen der sozialistischen Arbeit
  86 Schulen mit 2385 Werktätigen
- Jugendkollektive im Betrieb
  27 Kollektive mit 163 Jugendlichen
- betriebliche MMM-Exponate
  73 Exponate mit einem ökonomischen Nutzen von 485 TM
- Ingenieur-Pässe
  20 Kollegen
- in der GDSF organisiert
  80,1 %, 51 Kollektive kämpfen um den Ehrentitel

Abb. 230–231: Ein sozialistischer Großbetrieb stellt sich vor, Ammendorf 1975.

713. Fotoalbum, Archiv Ammendorfer Heimatfreunde

Bilder 1975

Nach Kennziffern zum VIII. Parteitag der SED, die wenig aussagekräftig sind, folgen Produkt- und Betriebsbilder (Abb. 232–238).[714]

Abb. 232: Unser Haupterzeugnis: Personenwagen für den Weitstreckenverkehr, Ammendorf 1975.

Abb. 233: Rohbaumontage, Ammendorf 1975.

Abb. 234: Fensterfertigung: ein wichtiges Rationalisierungsobjekt unseres Betriebes , Ammendorf 1975.

Abb. 235: Rollprüfstand, Ammendorf 1975.

Abb. 236: Speisewagen, Ammendorf 1975.

Abb. 237: Salonraum, Ammendorf 1975.

Abb. 238: Betriebsrestaurant, Ammendorf 1975.

714. Fotoalbum, Archiv Ammendorfer Heimatfreunde

Bilder 1975

Im hinteren Teil stehen die Arbeits- und Lebensbedingungen im Mittelpunkt des Fotoalbums (Abb. 239–243).[715] Hier findet man Bilder aus dem Klubhaus, der Betriebspoliklinik und den Urlaubseinrichtungen des Waggonbau Ammendorf.

Abb. 239: Gaststätte im Klubhaus des Betriebes, Ammendorf 1975.

Abb. 240: Betriebspoliklinik, Ammendorf 1975.

Abb. 241: Naherholungszentrum Löbitz-See, Ammendorf 1975.

Abb. 242: Ferienheim »Störtebeker« Lieschow auf Rügen, Ammendorf 1975.

Abb. 243: Ferienheim »Störtebeker« Lieschow auf Rügen, Ammendorf 1975.

715. Fotoalbum, Archiv Ammendorfer Heimatfreunde

Bilder 1975

Der dritte Teil zeigt den Besuch des FDJ-Chefs Egon Krenz, eine Delegation des Komsomol aus der Sowjetunion, die Rohbaumontage, den Umbau der Friedenshalle, die Spurumrüstung von DDR- auf SU-Spur, die Mechanische Holzbearbeitung für Holz und Sprelacart sowie die Dachfertigung in der Rohbaumontage F 3 (Abb. 244–250).[716] Die Bilder sind typisch für die damalige Zeit. Der zweite von rechts auf dem Bild mit Egon Krenz ist der Werkdirektor Helmut Fritzsche (Abb. 244).

Abb. 244: Egon Krenz besucht Ammendorf (F 5), Ammendorf 1975.

Abb. 245: Delegation des Leninschen Komsomol in Werk II, Ammendorf 1975.

Abb. 246: Rohbaumontage, Ammendorf 1975

Abb. 247: Die Friedenshalle wird bauseitig für die Plasteverarbeitung vorbereitet, Ammendorf 1975.

Abb. 248: Spurumrüstung der Drehgestelle, Ammendorf 1975.

Abb. 249: Mechanische Holzbearbeitung F 21, Ammendorf 1975.

Abb. 250: Dachfertigung in der Rohbaumontage F 3, Ammendorf 1975.

716. Bahn frei!, Ammendorf 1975.

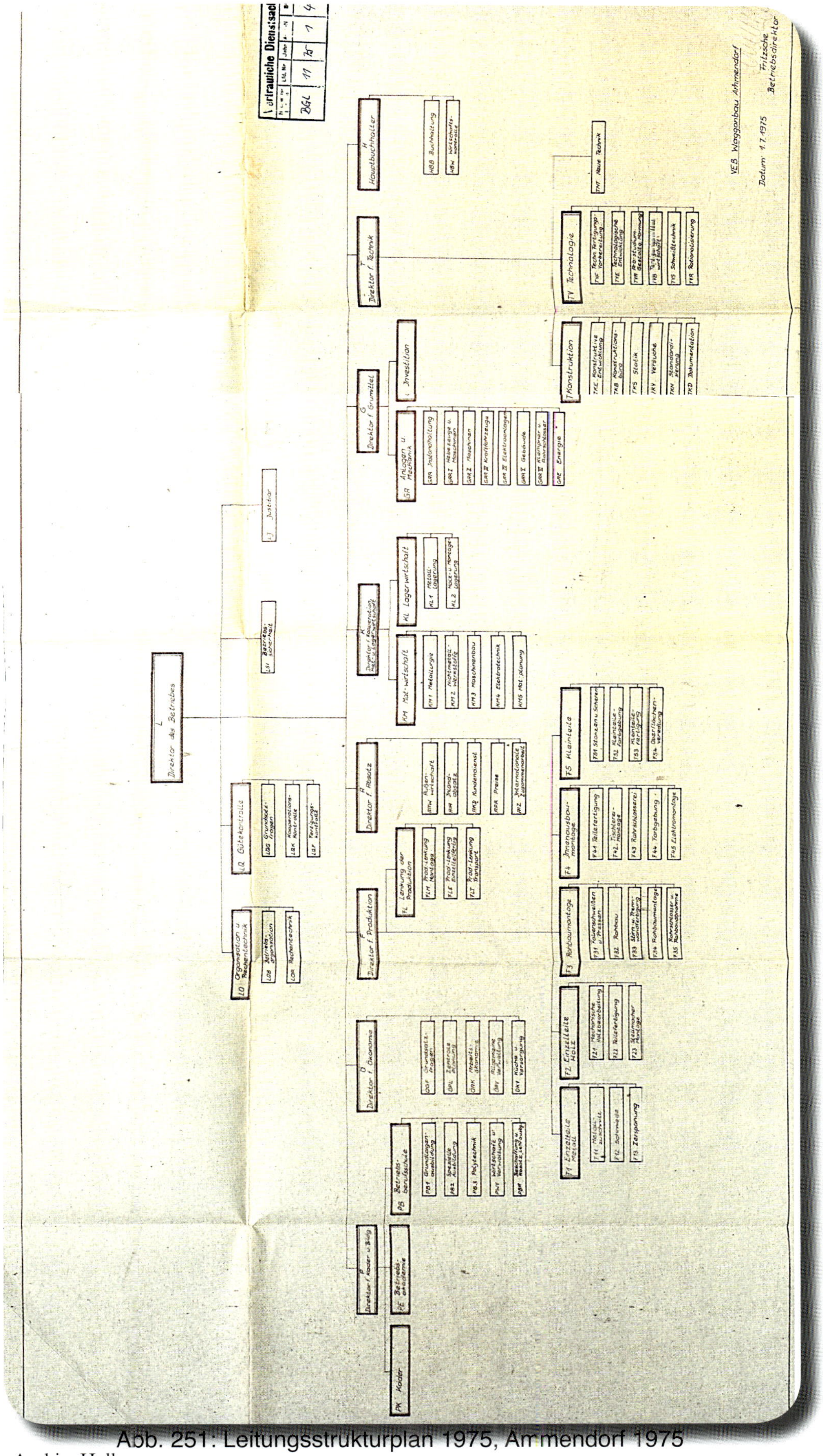

Abb. 251: Leitungsstrukturplan 1975, Ammendorf 1975

717. Frotscher-Archiv, Halle.

Technische Verfahren 1975
In einer Dokumentation wurden Vorher-Nachher-Bilder zu Schweiß- und anderen Verfahrensentwicklungen des Jahres 1975 veröffentlicht, die effizienter und eleganter sind (Abb. 252–256).[718]

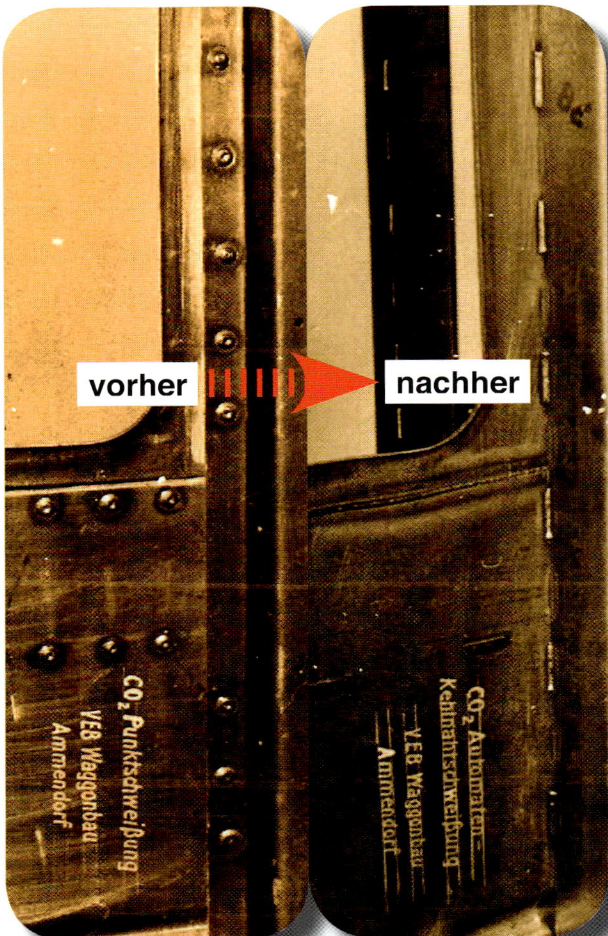

Abb. 252–253 **links**: CO_2-Punktschweißung am Seitenwandausschnitt innen, **rechts**: Automatische Dünnkehlnahtschweißung am Seitenwandausschnitt innen, Ammendorf 1975.

Abb. 253–254 **links**: CO_2-Punktschweißung am Seitenwandausschnitt innen, **rechts**: Automatische Dünnkehlnahtschweißung am Seitenwandausschnitt innen, Ammendorf 1975.

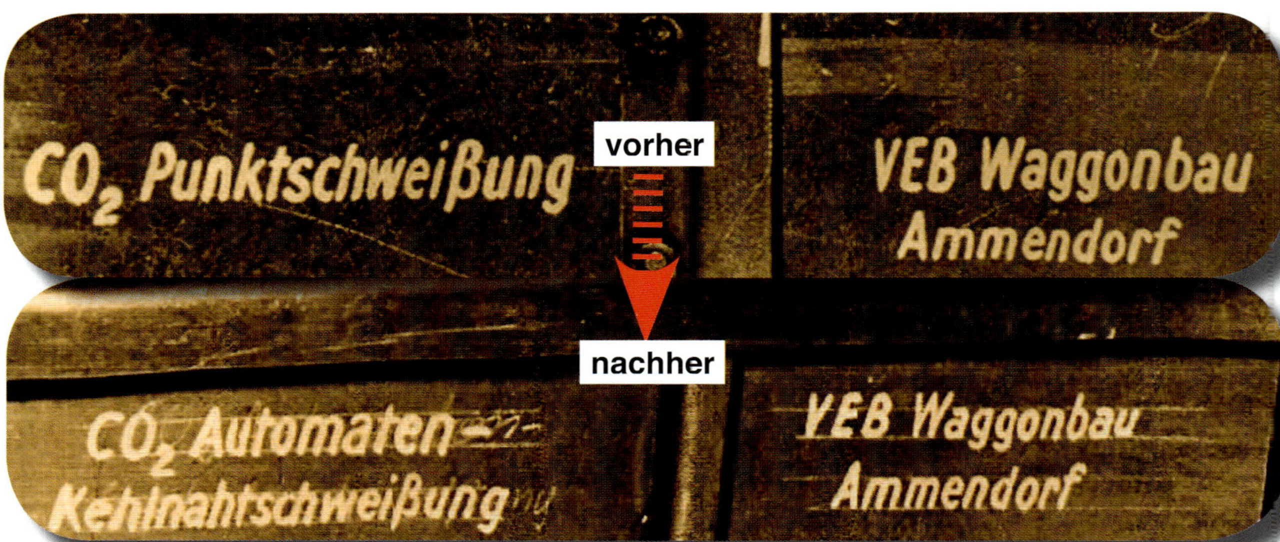

Abb. 255–256: Pfetten und Spriegel im Vergleich, Ammendorf 1975.

718. Frotscher-Archiv, Halle

Technische Verfahren 1975

Weitere Bilder zeigen die Isolierung eines Weitstreckenpersonenwagens mit PUR-Schaum in verschiedenen Verfahren (Polyurethan, Abb. 257–261).[719]

Abb. 257: Füllen einer Dachsektion durch Einfüllöffnung in GUP-Stützvorrichtung mit PUR-Grundmaterial, Ammendorf 1975.

Abb. 258: Im Kassetten-Gießverfahren mit PUR-Hartschaum isolierte Tür, Ammendorf 1975.

719. Frotscher-Archiv, Halle.

Abb. 259: Im Überschichtungs-Gießverfahren mit PUR-Hartschaum isolierter Rohbau, Ammendorf 1975.

Abb. 260: Gesamtansicht Gangseite, Ammendorf 1975.

Abb. 261: Fensterdruckrahmen aus GUP, Ammendorf 1975.

Ferienheim Schmiedeberg 1975

Die Mitarbeiter des Ferienheims Schmiedeberg schenkten ihrem Chef zum 50. Geburtstag ein Fotoalbum mit Bildern der baulichen Entstehung des Ferienheims (Abb. 262–264).[720]

Abb. 262 links: Fotoalbum 50. Geburtstag des Betriebsdirektors, Schmiedeberg 1975.

Abb. 263: Vermessung, Schmiedeberg 1975.

Abb. 264: Material, Schmiedeberg 1975.

720. Archiv Regine Czerner

Abb. 265: Bürokratie, Schmiedeberg 1975.

Abb. 268: Richtfest, Schmiedeberg 1975.

Abb. 266: Kontrolle, Schmiedeberg 1975.

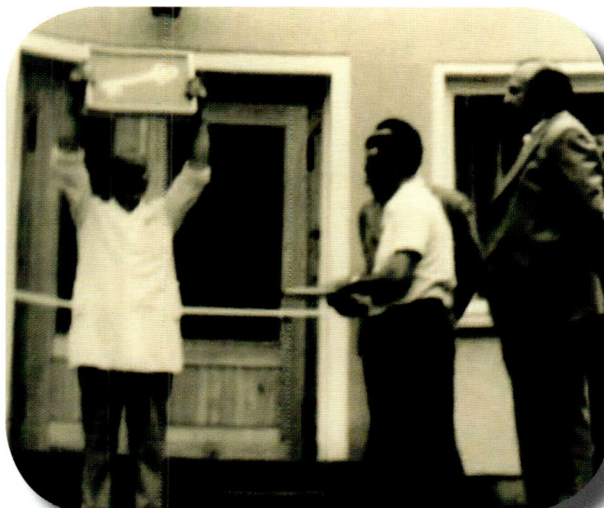
Abb. 269: Schlüsselübergabe, Schmiedeberg 1975.

Abb. 267: Richtfest, Schmiedeberg April 1975.

Abb. 270: Nutzung, Schmiedeberg Sommer 1975.

720. Archiv Regine Czerner

Prospekte 1975 (Abb. 271–272).[721]

Zuverlässig, schnell, sicher, komfortabel – vielseitig einsetzbar –

das sind einige der Eigenschaften von Weitstrecken-Personenwagen aus dem VEB Waggonbau Ammendorf, einem Betrieb des Vereinigten Schienenfahrzeugbaues der DDR. Die über hundertjährigen Erfahrungen des Werkes beim Bau von Schienenfahrzeugen finden ihren Niederschlag in einer modernen Fertigung von Weitstrecken-Personenwagen, die in ihrem Umfang weltweite Beachtung findet.

Die drei auf den Leipziger Messen verliehenen Goldmedaillen sowie zahlreiche Auszeichnungen, Diplome und Referenzen unterstreichen, daß die Fahrzeuge aus dem VEB Waggonbau Ammendorf sorgfältigsten Prüfungen standhalten und hohen Ansprüchen genügen. Das ist nicht zuletzt das Verdienst der rund 4 000 Beschäftigten des Werkes, das auf einen zuverlässigen Stamm von Facharbeitern, Ingenieuren und Konstrukteuren verweisen kann.

Ihre langjährigen Erfahrungen und ihr Wissen haben dazu beigetragen, daß der Name VEB Waggonbau Ammendorf zu einem Begriff wurde. Ein Beispiel für die Leistungskraft dieses Werkes ist die seit Jahren erfolgreich durchgeführte Produktion von Weitstrecken-Speisewagen. Daß es sich hierbei um hochwertige Erzeugnisse handelt, könnte allein die Tatsache beweisen, daß der Vereinigte Schienenfahrzeugbau der DDR Produzent aller in der UdSSR verkehrenden Speisewagen ist.

Der Weitstrecken-Speisewagen vom Typ WSW SK/k mit Klimaanlage, kombinierter Heizung, elektrischer Durchgangsleitung für 3 000 V ist in allen Parametern den extremen klimatischen Bedingungen und dem Einsatz auf den weiten Strecken der sowjetischen Eisenbahnen angepaßt und damit einsetzbar im Temperaturbereich von + 50 °C bis — 50 °C.

Weitstrecken-Speisewagen Typ SK/k mit Klimaanlage und kombinierter Heizung

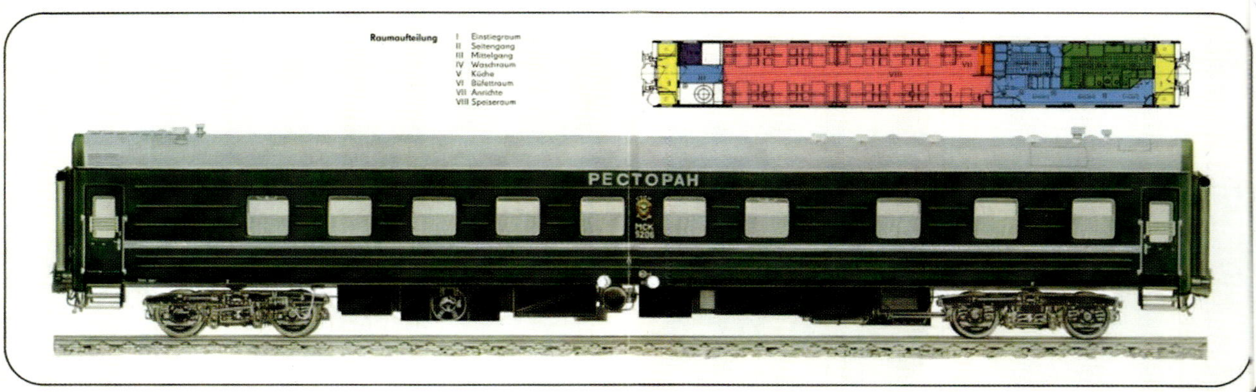

Abb. 271: Weitstrecken-Speisewagen SK/k, Ammendorf 1972.

721. Frotscher-Archiv, Halle.

20 %. Im Heizbetrieb werden bei einer Außentemperatur von − 40 °C Temperaturen im Speiseraum und Büfettraum von + 20 °C ± 2 °C garantiert.
Das Kühlsystem garantiert unter Berücksichtigung der Sonneneinstrahlung, einer Außentemperatur von 40 °C, einer relativen Luftfeuchtigkeit von 30 % und vollbesetzten Wagen eine Raumtemperatur von ca. + 25 °C.

Heizung
Jeder Wagen besitzt eine eigene Warmwasserheizung. Diese arbeitet sowohl im Schwerkraftbetrieb als auch im Pumpenbetrieb, der vor allem zur Beschleunigung des Wasserumlaufs beim Anheizen vorgesehen ist. An das Heizrohrsystem ist auch ein Warmwasserkalorifer angeschlossen, der die durch das Dachklimaaggregat geförderte Frischluft erwärmt. Der im separaten Ofenraum installierte Heizkessel ist wahlweise mit festen Brennstoffen oder Elektroenergie über Hochspannungsheizstäbe zu betreiben. Somit bietet diese neue kombinierte Heizung den großen Vorteil eines variablen und optimalen Einsatzes des Fahrzeugs auf allen Strecken der SZD.

Wasserversorgung
Der Weitstrecken-Speisewagen verfügt über zwei getrennte Wasserversorgungsanlagen. Für Küche und Anrichte stehen ein 800-Liter-Behälter für Kaltwasser und ein 200-Liter-Behälter für Warmwasser zur Verfügung. Für die Versorgung des Waschraumes und des Warmwasser-Heizungssystems dienen zwei weitere Kalt- und Warmwasserbehälter mit einem Fassungsvermögen von insgesamt rund 200 Litern.

Innenausstattung
Überzeugend ist die Innenausstattung des Fahrzeugs. Eine behagliche Atmosphäre strahlen die zwei Speiseräume aus, in denen 48 Passagiere einen angenehmen Aufenthalt finden. Die großen Thermoscheiben bieten eine hervorragende Sicht aus dem Fahrzeug. Farblich gut aufeinander abgestimmt sind die Einzelstühle, die klappbaren Tische, die Wandverkleidungen. Für besondere Zwecke kann ein Speiseraum als Verhandlungs- oder Konferenzraum genutzt werden. Selbstverständlich wurde auch alles für eine leichte Reinigung und Pflege getan. Man fühlt sich wohl in diesem Weitstrecken-Speisewagen.

Dafür sorgt auch eine leistungsfähige Küche mit ihren zweckmäßig eingerichteten Wirtschaftsräumen. Die technische Einrichtung ermöglicht es, ein breites Angebot von kalten und warmen Speisen, Getränken, alltäglichen Gerichten, bis hin zu kulinarischen Besonderheiten bereitzustellen. Das Zubereiten warmer Speisen in kurzer Zeit gewährleistet der ölbeheizte Küchenherd mit seinen Brat- und Backröhren. Schnell – und das ist der große Vorteil dieser neuen Konstruktion – ist der Küchenherd auch für eine Beheizung mit festen Brennstoffen umzurüsten, obwohl sein Ölvorrat für mindestens 10 Tage bemessen ist.

Natürlich gehören zu der modernen Küchenausstattung dieses rollenden Restaurants auch Kaffee-, Brotschneide- und Küchenmaschinen, Warmwasserbereiter, Vorratsschränke u. a. Das alles steht am richtigen Platz, ist leicht zu erreichen, gut sichtbar und in bequemer Arbeitshöhe. Das Volumen der in Küche, Anrichte, Büfettraum und Wagen untergebrachten Kühlschränke beträgt rund 3 700 Liter und erreicht damit die Kapazität von etwa 20 Haushaltskühlschränken.

Sicherheit für die Reisenden und unbedingte Funktionssicherheit des Erzeugnisses zu garantieren, ist das wichtigste Prinzip der Waggonbauer in Ammendorf. Um dies zu gewährleisten, sind auch zahlreiche Überwachungseinrichtungen im Fahrzeug installiert. Leicht zugänglich und gut zu überschauen sind in den Schaltschränken bzw. Schalttafeln u. a. thermische Achslagerüberwachung, Masseschlußanzeigen, Wasserstandsanzeiger untergebracht.
Der Weitstrecken-Speisewagen des Typs WSW SK/k ist ein Erzeugnis, das Passagieren und Betreibern viele Vorteile bietet. Die hohe Wirtschaftlichkeit im Einsatz und in der Unterhaltung ist ein weiteres gewichtiges Argument, um sich für dieses Fahrzeug zu entscheiden. Und natürlich steht auch ein gut organisierter Service mit erfahrenen Ingenieuren und Monteuren jedem Kunden beratend und unterstützend bei der Inbetriebnahme, Wartung und Pflege der Fahrzeuge zur Seite. „Zug um Zug Qualität" – das ist die Devise für die Arbeit des VEB Waggonbau Ammendorf und aller Werke des Vereinigten Schienenfahrzeugbaues der DDR.

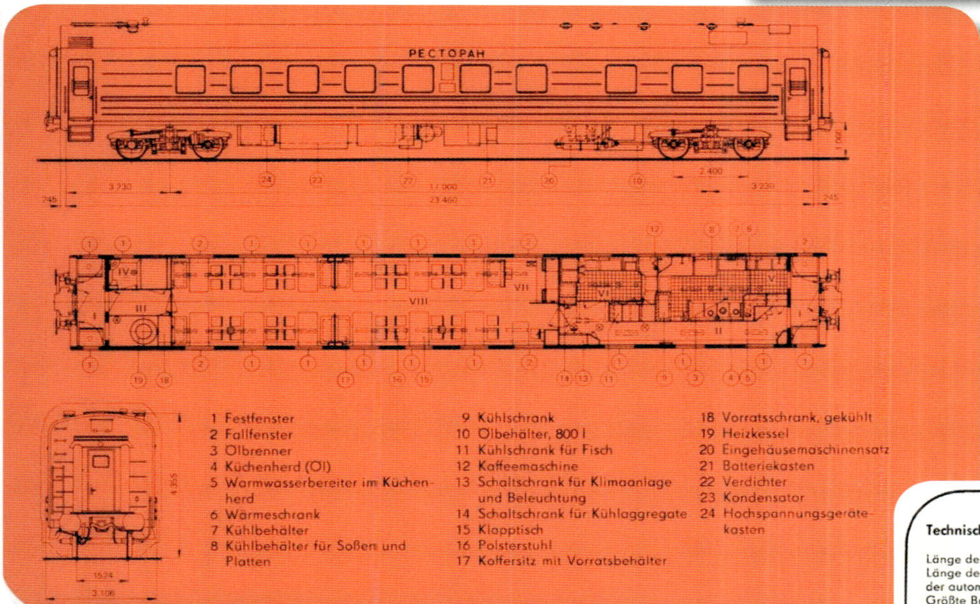

Technische Daten

Länge des Wagenkastens	23 950 mm
Länge des Wagenkastens über Kupplungsmitten der automatischen Kupplungen	24 540 mm
Größte Breite des Wagens	3 236 mm
Wagenhöhe von Schienenoberkante bis Dachscheitel (ohne Blech)	4 355 mm
Drehzapfenabstand	17 000 mm
Achsstand der Drehgestelle	2 400 mm
Spurweite	1 520 mm
Laufkreisdurchmesser der Radsätze	950 mm
Eigengewicht des Wagens (mit Wasser und Kohle)	ca. 60 t
Höchstgeschwindigkeit	160 km/h
Kälteleistung der Klimaanlage	24 000–30 000 kcal/h
Anzahl der Sitzplätze im Speiseraum	48
Fahrzeugbegrenzung entsprechend dem Profil O–T der Eisenbahnen der UdSSR	

Änderungen bleiben wegen ständiger technischer Weiterentwicklung vorbehalten.

VEB Waggonbau Ammendorf
DDR – 4011 Halle
Telefon: 46 50
Telex: 056 216

Drehgestelle
Drehgestelle der Bauart KWS-ZNII Typ II gewährleisten den ruhigen Lauf des Fahrzeuges bei Geschwindigkeiten bis 160 km/h. Die primäre und sekundäre Abfederung erfolgt durch Schraubenfedern, die mit Friktions- und hydraulischen Stoßdämpfern zusammenwirken.

Bremsausrüstung
Eine automatische Druckluftbremse mit Steuerventil M 292/001 und elektropneumatischer Betätigung garantiert den für die entsprechende Fahrgeschwindigkeit vorgeschriebenen Bremsweg. Ferner verfügt das Fahrzeug über Notbremseinrichtungen, die gut zugänglich im Wageninnern installiert sind. Die mechanische Handbremse wirkt auf beide Drehgestelle. Automatische, einfach wirkende Bremsgestängesteller werden eingesetzt. Als Werkstoffe für Bremsklotzsohlen können nach entsprechenden Umstellungen der Bremsgestänge sowohl Plaststoffe als auch Grauguß verwendet werden.

Wagenkasten
Der Wagenkasten ist eine ganzgeschweißte, selbsttragende Stahlkonstruktion. Außenlangträger, Querträger, die beiden Vorbauten und der zwischen den Hauptträgern liegende Sickenfußboden bilden das Untergestell. Für das Kastengerippe werden kaltverformte Leichtbau- sowie gewalzte Stahlprofile verarbeitet. Die Außenhaut besteht aus 2 bis 2,5 mm dickem Stahlblech, mit einem Kupferzusatz von 0,30 %. Längssicken in den Seitenwänden erhöhen die Stabilität der Konstruktion. Zur Ausrüstung der Wagen gehört ferner die automatische Mittelpufferkupplung des Typs SA 3, seitliche Puffer und eine Übergangseinrichtung.

Der Wagenkasten ist innen mit einem kombinierten feuchtigkeitsabweisenden Antidröhn- und Korrosionsschutzmittel gespritzt, wodurch ein guter Schallschutz und eine hohe Korrosionssicherheit erreicht wird. Die Seiten- und Stirnwände, das Dach und der Fußboden sind mit nichthygroskopischem Schaumpolystyrol gegen Schall- und Temperatureinflüsse isoliert.

Diese Lösungen gewährleisten einen Wärmeübertragungskoeffizienten unter 0,95 kcal/m² °C und einen den internationalen Normen angemessenen Geräuschpegel.

Elektrische Ausrüstung
Die notwendige Energie für elektrische Verbraucher wie Klimaanlage, Küchenausrüstung, Beleuchtung liefern während der Fahrt ein über die Achsmitte angetriebener 28-kW/32-kW-Generator und ein vom Achsschenkel über Kardan angetriebener 4,9-kW-Generator. Im Stillstand deckt die Batterie mit einer Leistung von 385 Ah den Energiebedarf, sofern der Wagen nicht mit Fremdstrom versorgt wird. Vorsorge ist auch für den Havariefall getroffen; bei auftretenden Störungen während der Fahrt kann über eine Steckverbindung die Notstromversorgung aus Nachbarwagen erfolgen.

Klimaanlage
Weitstrecken-Speisewagen sind mit einer im Kühlbetrieb vollautomatisch, im Heizbetrieb teilautomatisch gesteuerten Klimaanlage des Typs MAB II ausgerüstet. (Die Klimaanlage ist auch von Hand regelbar.) Für den Heizbetrieb der Klimaanlage ist eine elektrische Zusatzheizung eingebaut. Das Zuluftaggregat der Klimaanlage ermöglicht eine Luftzufuhr von 5 000 m³/h im Kühlbetrieb und 4 000 m³/h im Heizbetrieb bei einem Frischluftanteil von rund

Abb. 272: Weitstrecken-Speisewagen SK/k, Ammendorf 1972.
721. Frotscher-Archiv, Halle.

Einführende Zusammenfassung 1976

1976 war wichtiger als andere Jahre, weil ein neuer Fünfjahrplan und damit ein neuer langfristiger Handelszeitraum. Die Preise geraten in Bewegung, Ammendorf zieht mit: jährlich neue Valutapreise. Wie viel will die DDR mehr? 13,4%, harter Tobak für die Sowjetunion. Üblich waren damals im RGW 7%. Eine neue Sporthalle soll gebaut werden, aber nach sparsamen Prinzipien: alte Projektunterlagen verwenden! Die Stadt Halle schickt endlich 60 Leute zum WBA. Das legendäre Segelbrett wird erstmals explizit in den Protokollen erwähnt: als Balance-Segler, später Balance-Gleiter. Ein Backup kostete damals sagenhafte Mondpreise: 435.000 Mark! Das Baukastenprinzip setzt sich immer mehr durch, dadurch konnte man eine größere Sortimentsvielfalt bei gleichen Kosten erreichen. Der Ministerpräsident Horst Sindermann kommt. Wo lang gehen? Worüber mit ihm sprechen? Es gab genaue Anweisungen dazu im Protokoll. Leipziger Frühjahrsmesse 1976: Ammendorf will G-O-L-D! Auch in der DDR gab es Firmenübernahmen. Alles wurde jedoch diskret geregelt ohne Medienaufmerksamkeit. Hier ging es um einen Dachpappebetrieb. 1976 beginnt das chinesische Interesse für Ammendorfer Wagen …

ZB 53988

ZB 53

● In Vorbereitung des IX. Parteitages und der Betriebsdelegiertenkonferenz unserer Parteiorganisation veröffentlicht „Bahn frei" heute zwei wichtige betriebliche Dokumente: 1. Entwurf des Initiativprogramms der Parteiorganisation und 2. Ergänzung des Beschlusses der Vertrauensleutevollversammlung zur Weiterführung des sozialistischen Wettbewerbs. Die beiden Dokumente finden Sie auf den Seiten 3 bis 5.

Bahn frei

Erscheint wöchentl.
27. Jahrg.
14. Jan. 1976
Preis 5 Pf

1

gan der Betriebsparteiorganisation
s VEB Waggonbau Ammendorf

Gruß den Delegierten...

der Betriebsparteiorganisation

erte Delegierte!
ebe Genossinnen!
ebe Genossen!
n Sonnabend, dem 17. Januar , findet ihr euch im großen Saal Klubhauses der Ammendorfer gonbauer zur Delegiertenkonfe- der Betriebsparteiorganisation mmen.
Delegiertenkonferenz ist ein ger Höhepunkt in Vorberei-

Ein Ausdruck für das gestiegene Niveau ist schließlich auch die Tatsache, daß wir bereits am 5. Januar 1976, am ersten Arbeitstag im neuen Jahr, zehn moderne Reisezugwagen an unsere sowjetischen Klassengenossen ausliefern konnten.

Der neue Freundschaftsvertrag, auch das sollten wir berücksichtigen, ist zugleich darauf gerichtet, die ganze sozialistische Staatengemein-

sollten dazu die Parteikontrolle ausüben.

Schließlich geht es noch darum, daß wir alle im Betrieb dem Kampfprogramm der FDJ gebührende Aufmerksamkeit schenken. In diesem Programm hat sich die FDJ, hat sich die Jugend des Betriebes große Aufgaben gestellt, die sie nur mit der Unterstützung aller erfüllen kann.

Liebe Delegierte!

Für den Verlauf der Konferenz, der ein würdiger Höhepunkt in der Vorbereitung des IX. Parteitages der SED und im gesellschaftlichen Leben des Betriebes ist, entbieten wir herzliche Kampfesgrüße. Viel Erfolg!

In allen Abteilungen läuft die Produktion auf vollen Touren, wie auch hier in der Seitenwandmontage des APO-Bereiches Rohbaumontage. In diesen Tagen heißt es überall: Mit erfülltem Plan vom ersten Tag des neuen Jahres an zur Betriebsdelegiertenkonferenz der Parteiorganisation.

NBI-Foto: Gerig

Abb. 273: Erste Bahn frei von 1976, Ammendorf 1976. [722]

722. Bahn frei, Ammendorf 14. Januar 1976

1976 beginnt der neue Fünfjahrplan

»Der Betriebsdirektor sprach der Betriebsleitung für die im Zeitraum 1971–1975 vollbrachten Leistungen den Dank aus … «[723] **5. Januar 1976**

Was tun 1976 bis 1980?
Der Produktionsdirektor

»F: Das langfristige Handelsabkommen muß unter allen Umständen erfüllt werden. Die Grundrichtung der technischen Weiterentwicklung ist zu präzisieren; dies betrifft insbesondere die RZW-Typen 24,5 und 27,0 m. Die Rohbaufertigung hat ihre Kapazitätsgrenze nahezu erreicht. Die Hauptreserven liegen in der Endmontage.… «[724] **5. Januar 1976**

Der Direktor für Absatz
Jedes Jahr neue Preise verlangen!

»A: Für den Perspektivzeitraum 1976–80 ist auf die einzelnen Jahre bezogen in qualitativer und quantitativer Hinsicht eine Konzeption zu erarbeiten. Ab 1976 sind industrielle Warenproduktion und Handelsware wichtige Vertragspositionen. Waggonbau Ammendorf hält an der Grundrichtung 27,0 m Wagen fest …
Die neue Situation auf dem Gebiet der Valutapreis-Arbeit ist verstärkt zu berücksichtigen, jährlich sind neue Valutapreise festzulegen. Die Bauartänderungen sind preislich wirksam zu machen und durchzusetzen ...«[725] **5. Januar 1976**

Der Direktor für Ökonomie

»Ö: Das Jahr 1976 ist nahezu 100%ig umrissen, der Zeitraum 1977–1980 ist noch nicht in vollem Umfang klar. Die technische Politik ist konzeptionell abgesteckt, ihre Realisierbarkeit ist noch nicht abgesichert.«[726] **5. Januar 1976**

Der Direktor für Technik

»T: Die Problematik des Typs Ax und der Großsektionsbauweise ist nur verspätet realisierbar. Der Einsatz von Polyurethanschaum ist bis 1980 durchzusetzen.

723.–726. LASA, MER, VEB Waggonbau Ammendorf, Nr. 51968.

Die Einführung des Baukastenprinzips ab FZ 1/1977 ist exakt vorzubereiten.«[727]
5. Januar 1976

Was tun für Kultur und Soziales?

» • das Jugendwohnheim des Betriebes
• das Heim der Sektion Rudern der BSG
• die Betriebsgärtnerei
• die Sporthalle für die BBS
einschließlich ihres Aufbaues in Feierabendtätigkeit gemäß GBL Teil I 35/75 …«[728] **5. Januar 1976**

Neue Sporthalle bauen: billig, bitte alte Projektunterlagen verwenden!

»Zur Niveauverbesserung des Sports in der Betriebsberufsschule ›Wilhelm Pieck‹ des VEB Waggonbau Ammendorf ist in Halle, Julius-Ebeling-Straße, eine Sporthalle zu errichten. Die damit im Zusammenhang stehenden Fragen sind zu lösen. Dazu gehören:
- Klärung der Eigentumsverhältnisse der Grundstücksflächen
- Einleitung der erforderlichen Maßnahmen zur Projektierung
- Verwendung eines Wiederholungsprojektes
- Einholung der Standortgenehmigung
- Bau von 2 zusätzlichen Unterrichtsräumen
- Abstellung von 2 Arbeitskräften durch T und G …«[729] **Januar 1976**

Thermoscheiben

»Hierzu wurde entschieden, daß die Einführung der Thermoscheiben ab FZ 1/1977 vorzubereiten ist. Mit dem Herstellerwerk Radeburg sind die Verhandlungen zu führen …«[730] **Januar 1976**

20 mehr in Forschung und Ratiomittelbau!

»Die zusätzlichen 20 Arbeitskräfte für Forschung und Entwicklung sind zu bilanzieren … Die personelle Verstärkung des Rationalisierungsmittelbaues ist abzusichern …«[731]
5. Januar 1976

727.–731. LASA, MER, VEB Waggonbau Ammendorf, Nr. 51968.

Auslieferstopp Kühlwagen in Dessau! Das darf uns nicht passieren!

»Ausgelöst durch eine ungenügende Arbeit bei der Zeichnungsgenehmigung kam es im VEB Waggonbau Dessau zu einem Auslieferstop von Kühlwagen, was zu einem erheblichen Rückstand in der Warenproduktion und im Export führte. Es ist deshalb erforderlich, der Zeichnungsgenehmigung verstärkte Aufmerksamkeit zu schenken …«[732]

Januar 1976

K+S-Objekte: Kanu-Heim

»Auf der Grundlage der ersten Vorstellungen zum Ausbau des Objektes, die in den den Bauzeichnungen fixiert wurden, ergeben sich folgende wesentliche Gesichtspunkte:
- Schaffung von 22 Schlafgelegenheiten
- Installation der sanitären Einrichtungen
- Schaffung der Voraussetzungen für eine Etagenheizung
- Anordnung eines kombinierten Bade/ Dusch-Raumes
- Einbindung der Wohnung für das Hausmeisterehepaar in das Heizungssystem
- Festlegung der Aufgaben und Vergütung für das Wohnheim-Ehepaar
- Anordnung von circa 26 Sitzgelegenheiten unter Berücksichtigung von Sommer- und Winterbelegung …«[733]

5. Februar 1976

Sporthalle

»Genosse … (Direktor Technik, d. A.) gab den Bericht zur ›Begründung der Standortwahl für die Errichtung einer Turnhalle vom Typ 60 L/74‹, die … vollen Sommer- und Winterbetrieb gewährleistet … Aufgrund des günstigen Standortes ist außerdem die Errichtung von 2 Stirnwand-Anbauten für Umkleideräume der Sportler und Sportlerinnen möglich. Die Kosten für den Typenbau wurden mit 716.-- TM veranschlagt, zuzüglich 100.-- TM für Anbauten, so daß mit einem Kostenaufwand von circa 830 TM zu rechnen ist …«[734] **5. Februar 1976**

Box-Europameisterschaften

»Abgeleitet aus den bisherigen Festlegungen, den Vorstellungen der Stadtleitung der SED und des Stadtvorstandes des DTSB sind unter Berücksichtigung der Box-Europa-Meisterschaften 1977, Halle, durch den VEB Waggonbau Ammendorf die erforderlichen Trainingsvoraussetzungen für die jugendlichen Boxer zu schaffen …«[735] **5. Februar 1976**

Poliklinik erweitern, woher kommt Geld?

»Die Finanzierungsmöglichkeiten in einer Größenordnung von circa 1.200.-- TM sind zu prüfen. Zu nutzen sind dabei folgende Quellen:
• Leistungsfonds des WBA 800 TM …
• Mittel des VEB Vereinigte Wettspielbetriebe 200 TM …
• Zuschuß der Poliklinik-Anliegerbetriebe 100 TM …
• Investitionen des WBA 100 TM …«[736]

5. Februar 1976

Jahresendprämien der Fachdirektoren

»… (F, d. A.)	*2.000.-- M*
… (A, d. A.)	*1.800.-- M*
… (Ö, d. A.)	*1.800.-- M*
… (T, d. A.)	*1.800.-- M*
… (K, d. A.)	*1.500.-- M*
… (G, d. A.)	*1.600.-- M*
… (P, d. A.)	*1.300.-- M*
… (H, d. A.)	*1.300.-- M …«*[737]

5. Februar 1976

Abtransporte

»Zur weiteren Verbesserung der ökonomischen Ergebnisse des Betriebes wurden die Abtransporte des Monats März im operativen Produktionsplan wie folgt festgelegt:
4. 3. 1976 = 8 DK + 5 KK = 13 WPW
11. 3. 1976 = 11 DK + 5 KK = 16 WPW
17. 3. 1976 = 6 DK + 6 KK = 12 WPW
24. 3. 1976 = 10 DK + 6 KK = 16 WPW
30. 3. 1976 = 8 DK + 7 KK = 15 WPW
Gesamt: 43 DK + 29 KK = 72 WPW«[738]

1. März 1976

732.–734. LASA, MER, VEB Waggonbau Ammendorf, Nr. 53174.

735.–738. LASA, MER, VEB Waggonbau Ammendorf, Nr. 53174.

Tiefenprüfung EDV: Keine Fremdnutzung! WBA braucht eigene Rechner!

»Im Protokoll wird bestätigt, daß der VEB Waggonbau Ammendorf zur Lösung seiner Aufgaben eine eigene EDVA braucht. Die vorliegenden Projekte und Programme gewährleisten einen Einsatz der EDV ab 1977.«[739] **1. März 1976**

Nirosta-Probepressungen erfolgreich!

»Ausgehend von den positiven Ergebnissen der Probepressungen bei Wasch- und Spülbecken sowie ovalen Abdeckungen aus Nirosta sind ab April die erforderlichen Maßnahmen einzuleiten. Dazu gehört unter anderem die Anfertigung verschließbarer Paletten …«[740]

22. März 1976

Was ist mit den Valuta-Preisen? 13,4% wollen die Deutschen mehr!

»Der Außenhandelsbetrieb Maschinenexport fordert von der SU Rubelpreiserhöhungen in einer Größe von 13,4% …«[741] **22. März 1976**

Was bekommt die Mongolei 1977?

»Für 1977 wurde mit der MVR vereinbart
1 WPW mit 4 Platz-Abteil und absenkbarer Kupplung
1 WPW Typ 47 K ohne kombinierte Heizung
6 WPW Typ 47 D.«[742] **22. März 1976**

Brathähnchen heißt Broiler, Konzern heißt Kombinat und Surfbrett heißt erst mal Balance-Segler!

»Die zur Konsumgüterproduktion fixierten Maßnahmen werden bestätigt. Die Fachdirektoren haben diese inhaltlich und termingemäß durchzusetzen. Besonders gilt dies für den Balance-Segler als ein äußerst ausbaufähiges Produkt.«[743]

29. März 1976

Der Chef ist sauer! Direktor für Grundmittel bekommt Rüffel!

»Der Betriebsdirektor faßte die in der Diskussion gegebenen kritischen Hinweise in folgenden Gedanken zusammen: Die eingebrachte Vorlage entspricht in keiner Weise den gestellten Forderungen, obwohl sie seit längerer Zeit gefordert wurde. Sie wird als eine oberflächliche Arbeit zurückgewiesen.«[744] **29. März 1976**

Verhandlungsreihenfolge VVB: nicht jeder wie er will! Der Beste zum Schluss …

»Die Verhandlungen in Moskau werden geführt durch
- *VEB Waggonbau Görlitz ab 19. 4. 1976*
- *VEB Waggonbau Dessau ab 3. 5. 1976*
- *VEB Waggonbau Ammendorf ab 10. 5. 1976 …«*[745] **19. April 1976**

Institut für sozialistische Wirtschaftsführung will den Absatzdirektor! Nix da, der Absatzdirektor bleibt hier!

»Anstelle von … ist der Genosse … zum Institut für sozialistische Wirtschaftsführung … zu delegieren …«[746]

19. April 1976

»Q« erreicht = 10% Preiserhöhung!

»Unter Berücksichtigung der getroffenen Feststellungen und gegebenen Empfehlungen erteilte das ASMW das Gütezeichen ›Q‹ für den Dienstwagen.«[747]

19. April 1976

Rat des Bezirkes bewilligt 60 Leute

»Durch den Rat des Bezirkes Halle wurde unserem Betrieb für 1976 zusätzlich 60 Arbeitskräfte bewilligt, die im Jahre 1980 dafür abgesetzt werden…«[748]

Sofort verschriftlichen!

»Anfertigung einer Aktennotiz über die Arbeitskräftezuführung durch den Rat des Bezirkes und der Stadt Halle …«[749]

5. Mai 1976

Balance-Segler wird Balancegleiter

»Innerhalb der Konsumgüterproduktion ist die Herstellung des Balancegleiters in qualitativ und quantitativer Hinsicht abzusichern …«[750] **10. Mai 1976**

739.–743. LASA, MER, VEB Waggonbau Ammendorf, Nr. 53174.

744.–750. LASA, MER, VEB Waggonbau Ammendorf, Nr. 53174.

Die Schüler sollen es wieder richten!

»Ist -Stand Arbeitskräfte: 4.202 Es beginnen jetzt 3-wöchige Schülereinsätze. Ab 5. 7. 1976 beginnen die Ferienarbeitseinsätze der Schüler. Im ersten Durchgang werden 128 Schüler und im zweiten Durchgang 130 Schüler eingesetzt. Ab 16. 7. 1976 erfolgt die Einstellung von 143 Jungfacharbeitern ...«[751]

9. Juni 1976

Fußgängerbrücke über die Hauptstrecke der Deutschen Reichsbahn prüfen

»Zur weiteren Durchsetzung von Ordnung und Sicherheit sind die Möglichkeiten zum Errichten einer Fußgängerbrücke über die Hauptstrecke der Deutschen Reichsbahn zu prüfen ...«[752]

21. Juni 1976

812 Wagen 1977

»Die Gesamtstückzahl von 795 Weitstreckenwagen für den Export 1977 wird bestätigt. Der letzte Abtransport von 17 WPW ist so auszuliefern, um dieses Volumen noch für den VEB Waggonbau Ammendorf exportwirksam werden zu lassen. Dies ergibt eine Gesamtstückzahl von 812 Fahrzeugen ...«[753]

22. Juni 1976

Backup kostet zusätzlich 435.000 Mark!

»- Durch die Unsicherheit im Rechenbetrieb und durch häufige Maschinenausfälle im DVZ Halle-Neustadt mußte eine Reihe von Programmen zur Sicherung der eingespeicherten Daten zusätzlich geschrieben werden, welche aber wiederum zu einer Erhöhung der geplanten Rechenzeiten führen. Für das II. Halbjahr 1976 ergibt sich daraus eine nichtgeplante Erhöhung der Kosten für fremde Rechenleistung in Höhe von 435 TM.«[754]

29. Juni 1976

Preis für Segler noch nicht genehmigt

»Die geplante sonstige Produktion wurde überboten. Durch die Nichtauslieferung der Balance-Segler infolge fehlender Preisgenehmigung trat eine Untererfüllung der Position Fertigerzeugnisse ... ein ...«[755]

2. August 1976

751.–754. LASA, MER, VEB Waggonbau Ammendorf, Nr. 53174.

Baukastenprinzip

»Zum Stand des Anlaufes Baukastenprinzip ab F 21/77 erstattete der stellvertretende Hauptabteilungsleiter Organisation und Rechentechnik ... Bericht. Die Verhandlung mit dem Datenverarbeitungszentrum Halle-Neustadt brachte folgendes Ergebnis:

- *Bis 30. 9. 1976 werden die restlichen Programme fertiggestellt*
- *Bis 15. 8. 1976 ist das Lohnprogramm fertig.*

Die für die EDVA ES 1022 notwendige Klimaanlage wird durch die persönliche Einschaltung des Betriebsdirektors geklärt ...«[756]

2. August 1976

Muster-WSW mit korrosionsträgem Stahl

»Die sowjetische Seite orientiert auf den Bau eines Muster-WSW mit einem Untergestell aus korrosionsträgem Stahl mit Gerippe und Beblechung aus Nirosta-Stählen ...«[757]

2. August 1976

40 Jahre Haltbarkeit

»Sie verfolgt dabei das Ziel, die Lebensdauer des Wagenkasten-Rohbaus auf 40 Jahre ohne Generalreparatur zu erhöhen ...«[758]

2. August 1976

PUR-Schaum erwünscht ...

»Die sowjetische Seite wünscht die Isolierung eines WPW mit PUR ...«[759]

2. August 1976

Namen: Balance-Segler wird Brettsegler

»Zur Produktion von Brettseglern wurde eingeschätzt, daß der Plan des Monats August abgesichert ist ... Der Absatz der Konsumgüter ist zu sichern. Dazu sind weitere Interessenten für Brettsegler insbesondere in den wasserreichen Bezirken zu gewinnen und der Absatz vertraglich zu sichern. «[760]

16. August 1976

755.–760. LASA, MER, VEB Waggonbau Ammendorf, Nr. 53174.

Kohle-Minister hat entschieden: WBA erhält bis 1983 Fernwärme

»Auf der Grundlage der durch den Minister für Kohle und Energie ... getroffenen Entscheidung, daß der VEB Waggonbau Ammendorf bis einschließlich 1980 Fernwärme erhält, ist eine Konzeption zu erarbeiten ...«[761]

23./27. August 1976

Was wollen die Chinesen?

»Zu vorgesehenem China-Auftrag sind rechtzeitig die erforderlichen Vorbereitungen zu treffen. Ein schriftlicher Standpunkt zu den gewünschten Erzeugnissen ist anzufertigen ...«[762]

23./27. August 1976

Bedingungen des Baukastenprinzips

»Für die Einführung des Baukastenprinzips ab FZ 1/1977 ist die Einhaltung folgender Bedingungen erforderlich:
- TK muß eindeutig definierbare Daten liefern
- TV hat Kostenstellen und Vergabezeiten zu kontrollieren
- TK hat die strukturelle technologische Zuordnung der Einzelteile und der Losgrößen operativ zu sichern
- LO hat einen Systemprogrammierer zusätzlich auszubilden ...«[763]

20. August/3. September 1976

Was tun, wenn Sindermann kommt?

»Auf der Grundlage der vom Chef des Protokolls ... gegebenen Hinweise sind folgende Schwerpunkte zu beachten:
• Umfassende Vorbereitung des Gesamtablaufes am 23. 9. 1976
• Detaillierte Absicherung der Aufgaben im Werk I und II
• Schaffung und Einhaltung von Sauberkeit, Ordnung und Sicherheit ...«[764]

20. September 1976

Welchen Weg nehmen? Was auf dem Weg erzählen?

»Unter genauer Einhaltung der mit dem Chef des Protokolls abgestimmten Route ist der Rundgang im Werk II vorzubereiten und durchzuführen. Die inhaltlichen Bemerkungen gegenüber den führenden Genossen haben sich insbesondere zu beziehen auf:
• die Entwicklung des Betriebes seit den letzten Volkswahlen
• die weitere Verbesserung der Arbeits- und Lebensbedingungen
• die Fragen der sozialistischen Rationalisierung
• die aktive langjährige Unterstützung des Genossen Horst Sindermann
• die durchgängige Intensivierung der Produktion ...«[765] **20. September 1976**

LFM 1977: Wir wollen G-O-L-D und »Q«!

»Für die LFM-Exponate 1977 sind beim ASMW die entsprechenden Anträge auf Goldmedaille bzw. Gütezeichen ›Q‹ zu stellen ...«[766] **1. November 1976**

Polen will Mini-Schweißgeräte und Klimaanlagen

»Ausgehend von den Bedarfsvorstellungen der polnischen Seite sind die Möglichkeiten der Fertigung einer bestimmten Anzahl von Mini-K-Schweißgeräten seitens der Abteilung Schweißtechnik zu prüfen ...
Der Bedarf an Klimaanlagen für die Volksrepublik Polen ist mit der Zulieferindustrie abzustimmen ...«[767]

1. November 1976

Was tun mit der Gärtnerei? Hochqualifizierte Gärtner einstellen!

»M 2 Erweiterung des Stellenplanes bei Ö um 3 hochqualifizierte Gärtner ... «[768]

6. Dezember 1976

Ein Dachpappe-Betrieb wird aufgelöst, können wir das übernehmen?

»Klärung Rechtsverhältnisse bei der Auflösung des Betriebes ›Dachpappe‹ zwecks eventueller Übernahme ...«[769]

13. Dezember 1976

761.–764. LASA, MER, VEB Waggonbau Ammendorf, Nr. 53174.

765.–769. LASA, MER, VEB Waggonbau Ammendorf, Nr. 53174.

Bilder 1976

Besuch von Horst Sindermann am 23. September 1976 (Abb. 274–280).[770] Helmut Fritzsche und Hauptkonstrukteur Rainer Jäke begleiten und erklären …

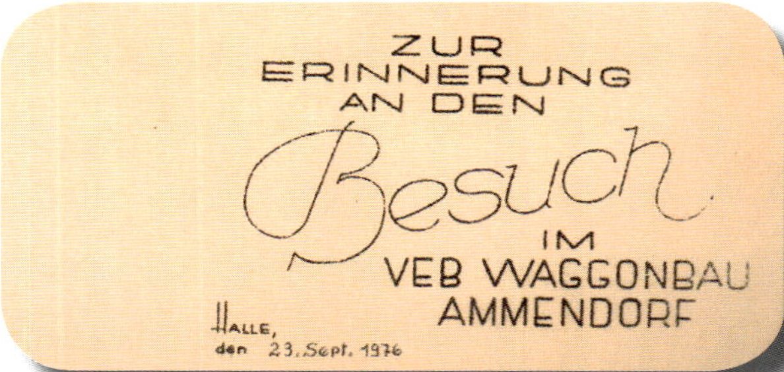

Abb. 274–280: Besuch Horst Sindermann in Ammendorf, Ammendorf 1976.

770. Archiv Regine Czerner, Fotografen: Faust/Troschke und Gerd Pohlenz, Ammendorf 1976.

Das **Baukastenprinzip** wurde ausführlich in der Bahn frei! in einer Serie erörtert (Abb. 281–284).[771] Es war ein wichtiger Schritt hin zu einem flexibleren Sortiment.

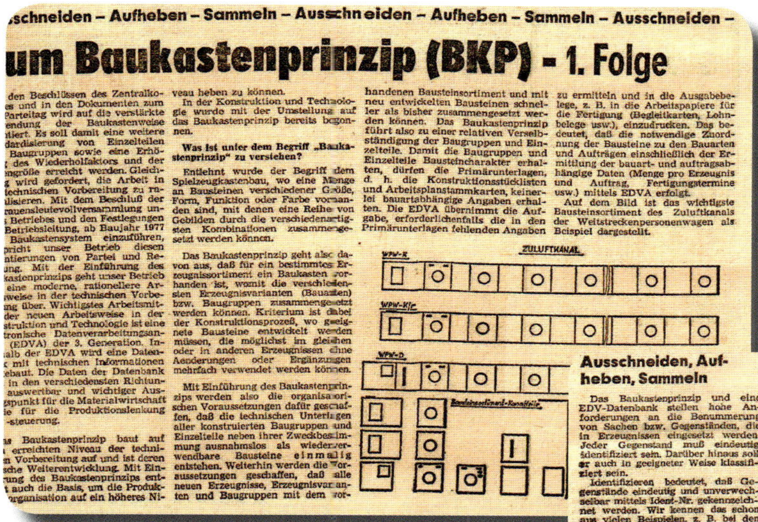

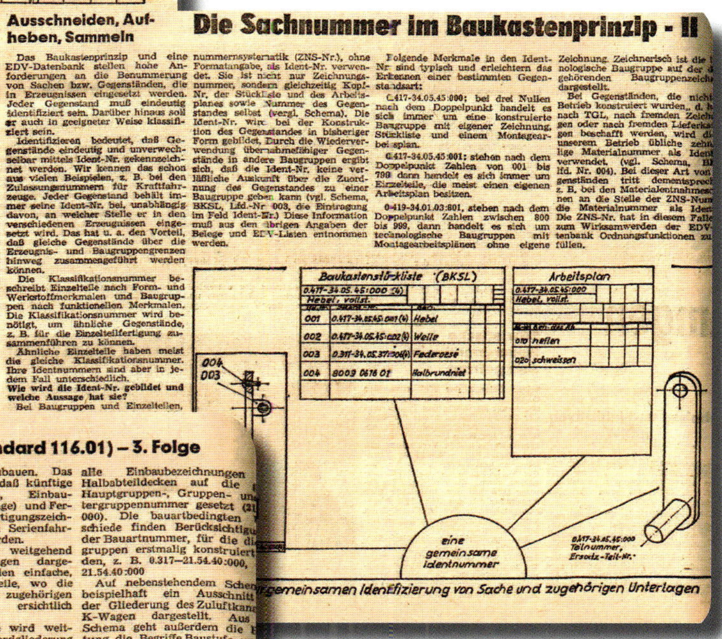

Abb. 281–284: Baukastenprinzip in der Bahn frei!, Ammendorf 1976.

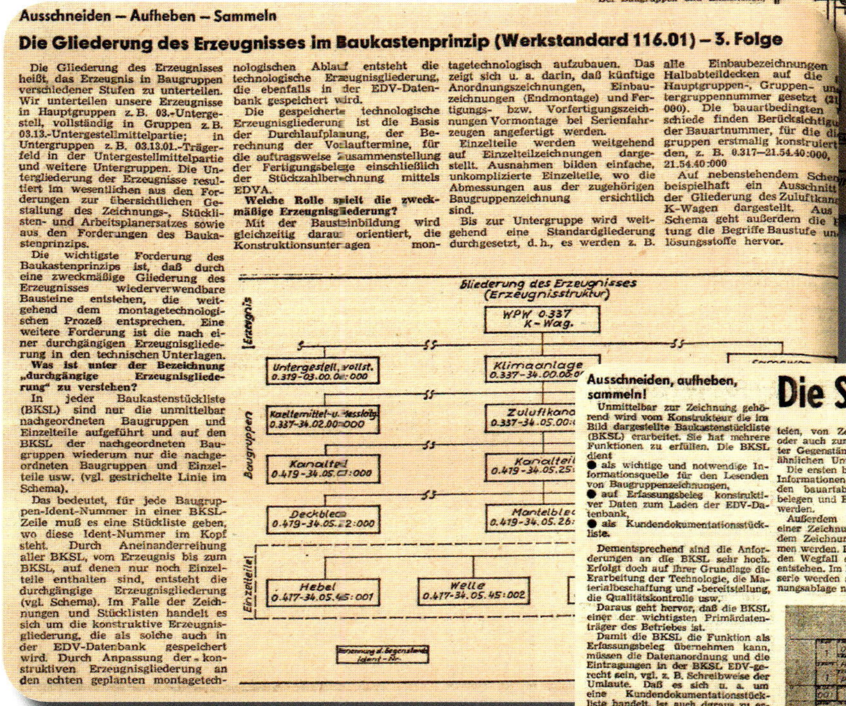

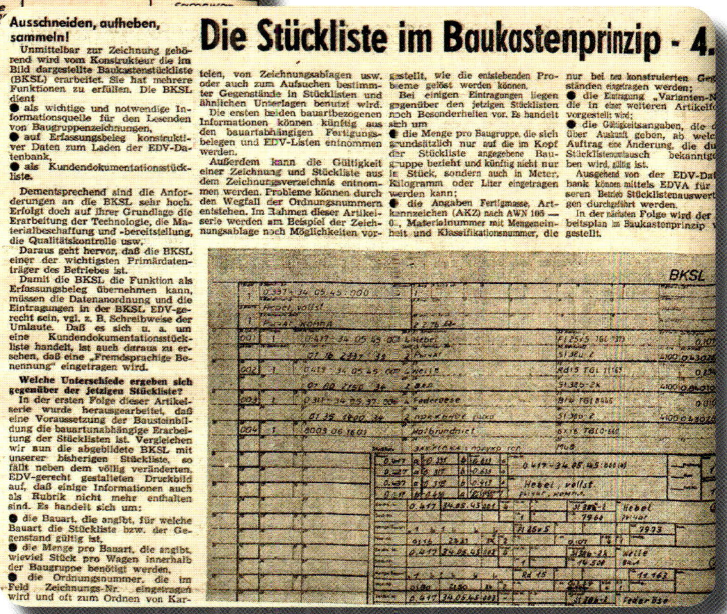

771. Bahn frei!, Ammendorf 1976.

Waggonbau im Westen
Wie sahen die Aussichten für die westdeutsche Bahnindustrie 1968 und 1969 aus?

»Auch für 1968 blieben die Aufträge der DB zunächst sehr gering. Sie wurden z. T. nur durch Kreditvermittlungsaktionen der Lieferwerke ermöglicht, und die Aussichten für das Jahr 1969 waren außerordentlich schlecht, obwohl für diesen Zeitpunkt das Auslaufen des Eigenbaus der DB von Güter und Personenwagen dem Bundeswirtschaftsministerium angekündigt war. Das sonstige Inlands- und Auslandsgeschäft ging ebenfalls zurück.«[772]

DB reduziert Güterwagenpark

»Angesichts des inzwischen eingetretenen Verkehrsrückgangs kündigte die DB eine Reduzierung ihres Güterwagenparks von bisher circa 270.000 Fahrzeugen auf 200.000 Fahrzeugen an, die durch erhöhte Verschrottungen und Verkäufe erreicht werden sollte.« [773]

Ergebnis: niedrigere Beschaffungszahlen

»Die sich nach einer so drastischen Verminderung ergebende Ersatzquote hätte naturgemäß erheblich unter den früheren Bestellprogrammen mit Lieferzahlen von circa 10.000 Güterwagen jährlich liegen müssen. Auch für Reisezugwagen waren im Hinblick auf den zurückgegangenen Personenverkehr wesentlich niedrigere Beschaffungszahlen zu erwarten.«[774]

Niedrigere Produktion bedeutet weniger Betriebe ...

»Es war deshalb nicht verwunderlich, daß die Zahl der für die DB liefernden Waggonfabriken, die nach dem Krieg dreiundzwanzig betrug und inzwischen schon auf neunzehn zurückgegangen war, sich um zwei weitere verminderte.« [775]

Was passierte mit ihnen?

»Die Firmen Gebrüder Credé & Co. in Kassel und Klöckner-Humboldt-Deutz AG., Werk Westwaggon, in Köln – altbewährte Waggonfabriken mit großem Renommee im In- und Ausland – gaben den Waggonbau auf; das Werk Credé wurde geschlossen, die WestwaggonWerkstätten wurden mit anderen Produktionen belegt.« [776]

772.–775. Störiko, A.: 100 Jahre Verbände der deutschen Waggonindustrie, Frankfurt am Main 1977, S. 59.

Was tun?

»Dieser Schrumpfungsprozeß hat sich in den folgenden Jahren fortgesetzt, wobei die Frage aufkam, ob für den Bau von Eisenbahnwagen nicht eine größere Spezialisierung und Typisierung zu besseren wirtschaftlichen und technischen Ergebnissen hätte führen können, eine Lösung, die in der französischen Industrie versucht wurde.« [777]

Etwas mehr Waggons als 1967 gebaut dennoch schwierige Zeit für Waggonbauer

»Das Jahr 1967 brachte mit rund 5.000 Stück die mit Abstand niedrigste Zahl neu gebauter Fahrzeuge seit dem Wiederbeginn des Waggon-Neubaus nach dem Krieg. Die Waggonindustrie beschäftigte mit 7.900 Personen nur noch etwa die Hälfte der 1963 bei ihr Tätigen. Nachdem durch gezielte Regierungsmaßnahmen zur Wiederankurbelung der Konjunktur viele Branchen bereits Erleichterungen erhalten hatten, kamen Waggonaufträge erst im Laufe des Jahres 1968 herein. Trotzdem waren diese für die Industrie, die drei schwierige Jahre mit einem in diesem Ausmaß nie erwarteten Produktions- und Umsatzverlust hinter sich und äußerst trübe Aussichten auf die künftige Entwicklung des gesamten Schienenverkehrs vor sich hatte, eine Erlösung. Im Jahr 1968 konnte mit 5.205 Neubauten, unter denen sich vornehmlich höherwertige Fahrzeuge befanden, eine kleine Besserung gegenüber dem Vorjahr erreicht werden.«[778]

Und 1969?
Aufwärtsbewegung!

»Die Aufwärtsbewegung der Auftragseingänge setzte sich 1969 fort.« [779]

776.–779. Störiko, A.: 100 Jahre Verbände der deutschen Waggonindustrie, Frankfurt am Main 1977, S. 60.

Woher kamen die Aufträge?

»Die Bestellungen erreichten mit 825 Mio. DM mehr als das Doppelte des Vorjahres; sie resultierten vor allem aus Inlandsaufträgen und hier in erster Linie aus Bundesbahnaufträgen, deren Anteil am gesamten Geschäft dadurch von 22% Ende 1967 auf über 50% anwuchs. Dementsprechend wuchsen auch die Belegschaftszahlen wieder an, wenn sie auch von dem 1963 erreichten Höchststand noch weit entfernt waren.« [780]

Ostblockindustrie wie Ammendorf vorn ...

»Der Waggonexport, bei dem der Auftragseingang 1968 beträchtlich hinter den Erwartungen zurückgeblieben war, hatte mit steigenden Schwierigkeiten zu kämpfen, da in den letzten Jahren – vorwiegend in den Entwicklungsländern – neue Industrien entstanden, die den Bedarf der nationalen Verwaltungen mindestens teilweise zu decken in der Lage waren. In den Ostblockstaaten stärkte die Waggonindustrie ihre Position durch konsequente Spezialisierung auf bestimmte Fertigungen, während in anderen Ländern, die früher Waggons importierten, Konkurrrenten mit ungewöhnlich niedrigen Preisangeboten die seitherigen Lieferanten aus dem Markt drängten.« [781]

Was war ausschlaggebend für Aufträge?

»Schließlich war in manchen Fällen nicht so sehr der technische Standard als die Fähigkeit ausschlaggebend, neben Niedrigstpreisen auch besonders lange Kreditfristen einzuräumen.« [782]

Import nach Westdeutschland

»Sorgen bereitete auch der steigende Import von Waggons, der im Jahr 1968 einen Wert von 17,8 Mio. DM erreichte und fast 700 Güterwagen – insbesondere Kesselwagen – umfaßte. Zwar hätte sich auch hier nach der Absicht der Römischen Verträge ein ›Gemeinsamer Markt‹ herausbilden sollen, dem standen aber vor allem bezüglich der Aufträge der Staatsbahnen beträchtliche Schwierigkeiten entgegeben. Es fehlte an für das gemeinsame Absatzgebiet vereinheitlichten Fahrzeugtypen, und verschiedene Verwaltungen vertraten die Auffassung, daß ihre Aufträge für ihre nationale Industrie – auch unter Struktur- und Konjunktur-Gesichtspunkten – reserviert seien. So sind Bestellungen von staatlichen Eisenbahnverwaltungen in anderen Ländern der EG Ausnahmen geblieben.« [783]

Mitarbeiterstamm als Problem

»Ein weiteres Problem, mit dem sich die Werke im Hinblick auf die wieder gestiegenen Auftragszahlen zu beschäftigen hatten, war die Erhaltung eines ausreichenden, den Zukunftserwartungen möglichst entsprechenden Mitarbeiterstammes. Bei den starken Schwankungen in der Größe der Bestellungen, die teils zusätzliche Einstellungen, teils Entlassungen unabdingbar machten und zu großen Schwierigkeiten für die Werke und die Arbeitskräfte führten, war das Postulat einer verstetigten Auftragsvergabe im Interesse aller Beteiligten. Denn die gleichmäßige Werksauslastung führt nicht nur zu einer rationelleren und damit kostengünstigeren Fabrikation, sondern wirkt sich auch für die Arbeitskräfte als Leistungsansporn und Beitrag zu ihrer Existenzsicherung aus.« [784]

Die Real-Produktion von 1969

»…1969 wurden rund 7.100 Fahrzeuge gefertigt, darunter 4.500 Güter- und 290 Reisezugwagen für die DB. Die Ablieferungszahlen des Jahres 1970 stiegen auf rund 9.800 Fahrzeuge an, davon erhielt die DB rund 5.900 Güterwagen und rund 400 Reisezugwagen. Die Ausfuhr unterlag Ende der sechziger Jahre starken Schwankungen. Während … 1968 noch Fahrzeuge im Wert von 110 Mio. DM exportiert wurden, waren es 1969 nur noch 57 Mio. DM.« [785]

780.–782. Störiko, A.: 100 Jahre Verbände der deutschen Waggonindustrie, Frankfurt am Main 1977, S. 60.

783.–785. Störiko, A.: 100 Jahre Verbände der deutschen Waggonindustrie, Frankfurt am Main 1977, S. 61.

1971

»Dank der recht befriedigenden Auftragseingänge in den Jahren 1969 und 1970 nahm das Jahr 1971 dem Umsatz nach einen günstigen Verlauf. Der Gesamtumsatz stieg um 18% auf einen bisher noch nicht erreichten Wert. Die Produktion für die DB lag um etwa 700 Fahrzeuge höher als im Jahre zuvor, wobei auch der Bau hochwertiger Fahrzeuge für den Personenverkehr gut abschnitt.« [786]

Lohnerhöhungen Schlag ins Kontor

Im gleichen Zeitraum sank dagegen der zukünftige Auftragseingang ab, was in Zusammenang mit gleichzeitigen Lohnerhöhungen zu Problemen führte:

»Dagegen sank der Auftragseingang wieder beträchtlich ab. Bei den Aufträgen der DB lag das an ihren wachsenden finanziellen Schwierigkeiten. Da etwa 70% ihrer Ausgaben Personalkosten sind, wurde sie durch die hohe Lohnwelle, die 1971 über die ganze deutsche Wirtschaft hinwegrollte, besonders stark getroffen. Trotz aller Hinweise auf die sich für die DB immer deutlicher abzeichnende negative Entwicklung wurde keine Abhilfe geschaffen. Als Folge des rückläufigen Auftragseingangs im Jahre 1971 erlitt die Produktion 1972 wieder einen schweren Rückschlag. Die Ablieferung von Fahrzeugen ging von rund 11.300 auf 6.700 zurück. Im DB Geschäft wurden rund 4.600 Fahrzeuge abgeliefert, das waren über 2000 weniger als im Vorjahr.« [787]

Schwankungen sind Gift für größere Bau-Investitionen in der Bahnindustrie

»Erfreulicherweise konnten aber um 14% höhere Auftragseingänge gebucht werden; darin waren Bundesbahnaufträge auf rund 4.100 Güterwagen, rund 310 Reisezugwagen und 170 Triebwagen enthalten. Weitere Bundesbahnaufträge standen zwar in Aussicht, konnten aber erst im Jahre 1973 erteilt werden, als auch wieder steigende Ausfuhrbestellungen hereinkamen. So blieb es erneut bei den Schwankungen der nach wie vor das Rückgrat der Gesamtbeschäftigung bildenden Bundesbahn-Aufträge, die der Industrie langfristige Bauprogramme nicht gestatteten.« [788]

Frankreich als Konkurrenzgefahr Klingt fast wie die Situation in Ammendorf

»In dieser Hinsicht entstanden für den deutschen Waggonbau doppelte Schwierigkeiten und Gefahren. Zunächst gab es die bekannten Beschäftigungs- und Ertragssorgen im eigenen Bereich; daneben war aber eine bemerkenswerte und bedeutsame Entwicklung in einer der wesentlichen Konkurrenzindustrien, nämlich der französischen, in Gang gekommen, bei der im Einvernehmen zwischen der französischen Staatsbahn und ihrer Lieferindustrie neue Rationalisierungsmethoden angewandt wurden. Die Bestellungen wurden dort in Großserien in Vierjahresabschnitten an wenige Firmen erteilt. Das große Auftragsvolumen sowie die Kontinuität der Aufträge bewirkte eine starke Spezialisierung. Zusätzlich erklärte sich die französische Regierung bereit, langfristige Kredite in beträchtlichem Umfange an ausländische Abnehmer zu gewähren.« [789]

Erstaunlich: die problematischen Themen waren damals ähnlich den heutigen …

»Bei allen diesen Plänen und Überlegungen spielen die sogenannten Wettbewerbsverzerrungen eine große Rolle, die eliminiert werden müssen, damit ein wirklicher Leistungswettbewerb innerhalb des ›Gemeinsamen Marktes‹ stattfinden kann. Dabei ist strittig, welche Faktoren (Lohnhöhe …) als Wettbewerbselemente anzusehen und welche Faktoren (… Steuersysteme) zu korrigieren sind. Dazu kommen offene Probleme der Harmonisierung der Produktionsbedingungen und der Währungspolitik. Schließlich spielen Fragen der … Beziehungen zwischen den Bahnverwaltungen … eine Rolle.« [790]

786.–787. Störiko, A.: 100 Jahre Verbände der deutschen Waggonindustrie, Frankfurt am Main 1977, S. 63.

788.–790. Störiko, A.: 100 Jahre Verbände der deutschen Waggonindustrie, Frankfurt am Main 1977, S. 63.

EUROFIMA

»In diesem Zusammenhang bedarf ein Vorgang einer kurzen Erwähnung, der für das Bestellverfahren der europäischen Eisenbahnen große Bedeutung erlangt hat: die Tätigkeit der ›EUROFIMA‹. Sie wurde 1956 von den europäischen Eisenbahnverwaltungen als Schweizerische AG mit dem Sitz in Basel ins Leben gerufen mit der Aufgabe, die Beschaffung von standardisiertem Eisenbahnmaterial zu finanzieren. Da sie von Anfang an engen Kontakt mit dem sehr ergiebigen Schweizer Kapitalmarkt hielt und da für die von ihr aufgenommenen Gelder – außer den Bestellern – auch die Regierungen der beteiligten Länder haften, war es ihr möglich, Anleihen in der Schweiz und anderen europäischen Ländern zu sehr günstigen Zinssätzen zu platzieren und so den Bahnen die Finanzierung ihrer Investitionen durch Kredite in Milliardenhöhe zu erleichtern. Die EUROFIMA konnte ihr Kreditvolumen nach kurzer Tätigkeit bereits auf über zwei Milliarden DM steigern. Während anfänglich die Beschaffungen von den nationalen Bahngesellschaften mit EUROFIMA-Krediten durchgeführt wurden, ging man später dazu über, sie für einen europäischen Reisewagentyp auch mit der Beschaffung zu beauftragen. Als sie bei der Festlegung der dafür vorgesehenen Bedingungen ihre Stärke als zentraler Auftraggeber offenbar überspannte, kam es zu einer Anrufung der Europäischen Kommission in Brüssel, durch deren Eingreifen einige zu harte Bedingungen gemildert wurden.« [791]

1973

»Das Jahr 1973 brachte erfreulicherweise wieder eine Besserung der Verhältnisse; im Neubau wurde mit circa 7.500 Fahrzeugen (davon rund 6.000 für die DB) das Jahresergebnis 1972 um rund 800 Einheiten übertroffen. Insgesamt verblieb aber die Beschäftigung (11.000 Arbeiter und Angestellte) etwa auf dem Stand des Vorjahres. Der Auftragseingang sowohl aus dem Inlands- wie aus dem Auslandsgeschäft stieg zwar, schwächte sich aber in den ersten Monaten des Jahres 1974 wieder stark ab. Das gilt insbesondere für den Bereich der DB, deren Finanzlage sich fortlaufend verschlechterte und immer höhere Zuschüsse des Bundes notwendig machte (1974: rund 9,6 Mrd. DM). Zur Verminderung des möglichen Bestellvolumens für die deutsche Waggonindustrie trugen außer dem Eigenbau der Deutschen Bundesbahn in gewissem Maße auch die mehrfach erwähnten Eisenbahnwagen bei, deren Werte folgende Entwicklung nahmen:
1969 31,5 Mio. DM
1970 33,5. Mio DM
1971 49,5 Mio. DM
1972 88,0 Mio. DM
1973 87,0 Mio. DM.« [792]

Wie sieht es mit dem Export aus?

»Die Exportlieferungen blieben trotz eines ansehnlichen, aber erst in längeren Fristen auszuliefernden Auftragsbestandes gegenüber dem Vorjahr deutlich zurück. Der Verkehr innerhalb der EG mit Waren, die zur Bedarfsdeckung der Öffentlichen Hand bestimmt sind, blieb nach Feststellungen der EG-Kommission sehr gering. Er betrug z. B. bei Schienenfahrzeugen nicht mehr als 4% des … Produktionsvolumens dieser Branche. Die Schwierigkeiten, die auf diesem Gebiet … weiter bestehen, lassen sich aus verschiedenen – teils technischen, teilswirtschaftspolitischen oder politischen Gründen – nicht einfach eliminieren.« [793]

Abb. 285: EUROFIMA-Wagen, Linke-Hofmann-Busch, 1977.

791. Störiko, A.: 100 Jahre Verbände der deutschen Waggonindustrie, Frankfurt am Main 1977, S. 63.

792.–793. Störiko, A.: 100 Jahre Verbände der deutschen Waggonindustrie, Frankfurt am Main 1977, S. 63.

Bisher erschienen:

Das stählerne Herz von Halle, **Band 1**
ISBN 978-3954622863

Das stählerne Herz von Halle, **Band 2**
ISBN 978-3954624904

Das stählerne Herz von Halle, **Band 3**
ISBN 978-3954626670

Das stählerne Herz von Halle, **Band 4**
ISBN 978-3954627516

Bildnachweis und Literatur

Für die Abbildungen wurden Bildnachweise auf der jeweiligen Seite angebracht. Sofern nicht extra vermerkt, stammen die Abbildungen aus dem Frotscher-Archivs. Es war nicht in allen Fällen möglich, die Rechteinhaber ausfindig zu machen und um Abdruckgenehmigung zu bitten. Berechtigte Ansprüche werden selbstverständlich im Rahmen der üblichen Konditionen abgegolten. Die Literaturhinweise finden sich im 1. und 2. Band.